R&D ZIYUAN YUESHU XIA ZHONGGUO ZIZHU CHUANGXIN NENGLI TISHENG DE LUJING XUANZE

R&D资源约束下

中国自主创新能力提升的路径选择

李平 著

人民出版社

前　言

改革开放以来，中国经济得到了巨大发展，经济总量已跃居世界第二。但在2009年夏季达沃斯年会发布的《2009—2010年全球竞争力报告》中，中国国家竞争力仅列第29位，与中国的经济总量形成了鲜明对比，这表明中国仍然处于全球价值链的低端。

目前，中国与全球经济的联系日益加强，与世界市场形成了密不可分的整体。然而，维系这一联系的是中国“两头在外”的出口模式，在相关行业的利益链条中，中国企业只是一个打工者，丰厚的利润被产业链前面的研发和后面的销售拿走了。例如，中国贴牌生产的芭比娃娃，美国市场上售价10美元，在中国的离岸价格却只有2美元，其中1美元是管理费和运输费，0.65美元支付来料费用，剩下的0.35美元，才是中国企业所得。[①] 出口增长难掩背后的“末端之痛”。再以中国新兴的光伏产业为例，表面繁荣的背后，原材料、关键技术与设备90%以上靠进口，90%以上的产品出口，[②] 同样摆脱不掉“两头在外”的尴尬。仔细分析可以发现，“中国出口”实际是外国生产要素——外国资本、技术、标准、品牌、销售网络——与中国廉价劳动力相结合的产物。整个出口体现的是广义外国生产要素的竞争力，而不是中国的竞争力。加工贸易的产品优势与销售渠道两大国际竞争力的核心均属于外资，中国企业处于“微笑曲线”的低谷位置。

① 见“进出口经理人”网站，http://www.tradetree.cn/content/261/4.html。

② 见“进出口经理人”网站，http://www.tradetree.cn/content/261/4.html。

只有提升中国的技术水平，增强竞争力，才可能改变“微笑曲线”的低谷位置。为此，中国先后提出了科技强国战略和自主创新战略，由倚重发达国家的技术转移到内外并重，强调自主创新、掌握核心技术以真正提高国际竞争力。

自主创新战略包含原始创新、集成创新和消化吸收再创新，是企业获得竞争优势的根本途径，是一国经济增长的引擎。一国的R&D投入对其创新能力的决定性影响早已被众多经济学家的研究所证实（如Trajtenberg，1990）。自主研发不仅可以实现创新、产生新知识，而且可以增强企业吸收现有知识和信息的能力，尤其是FDI技术溢出，即自主研发具有提高创新能力和吸收能力的两面性。然而，广大经济落后的发展中国家研发投入严重匮乏，拉美国家的研发投入仅占GDP的0.4%（大多数OECD国家超过2%[①]），中国的研发投入虽大幅度增长，已从1987年的0.62%上升到2008年的1.54%，[②] 但仍远低于OECD国家。

对于像中国这样经济还不够发达、科研经费还比较稀缺的发展中国家而言，仅仅依靠本国的R&D投入来提升其自主创新能力，显然不能满足党的十七大报告关于“提高自主创新能力，建设创新型国家”的迫切要求。而国际技术扩散和内生需求作为促进一国自主创新能力提升的两个重要途径，可弥补国内R&D投入不足。本书针对中国的实际情况，结合国内外研究成果，系统、深入地研究了R&D资源约束下中国自主创新能力提升的路径选择这一重大问题。

目前，对于提升创新能力的研究大多着眼于国内R&D供给，很少顾及国外R&D资源和内部需求因素，但作为发展中国家，我国在加大国内R&D供给方面存在诸多限制，本书在综合考虑了国内外和供需各方面多种因素的基础上，重点强调了国际技术扩散和内生需求因素对自主创新的影响。本书的创新与发展主要集中在以下几个方面：

第一，在对相关文献总结与分析的基础上，拓展了传统的三大国际

① OECD(2004), World Bank Institute 2005.

② 参见相关年份《中国科技统计年鉴》。

技术扩散路径——国际贸易、外国直接投资、国外专利申请——的扩散机制，更为详细地阐述了三大路径对技术吸收国技术进步的影响机理；在三大渠道分析之后，加入了国际技术扩散的另外两个重要路径——国际人力资本流动和国际文献引用，并详细分析了国际人力资本流动和国际文献引用对一国技术进步的作用机制。在全球经济联系越来越紧密，通信、网络日益发达的今天，国际人力资本流动和国际文献引用是否以及如何促进一国技术进步，如何更好地利用国际人力资本流动和国际文献引用促进本国技术进步，是中国及其他发展中国家关心的话题。本书将从理论和实证两方面对上述问题予以系统论证与阐述。

第二，详细分析了东道国特征因素与吸收能力对国际技术扩散从而对一国技术进步的影响机制。随着经济全球化与网络的发展，世界各国拥有共同的技术前沿，但各国，特别是发展中国家，利用国际技术扩散以接近技术前沿的速度是不同的，这就引出了对技术吸收国自身特征与吸收能力的研究。本书选取了人力资本、金融市场发展以及知识产权保护等影响东道国技术扩散的代表性因素，就这些因素对国际技术扩散的影响机制进行了详细分析，并对其进行数理与实证研究，这为中国及其他发展中国家更好地利用国际技术扩散进而促进本国创新能力提升及技术进步提供了有益的借鉴。

第三，本书对国际技术扩散效应的实证研究进行了扩展和突破。其一，借鉴国际贸易的度量方法，将国际人力资本流动和国际文献引用溢出的国际研发进行量化，拓展了传统国际技术扩散的研究框架；其二，将五大国际技术扩散路径纳入同一实证模型以考察其对中国创新能力的影响，并按地区分组进一步比较了国际技术扩散对不同地区技术进步与创新影响的差异；最后，使用门限检验模型检验了技术吸收国自身特征及吸收能力促进国际技术扩散的门限效应，以更为精确地测定各个因素对国际技术扩散的影响。

第四，除考虑自身研发投入水平和外部技术溢出对一国技术进步的影响外，本书在归纳已有相关文献的基础上，总结分析了需求引致技术创新的理论机制，并从内外部需求因素的视角来探寻中国自主创新能力提升的路径，这在一定程度上丰富了需求视角下技术创新领域的研究，为我国在研发资源约束条件下从需求角度提升自主创新能力提供理论依据。工资作为居民收入的主要组成部分，一定程度上可以代表一国的人均购买力水平，进而反映该国的有效需求水平；收入差距也会通过影响居民的消费支出和消费结构对一国的有效需求产生影响。基于需求引致技术创新理论，本书进一步深入分析工资上涨和收入不平等引致技术创新的作用机理及渠道，可为中国有效利用国内有效需求因素促进技术创新提供一定的理论参考。

第五，在理论机制和数理推导的基础上，本书利用中国地区和行业层面的数据实证检验了需求对技术创新的影响，进一步补充和完善了现有研究成果：在对国内外需求对技术创新的影响进行回归的基础上，鉴于地区结果的差异，利用内生门限回归法对造成地区回归结果的影响因素进行门限检验；使用中国地区层面异质性企业的数据，验证了当前我国创新存在工资的门限效应；使用中国行业层面数据检验了日益加重的收入不平等刺激企业研发投入进而对行业技术进步的影响。这些对研究当前中国工资上涨与收入不平等因素对我国技术进步的影响具有一定的现实意义。

第六，考虑到中国经济存在明显的区域差异，为使本书的研究成果有更好的适用性和说服力，本书不仅从全国层面，还从次区域层面，选用环渤海经济圈深入分析国际技术扩散和内生需求因素对全面自主创新能力提升的作用。相对于单一层面的研究，本书研究成果能够为政府部门的决策提供更准确的政策建议。最后，本书在总结中国整体及次区域层面研发投入、国际技术扩散和市场需求对创新能力影响的研究基础上，重点提出全面提升中国自主创新能力的相关政策建议。

本书总体内容紧紧围绕在 R&D 资源约束条件下中国如何提升自主创新能力这一核心问题展开，本书主要分为四个模块：

一是自主创新的理论研究与政策实践。本部分从关注供给因素的

"技术推动假说"和侧重需求因素的"需求引致假说"两种思路出发，系统总结梳理了国内外学者关于自主创新的理论成果，并重点回顾了日韩两国在不同发展阶段支持技术创新的政策实践，继而从理论角度评价了政府激励政策对技术创新和经济增长的影响。

二是国际技术扩散对我国自主创新及技术进步的影响。本部分系统阐述了有关国际技术扩散的作用机制以及东道国特征因素与吸收能力对国际技术扩散的影响，并在机制分析的基础上，通过建立数理模型与计量回归模型检验了国际技术扩散及其影响因素对一国创新能力及技术进步的影响。

三是内生需求因素刺激自主创新能力提升。本部分系统阐述了一国内生需求影响技术创新的机制以及工资上涨、收入差距等因素对国家技术创新能力的影响，并在机制分析的基础上，通过建立数理模型与计量回归模型检验了内生需求、工资上涨和收入差距对一国创新能力及技术进步的影响。

四是环渤海地区创新路径的研究及全面提升中国自主创新能力的政策建议。本部分首先以环渤海经济区为例，研究在区域内 R&D 资源约束和开放经济条件下，通过利用国外 R&D 资源以及市场引致形成创新资源在区域内的最优组合，从而实现该区域创新一体化和自主创新能力的全面提升；然后，综合对全国和次区域层面的研究成果，对中国自主创新能力全面提升的路径选择问题提出相关的政策建议。

目　录

第一部分　自主创新的理论研究与政策实践

第二部分　国际技术扩散的机制及影响因素分析

第三部分　内生需求：机制及影响因素分析

第四部分　典型区域研究及对中国自主创新政策制度的建议

第一部分

自主创新的理论研究与政策实践

自主创新是一国经济增长与发展的原动力。在经济学的发展过程中，国内外学者对自主创新理论的探索从未间断。随着各国经济的发展，各国政府采取了适应本国发展的创新政策，其中不乏成功的典范。各国学者关于自主创新的理论研究以及各个国家的创新政策对我国自主创新能力的提升无疑会提供宝贵的理论与经验借鉴。本部分首先系统梳理了国内外学者关于自主创新的理论成果，力图在理论上分析中国自主创新能力提升的路径选择这一问题可能的解答；随后分析、比较了不同发展阶段代表性国家促进自主创新的政策实践，总结并思考他们的成功经验和教训，以期为我国自主创新能力的提升提供一定的政策借鉴。

第一章　自主创新的理论成果

Romer（1990）认为，新技术的产生主要是在市场利益驱动下，追求新技术之最终赢利的结果，新技术的生产量是由新技术的市场供给和市场需求共同决定的。国内外学者关于自主创新的研究大体可分为关注供给因素的“技术推动假说”和侧重需求因素的“需求引致假说”（Schmookler，1966）两条思路，前者认为技术能力和科学知识是创新活动的主要推动力，后者则认为市场需求是决定创新活动速率和方向的主要因素。

第一节　技术创新的供给因素

这里的“技术供给”指的是由外部技术因素所推动的技术创新。技术落后国家，一方面加大自主研发力度以促进本国技术进步与吸收能力的提升，一方面在国外先进技术的推动下吸收国外扩散的先进技术以促进本国的技术进步与创新。

一、研发（R&D）投入

国内 R&D 投入是实施科教兴国战略的基本保证。R&D 投入保证 R&D 活动的顺利进行，从而推动科学技术的进步，进而促进生产力与经济的发展。

经济学家对 R&D 活动的研究始于熊彼特的创新理论，系统的研究是从 20 世纪 50 年代后期开始的。人们注意到 R&D 活动是一个具有新经济特性的活动，R&D 成果具有潜在的、巨大的社会收益。这吸引很多学者研究 R&D 的投入与产出、R&D 收益率、R&D 外溢效应、R&D 与生产率的关系等问题。主要研究学者有 Solow、Romer、Griliches、Mansfield、Bernstein 等人，这些学者从收益率等问题入手，着重从经济学角度探讨 R&D 活动的作用与性质，在研究方法上有所建树，而且也取得了一些重要的研究成果。其中，最具有代表性的理论成果有 Solow 的经济发展与技术创新相关理论和 Romer 的 R&D 人力资源投入相关理论。

近年的理论研究进一步阐明了 R&D 活动对技术创新的巨大作用，无论是以产品种类数目扩张为特征的技术进步模型（Dixit 和 Stiglitz，1977；Romer，1987），还是在具有产品质量改进特征的技术变迁模型（Grossman 和 Helpman，1991；Aghion 和 Howitt，1992）中，产品数目的增加和产品质量的升级都是企业 R&D 投入的结果。企业的 R&D 活动一方面直接导致新知识的出现，另一方面也增强了企业对外界已有知识存量、技术的吸收、模仿能力。

Trajtenberg（1990）和 Romer（1994）研究发现：一国的研发投资越多，技术的潜在能力便越大，就会产生更多的技术创新。方希桦和包群（2004）的结论也表明国内研发投入显著地促进了国内技术的进步。因此，一国的技术创新水平直接取决于国内已有的 R&D 存量和有效的 R&D 投入。

在国内研发投入对技术创新的影响机制方面，国内学者鲁志国（2005）较为全面地阐述了 R&D 资本投入促进技术创新的传导机制，认为研发投入对一国自主创新能力的影响主要体现在四大效应：种子效应、生产效应、引致效应和自我增强效应。此外，国内研发投入也是决定吸收能力的关键因素，对于理解和评估新技术的趋向和创新起到了至关重要的作用。Griffith 等（2004）使用 1974—1990 年间来自 12 个 OECD 国家的工业数据调查发现：国内研发在为技术采用提供必要的技能时起到了与人力资本类似的作用；国内研发开支越大，与技术主导国的生产率差距缩小得越快，技术创新速度越快。

二、技术扩散与技术创新

相比国内研发，国外研发流入对于经济全球化下日益融入世界经济体系的发展中国家技术创新能力的提升显得尤为重要。东道国通过国际技术扩散获取国外研发溢出，其中FDI、进口贸易和国外专利申请作为三大主要路径已经得到广泛认可。

首先，FDI对东道国技术创新的影响一直备受关注。一种观点认为，FDI对东道国技术创新产生了显著的促进作用。国内学者王红领等（2006）的实证分析支持了这一观点，认为FDI的进入促进了内资企业的自主研发。Feinberg和Majumdar（2001）对跨国公司在印度的研发投资行为的实证研究也表明：国外研发投资的流入加快了印度相关行业的技术创新速度。另一种观点则认为，FDI并未带动东道国技术创新能力的提升。国内学者姜奇平（2004）对20世纪90年代以来中国以市场换技术的战略效果进行了重新考察，认为外资并购会引起本土自主研发能力下降，形成对外方的高度依赖，导致产业发展的后劲不足。Romer（1990）从人力资本配置结构的角度得出了FDI会对东道国科技发展产生负面效应的结论。由此可见，FDI对东道国的技术创新具有双向影响，既有可能起到促进作用，又可能造成不利影响。

其次，进口贸易也是促进进口国技术创新的重要机制。但相比FDI，进口贸易对技术创新影响的相关研究较少，且大多研究集中在进口贸易的技术溢出效应分析上。Lichtenberg和Pottelsberghe（1996）对13个OECD国家、Coe等（1997）对77个发展中国家、Crespo等（2002）对28个OECD国家的实证研究都表明，进口产生了显著的技术溢出效应。有关进口贸易对技术创新影响的研究大多局限于理论的分析，国内学者李平（2002）较为全面地分析了进口贸易促进技术创新的机制：其一，国际商品贸易给输入国带来了模仿生产的动机，技术溢出开始发生，输入国的技术创新水平有所增强；其二，由于输入商品的竞争力会影响到当地厂商的市场份额，国际贸易也会间接地刺激当地厂商的技术创新活动，以期达到抗衡的目的。

再次，国外专利申请的流入引起大量先进专利技术的转移，从而刺激了东道国的技术创新。东道国企业利用国外专利申请扩散的技术信息一方面可以避免研发的盲目性，另一方面可以利用现有的先进专利技术加快研发的步伐。国内外的相关研究主要是国外专利申请的技术溢出效应分析。Eaton 和 Kortum（1996）通过考察 OECD 国家专利申请的有关数据发现，对于除了五个主要研发国家（美国、德国、日本、法国和英国）之外的所有 OECD 国家来说，外国专利申请引致了其 90% 以上的生产力增长；越是技术落后的 OECD 国家，国外专利对其生产率增长就越为重要。Xu 和 Chiang（2005）对发展中国家的研究也得到类似的结论：发展中国家生产率的增长与本国拥有的国外专利的数量呈正相关关系。目前，有关国外专利申请技术溢出效应的研究还处于起步阶段，国外专利申请对东道国技术创新的影响更有待于做进一步的理论探讨和实证分析。

第二节　技术创新的需求因素

"市场需求引致"假说最早由美国学者 Schmookler（1966）提出。消费需求诱导的主要是产品创新、服务创新，消费者的需求变化迫使供给方不断推出新的产品和服务，通过开发、采用新技术改善或增加功能，甚至通过发明创造得到全新的产品、服务，从而实现技术创新。有效需求主要包括一个国家或地区的经济总收入、人均收入、收入差距等（范红忠，2007）。其中，一国的 GDP 指标反映了其市场需求的总量和总体购买力，GDP 越大需求规模也越大。人均可支配收入指标反映了一国人均的购买力水平，人均可支配收入越高，该国的个体有效需求规模也越大。

一、国内市场消费需求

"需求引致创新假说"认为如果预期未来的需求上升，企业将投资于创新，市场经济中产业间需求条件的差异直接影响创新活动的激烈强度，特别是在新经济条件下，表现更加明显，技术创新和产品的更新换代很大程度上是以市场需求为导向的。消费者产生某种市场需求，基于此形成开发新产品的构想，再由企业家或制造商将创新进行完善并快速推向市场。Hippel（1986）等人的研究支持了这一结论，在许多领域，用户本身就是重要的创新源。用户在使用原来产品的过程中发现了某些不足，或产生了某种新的需要，进而促进生产者对新产品进行研究开发，以更好的产品供应市场和满足消费需求。

Rosenberg（1982）提出"用中学"理论，他认为"用中学"产生两类知识：体现型知识和非体现型知识。体现型知识是指有关一项新技术的经验导致对特定设计的功能、特性的进一步了解，并最终在设计上做出改进。非体现型知识是指经过一段时间的使用，人们会更好地使用这项新技术，提高硬件的生产率。Rosenberg的"用中学"理论包含了这样一种思想：一种新产品在刚刚走向市场时并不完善，只有通过使用才能不断加深对产品性能的了解，进行许多创新，改善产品性能，最终使新产品走向成熟。

Rosenberg的"用中学"理论和Hippel提出的"用户是创新者"思想是一致的。从企业技术能力的角度看，"用中学"思想的提出启发后来的研究者认识到企业在提高技术能力的过程中，要吸收外部的信息（包括用户的信息），不断提高信息的收集和处理能力（赵东安，2008）。Rothwell（1985）研究强调了市场导向与重视顾客需求在技术创新中的重要地位。Lee（1991）提出应用研究的技术交流、产品类的技术交流和发达国家的技术交流，更大程度上依赖市场需求。

二、有效需求的重要因素：收入差距

相比之下，有关收入不平等对技术创新影响的研究相对较少，仅有部分学者从需求层面研究了收入差距会影响技术创新或 R&D 投入的动机。Zweimüller（2000）指出收入分配决定了消费者对某种特定商品的市场需求，收入的不平等程度决定了有能力购买该商品的消费者的数量，进而刺激生产厂商的创新欲望。基于不同收入的消费者对产品购买需求存在差异的假定，Greenwood 和 Mukoyama（2001）利用局部均衡模型分析认为收入分配的规模能够刺激创新的研发动机。Foellmi 和 Zweimüller（2006）通过建立数理模型，详细分析了收入差距主要通过“市场规模效应”和“价格效应”来影响企业对新产品的研发投入：价格效应，即收入分配不均可以导致进一步的质量分化，由于高收入者会为新产品支付更多，这给厂商带来更强的创新动机；市场规模效应，即收入分配不均也会导致新产品的市场狭小，从而不利于激励厂商创新。

此外，收入不平等还可能通过影响人力资本投资间接影响技术创新。Galor 和 Zeira（1993）构建数理模型分析认为初始收入分配越均等，进行人力资本投资的个体将会越多。当金融市场不完善时，个体进行人力资本投资将取决于个体所拥有的资产和收入。由高收入者向低收入者进行收入再分配有助于提高人力资本总投资。Gregorio（1995）、Benabou（1996）也认为收入差距的扩大不利于人力资本的积累。而人力资本水平又是一国技术创新中自主研发和消化、吸收外来先进技术的重要影响因素。可以认为，收入差距通过影响人力资本积累进而影响自主研发以及对 FDI 技术溢出的吸收作用，最终对一国的技术创新产生影响。

三、出口

出口对一国技术创新的影响主要基于竞争机制和溢出机制两条途径。

Krugman（1979）通过一般均衡的方法，分析了经济一体化（主要包括创新者的出口行为）对技术创新的作用。贸易竞争优势带来的出口增长会形成巨大的消费市场，使创新者的短期垄断更有价值，这是进一步刺激创新的重要力量，而一旦垄断期结束，技术被普遍传播，每个国家都可从技术先发国的技术创新中获利，使技术差距缩小，此时，竞争带来的压力会迫使创新先发国不断进行新的技术研发。Grossman 和 Helpman（1991）则认为，贸易竞争优势的获得有助于一国扩大出口机会，从而使一国出口企业能有更多的机会接触整个世界已有的知识基础，这对于进一步的技术创新具有巨大的启迪作用。

Feder（1983）通过构建两部门模型，首次研究了出口贸易的技术外溢效应，结果表明出口贸易通过外部经济效应和要素生产率差别效应两条渠道影响经济增长。邹武鹰和亓朋（2008）运用中国 1986—2004 年间的省际面板数据，通过构建研发活动的投入产出函数，实证检验发现出口贸易借助于技术溢出对技术创新产生积极影响，但出口贸易的技术溢出效应存在着一定的地区差异性，呈现出东部最强、中部次之、西部较弱的格局。

第三节　技术创新效率的影响因素

世界各国处于相同的技术前沿下，但各国向技术前沿靠近的速度却不同；即使各国有相同的商品需求，各国需求引致的创新也不会相同。原因在于各国影响技术供给与技术需求的因素有所差异。

一、人力资本和知识产权保护

在关注国内研发投入和国外技术溢出对技术创新影响的同时，众多学者开始反思影响国内外研发资本投入产出绩效的主要因素，其中人力资本和知识产权保护成为研究重点所在。

人力资本决定了一国创造适合国内生产的新技术的能力（Benhabib 和 Spiegel，1994），其对自主创新的影响主要体现为：一方面，一国的原始创新相比二次创新需要投入更多的研发资金和人才，而目前发展中国家缺乏的主要是研发人才，因此人力资本成为影响发展中国家原始创新效果的关键因素；另一方面，人力资本作为国内技术吸收能力的重要决定因素，对吸收国外溢出技术和促进二次创新具有重要的作用，国际技术扩散随着东道国人力资本水平的提高而增加。Xu（2000）的研究结果表明：由于发展中国家人力资本的匮乏，FDI 引起的技术转移并未显著促进其生产率增长。此外，人力资本水平也决定着发展中国家从模仿向创新转变的能力。人力资本贫乏的发展中国家只能模仿，而拥有充裕的人力资本禀赋的发展中国家则可以进行创新。

与人力资本不同，知识产权保护对发展中国家自主创新的影响一直争议颇多。一种观点认为，发展中国家加强知识产权保护既可以鼓励国内原始创新，又可以促进国际专利技术的扩散，提高国外转移技术的质量，从而加快本国的二次创新。在对巴西 377 家公司的调查中，80% 的公司表示：如果国内知识产权保护得到加强，他们将加大对国内的研发投资，提高对员工的培训（Sherwood，1990）。另外，发展中国家加强知识产权保护还将提高发达国家向其转让专利的质量（Yang 和 Maskus，2003）。国外技术转移的数量增加和质量提升都将进一步加快发展中国家二次创新的速度和层次升级。另一种观点则认为，知识产权保护力度的加大并未有效促进发展中国家国内的自主创新，反而增强了发达国家的技术垄断，对本国自主创新产生不利影响。Gould 和 Gruben（1996）的研究表明：市场结构可能影响知识产权保护与技术创新的关系，知识产权保护对技术创新的影响在竞争较弱和高度保护的市场中很小。发展中国家的市场大多存在上述问题，因而知识产权保护力度的提升对技术创新的激励作用微乎其微。此外，McCalman（2001）认为，知识产权保护还增加了发展中国家的技术使用成本，抑制了技术引用和转移。

二、工资

新古典经济学、内生增长理论、有关高绩效的工作系统（High Performance Work Systems）的文献都强调高工资的重要性、高工资会促进创新的产生。① 从理论上来说，工资上涨可能通过三种机制来影响技术创新：

第一，工资上涨，为避免雇佣新的工人，企业会对在职工人进行培训，提高在职工人的劳动生产效率。另外，一些企业会因为劳动力成本的上升裁减员工，而机器数量保持不变，这也会促使企业对在职工人进行培训等（Hutchens，1989）。培训会提高工人对技术的熟练程度，增加人力资本存量，为累积创新（Accumulative Innovation）提供可能性（Acemoglu，2002；Marquetti，2004）。

第二，短期内，工人技能提高，会提高原有资本品的生产效率；在长期，企业会使用更多的资本品替代工人，从而诱致更多的工艺创新来提高资本品的生产效率，或者进行产品创新来维持企业的利润（此类文献以 Bester 和 Petrakis（2004）、Acemoglu（2002）、Madsen 和 Damania（2001）为代表）。

第三，工资刚性给企业带来很大的成本压力，迫使企业进行创新，提高生产效率。Kleinknecht（1998）、Haucap 和 Wey（2004）相继发现工资刚性对提高劳动生产率存在动态的积极效应。

总的来说，大多数文献都认为工资上涨通过在职培训、过程创新会提升生产效率。此外，也有少数文献认为工资刚性不利于生产效率的提高（Hirsch，1991；Siebert，1997；Mukherjee 和 Pennings，2005）。Mukherjee 和 Pennings 的模型表明，相对于单一或集中的工会组织，在分散型的工会组织下，技术领先的公司更乐于将技术专利转让给技术落后的公司，而技术的转让会促进技术扩散增加产出。

---

① Madsen 和 Damania（2001）文章的第二部分对此作了详细的说明，读者不妨参考。

三、市场结构

市场结构可以通过市场集中度、产品差异程度、企业规模以及进入与退出壁垒等来影响技术创新（李平、张庆昌，2008）。

（一）市场集中度

市场集中度很低时，几乎所有的企业都是同质的，产品也是同质的，造成影响市场行为力量的相对分散，因而企业间只能进行价格战。这种情况下，企业迫于竞争的压力而进行创新，并通过技术创新的催化、放大和强化效应来提高企业的核心竞争力，因此竞争成为技术创新的基本动力（Sandra 和 Norbert，2006）。但同时，企业因为市场势力相对较弱或市场份额相对较低而不能得到其成功创新后的全部收益，又降低了创新的动力。在集中度很高的情况下，表面看来，高的市场集中度可能对 R&D 支出起到积极的作用，但由于缺少竞争的压力，R&D 的效率有可能降低（Scherer，1980）。另外，竞争的程度还影响创新的策略选择或创新的程度（Daniela，2006）。

（二）产品差异化

产品差异化使同一产业内的不同企业的产品减少了可替代性，意味着该产业市场的垄断因素加强。成功的产品差异会产生两种效应：一是移动消费者的需求曲线而增加销售额；二是改变需求曲线的斜率从而能使价格提高又不过多失去顾客。正如 Aghion 和 Howitt（1998）、Grossman 和 Helpman（1991）所说的一样，他们认为私人企业是因为寻求利益而进行新产品和新技术的开发，所以产品的产异化必然成为创新追求的目标之一。

（三）企业规模

一般来说，企业规模越大，资金也相对较充裕，从而能够承受创新的高风险；能够整合企业内部的各种资源，形成创新和生产的规模效应；有实力独占创新收益（Cohen 和 Klepper，1996）。这些因素都为一定规模的企业进行 R&D 或技术创新提供了动力因素和必要条件。但是，随着企业规模的扩大，“惯性理论”（Inertia Theory）也开始在起作用（Gerard 和 Rajesh，2000）。因为随着企业员工数量的增多，官僚机构出现，层层审批的管理制度必然延迟创新项目的选择。创新者不可能得到全部的创新收益（Cohen，1995），从而创新者的动力也就相应地减弱。这些因素对大企业的创新又起到一定的阻碍作用。

（四）进入壁垒因素

进入壁垒主要通过两个方面来影响技术创新：一方面，可以在一段时间内阻止技术的扩散，延缓竞争者的模仿，使该技术具有完全的独占性；另一方面，由于壁垒的存在，企业创新的动力会在一定程度上减弱，对创新又起到消极的作用。在两方面因素的影响下，必然存在一个有利于技术创新的最佳点。

第二章　自主创新的政策实践

自主创新是企业在市场中获得竞争优势的根本途径，是一国经济增长的引擎。企业投资于研发活动能创造出新产品或新技术，为企业带来一定时期的垄断利润流。然而，内生增长理论认为研发成果具有非竞争性和部分非排他性，由于其他企业的"搭便车"，创新企业的私人回报率低于社会回报率，抑制了企业研发积极性，导致单靠市场对企业创新的激励作用很难达到社会最优研发投入水平（Romer，1990；Helpman 和 Grossman，1991）。这就需要政府从全局出发进行适度的干预来弥补"市场失灵"带来的缺陷，在协调研发与创新中发挥积极作用。因此，技术创新除了企业自身的努力外，政府的创新政策也具有重要作用。

就一国而言，政府可采取多方面的措施促进技术创新，如建立一整套的创新制度以保证本国技术创新的来源，规范市场环境为企业技术创新提供良好的外部环境，实行政策倾斜以引导技术创新的方向等（李平，2006）。本章将分析、比较不同发展阶段国家促进自主创新的政策，以借鉴其政府创新激励政策的成功经验。

第一节　典型国家的创新政策实践

20 世纪以来，美国、日本和韩国等后发国通过技术创新成功实现了赶超，挤入发达国家行列。从美日韩等国家的经验来看，创新型国家的科技发展在工业化初期和中期阶段带有政府主导的特征，即企业技术创新能力的提高一般要经过一段特殊的培育期，在此期间主要依靠政府提供研发资金等技术创新政策以引导和激发企业的创新活动。如美国在20世纪六七十年代约半数的研发投入是由政府资助的，目前美国企业研发活动中政府资助的比重稳定在8%—9%，2007年为9.22%（《国际科学技术发展报告》，2009）；OECD成员国的企业研发活动中政府资助的平均比重稳定在8%—10%（Guellec等，2003）。技术创新政策是一国政府为影响或改变技术创新的速度、方向和规模而采取的一系列公共政策的总称，主要包括税收和补贴等政府财政资助、公共研发、政府采购等（Rothwell和Zegveld，1981；Geroski，1990）。

两次世界大战期间，美国确立了其经济和军事的领先地位，支撑其发展的技术创新政策有着军事争霸的特殊时代背景。纵观美国在20世纪中叶的发展，很大程度上得益于其大量军用技术转为民用的开发利用。美国技术创新的另一个特色是资本市场的支持。在政府支持科研机构进行基础研究和扶植大企业进行技术创新的同时，众多小企业由资本市场获得大量的风险投资基金，充分发挥小企业的创新活力，成功地创造出硅谷模式。但是，和平与发展已成为时代主流，加之国内的资本市场狭小且发展缓慢，美国技术创新的两大特色对时下中国的自主创新战略借鉴意义有限。因此，本节将重点回顾日韩两国尤其是日本政府的财政资助和公共研发等技术创新政策。

一、日本

作为第二次世界大战中的战败国，日本战后产业技术基础薄弱。与欧美国家经济发展和技术水平上的巨大差距以及严峻的生存环境，使政府确立了以引进、模仿欧美技术并加以消化吸收和改进为中心的产业政策。该政策以实用性为主要战略，目的是提高日本产业技术水平，实现日本经济的重建与复兴。随着技术力量的积累和技术水平的提升，日本政府抓住20世纪70年代的电子产品浪潮，大力进行应用型技术的研究开发，并于20世纪80年代提出了“技术立国”的口号。20世纪90年代以来，随着经济技术实力的增加，日本转而提出“技术创新”战略，加强基础研究，力图站在21世纪科技发展的前沿。总的来讲，日本技术创新史可分为技术引进与模仿改进、应用技术开发和自主创新三个阶段，这其中日本政府发挥了主导性的作用，适时调整发展战略，并制定了相应的扶植政策。①

（一）技术引进与模仿改进阶段：第二次世界大战后—20世纪70年代

为鼓励引进和模仿欧美尤其是美国的先进技术，日本政府于1950年前后公布实施《外汇及外贸管理法》和《外资法》，由政府统一管理外汇，将有限的外汇用于国外先进技术和设备的引进。1949—1955年间，日本共引进欧美技术和设备1000余项，主要集中在机械、化工、金属等重工业部门，初步形成了日本独特的技术引进模式：进口设备，学习技术，消化吸收，最终国产。

随着技术的大规模引进，日本与欧美间的技术差距逐渐缩小，技术引进的空间日益缩小。日本政府立足于本国技术发展，通过建立科研队伍研究引进的技术，鼓励企业进行改进和革新。日本政府通过为企业提供间接或直接的技术补贴，鼓励和支持民间企业开展研发活动。政府为企业研发和引进国外先进技术提供资助主要有三种形式：

1. 税收减免与折抵

1951年，日本实行对重要机械产品进口免征关税的政策，规定对新式或高性能产业所用的机械产品免征进口关税。1953年，日本规定引进技术时对外国法人支付的费用作预扣赋税减除。1956年，日本制定了《技术出口特别扣除制度》，规定企业向国外提供工业产权、技术诀窍、著作权和咨询服务等获得的收入可按一定比率（分别为28%、8%和16%，但以收入的40%为上限）计入亏损额。1966年，日本制

① 下文所述日本政府政策主要参考《昭和经济史》和《政府科技投入与企业R&D》（程华等，2009）。

定了《扣除试验研究费税额制度》，规定企业试验研究费用超过过去历年试验研究最高额部分按20%比率扣除税额。

2. 政策性金融机构的低息贷款

主要由日本开发银行和中小企业金融公库提供。日本开发银行1951年设立“新技术企业化贷款”，以低于民间金融机构的利率向企业提供研发资金；1964年设立“重型机械开发贷款”；1968年设立“新机械企业化贷款”，这三者一起构成“国产技术振兴资金贷款制度”。1970年设立由中小企业金融公库实行的“国产技术企业化等贷款制度”，对新技术的企业化以及新机械的商品化试验提供低息贷款。

3. 政府补贴

具体包括为企业提供直接的研发补贴和委托研发拨款，以引导企业开展重点领域的研发。1966年制定的“大型工业技术委托研发费”，主要是促进新技术和新产品的开发，在尖端技术领域选择特定的项目，委托企业进行研究。1967年制定的《技术改善补助金制度》，目的是促进中小企业的技术开发。接受这种补助金的研发项目费用占日本研发总费用的15%以上，最高年度达40%。

（二）应用技术开发阶段：20世纪70—90年代

第二次世界大战后，美国出于支持日本对抗中苏以及朝鲜战争的需要，默许甚至鼓励日本引进、模仿美国的技术。随着经济实力和技术竞争力的提高，日本对美国的优势地位提出了挑战。美国开始转向在世界范围内推行知识产权保护制度，通过加强专利保护，限制日本的知识引进。这迫使日本转向企业开发新产品，以取得竞争优势。而20世纪70年代兴起的电子产品浪潮也为日本的自主研发提供了契机。这一时期日本产业政策的主要特点是应用技术的研究开发。其科技发展战略是通过应用技术为主的研究开发创造富裕的社会，这种发展模式集中体现于日本20世纪80年代初提出的“技术立国”战略。同时，随着日本企业技术力量的积累和技术水平的提升，企业在应用开发领域逐步占据了主导地位，松下、三菱、丰田、索尼等一批大企业成为技术开发主体。这一时期日本产业技术政策的主要措施有以下方面：

1. 完善政府研究开发机构，直接主持重点领域的研究工作

20世纪80年代初，日本科技审议会增设了下属的政策委员会。日本政府对原有的政府研究实验室进行改组，并赋予国立电子技术研究实验室、机械工程研究实验室以新的使命，在农业、林业、高能物理、基因和生物工程领域建立了相应的研究组织。为促进私营企业基础技术水平的提高，1985年建立日本关键技术中心、生物技术研究推进机构。1987年建立医药研究促进基金，建立了基础生物研究所、农业研究中心等机构。为了开放自己的先进产业技术，日本政府相继建立了在核能、空间和其他技术前沿领域开展研究开发活动的组织机构，科研机构大批迁入筑波科学城，实现了集中。

2. 大幅度增加技术投资，充实和完善技术开发的政府补贴制度

通产省提出要把科技投资占国民生产总值的比重从1980年的1.8%提高到1985年的2.5%，再提高到1990年的3%。主要的措施有两项：一是1972年建立的“保护扶植产业”制度和1968年建立的“国际竞争能力”制度，加大对电子计算机开发和民间运输机械开发的补助；二是能源技术研究开发委托费和补助。1980年日本通产省产业结构审议会《80年代通商产业政策构想》，提出的政策措施主要有：为地区开发和未来产业基础结构的建立制定研究开发体制，为工业研究开发和技术推广以及新型发电技术的开发制定了补贴计划。1985年日本政府制定了间接的财政补贴政策，如促进基础技术开发和为中小企业提供技术基础的税收优惠政策。此外，自1980年，日本建立和实施了一个面向中小企业的特别信用保证制度。

3. 促进联合研究

组织实施联合研究项目计划，促进民间企业（产）与政府研究机构（官）和大学（学）之间的交流与合作，加强企业、大学和政府三位一体的研究开发组织体系，推进大型研究开发项目的合作。日本政府

还专门设置“技术开发事业团”来主持这方面工作。联合研究以1961年制定的法律为基础。该法律允许建立研究联合体，目的是为了改善相互竞争的企业之间的技术沟通，促进技术的转移，并使政府对企业的支持合法化。日本政府各部门特别是通产省建立了许多技术联合体，以促进信息的交流和协调。研究联合体主要是通过私营机构以合同或风险贷款的形式提供资金支持，这种贷款只有在项目取得效益的情况下才必须偿还。

（三）自主创新阶段：20世纪90年代至今

1986年日本制定了《科学技术政策大纲》，基本方针是振兴富有创造性的科学技术，以重点发展与人类社会协调的科学技术。根据这一基本方针，日本政府在坚持以民间企业为主力、以产业技术为主攻方向的同时，加强基础研究，开发独创性新技术，促使科学技术从模仿阶段向创新阶段发展。为迎接21世纪的挑战，提供日本经济参与国际竞争和实现持续增长的动力，实现“高科技大国”的战略目标，日本政府在科技战略定位、方针政策等方面进行了调整和改革：一是从科技立国向科技创新立国转变；二是从劳动密集型产业结构向技术密集型产业结构转变；三是从低技术密集型产业向高技术密集型产业结构转变，以高技术密集型产业作为主导产业。

这一时期日本政府创新的主要政策措施包括：

1. 加强政府的宏观调控，发挥政府对技术产业化的推动与协调作用

1992年重新制定的日本《科学技术政策大纲》将信息、电子、软件、半导体、新材料、生命科学、能源、海洋科学、宇宙科学和地球环境等作为研究开发的重点。1994年，日本政府决定成立以首相为部长的高度信息化社会推进本部，以加强信息高速公路的建设。1995年，日本通产省又制定《高度信息化社会的构想》，提出推进信息化社会的具体政策和全面规划。1995年11月日本政府颁布《科学技术基本法》，

1996 年 6 月制定《科学技术基本计划》，从而将发展高技术和高技术产业纳入统一规划和法制轨道，使日本的技术产业化和产业结构科学化进入一个新阶段。

2. 积极利用信贷、税收优惠和政府补贴等手段，鼓励和扶植高技术产业开发

日本政府规定，民间企业研究开发高技术可获得低息贷款，如果研究开发成功，则按照优惠条件还本付息；一旦失败，则按无息贷款还本。对电子、软件、生物工程和新材料等高技术产业的研究开发实行税收优惠和特别折旧制度，并给予政府补贴。针对基础研究投资期限长、风险大的特点，政府还直接分担高技术研究开发费用。

二、韩国

韩国科技成长背景与日本相类似。韩国政府传统上倾向于通过经济援助和国家贷款的方式弥补经济发展中的资金缺口，通过技术转让和学习型对外直接投资的方式获取外部技术。20 世纪 60 年代起，韩国开始承接日本的产业转移，相继制定了大量的技术创新政策。1967 年，韩国政府制定《科学技术振兴法》，强化税收在促进科技进步和经济发展中的作用。1974 年，政府颁布了《新技术产业化投资税金扣除制度》，这是韩国政府为扶持重点产业而制定的一部直接税收鼓励法。1974 年，为简化税制，韩国实行“关键部门的特别税收待遇”。重点部门有权在免税期、特别折旧、投资税收抵免三者中选择一项，以支持重点产业发展。1977 年和 1979 年，韩国分别制定了《科研设备投资税金扣除制度》和《技术转让减免所得税制度》。1973 年颁布了《技术研究开发促进法》，并经 1977 年和 1981 年两次修改完善。该法提出了免征年度研究开发非资本性开发的税金、减轻研究开发设备的进口税、免征企业研究机构不动产土地税、减轻投资税收、开发费用税收扣除与研究试验设备加速折旧、新技术开发的流转税与所得税减免、设立企业技术研究开发预备金制度等优惠措施，鼓励技术开发和创新。这些政策大多沿袭了

日本的政策，有着显著的政府主导特征，对此不再赘述。

韩国的特殊性在于国内市场狭小，难以对企业创新形成有效需求。因此，其技术创新政策有两个特点：一是政府扶植的家族大财阀，垄断国内市场；二是出口导向的技术创新战略。

（一）政府与财阀相结合

20 世纪 70 年代起，韩国政府采取各种财政、信贷、贸易等优惠措施，扶持了一批大型企业集团，允许某些工业进行垄断性生产以克服国内市场规模狭小的问题。这种政府主导推行的大企业集团化战略，适合于韩国在比较薄弱的工业基础上发挥本国的比较优势，发挥规模优势，增强国家竞争力。大型企业集团的迅速成长，使韩国产品增强了国际竞争力，促进了出口，带动了各个产业部门的发展，促进了韩国经济的增长。

（二）出口导向的技术创新战略

出口是韩国公司解决国内市场狭小的另一条途径。后发公司将技术机制和出口机制结合起来，形成了双重效应的市场和技术渠道，通过世界市场的高标准、复杂的需求结构，三星等韩国企业成功地做到了高质量、低成本、快速交货以及良好的服务，从而使它在取得竞争优势的同时可以利用出口市场作为刺激技术创新的一种渠道，学习外国的先进技术反过来也同时服务于出口市场。这一过程使企业能够从符合出口市场的需要角度来进行技术创新，促进了后发公司技术和专门技能的提高，使企业克服了缺乏高标准的客户以及当地市场狭小的不足，提供了需求机制以使生产商缩小技术差距。

另外，韩国非常重视技术的消化与吸收，技术引进经费与技术消化吸收经费的比例是 1∶11。例如，中国引进黑白显像管技术比韩国早 6 年，彩色显像管与韩国同时从日本引进，如今韩国在等离子显示屏、液晶显示屏技术已经接近或超过了日本和技术发源地美国。20 世纪七八十年代起，韩国的科技政策由引进模仿逐步转向创新和自主开发。韩国在对技术进行引进时坚持严禁一揽子引进成套设备的原则。韩国的电子领域曾经大规模运用“反求工程”的手段，最后通过从模仿到创新诞生了三星等国际知名品牌。

第二节　日韩创新政策对中国的启示

日韩两国凭借着技术创新政策的实施和实践的努力，不仅摆脱了贫困落后的发展局面，分别步入发达国家和新兴经济体国家行列，而且成功走出了一条政府主导型的发展模式，即“东亚模式”。虽然日本“失去的十年”和“东南亚金融危机”使人们对这一模式有所质疑，但相比于拉美的发展困境和东欧“休克”疗法引起的经济停滞，“东亚模式”无疑是成功的。日韩两国的技术创新史以及经济发展史有明显的从技术拿来主义到自主创新的转变，这对处于技术后发阶段并且文化传统相近的中国有很大的借鉴意义。

日韩两国的技术发展最初受益于国际技术扩散。利用二战后美国的扶持，日本大量引进欧美技术，并注重应用开发研究。日本政府立足于本国技术发展，通过建立科研队伍研究引进的技术，鼓励企业进行改进和革新，最终实现“技术立国”。韩国则利用日本产业转移机遇，加紧引进先进技术，重视技术的消化吸收，实现了经济技术的腾飞。随着经济技术实力的增加，日韩两国都转向了自主创新战略，加强基础研究，力图站在21世纪科技发展的前沿。

作为技术后发国，中国应综合利用国际技术扩散和自主创新战略。本书将探讨国际技术扩散各渠道溢出的国外R&D资源、各内生需求因素对我国自主创新能力的作用大小，研究加大国外R&D资源对我国自主创新的投入产出绩效的作用以及提高各内生需求因素的贡献度，为我国提升自主创新能力的路径研究提供实证依据。

第二部分

国际技术扩散的机制及影响因素分析

基于经济增长理论及第一部分日韩等国的发展实践可以看出，一国的创新能力提升与技术进步不仅来自于自我创新和积累，而且在很大程度上依靠对其他国家先进技术的消化和吸收，对发展中国家而言，吸收与利用发达国家的先进技术以促进本国创新与技术进步尤为重要。我国近年来提出建设“创新型国家”的目标，强调自主创新能力的提升。但由于我国创新能力薄弱，研发资源有限，仅仅利用国内研发力量来提升自主创新能力是不现实的，也是不可取的。因此，科学、合理的利用各种形式的国际技术扩散，对我国实现“创新型国家”的战略目标意义重大。

本部分将系统阐述国际技术扩散的机制以及东道国特征因素与吸收能力对国际技术扩散的影响，并在机制分析的基础上建立数理模型与计量回归模型就国际技术扩散及其影响因素对东道国创新能力及技术进步的影响进行检验。具体地，第三章为国际技术扩散渠道及其影响机制的分析：第一节主要分析了国际技术扩散的三大传统路径（国际贸易、FDI与国际专利申请）以及国际人力资本流动和国际文献引用对一国创新能力及技术进步的影响机制，并简要阐述了国际技术扩散的动态机制，即国际技术扩散的各个阶段，包括技术扩散的周期性；第二节阐述了影响国际技术扩散的东道国主要特征因素及其作用机制。第四章主要通过数理模型来证明不同条件下国际技术扩散在世界各国经济增长收敛中的作用以及一国自身特征因素对技术进步趋同的影响，本章共分为两节：第一节为国际技术扩散的收敛模型，主要阐述大国及小国背景下，国际技术扩散在世界各国经济收敛中的作用；第二节为扩散的影响因素模型，主要分析一国自身特征对其技术吸收能力的影响。在前两章机制及数理模型分析的基础上，第五章使用中国数据实证检验了国际技术扩散及东道国特征因素对一国创新与技术进步的影响，共分为五节：第一节为国际技术扩散对中国整体创新能力贡献度的分析；第二节基于地区层面，检验国际技术扩散对中国各区域技术进步与创新产出的作用，并根据地区分组对扩散效果进行了检验；第三节为东道国特征因素对技术扩散影响的分析及其门限检验；由于数据原因，知识产权保护对国际技术扩散的影响将单独作为第四节进行检验；第五节在前四节研究的基础上，将国际文献引用引入国际技术扩散的渠道，尝试分析处于基础研究层面的国际文献引用对一国技术创新的影响及门限效应。本章得出的结论对中国利用国际技术扩散促进创新能力提升与技术进步具有重要借鉴意义，为后文的政策分析提供实证依据。

第三章　国际技术扩散及其影响因素的机制分析

李平（2007）在其著作中对传统渠道的国际技术扩散机制进行了全面系统的分析，包括扩散的机制及影响因素。在此基础上，本章第一节首先对FDI、国际贸易、国际专利申请三大传统国际技术扩散渠道及国际人力资本流动和国际文献引用渠道的国际技术扩散机制进行分析，随后简要阐述了国际技术扩散的动态机制；第二节对影响国际技术扩散的东道国特征因素及其影响机制进行了详细分析。

第一节　国际技术扩散机制分析

对国际技术扩散机制的分析主要分为两个方面的内容：其一为静态机制分析，主要是指国际技术扩散各个主要渠道的扩散模式，即技术扩散促进一国自主创新能力及技术进步的机理分析；其二为动态机制分析，主要阐述技术扩散的各个阶段及技术扩散周期。

一、国际技术扩散静态机制分析

发达国家R&D资源及先进技术通过FDI、国际贸易、国外专利申请、国际间人力资本流动以及国际文献引用等渠道扩散到发展中国家，被发展中国家吸收利用以促进本国创新能力提升与技术进步，国际技术扩散的静态机制即指这种促进作用的机理分析。发达国家溢出的先进技术不仅从静态意义上提高了发展中国家的技术存量水平，缩小了其与发达国家的技术差距，更为重要的是在动态意义上通过各种渠道和机制促进了发展中国家自主创新能力的提升及创新机制的形成，为发展中国家后续的经济增长与发展提供了动力。本节主要阐述各个渠道的国际技术扩散对一国影响的静态机制。

（一）FDI 与技术扩散

作为国际技术扩散的渠道之一，外国直接投资（Foreign Direct Investment，FDI）被认为是国际技术扩散中最重要也是最廉价的渠道（Damijan 等,2001;UNCTAD,2002）。由 FDI 引致的国际技术扩散通常是指：由于跨国公司（Multinational Corporation，MNC）在东道国设立子公司，从而引起当地技术或生产力的进步，但 MNC 子公司又无法获取全部收益的情形，是经济外在性的一种表现，有时又称"溢出效应"。

自 Caves（1974）的开创性研究以来，出现了大量的关于 FDI 技术溢出的文献。虽然实证研究的结果并没有得出统一的结论（Gorg 和 Greenaway，2004；Crespo 和 Fontoura，2007），但多数文献研究认为 FDI 促进了东道国技术进步及经济增长。Globerman（1979）对加拿大、Blomstrom 和 Persson（1983）及 Blomstrom 和 Wolff（1994）对墨西哥的研究显示，跨国公司对促进东道国生产力的提高具有积极意义；Hejazi 和 Safarian（1996）的研究显示美国流入 OECD 国家的 FDI 对东道国具有显著的 R&D 溢出效应。Baldwin 等(1999)在产业层面上证实了内向型 FDI 技术溢出效应的存在，而 Smarzynska（2004）从后向联系方面提出了 FDI 积极溢出效应的证据。近期的研究中，Branstetter（2006）、Bitzer 和 Kerekes（2008）的研究也证实了 FDI 对东道国技术溢出的存在性。

FDI 对东道国的技术扩散多为非自愿的技术扩散，包括跨国公司进入所引起的示范与模仿效应、人员流动效应、市场竞争效应等。此外，前后向联系及跨国公司的 R&D 当地化也会促进东道国的技术进步。

1. 非自愿技术扩散

跨国公司凭借其所有权优势在东道国建立子公司，一般具有较东道国更为先进的技术，并且凭借其母公司的网络关系，更为接近最新的技术。但跨国公司子公司并无义务也无必要将技术扩散给东道国，而且为保持其所有权优势将尽量避免技术溢出。但跨国公司进入东道国存在一定程度的非自愿技术扩散，主要体现为以下几种形式。

（1）示范与模仿效应

跨国公司的示范作用及国内企业的模仿作用可能是最明显的溢出渠道（Wang 和 Blomstrom，1992）。由于新技术的高成本及其应用的不确定性，东道国企业倾向于通过逆向工程和模仿采用跨国公司子公司已经使用的技术，溢出作用的大小取决于本地厂商与跨国公司子公司生产产品与生产过程的相似度（Barrios 和 Strobl，2002）。Tilton（1971）和 Lake（1979）在研究欧洲半导体工业时，都强调了美国跨国公司的技术示范效应；Swan（1973）认为跨国公司促进了示范的国际化；Riedel（1975）在研究中发现，MNC 子公司的示范效应是推动 20 世纪 60 年代中国香港制成品出口迅速增长的一大原因；Mansfield 和 Ramo（2000）认为由于 MNC 母公司转移给子公司的技术一般要比外售的更加先进，其子公司对先进技术的转入引起了当地竞争者的竞相模仿。此外，对跨国公司的高效管理模式的模仿会提升当地企业的效率，从而促进了技术进步。

（2）人员流动效应

人员流动也是引起跨国公司技术扩散的重要原因之一。具有先进技术及诀窍的跨国公司在东道国开设子公司，雇用当地的劳动者并对其进行各种形式的培训。当受雇于跨国公司的职工流向其他企业或者自主创业时，就产生了技术扩散，促进当地企业的生产率提高。同时，跨国公司对雇员的培训增强了东道国的人力资本基础，提升了东道国对溢出技术的吸收能力。随着拥有良好技术环境和管理制度的跨国公司在发展中国家和地区进行投资和研发活动，国际上高水平的技术人才随之流向这些国家和地区，从而实现国际技术扩散。国际人力资本流动引起的国际技术扩散将在下文中作为独立的渠道进行阐述。

（3）市场竞争效应

跨国公司进入东道国还可以通过竞争效应促进东道国技术进步（Markusen 和 Venables，1999；Wang 和 Blomstrom，1992）。一方面，跨国公司进入会挤占国内企业的销售份额，由此引起的竞争压力使得东道国企业积极地采用新的技术，更加有效地利用先进资源，提高自身效率，以保持自身的市场份额，从而推动了当地技术效率的提高（Blomström 和 Kokko，1998）；另一方面，跨国公司的进入遏制了本来具有强大行业壁垒的企业的垄断势力，优化了东道国的资源配置，进而提高市场效率。

2. 联系效应

通过与东道国企业的前后向联系将技术溢出到当地企业，是跨国公司促进当地企业技术进步的重要途径（Lall，1980；Rodrlguez-Clare，1996；Markusen 和 Venables，1999；Lin 和 Saggi，2004）。为了节约成本或适应东道国消费者的需求以增强自身产品竞争力，跨国公司子公司会与当地中间品生产企业发生联系，希望将有关技术转移给其在当地其他行业的供应商以降低成本和提高产品质量。在前向联系中，通过向当地企业出售中间品，使得当地企业无意中使用了国外的先进技术；在后向联系中，跨国公司子公司通过技术帮助、管理培训、质量控制和标准化等将技术转移给他们的当地供应商，从而引起技术的扩散。即使跨国公司子公司不会向其上游或下游厂商提供技术，当地厂商也可能从跨国公司先进的产品、生产工序或市场知识中“免费搭车”，产生技术溢出。即使跨国公司会向当地的供应商或客户收取一定的费用，但大多数情况下不可能攫取当地厂商从中获得生产力进步带来的全部收益。

3. R&D 当地化

随着生产、经营和市场的全球化，MNC 为取得竞争优势采取 R&D 全球化的战略，充分利用东道国的 R&D 资源（如科技人才、知识投入和科研基础设施等）在东道国设立 R&D 机构，从而产生了技术的扩散。具体而言，R&D 当地化对东道国的技术扩散效应主要表现在：其一，跨国公司 R&D 当地化会直接导致科技资源和 R&D 技能甚至国外科技人员的流入，有助于东道国科技发展与技术创新能力的增强；其二，MNC 在东道国进行 R&D 的一个重要职能就是通过对相关产品进行调整性开发使其适应东道国市场的需求偏好和消费条件，或者对生产工艺进行改制使其能够适应东道国的生产经营条件和要素禀赋，最有效地利用东道国的生产性资源，因此 R&D 当地化可以使 MNC 的产品与内部转移的技术更适合东道国当地的条件，这种适用技术的引入有力地促进技术溢出和东道国对技术的吸收；其三，MNC 进行当地化的 R&D 有助于雇用和培养当地的 R&D 人员，促进当地相关的人力资源开发，由此扩大了东道国的技术基础，并且随着在外国公司研究机构接受过培训并积累了相关经验的人员流入到当地部门，技术溢出随之发生；其四，MNC 通过当地化的 R&D 机构与东道国公司、大学以及科研机构进行广泛的技术合作，不仅使东道国能够获得 MNC 内部的一些专有技术和创新技术，同时这种技术的双向流动也通过促进技术的共同进步，引起新一轮更高水平技术的扩散和溢出，增强东道国的技术创新能力。

（二）国际贸易与技术扩散

国际贸易是经济体间技术转移和扩散的重要渠道（Keller，2004；Keller 和 Yeaple，2009）。一方面，发展中国家通过与技术领先国家进行贸易可以获得高质量、多种类的中间产品及资本设备；另一方面，可以拓宽交流渠道，扩大市场，学习发达国家先进的生产方法、产品设计和组织管理方法（Grossman 和 Helpman，1991）。

Coe 和 Helpman（1995）最早基于现代理论框架证明了国际贸易渠道技术扩散的存在。在其之后，众多学者的研究证实了国际贸易渠道的研发溢出促进了全要素生产率的增长（Coe 等，1997；Dalia 和 Florence，1999；Lumenga-Neso 等，2005；Jakob，2007）。Coe 等（1997）的研究证实了贸易对国际技术转移的重要作用，他们的研究指出工业国研发资本存量1%的增长会引起发展中国家0.06%的产出增加。Dalia 和 Florence（1999）进一步区分了产业间贸易和产业内贸易在国家间技术扩散中的不同，指出如果进口产品与本国（特别是出口部门）生产的产品同类，则更有利于本国厂商吸收外国技术，因此产业内贸易对技术转移和扩散更为重要。特别是当一国已经是一种商品的生产大国时，本国厂商在生产中应用外国技术的可能性更大，从而更有利于技术的扩散。Jakob（2007）使用 OECD 国家135年的数据验证了贸易渠道的国际技术溢出在 OECD 国家 TFP 的趋同过程中起到了重要作用。

1. 进口与技术扩散

技术扩散是一个学习过程，技术含量较高产品的进口有利于学习效应的发挥，增强国内厂商的技术创新能力。Dornbusch 等(1977)在李嘉图比较优势理论的基础上建立了一个贸易模型，Eaton 和 Kortum（2002）将这个模型与技术扩散的结构（Eaton 和 Kortum，1999）结合在一起，发现进口外国技术对本国生产力的提高具有显著作用。Coe 和 Helpman（1995）的研究证明一个国家生产率与其进口的技术组成有关，并且在进口组成一定的情况下，一国生产率与其进口份额成正相关关系。Xu 和 Wang（1999）指出，相比所有制成品贸易，资本品贸易中的进口组成效应更加明显。国际技术扩散借助于进口贸易促进国内生产力提高的途径主要分为两个方面，一是中间品进口，二是国际技术贸易。

（1）中间品进口的技术扩散

中间品贸易是国际技术扩散的一条重要途径（Batiz 和 Romer,1991；Grossman 和 Helpman,1991；Eaton 和 Kortum,2002）。国内厂商将进口的中间品用于本国的生产过程，一方面利用外国中间品中包含的专业技术知识和相应的研发成果来提高劳动生产率，另一方面进口中间品节约了研发成本，对本国厂商产生“技术溢出”。Keller（2002）的研究中指出由于中间品中包含了大量的研发成果，因此先进的中间品贸易是国际技术转移的重要方式。Horiuchi 和 Ishikawa（2009）在研究关税与技术转移关系时指出，若南方国家对中间品进口进行补贴，会产生技术转移，说明中间品进口是向南方国家技术转移的重要渠道。随着国际分工的日益加深及中间品贸易的增长，由中间品贸易引起的技术扩散日益凸显。

进口中间品并将其应用到本国生产中产生的学习效应会受到一些限制。一方面，新产品或新工艺所需的知识只是部分地包含在产品当中，有时即使通过逆向工程也不能获得全部的技术知识（Bresman 等,1999；Madhok 和 Osegowitsch,2000），通过观察产品蓝图、专利或其他形式的知识并不能获取关键技术，多数技术诀窍的获得需要经验的积累或直接向外国学习；另一方面，国外技术所有者为避免技术吸收国同类产品成为其产品的潜在竞争者，也会采取积极措施尽可能降低技术扩散的规模和速度。尽管存在这些限制，从进口国产业链来看，国内供应商为扩大国内市场份额，会尽可能地通过逆向工程等方式积极地模仿利用外国技术，取代国外中间品进口，因此国内与中间品进口竞争的下游厂商更具有获取外国技术的动机。另外，出于交易成本等方面的原因，国内生产者也更倾向于使用国内供应商的产品，从而间接支持和直接帮助当地供应商获取相关技术。

（2）国际技术贸易

国际技术贸易既是国际贸易的一个重要组成，也是国际技术转让的主要形式之一，其主要方式包括许可证贸易、咨询服务和技术服务、合作生产。国际技术贸易是技术知识在国际间转移和扩散的最为直接的方式，其产生的技术溢出效应对技术引进国的技术创新具有重要意义。它不仅对技术引进国的技术存量具有积极有效的影响，同时由于引进国的市场需求状况、人力资本、生产设备等诸方面与输出国之间可能存在着的较大差距，因此会刺激引进国的二次创新或适应性创新。特别是对于技术落后的发展中国家而言，国际技术贸易对其技术能力的提高和创新诱导反应机制的改善都具有重要作用，并最终影响这些国家的技术创新能力和水平。

2. 出口与技术扩散

在大量学者集中研究进口贸易技术溢出效应的同时，也有一些研究者对出口贸易的技术溢出效应进行了研究，但结论不尽统一。许多亚洲国家的例子说明了“边出口边学习”的可能性，韩国的许多外国客户在韩国设有办事处，他们会提供先进的技术模型以供韩国工程师模仿利用，甚至会到生产线上去教授工人技术知识。Hallward 等(2002)发现潜在出口商比国内其他厂商更致力于生产力和产品质量的提高。Evenson 和 Westphal（1995）认为，由出口导致的经济增长部分应归功于出口引致的技术外部性。部分学者的研究也表明在特定产业中出口商的生产力水平通常要高于非出口厂商（Bernard 和 Jense,1999;Clerides 等,1998;Hallward 等,2002)，但是其研究结果并不能表明出口商生产力的提高与出口“学习效应”的直接关系，出口厂商和非出口厂商之间效率差别的原因也可能是高效率的厂商进入了出口市场，而不是由于“边出口边学习”效应。出口可通过学习效应和关联效应产生技术扩散。

（1）出口中学习

企业在出口贸易中通过经验积累和边干边学来提高生产力，即出口中学习效应（Learning by Exporting)。Rhee（1984）的相关研究及其关于韩国 20 世纪 60 年代以来的案例研究表明，在韩国企业的发展过程中，通过出口学习效应提升了本国企业的劳动生产率。Bernard 和 Bradford（1999）运用美国厂商的有关数据考察了“边出口边学习”的存在性。出口中学习引起企业的生产率的提高，主要通过以下两种途径实现：

一是加工贸易中的直接学习。加工贸易是出口贸易的一种重要方式。进行加工贸易的过程中，对外加工的企业进口外国的关键料件和设备进行组装生产，在加工过程中摸索、了解和吸收国外同行的知识和技术窍门，逐步掌握生产这些中间产品的能力，使产品国产化率不断提高。Bigsten 等(1999)对非洲四国（喀麦隆、加纳、肯尼亚和津巴布韦）

的实证研究发现，加工贸易企业从出口贸易中获得较大的学习效应，技术水平得到较大的提高。王洪庆（2006）采用中国1983—2004年的数据，实证分析了中国加工贸易的增值率与全要素生产率的关系，结果表明加工贸易存在技术溢出效应。另外，张婧（2004）指出人力资本的培训和流动是加工贸易技术外溢的一种途径，通常情况下，加工贸易外资企业技术与管理人员当地化比例越高、人力培训状况越好、向内资企业流动越多，技术外溢的效果越好。

二是出口中对技术的间接改进。不同国家收入水平的差异和消费偏好的差异使得消费者对产品的需求有所不同，在出口贸易中，国外的消费者会对产品的性能进行反馈，使企业能根据国外市场的需求改进产品结构，增加产品销量。Pietrobelli（1998）对26个泰国出口企业的调查发现，96.2%的企业都认为外国消费者是其产品设计、技术创新等最重要的信息提供者。Malmberg和Power（2005）认为国外客户的特点和需求对出口国企业技术创新发挥着重要的作用，而且出口国与进口国客户的距离不同对技术创新的影响不同。

（2）关联效应

与进口贸易单纯地通过国外技术设备、机械仪器的引进相比，出口部门通过关联作用对国内技术进步、产业结构调整的影响更为深远。不同企业或产业部门之间在其生产经营活动中存在经济联系，其中某一个部门的技术发生了变化，会影响到与其相联系的其他部门，迫使后者与之相适应，并对其原来的技术体系进行改造，从而通过“关联效应”带来了技术外溢。

这种溢出首先体现为出口部门对非出口部门的技术溢出。Feder（1982）通过构建两部门模型首次研究了出口贸易的技术外溢效应，他就19个国家和地区及31个国家和地区两组样本1964—1973年的数据的实证研究结果表明，出口部门对非出口部门存在外部经济效应。也就是说，非出口部门可能得益于模仿出口部门的成熟管理技术、生产技术和市场营销战略或者是直接利用出口部门提供的基础设施。出口部门比非出口部门有较高的边际要素生产率，使得资源从相对低效率的非出口部门向高效率的出口部门流动。许和连和栾永玉（2005）将 Feder（1982）两部门模型扩展为国内部门、初级产品出口部门以及工业制成品出口部门三个部门，模型的计算结果显示出工业制成品出口部门与非出口部门之间的要素生产率差距存在收敛现象，出口部门对非出口部门的技术外溢效应缩小了非出口部门与出口部门的要素生产率差异。

其次，体现为企业间关联带来的技术溢出。这种关联效应主要体现在加工贸易中对配套企业的订货要求和对配套企业的技术援助两个方面。通常情况下，加工贸易企业采购产品的技术含量越高，技术转移和技术外溢的效果就越明显，加工贸易通过配套产业的发展而对当地技术进步的促进作用也就越大。而当本地企业尚不具备配套生产能力或相应的技术水平时，跨国公司可以通过技术援助带动从事加工贸易的配套供应商，提高配套企业的技术水平与产品质量，促进配套企业的技术进步和参与市场竞争的能力，使其产品能够在高水平、高性能和高标准的基础上，顺利进入国际市场。此外，当地企业还可以通过与外资加工贸易企业的前向关联，获得外商企业在售后服务和营销技巧等方面的示范效应（赵晓晨，2006）。

（三）国外专利申请、专利引用与技术扩散

国际专利申请与专利引用可以产生技术扩散。国外专利申请是国际技术扩散的重要渠道之一（Keller，2004）。一旦一国接受了另一国发明者对其专利申请的注册，就表明了该国运用该技术的意愿。专利申请注册所在国的公司被允许研究专利文件，不仅可以调查一项技术是否已获取了专利，避免出现侵权行为，更为重要的是可以收集到重要的专利技术信息，在不模仿专利技术的情况下，可以免费使用所收集到的技术信息。相比国外专利申请，专利引用是技术扩散的一种更直接的方式。专利引用的频率不仅反映了所引用专利的重要性，即引用次数越多，所引用专利的价值越高，而且表明了专利引用的技术扩散程度，即引用次数

越多，技术扩散越充分。与货物贸易流动相比较，由专利申请和引用带来的国际间知识流动的时空更为广阔（McCallum,1995;Anderson 和 Wincoop,2001）。

上述两种方式对发达国家生产力的增长及国际技术扩散起到了重要的作用。Eaton 和 Kortum（1996）对 19 个 OECD 国家专利申请的实证研究发现，在大多数 OECD 国家，国际专利流动导致了其生产力的大幅增长；Xu 和 Chiang（2005）的研究也表明，发展中国家生产率的增长与本国拥有的国外专利的数量呈正相关关系。借助国际技术转移（International Technology Transfer，ITT）模型，Peri（2003）调查了 1975—1996 期间北美和欧洲的一些地区应用的 150 万项美国专利和 450 万项专利引用（来自其居民在美国提出的专利申请）情况得出结论：虽然鉴于距离、国界和地区间技术专业化差异等原因，整体的技术扩散比较有限，但最重要的专利却得到了广泛的扩散。国外专利申请作为国际技术扩散的重要渠道，对加快研发和技术进步、促进生产力增长都起到了重要的作用。发达国家的先进技术通过国外专利申请与专利引用转移和扩散到其他国家和地区，不仅直接提高了后者的技术存量水平，还可以避免出现侵权行为，促进这些国家和地区进行二次创新，从而加快技术进步。

（四）国际人力资本流动与技术扩散

随着国际技术扩散研究的日益深入，学术界认识到国际人力资本流动也是一国科技进步和经济增长的重要途径。海外归国人员（海归）作为国际人力资本流动的重要形式，给回流国带回了丰富的人力资本、物质资本和社会资本。Commander 等(2004)的研究发现印度的很多新科技企业是由这些回流人员创办的，印度南部的 IT 业重镇班加罗尔，到 2007 年底已经聚集了从美国和英国回流的 40000 名 IT 业人才（Gentleman 和 Amelia，2008）。海归作为高质量的人力资本，其回流首先可以直接促进中国人力资本量的积累；其次，海归人员在国外接受过高等教育或者拥有国外相应技术领域的工作经验，一般具有较高的自身素质，并且掌握关键的专业技术知识，因此其平均技术水平高于国内人员（中国海洋大学课题组，2004），其掌握的先进技术、市场和营销知识对中国来说，是一个潜在的庞大技术资源库。海归主要借助于激励效应、企业间技术知识的直接学习以及网络效应作用于回流国技术进步。

1. 激励效应

首先，作为高层次人力资本，海归会在一定程度上减少国内高新技术领域的就业机会，产生“职位挤出效应”，进而激励国内人员通过在职教育和参加职业技术培训等渠道来提高自身的职业技术水平，以适应竞争激烈的国内就业市场，从而提高中国整体的人力资本水平，增强其自主技术创新能力和对外来技术的吸收能力（Mountford，1997）。其次，海归企业或者海归企业与非海归企业之间的技术交流与研发合作可以促进行业内技术知识的交流与进步，缩小企业间技术差距的同时进一步加剧企业间的竞争，这会激励企业加大研发投入和员工培训力度，实施技术追赶，而企业间技术追赶的过程就是行业整体技术水平提高的过程。此外，由海归企业跳槽人员开设的新公司其技术创新的速度大于原公司，这会促进新旧企业间的人才技术竞争。为了在竞争激烈的市场上立于不败之地，企业会通过增加研发投入、抢占核心人才等方式加快技术创新步伐，这又会引发新一轮的人才流动，最终形成一个由海归创业引致的人才流动、行业竞争与企业技术升级的良性循环。

2. 企业间技术知识的直接学习

企业间尤其是海归企业与非海归企业间的技术扩散是知识技术传播的重要途径。海归企业不但通过自身拥有的人员和技术优势直接促进回流国技术进步，还通过企业间自愿的技术转移和非自愿的技术扩散等方式提高当地的技术水平。

（1）自愿的技术转移

海归企业源于自身未来发展需要以及技术的互惠性，往往借助于研发合作协议或技术合作等形式对当地企业实行技术转移，这种双向积极的技术交流与研发合作可以缩小海归与非海归企业间的技术差距，促进行业整体技术水平的提高。

（2）非自愿的技术扩散

非自愿的技术扩散包括海归企业技术溢出的示范效应、员工流动以及产业集聚效应三个方面。

其一，示范效应。通过非海归企业的模仿与学习，海归企业采用的先进技术知识可能会对非海归企业产生免费的示范效应，从而非海归企业可以实现“干中学”式的技术进步，进而实现技术进步与技术创新。

其二，员工流动效应。海归企业之间以及海归企业与非海归企业之间的人员流动是海归技术溢出的一条重要渠道。当工人离开海归企业并带走其拥有的知识时，知识溢出将不可避免地发生。一方面，流动人员将先前学习和积累的先进技术应用于新企业，会直接引致技术在行业间的横向扩散和普及；另一方面，海归企业的员工培训降低了再次雇用这些员工的当地企业的培训开支，使这些企业可以集中主要财力物力进行科技研发和技术创新活动，此即海归促进当地技术进步的成本节约效应。

其三，产业集聚效应。海归引致的人力资本流动及再配置过程使企业的区位选择趋于地理上的集中，产生产业集聚。① 产业集聚中企业进一步通过劳动力流动、关联、示范以及外溢效应带动本地企业的技术升级和素质提升，从而对集群的技术升级产生积极的促进作用（Feldman，1994；张宇、蒋殿春，2008）。海归企业技术溢出和产业集聚之间的关系是互相强化的，表现为累积循环因果关系，在人员流动内生的条件下，较高的技术水平将提高生产效率并进一步促进集聚，而较大规模的人员流动为知识溢出与集聚活动提供了更多的渠道，技术交流的模式更加专业化和富有效率，最终形成海归创业、人员流动、产业集聚与技术

① 比如，中国自1994年创办留学人员创业园以来，迄今入园企业已超过6000家，这些企业通过带来国内缺乏的技术、人才、管理经验以及资金等发挥与回流国产业和企业互补的优势。

溢出的良性循环。

3. 网络效应

海外人员网络是指海归人员与祖国基于亲属关系、友情关系所建立起来的一系列特殊的经济、文化、科技等联系（赵敏，1997）。海归不仅可以给国内输入最新的知识技术，而且还可以形成一定的商业网络，加强与国内贸易和投资的联系，通过吸引更多的贸易和 FDI 进一步放大海归的技术溢出效应。

有学者认为在标准的贸易理论框架内贸易和人力资本流动是互补的关系。比如，东南亚国家与中国异质产品的双边贸易增长额中 60% 归功于东南亚的华裔商业网络（Wagner 等, 2002），Kugler 和 Rapoport（2006）、Rauch 和 Trindade（2002）对中国的研究也证实了人力资本流动与贸易之间的互补关系。除贸易引致机制外，学者们还发现回流人员能够吸引 FDI，并借助于 FDI 的技术溢出机制进一步放大其技术扩散效应。Docquier 和 Lodigiani（2006）将跨国数据用于 FDI—资本积累的动态理论模型，其分析发现人力资本流动引致的 FDI 效应显著，并且通过对 144 个国家 1990—2000 年的数据进行实证分析，估算出单位技术移民对 FDI 资本增长率的弹性为 2%。中国政府 1978—2005 年间累计引入外资约 6224 亿美元，其中华裔投资约占 67%，批准成立的 55 万多家外资企业中约 70% 是华裔建立的（王辉耀，2009）。这些由海归引致的 FDI 作为中国 FDI 总体的重要组成部分，对中国的正向技术溢出效应得到了大多数学者的普遍认同（潘文卿，2003）。

（五）国际文献引用与技术扩散

国际知识扩散是发展中国家获取世界前沿技术、实现经济快速赶超的一条捷径。开放经济条件下，知识无国界，国与国之间各种形式的交流活动，如商人、移民、传教士甚至战俘均在跨国知识扩散中发挥过重要作用。目前国内外学者主要从贸易、FDI、国际专利申请及人力资本流动等方面进行了相关实证研究。而引文的知识扩散效应最早可以追溯到人类造纸术及印刷术的发明，文字印刷品的出现为人类知识编码及跨时空扩散提供了条件。人类知识以文献的形式保存下来，[①] 引文可以抽象为知识流动的轨迹和书面凭证。相比其他渠道，引文知识扩散具有以下特点：首先，与人力资本等隐性知识承载体（赵勇和白永秀，2009）不同，引文承载的是显性知识。[②] Romer（1992）指出知识可否编码本质上是知识可否共享的问题。借助文献，知识能够克服其生产的时空限制，实现更大范围的传播和共享，呈现出时空交叉性、主体交叉性及学科交叉性等多维扩散的特点。其次，相比贸易、FDI、专利引用等渠道，文献承载知识具有更强的公共产品性质。科学家的重大发现往往通过论文的形式向社会公布，以取得同行的认可，同时伴随着论文的发表，其创造性知识成为人类的共性知识，知识需求者几乎可以无需成本地共享此知识。最后，引文承载知识的多层次性。知识按生产过程可以划分为基础研究知识、应用研究知识和开发生产知识等层次，[③] 与贸易、FDI及专利等技术承载体不同，文献是一国基础研究及基础应用研究的主要成果形式。《中国科技期刊影响因子年报2009》对其统计收录的3896本科技期刊论文进行划分，其中基础研究和技术研究占66.4%，技术开发占20.1%，而技术应用仅占3.3%。丁福虎（1998）指出，科技论文承载的知识主要是人类知识上游和中游部分，引文知识扩散效应具有基础性、源泉性和先导性，同时具有探索性、非成熟性和不确定性。

随着人类科学技术的发展，特别是21世纪计算机网络技术及大型数据库的应用和完善，知识复制和传播成本大大降低，发展中国家可以方便地借助各种渠道（图书馆或电子数据库）获取世界前沿文献，引文

---

① 早在20世纪40年代，英国科学史家贝尔纳就指出："世界上科学成果的发表主要依靠33000多种科技期刊。"

② Polanyi（1958）开创性地提出显性知识和隐性知识的重要概念，显性知识指能够用书面和系统化的语言表达出来的知识类型，具有易编码化和外显性等特点；隐性知识则指高度个体化、难以具体化的知识类型，具有非编码化和内隐性等特点，只能通过直接的互动或交流，在特定区域范围通过面对面的交流和不断接触等形式进行交流传播。

③ 基础研究和基础应用研究成果主要是知识、理论、概念、方法、科学假说等理论知识形态，而应用研究和开发生产成果则是对自然物调节、控制、利用等技术知识手段。

极大地丰富了国际知识扩散的速度、广度和深度，全球性的知识扩散系统正在逐步形成。本书基于全球知识扩散的背景，详细阐述了国际引文知识扩散对发展中国家技术创新的影响。由于引文承载知识的多维性和多层次性特点决定，引文知识扩散效应的发挥需要发展中国家创新体系[①]中各创新主体之间的良好互动。本书基于国际创新体系的视角，详细阐述了国际引文知识扩散对不同创新主体的影响及其之间的相互作用。

1. 知识存量累积效应

当今世界，发达国家凭借雄厚的研发投入[②]位于知识核心地位，发展中国家则处于边缘地位，发达国家与发展中国家的“知识势能差”[③]为国际知识扩散提供了动力（Bossna 和 Havebowell，1992）。知识自身的累积性决定任何新知识都不可能从天而降，正如牛顿所说，“站在巨人肩膀上才能看得更远”。就知识技术水平落后的发展中国家而言，科研工作的第一步往往是阅读对自身研究有启发性和借鉴性的前沿文献。知识是进化发展和优胜劣汰的，科学家对前人知识学习和引用的过程，也是知识增长的过程。知识遗传学理论研究表明文献引文不仅是对以往知识的选择、甄别和认可，也是人类知识的进化，引文“遗传了”原知识的“DNA”并继承了原知识的精华，知识进化的同时也存在“变异”、老化和折旧（刘则源，2009）。发展中国家科研工作者在学习、

① 中国科学院《迎接知识经济时代，建设国家创新体系》报告中提出国家创新体系是由与知识创新和技术创新相关的机构和组织构成的网络系统，其主要组成部分是企业、科研机构和高等院校等。一国创新体系包括技术创新系统、知识创新系统、知识传播系统和知识应用系统。其中，企业是创新体系中技术创新的主体。科研机构、高等院校既是技术创新的重要载体，又是知识创新的重要源泉，同时高校还肩负着培养创造性人才的重任。

② 据 OECD Factbook 2008 统计可得，中国 R&D 无论在相对量上还是绝对数上都比发达国家小得多，从 R&D 占 GDP 的比重来看，以色列、瑞典、美国和日本居前四位，分别为 4.9%，3.8%，3.5% 和 2.8%，中国仅为 1.5%；从 R&D 绝对额上看，最高的美国研发支出 39.803 万亿美元，而中国仅为 12.207 万亿美元。

③ 根据 OECD（1996）研究，科技文献是一国知识存量的重要衡量指标，根据 SCI 期刊网络数据库统计，1999—2009 年世界科技论文发表数前三位的是美国、英国和日本，分别为 297 万、84 万和 78 万篇，论文被引用次数前三位的是美国、英国和德国，因此无论从论文量还是质方面，发达国家知识存量处于遥遥领先的位置。

消化和吸收的基础上，结合自身知识储备，建立新思想、创立新理论、拟定新方法，进一步发表新论文，这不仅在静态意义上增加了发展中国家的知识存量，更为重要的是在动态上促进了发展中国家自身优势的发挥，实现知识和技术的再创新。近年来，发展中国家新论文的发表数量逐年增加，但比之贸易、FDI、专利等技术承载体，作为基础研究成果的主要形式，国际文献引用知识扩散对东道国最直接的作用是知识存量累积效应。随着知识经济时代的到来，知识创新在一国技术创新中的作用越来越突出，正如 Kuznets（1962）所言，经济体知识存量的任何增加（无论其实际应用如何遥远），都有助于技术创新能力的提升。因此，国际文献引文知识扩散是发展中国家增加自身知识存量的重要途径。

2. 人力资本增值效应

充足的 R&D 经费投入只是技术创新的必要条件，一国人力资本存量才是技术创新的决定性因素，引文的人力资本增值效应主要通过以下机制实现：

首先，引文为人力资本增值提供知识源泉。教育和学习是人力资本水平提升的最主要途径。在知识经济时代，高层次人才面临的激烈竞争及“活到老学到老”的学习理念促使其借助各种渠道学习最新的科技文化知识。科技文献作为人类知识的系统记录，是高层次人才获取知识的源泉。不论是高校、科研机构还是企业的科研人员，通过学习前沿文献，能迅速获取与自己相关领域最新的科研动向和知识进展情况，进而全面提升自身的知识存量、专业素质和学术水平。特别对于高校而言，其不仅承担着传播知识、创造知识的作用，而且肩负着为整个社会培养创造性人才的重任。目前，国内外各所高校十分重视图书馆及科技期刊室的建设，以方便教师和学生快速获取知识，提升自身的人力资本水平。

其次，引文为人力资本增值提供激励效应。国际学术界公认，科研工作者所发表论文的影响因子①是衡量判断其创造性成果的公认指标。

① 影响因子（Impact Factor，IF）是一个国际上通行的期刊评价指标，其计算方法为某期刊前两年发表的论文在统计当年的被引用总次数除以该期刊在前两年内发表的论文总数。

科技期刊的因子评价效应一定程度上激励科学工作者努力提高自身理论素养并发表高水平论文，以提升自身的人力资本水平。这一过程不仅能提高科学工作者的写作能力，论文发表过程中的审阅、修改、校订和意见反馈等一系列环节还有利于科研工作者创造性思维能力、科学研究能力、获取信息能力和社会活动能力的提高。目前大多数国家将 SCI 论文数作为科研工作者绩效的评估标准，这在一定程度上激励了其努力学习世界前沿文献，提升自身的专业素质和外语水平，为东道国技术创新能力提升提供了人力资本支持。

3. 创新成果转化效应

引文承载知识的多层次性及应用主体的多维性决定，引文知识的创新成果转化不仅涉及知识与技术（基础研究知识、应用研究知识及技术开发知识）的相互转化，也包括知识与技术在不同创新主体之间的扩散、传播和应用。

首先，文献引文为各创新主体（企业、高校和科研机构）创新成果转化提供平台。开放经济条件下，国际文献引文知识扩散不仅能在静态意义上增加发展中国家的知识存量，而且能在动态意义上为一国技术创新能力提升提供知识基础和源泉。潘金刚（2008）基于知识创造率先性、知识累积和支持内生性详细阐述了知识扩散在一国技术创新的支撑作用。发达国家的重大理论突破借助引文扩散到发展中国家，发展中国家各创新主体结合自身知识存量和优势，开发适应本国发展的新技术，以发挥后发优势。就中国国家创新体系而言，技术创新主体是多元的，企业是技术创新的主体，高校和科研机构也是技术创新的重要载体。[①] 无论是高校、企业还是科研机构，都能借助前沿文献追踪相关领域的最新科技知识，在此基础上产生重大的技术创新成果并申请专利保护，促进经济发展和生产率提升。文献知识直接转化为技术的典型例子如，德国《尉尔茨堡医学物理学报》发表的 X 射线直接促进了 X 光照

① 以专利申请数作为技术创新的衡量指标，我国企业、高校和科研机构三大创新主体的专利申请数量基本上是三足鼎立的局面。

相术、无线通信、雷达、有线电报等重大技术创新的产生；中国《中南工业大学学报》、《天然气工业》发表的振动出矿技术与气藏的开发阶段划分及最佳指标确定的研究成果直接被企业采用，促进其技术水平及生产效率的提升。Adams（1990）的研究也支持了这一结论，其以公开文献出版物衡量的科学知识是美国制造业技术创新的主要推动力量（虽然这种作用存在0—10年滞后效应）。

其次，引文有利于国家各创新主体之间的互动，加速创新成果转化。对于贸易、FDI等扩散渠道而言，技术知识扩散的过程也是企业追求利润最大化的过程，企业是整个知识过程的接受、消化及应用主体。比之上述渠道，引文知识扩散渠道的受众群体范围更广。[①] 引文能够把高校、科研机构及企业等创新主体联系起来，除为其提供相关的知识和信息外，还能促进创新主体之间的交流与合作，加速创新成果的转化。周寄中（2001）指出，一国创新体系的核心是创新主体之间联动。OECD《国家创新系统》报告也提出，创新是不同主体和机构间复杂的相互作用的结果。高校和企业是论文发表的主体，但这并不表示科技文献在企业的技术创新能力提升中的作用不重要，企业的高级工程师不仅能直接借助引文获取促进对自身生产有用的知识和技术，还能通过与高校和科研机构合作（如论文合著）获取知识理论及人力资本，促进自身技术创新能力提升。Branstetter（2004）研究指出大学与产业互动的形式包括：高校基础科学领域的发现能够直接开辟新的应用研究发展领域；企业从高校教授发表的论文及研讨会中获取需要的知识；高校和企业进行合作开发研究生产；高校开发新技术，实现技术的产业化和市场化，这其中科技文献都发挥了重要作用。Rothaermel和Thursby（2004）针对高校及企业知识扩散的研究也得出“科技期刊是重要的知识传播渠道”的结论。

总之，国际文献引用知识扩散的创新成果转化效应不是简单的从

① 根据美国科技信息所ISI科学引文索引数据库（SCI）统计可得，高校和科研机构在论文著述过程中占80%的比例。

知识到技术或从某一主体到另一主体的线性转换过程，此过程不仅包括基础研究、应用研究、技术开发、产品化与市场化等各个环节，同时涉及国家创新体系中各主体的非线性过程。引文知识扩散能够促进各创新主体之间的联动，促进国家产学研之间的结合，其中技术创新模式是多样化的：可以由高校或科研机构主导，高校及科研机构作为基础研究的主要承载体，在研究中产生有应用前景的新发现；可以推动应用研究及技术开发而形成新产品，借助大学自办科技型企业、创办大学科技园、开展校企科技合作等方式，将知识转移到企业形成新市场，再引来其他企业的模仿和学习，使新产品在市场中得到广泛推广和扩散，并在应用中产生新的技术创新能力；也可以由企业主导，通过委托研发和联合攻关等形式，各部门共同合作促进技术创新能力提升。

4. 持续创新导向效应

高水平期刊的发表规则决定，科研工作者的论文必须是某一领域的重大理论发现或独特的创新见解，其往往揭示出自然界客观事物的特殊规律。基础研究的创新性和先导性决定前沿理论知识一旦取得突破，经开发研究最终会持续导向社会的重大技术创新产生。发展中国家借助获取世界前沿的知识成果为发展中国家的科学研究及技术创新指明了方向，发展中国家在世界前沿知识的引导下进行知识消化、吸收及创新，有利于发展中国家少走弯路，实现后发优势。

首先，对于高校和科研机构而言，引文为后来研究者提供了平台和线索。科研工作者借助引文能快速追踪某一领域的发展历史，了解相关知识的起点、发展脉络及最新进展，近年来知识可视化技术的发展有利于科研工作者密切跟踪了解某一学科领域的最新成果和发展趋势，激发科研人员的探索精神，在阅读文献的基础上，抓好选题并明确以后科研攻关的方向和难点，避免走弯路或重复别人的研究。早在 1986 年，中国科学院院长卢嘉锡院士就提出了“对科研工作来讲，科技期刊工作既是龙头，又是龙尾”的精辟论断。享誉全球的美国《科学》杂志主编鲁宾斯坦也认为，“科技期刊的作用不仅在于为科学家服务，更重要的是要引导科学家的科研活动和科研方向。”这方面最典型的例子包括：X 射线的重大发现动摇了物理学的大厦，引导了 20 世纪初持续 30 年的物理学革命，推动人类文明历史的巨大进步。1895 年发表于《尉尔茨堡医学物理学报》的重大理论发现——X 射线引导科研工作者的相关研究，仅 1896 年一年，有关 X 射线的研究论文就达 1044 篇之多。法国的物理学家亨利·贝克勒尔于 1896 年发现了放射性“铀”，居里夫妇在此基础上于 1898 年发现了放射性“镭”。同时，X 射线的发现启发了英国的物理学家汤姆生，其从电磁理论研究转向研究阴极射线，结果发现了电子。卢瑟福在上述三位科学家发现放射性物质的基础上，探查放射线的性质，发现放射线中带电的 α 射线和带负电的 β 射线，追踪研究又发现了原子核。1901 年在《物理学年刊》上发表的关于能量子的假说，最终引导了相对论和量子力学重大发现的产生。

其次，对于企业的科技人员而言，文献能促进技术人员密切跟踪某一学科领域的最新科技发展趋势，引导企业 R&D 经费、人力资本的合理配置，从整体上促进了一国的技术创新能力提升。企业是应用技术的创新主体，Henderson 和 Cockburn（1994）的相关研究表明企业会鼓励其研究人员发表新的学术论文，以促进企业自身内部的基础研究（Cockburn 等,1999）以及提高自身的吸收能力（Cockburn 和 Henderson，1998）。Spencer（2003）以全球平板电视企业为例，从国家创新系统和全球创新系统的视角出发，认为企业决策者应该鼓励企业员工多发表论文，积极参与全球知识的获取，以形成有利于自身技术发展的创新环境，引导企业的技术创新方向。

二、国际技术扩散动态机制分析

国际技术扩散的动态机制主要是指技术扩散的各个阶段，也包括技术扩散的生命周期理论。Burgleman 和 Maidique（1988）比较形象地描绘了技术生命周期（Technology Life Cycle，TLC）的全过程。在将技术的发展阶段演化为六个秩序相关阶段的同时，即技术开发、技术应用、应用开始、应用增长、技术成熟和技术退化六个阶段，他们也给出了厂商生产周期、厂商技术销售周期和主要技术应用周期的发展变化趋势，指出三个周期的峰值依次实现于技术成熟阶段，而厂商技术销售周期和主要技术周期分别叠加于厂商生产周期和厂商技术销售周期之上，这说明技术扩散水平在上述各周期间具有一种依次向上推移的趋势。

产品生命周期理论可用来反映国际间的技术扩散过程。在此首先描述一下产品生命周期：第一阶段，产品的发明和创新，发达国家开始生产并在国内销售，生产渐近最大能力；第二阶段，发达国家国内销售水平开始下降，开始向新兴工业化国家和地区以及发展中国家出口，但仍无海外生产；第三阶段，发达国家国内销售水平开始绝对下滑，新兴工业化国家开始生产自给，发达国家主要向发展中国家出口；第四阶段，发达国家国内生产维持在一个低水平，新兴工业化国家和发展中国家的市场改由新兴工业化国家的生产来提供；第五阶段，发达国家国内市场开始面临来自新兴工业化国家出口的竞争，新兴工业化国家对发展中国家的出口被发展中国家自己的生产所取代；第六阶段，发达国家和新兴工业化国家的生产逐渐让渡于发展中国家，发展中国家开始向全球出口。

由此可见，在上述产品生命周期的第二阶段就开始了国际间技术扩散的周期运动：首先，技术以商品的形式由发达国家向新兴工业化国家和发展中国家扩散；继而，新兴工业化国家在商品内含技术研究和开发的基础上，通过各种渠道掌握了该技术，俟其具有独立生产能力后，即实现了第一次国际技术扩散；接下来，发展中国家在积累了足够的技术经验和开发能力后，开始引进和开发技术，俟其具有独立生产能力后，即实现了第二次国际技术扩散。以上对国际间技术扩散周期的描述，与两阶段技术扩散假说有异曲同工之处。

Veblen（1912）和 Gerschenkron（1962）等人认为落后地区的技术进步是技术差距的增函数，用公式表述：

$$dB/dt = F[A(t) - B(t)]$$

或
$$dB/dt = F(G)$$
$$G = A(t) - B(t)$$

其中，B 为落后地区技术水平，$A(t)$、$B(t)$ 分别为先进地区和落后地区在 t 时的技术水平，G 为技术差距。

令 $DC(t)$、$NIS(t)$ 和 $LDC(t)$ 分别代表 t 时发达国家、新兴工业化国家和欠发达国家的技术水平，假定 $\overline{G}$ 是最佳技术差距，可对以上的两阶段技术转移假说修正如下：若 $G < \overline{G}$，则 $dB/dt > 0$；若 $G > \overline{G}$，则 $dB/dt < 0$。由此可见，

$\because$ $DC(t) - NIS(t) < \overline{G}$　　$\therefore$ $dNIS/dt > 0$

$DC \underset{\text{技术扩散}}{=\!=\!=\!=} NIS$

$\because$ $DC(t) - LDC(t) > \overline{G}$　　$\therefore$ $dLDC/dt < 0$

$DC \underset{\text{技术扩散}}{=\!=\!=\!=} LDC$

$\because$ $NIS(t) - LDC(t) < \overline{G}$　　$\therefore$ $dLDC/dt > 0$

$NIS \underset{\text{技术扩散}}{=\!=\!=\!=} LDC$

综上所述，两阶段技术扩散论特别强调新兴工业化国家在国际技术扩散中的作用，而亚洲“四小龙”的实践正好证明了以上假说的科学性。例如，汽车最早是由欧洲开发出来的，但由美国进行了首次的批量生产，20 世纪上半叶美国几乎垄断了全球的汽车行业，而后受到日本的强劲挑战，迫使美国汽车厂商转入战略防御阶段；现在日本又受到了来自韩国和中国台湾等新兴工业化国家和地区的冲击，迫使美、日开始从事合资和许可，不得不与韩国和中国台湾联合起来；与此同时，新兴工业化国家开始将技术扩散给发展中国家，如巴西就在伊拉克设立了汽车制造子公司。同样，钢铁产业最早起源于德国和大不列颠，批量生产始于西欧，但到了 20 世纪初美国成了最大的生产者，到了 20 世纪 50 年代中期，美国的钢铁产业开始逐渐将世界领导地位让渡于日本；近几十年来，日本也开始将这种主导地位让渡于新兴工业化国家，如巴西和韩国；而在最近，中国的钢铁产量已居世界第一位。再如半导体产业，特别是商用集成电路，如记忆芯片制造技术，也是先由美国转移到日

本，后来又由日本转移到韩国和中国台湾，如今韩国和中国台湾已成为256K 记忆芯片的世界最低成本供给者。此外，还如印度曾向肯尼亚输出造纸技术、向斯里兰卡输出缝纫技术，并将柴油机制造技术扩散到了菲律宾；新加坡将自己的电子产品生产技术扩散到了马来西亚。

表 3.1　技术扩散和世界经济增长中心的推移

地理发展中心		经济盈余中心	
技术/产业	发源地	经济盈余地区	时间
航海和船舶	中东	南欧	13 世纪中—16 世纪中
贸易和银行	南欧	欧洲大陆北部	16 世纪中—18 世纪中
管理和控制	欧洲大陆北部	英国	18 世纪中—19 世纪末
产业革命	英国	美国东部	20 世纪初 – 20 世纪末
信息革命	美国东部	美国西部和太平洋地区	20 世纪末—21 世纪

资料来源：Aggarwal(1991),"Technology Transfer and Economic Growth: A Historical Perspective on Current Developments", in Agmon, T. and Von Ghinow, M. A. (eds.), *Technology Transfer in International Business*, Oxford University Press。

另外，经济中心的转移也说明了国际技术扩散的动态路径。表 3.1 则是从世界经济增长中心推移的角度说明了技术扩散的作用。由表可知，由于技术的全球扩散，技术或产业的发源地往往不能维持最终的经济盈余：一方面，历史上全球技术扩散的路径大致可以描绘成：中东→南欧→欧洲大陆北部→英国→美国东部→美国西部和太平洋地区；另一方面，全球经济增长（表中的经济盈余）中心的推移恰好是技术扩散的一期滞后。

迄今为止，人类已发生了三次大的技术革命和全球性的技术扩散：第一次发生在公元前 8000 年的农业开发；第二次以 18 世纪、19 世纪的产业革命为代表；现在正处于以微机处理、电讯和生化技术为代表，以新兴信息技术为基础的第三次技术革命的开端。随着信息处理和转移成本的不断下降，技术在全球的扩散将急剧增加。

第二节　一国吸收能力对国际技术扩散的影响及其机制分析

尽管世界上所有国家面临着相同的技术前沿，但国家之间采用国外先进技术以促进本国技术进步的程度是不同的。Blomström 等(1992)在他的研究中指出，后进国家的经济增长率取决于技术领先国技术转移的程度，但同时强调了，更为重要的是后进国家吸收及利用这种技术转移的效率。仅仅接触技术前沿并不会使生产率提高，重要的是转移的技术被吸收并对其有效利用。因此，一个国家对转移技术的吸收能力是能否追赶技术前沿国的关键因素（Henry 等,2009）。吸收能力是指一个国家或地区能够使所扩散的技术发挥正效应的能力。Cohen 和 Levinthal（1989）在分析企业研发作用时首次提出了吸收能力的概念，Abramovitz（1986）也指出一个国家为了获取外部技术成果必须首先拥有足够的基础设施、技术水平等基本条件。因此，广义的吸收能力不仅包括人力资本水平与研发投入水平等狭义的吸收能力，也包括一国可以促进技术扩散的知识产权保护、金融市场发展程度等制度因素。本节选取在各学者研究中较为关注的研发投入、人力资本水平、金融市场发展程度及知识产权保护程度作为影响一国国际技术扩散的吸收因素进行分析。

一、研发投入对技术扩散的影响

自主研发是一国技术进步的主要动力。自主研发不仅可以实现创新、产生新的知识，而且可以增强企业吸收现有知识和信息的能力，尤其是 FDI 技术溢出，即自主研发具有提高创新能力和吸收能力的两面性(Cohen 和 Levinthal，1989)。因此，一国的研发对技术进步的贡献渠道可总结为：创新、知识溢出和外来技术的消化吸收。Romer（1990）认为研发活动在给私人投资者带来新技术（新产品的设计方案）的同时也对共用知识资本存量做出了贡献，前者将给创新者带来可能独占的垄断利润，后者则代表了能够为后继创新者所使用的观点和方法的集合，即研发外溢性；Grossman 和 Helpman（1991）以及 Aghion 和 Howitt（1992）则强调了熊彼特式的创造性破坏，即研发创新活动将导致新知识取代旧知识；Jones 和 Williams（1998）综合论述了研发活动的外部性、创造性破坏以及资本积累三重作用，其外部性包括知识溢出的正外部性和重复创新的拥挤外部性。对于技术后发国，研发投入不仅是原始性创新的源头，也是消化吸收外部技术扩散实现再创新的关键因素，即研发存在两面性（Cohen 和 Levinthal，1989）。

自主研发影响本国技术创新。作为研发努力的成果，知识具有三个特征：一是知识的非竞争性和部分的非排他性（Arrow，1962；Romer，1990），前人的研发成果将成为后继者研发的基础，降低了后继研发的风险，这种外部性可称为“站在肩膀”效应；二是研究努力的重复，或最易开发的知识首先被开发，导致后继研究的机会减少，这种重复创新可称为“踩在脚尖”效应（Jones，1998）；三是新知识取代部分旧知识的“熊彼特”式的创造性破坏（Grossman 和 Helpman，1991；Aghion 和 Howitt，1992）。知识溢出和重复创新的净效应通常为正，这导致研发投入的社会报酬高于私人报酬，整个社会存在研发投入不足。创造性破坏则会产生专利竞赛现象，造成社会研发的过度投入。基于专利竞赛或质量竞争的垂直创新模型（Grossman 和 Helpman，1991；Aghion 和 Howitt，1992）则认为存在研发过度投入。

研发投入影响一国的消化吸收能力。研发既是原始性创新的源头，又是消化吸收外部技术、实现再创新的关键因素。Cohen 等（1989）提出，研发不仅能够产生新的信息和产品，也能够增强一个企业消化吸收现有信息的能力；Griffith 等（2004）发现研发投入多的国家能通过创新和吸收转移的技术更快地接近技术前沿。

因此，由于研发两面性的存在，一国研发投入一方面会影响本国的创新能力，从而影响本国对各个渠道溢出的技术的选择；另一方面，一国研发投入还会影响本国的技术吸收能力，研发投入的增加可以加强对所选择技术的吸收。

二、人力资本对国际技术扩散的影响

在早期研究中，人力资本被作为影响经济增长的直接变量放入生产函数，被强调是经济增长中的必要因素（Nelson 和 Phelps，1966）。而 Mayer（1992）认为人力资本是通过影响技术转移而影响经济增长，而不是作为生产的直接投入因素。Benhabib 和 Spiegel（1994）的研究证明，一国人均收入增长受其人力资本水平的影响，而且一国全要素生产率的增长决定于其人力资本存量。他们指出，人力资本一方面可以直接影响一国的创新，另一方面也影响一国技术扩散及向技术前沿靠近的速度。

随着人力资本对本国创新能力影响的确定，近期研究越来越强调人力资本在技术扩散中的作用。一方面，人力资本会影响国外技术的流入及一国的技术选择。Lucas（1990）认为人力资本存量对于 FDI 的区位选择具有重要影响，造成 FDI 没有从富国流向穷国的重要原因之一就是人力资本的差异，这也正是新古典理论所忽略的地方，“卢卡斯之谜”引起学术界的普遍关注和争议。Caselli 和 Coleman（2001）通过对计算机国际技术扩散实例的调查指出，一国的人力资本水平对其计算机的进口具有决定性作用，发展中国家和地区人力资本水平的低下是阻碍其利用国际技术扩散促进自身技术进步的主要因素之一。另一方面，人力资本会影响技术吸收国对所扩散技术的吸收。Eaton 和 Kortum（1996）指出由国际专利引用引起的技术扩散与一国人力资本水平呈正相关关系。Crespo 等(2002)认为技术扩散成功与否取决于人力资本与国内研发水平，即强调人力资本对国际技术扩散的决定作用。Xu（2000）就美国流向 40 个国家和地区的对外直接投资的分析表明，由于发展中国家和地区人力资本的匮乏，FDI 引起的技术转移并未显著促进其生产率增长。

相比其他技术扩散渠道，人力资本对 FDI 渠道的技术扩散影响的研究较多，分别从人力资本对 FDI 流入数量、流入质量以及对 FDI 溢出的技术吸收能力三个方面进行了分析。首先，东道国人力资本水平影响 FDI 的流入量。人力资本是跨国公司对外直接投资时区位选择的重要因素，决定了东道国对外资的吸引程度。Noorbakhsh 等(2001)的研究指出人力资本的存量和流量对于 FDI 的流入具有显著的正效应，而且考察的时间跨度越长，这种效应越重要；而 Nunnenkamp 和 Spatz（2002）的研究表明 20 世纪 90 年代人力资本的作用比 20 世纪 80 年代更为重要。UNCTAD（2002）指出人力资本与 FDI 流入之间存在高度正相关性。其次，东道国人力资本水平影响 FDI 技术溢出的质量，直接决定了引入技术的层次。Noorbakhsh 等(2001)指出，跨国公司只把技术密集型的子公司放在具有良好教育素质的劳动力的国家。劳动力的素质越高，要素匹配能力也就越强，转让方为此所付出的技术转让费用也就越少。因此，选择人力资源良好的国家进行较为高端的技术活动是追求利益最大化的跨国公司的必然要求。最后，东道国人力资本水平决定其对 FDI 技术溢出有效吸收。Kokko（1994，1996）、Borensztein 等(1995)、Xu（2000）的研究均显示只有在东道国人力资本达到某一临界值时，才能够有效利用 FDI 溢出的技术以促进本国的技术进步与经济增长。何洁（2000）对中国的研究也得出了相似的结论。

三、金融发展水平对国际技术扩散的影响

在近来有关吸收能力的研究中，一国的金融环境越来越受到学者们的关注。在经济发展过程中，一国金融市场环境是影响其技术创新与技术扩散的重要因素。

金融发展主要通过两个渠道促进东道国技术进步和技术创新。首先，完善的金融市场可以为技术创新提供更多的资金支持。Hicks（1968）第一次对金融市场与技术选择的关系做出了强调，他认为工业发展的基本特征是对新技术的采用，对新技术的采用需要大量的流动性

资本投资，而金融市场可以为投资者提供这种流动性，并使得对这种技术的投资成为可能。其次，东道国完善的金融市场可以为技术创新提供风险分散机制。在落后地区，为了赶上经济发达地区，需要熟悉先进技术的外部投资者促进和带动当地的技术进步。而技术创新通常伴随高风险。Rioja 和 Valev（2004）认为金融发展使得经济主体能够通过套期保值等手段来转移和分散风险。Greenwood 和 Jovanovic（1990）指出，金融中介通过在大量投资者中分散异质性投资风险而推动高收益性投资和技术进步。Benciveng 和 Smith（1991）认为，金融中介通过提供降低流动性风险的办法而提高技术进步和促进经济增长。

金融市场效率、人力资本流动以及技术进步是相互依赖的关系，金融市场效率变动在促进劳动力流动进而引起技术扩散方面起着重要作用。Alfaro 等(2003)研究了金融市场、技术扩散与经济增长三者之间的关系，认为资本市场的发展在鼓励人力资本学习和吸收先进技术方面是必不可少的，资本市场的缺陷会限制新企业的的产生进而限制技术的扩散效应。王永齐（2007）基于 Alfaro（2003）的模型进一步引入劳动力建立新企业的意愿程度这一指标，具体分析当人力资本发生转移时技术扩散的效果对国内金融市场的依赖。他指出，一方面金融市场的发展在达到一定水平并且融资效率相对较高时，劳动力进行知识积累的意愿才会相应提高，这时通过人力资本转移发生的技术扩散效应才可能被充分显现；另一方面完善的金融市场将使得技术扩散效应更加明显，金融市场对经济增长的贡献由于扩散效应的存在而被放大。

东道国的金融市场环境是构成 FDI 技术选择的重要区位因素，FDI 的跨国经营对东道国的金融政策、金融市场发展动态比较关注，并且由于较大的资金需求和复杂的资本运营行为，其对特定金融资本和金融市场支持存在很大的依赖性，从而东道国金融市场发展水平越高，对 FDI 的吸引力就会越大，FDI 的流入就会越多，进而放大了 FDI 发生技术溢出的可能性（Levine，1997）。而且，在实践中，外商直接投资会选择金融制度比较完善、金融市场效率高、投资效率较高的国家和地区，东道国的金融市场发展水平对投资国的投资决策、投资效率具有重要影响，从而直接关系到流入的 FDI 的质量（佟家栋、蔡雄伟，2009）。Alfaro（2003）的研究也认为资本市场不发达的发展中国家要提升流入的 FDI 的技术层级，使投资于高新技术产业的 FDI 能为本国高新技术产业的发展壮大做出贡献，必须建立健全多层次的资本市场体系，为外资企业的高新技术研发投入提供资金支持，并提供风险退出机制。Alfaro（2006）、李国民和王秋石（2007）从前后向联系的角度指出东道国金融市场发展程度影响 FDI 的技术溢出。另外，东道国金融市场发展还会间接促进东道国国内市场环境的优化进而促进 FDI 的技术外溢效果（Porta 等,1997）。

四、知识产权保护对国际技术扩散的影响

由于知识所具有的公共品特性，在技术创新、知识创新高速发展的“知识经济”时代，知识产权保护在世界经济、科技和贸易中的地位不断加强。一方面，一国知识产权保护水平的提高可以促进本国创新；另一方面，保护水平还通过对 FDI、国际贸易及国外专利申请等技术扩散渠道影响技术的转移与扩散。但由于知识产权保护本身赋予技术所有者一定的垄断势力，过强的保护也对技术使用方有不利之处。因此，知识产权保护对技术扩散的影响仍有争论。

（一）积极影响

跨国公司依赖其先进的技术优势进行经济活动，无论是以国际贸易还是以国外直接投资进行的经济活动，跨过公司都十分注重对其先进技术的保护，避免自身技术的扩散。因此，一国知识产权保护在促进本国创新的同时，还会影响国际贸易、直接投资等渠道的知识扩散效果。

1. 有利于国际贸易的发展与技术转移

国际贸易特别是中间品贸易和技术贸易是国际技术扩散的重要渠

道，而知识产权保护是影响国际贸易的重要因素。WTO乌拉圭谈判所签订的TRIPS协议在其前言中明确提出，对知识产权实行充分、有效保护的目的在于“减少国际贸易中的扭曲与阻力”。即若存在知识产权保护不力的问题，可能导致国际贸易数量的降低。随着知识密集型产品在全球贸易中比重的加大，知识产权保护对国际贸易的作用日益增加。1999年的国际贸易报告指出，最发达国家进行的出口贸易很大程度上取决于进口国对知识产权的保护力度；2008年的报告也强调了国际经济组织，特别是多边贸易体系应该在加强知识产权保护方面起主要作用，以促进世界范围内国际贸易与技术转移。

Maskus和Penubarti（1995）利用一个扩展后的Helpman-Krugman垄断竞争模型估计专利保护对国际贸易流量的影响程度，结果表明较高水平的保护对大小发展中经济体的双边制造品进口有着积极的影响，发展中国家实施高强度的知识产权保护对中间品进口具有正向效应。这些结果也被Braga和Fink（1997）的研究所证实，他们基于一个相似的模型得出专利保护和贸易流量之间存在正相关的结论。由于发达国家产品有较高的技术含量，在进口国知识产权保护程度加强时，出口国产品由于受到保护而具有更强的竞争力，此即知识产权保护为出口国带来的“市场竞争效应”。与此同时，发展中国家和地区的进口厂商将因知识产权保护的加强而降低或丧失其仿制产品的能力，这又使得出口商在进口国所拥有的市场规模进一步扩大，即为“市场扩张效应”，该效应在具有高度模仿能力的东道国最为明显。此外，更强的保护水平减少了出口国用于防止当地厂商模仿复制产品方面的费用，这将产生“成本降低效应”，从而增加出口商对该国的出口。上述三种效应共同作用，促使发达国家加大了对强保护国家和地区的中间品出口。而相比对中间品贸易的影响，发展中国家和地区的知识产权保护力度对国际技术贸易更为重要，是技术出让方转让技术的决定因素之一。发展中国家和地区如果加强知识产权保护并完善知识产权制度，将增加技术贸易，加快发达国家对其的技术转移。

但出口商在决定是否将新产品出口到国外市场时，还将面临着其他的选择。Ferrantino（1993）认为，东道国加强知识产权保护时，出口商可能通过专利许可转让技术，也可能选择对外直接投资，而不是出口其产品。这种替代效应削弱了加强知识产权保护原本对国际贸易产生的促进作用，甚至会导致总体上对贸易产生负向效应。发展中国家和地区加强知识产权保护对国际贸易的促进作用是不确定的，取决于上述替代效应的大小。但可以肯定的是，良好的知识产权保护为国际贸易尤其是中间品和技术贸易公平有序的进行提供了保障，增加了发达国家向发展中国家和地区进行技术转移的潜在可能性。

2. 有利于吸引更高质量的 FDI

外国直接投资是国际技术扩散的一条重要渠道，跨国公司对外直接投资产生的示范效应、联系效应、人力资本流动及 R&D 当地化都会对东道国产生技术扩散。为保持其所有权优势，在进行对外直接投资时，跨国公司会根据东道国知识产权保护程度决定是否对其投资或者对哪些行业投资，因此东道国知识产权保护程度不仅会影响东道国吸引 FDI 的数量，而且会影响流入的 FDI 的技术含量。

东道国知识产权保护是跨国公司决定是否向其投资的重要因素。Lee 和 Mansfield（1996）对 14 个发展中国家数据的研究发现，知识产权保护程度是美国外向型投资的决定性因素。Nunnenkamp 和 Spatz（2004）的研究也得出了相似的结论，并指出这一因素对发展中国家来说更为重要。Branstetter（2005）使用 16 个国家 1982—1999 年数据的研究发现，东道国知识产权改革鼓励美国跨国公司扩大他们的销售和投资。Park 和 Lippoldt（2008）的一份 OECD 的政策研究报告表明，理论上 FDI 与专利指标是呈正相关关系的。

东道国知识产权保护程度还对 FDI 的组成，即技术含量有重要影响。一个国家知识产权保护水平通过两种方式影响 FDI 的组成（Lee 和 Mansfield，1996；Smarzynska，2004）：一是在产业层面上，在知识产权保护体制较弱的国家，跨国公司可能不愿意投资于一些知识产权起着至关重要作用的产业（如医药工业）；二是在投资功能上，在知识产权体制弱的国家，跨国公司往往不建立 R&D 设施，而是建立分销设施，因为后者不会面临技术泄露的风险。Mansfield（1994）调查了 100 家 1991 年进行国际经营的美国大公司，对六个行业中的公司知识产权经理人员进行访问调查，结果表明，在包括医药业的化工产业，46% 的公司关心对基础生产和组装的保护，71% 的公司关注组成成分的制造，87% 的公司关注完全产品制造的保护，而 100% 的公司关心 R&D 的保护。这表明生产阶段越高，跨国公司就越关注知识产权保护。总体上，化工产业在决策中受影响最大，而在所有行业中知识产权对当地 R&D 的保护都受到非常强的关注。Smarzynska（2004）的研究更严密地验证了以上判断。他利用欧洲复兴与开发银行 1995 年的调查数据，对知识产权与转型国家内向 FDI 关系进行研究。实证分析表明，弱知识产权保护对 FDI 的结构有显著的影响：它阻碍了医药、化妆品、保健行业，化工行业，机械设备和电器设备行业四个技术密集型部门的投资。弱知识产权保护鼓励外国投资者建立分销设施而不是从事当地生产，而且这种效应对所有产业中的投资者都一样，而不是仅对敏感产业。其还发现，投资者不仅对知识产权的法律条文而且对知识产权法律的实际执行都很敏感。Nunnenkamp 和 Spatz（2004）的研究发现弱的知识产权保护水平伴随着低质量的 FDI——衡量的标准是增加较少的当地研发、就业与 FDI 的附加值。在 FDI 的例子中，母国在东道国建立的工厂多是作为分销渠道或者只是低附加值的制造，而高附加值的制造业的研发中心却很少。如果发展中国家的知识产权保护水平很低，这种现象是容易理解的。

3. 促进国外专利申请流入及专利引用

对于技术落后的发展中国家而言，引用并研究专利中包含的技术信息，可以获取核心技术，掌握技术发展的趋势，进而为研发和二次创新提供指导。由于专利保护是知识产权保护的重要组成部分之一，知识产权保护对专利申请和专利引用的影响最为直接。发展中国家和地区加强知识产权保护会增加国外专利申请的流入（尤其是来自技术主导国家的专利申请），同时也引发了国内厂商对外国专利引用的积极性，进而促进了二次创新活动。Branstetter（2006）等分析了1982—1999美国跨国公司对16个经济体知识产权改革的反应，指出“在改革的过程中，用于子公司技术转移的专利使用费、研发支出和外国专利申请总量都增加了”。Yang和Maskus（2003）认为，发展中国家和地区加强知识产权保护还将提高发达国家向其转让专利的质量。

4. 激励国内的技术创新

目前发展中国家普遍存在着研发投入不足的状况，自主研发能力形成的滞后阻碍了其对引进技术的消化和吸收，从而减缓了技术扩散的速度。发展中国家改进知识产权保护可以促进国内的技术创新活动，提高厂商的技术吸收能力。Stiglitz（1989）提出，市场功能的缺乏是经济发展的最大阻碍。对产权，更进一步地，对知识产权的尊重是建立良好市场系统的关键，因此是经济发展的关键。保护对国内创新的作用可以看做是对企业活动作用的一部分。知识产权保护水平的提高会刺激国内的创新和研发投入。知识产权保护给技术所有者提供技术发展的保障，控制技术的溢出效应从而减少创新者的损失，提高企业创新的积极性，加大研发投入。而创新和研发投入的增加一方面提升了技术吸收国国内的技术水平，从而使其减少与技术前沿的差距，另一方面研发投入增加了技术吸收国的知识存量，从而增强其技术吸收能力（Cohen和Levinthal,1989;Griflth等,2004）。

（二）消极影响

由于知识产权给予产权所有者一定的垄断势力，为了保持自己的所有权优势，技术所有者会尽量利用知识产权保护来抑制先进技术的扩散，从而增加引进方技术使用的成本。技术吸收国知识产权保护的增强为扩散方的技术转移提供了保障，但保护强度的加大会提高其使用技术扩散的成本。具有技术优势的发达国家利用知识产权保护进行技术垄断，使发展中国家的技术引进和技术创新变得更加昂贵（Chin 和 Grossman，1990；Deardorff，1992；李平，2005）。Helpman（1993）首先建立一个北方创新南方模仿的一般均衡模型以考察知识产权保护的动态作用，发现知识产权保护的加强在许可不存在的情况下会增加模仿的成本，限制技术扩散，减少长期创新动机。因此，技术吸收国加强知识产权保护虽然有利于技术的国际转移，但也强化了发达国家的垄断力量，阻碍了技术知识的传播，对发展中国家产生了相当的负面影响。

1. 增加技术使用费用

技术吸收国知识产权保护程度的加强会增加本国使用先进技术的费用，从而付出更多的经济发展成本。以 IT 产业为例，由于 IT 技术的网络效应，后来的厂商在很多情况下不得不沿用已经形成规模优势的技术、标准和产品，而在现有的知识产权保护体系下，这意味着发展中国家要交纳过高的费用，甚至根本无法获得关键技术。以中国 DVD 生产为例，一直以来，由于中国企业未能掌控核心技术，在 2005 年，一台出口 DVD 售价 32 美元，交给外国人的专利费是 18 美元，成本 13 美元，中国企业只能赚取 1 美元的利润。高昂的专利使用费使得一部分企业不再向国外出口 DVD 产品，市场规模减小，利润降低。

2. 提高产品进入壁垒

专利权虽然不会显著地减慢技术扩散的速度，但是会提高发展中国家产品的进入壁垒，间接地妨碍了知识的扩散，国外公司从打击知识产权侵权中得到的不仅仅是赔偿，更重要的是它们的品牌技术优势将越来越强势。商标权带来的品牌忠实度也会有效地提高产品的进入壁垒，商业秘密则直接禁止以劳动力为载体的知识和技术的流动。在某些特殊情况下，专利所有者会操纵专利，通过申请专利或者让专利“休眠”来阻止潜在竞争者进入市场。

3. 强化技术垄断，影响高新技术产业发展

发展中国家利用国际技术扩散不仅是对生产技术的简单获取，更重

要的是要构建自身的技术能力，而技术能力的提高又有利于技术的进一步扩散，因此培养自主创新能力、发展高新技术产业对发展中国家而言具有重要意义。在全球化背景下，发展中国家的企业特别是高科技企业的发展直接威胁到发达国家和跨国公司的利益。发达国家正迫使发展中国家加强知识产权保护，并利用其知识产权的强势地位压制发展中国家企业的发展，发达国家和发展中国家在贸易等方面的摩擦未来将会集中在发达国家有很强竞争力而发展中国家想独立发展、拥有自主知识产权和标准的高技术、高资本含量的产业。目前发展中国家企业普遍缺乏知识产权的保护意识，而国外企业知识产权保护意识很强，一般会先进行知识产权保护并迅速将其技术优势转化为市场优势。外国企业特别是大型跨国公司和企业集团在高科技领域以大量的发明专利抢占国内市场，对发展中国家的高新技术产业提出了严峻的挑战，一些在知识产权方面占有优势的企业尤其是跨国公司有时甚至会滥用知识产权垄断市场，限制发展中国家高新技术产业的发展。

另外，在近年来的国际市场竞争中出现了一种新动向，就是把技术标准与知识产权保护相结合，形成新的技术垄断联盟，借助于技术标准的特殊地位，强化相关知识产权的保护，借助于知识产权的专有性去实现对某些技术标准事实上的垄断，以追求最大经济利益。“技术专利化—专利标准化—标准垄断化”成为发达国家和跨国公司进行技术垄断和市场竞争的新规则，这使得在知识产权上处于劣势的发展中国家企业陷入被动。

总之，发展中国家在知识产权保护问题上面临着两难境地。一方面，知识产权保护的程度与技术转移和技术扩散有很强的相关性，加强知识产权保护将为国际技术扩散创造良好的外部条件，有利于发展中国家获取外国先进技术、提高技术创新能力。另一方面，提高知识产权保护力度也提高了发展中国家利用国际技术扩散的成本。由于知识产权往往具有合法垄断权利，这种垄断权利受到第三方（知识产权机构、行政机构和司法系统）的保护，因此在高科技方面占有绝对优势的发达国家可以通过独占实现对市场的垄断，或者通过选择性地许可受知识产权保护的私有专利技术，实现对产业链的控制。跨国公司运用知识产权以实现其最大限度地占领发展中国家市场、垄断技术的战略目标，使得发展中国家和地区利用国际技术扩散进行创新的技术领域日益缩小，难以摆脱技术劣势的被动局面。

第四章　国际技术扩散及其影响因素的数理分析

在理论机制分析的基础上，本章主要通过数理模型来证明国际技术扩散在一国经济收敛中的作用以及一国自身的特征因素对技术进步趋同的影响。由此，本章共分为两节，第一节为国际技术扩散的收敛模型，主要阐述国际技术扩散在大国及小国经济收敛中的作用；第二节为扩散的影响因素模型，主要分析一国自身特征对所扩散技术吸收能力的影响。

第一节　国际技术扩散与经济发展收敛的数理分析

技术进步是世界经济增长的重要因素，但任何国家和地区都不可能完全依靠自身力量进行科技创新。无论是前人的模型还是我们的均衡分析，国际技术扩散都被有力地证明为缩小技术差距、促进经济增长的重要途径，国际技术扩散的成功与否直接影响着区域和世界经济体技术进步和经济增长的进程。

一、基本假设

一国的一个重要变量就是该时点上该国的研发存量，生产和扩散的假设中也包含了知识存量和技术扩散的关系，技术扩散正是以此为基础在整个经济体系中得以体现的。假设有 $n=1,\cdots,N$ 个国家，每个国家的生产部门均由最终产品部门、中间品生产部门和研发（R&D）部门组成。我们的国际技术扩散模型采用了以下机制：

国家 i 的产品质量的创新被国家 n 以 ε_{ni} 的速度所获取；来自国家 i 的技术扩散通过国际研发溢出（只要 $\gamma>0$）提高国家 n 的研发生产力；在 n 国 t 时刻研发（R&D）部门以 R_{nt} 的人力资源进行新技术的研究和开发，其研发速度为 B_{nt}；中间产品生产者购买并使用这些新技术生产出中间产品 j，然后将中间产品出售给最终产品生产者；最终产品生产者使用其购买的中间产品，并雇用 H_{nt} 劳动力来生产最终产品。

在我们的假设中，完全的技术扩散体现在扩散方、吸收方和流通费用三个方面，即各国间不存在地理障碍、技术垄断和吸收能力限制。

（一）最终产品部门

n 国最终产品部门仅仅生产一种消费品，总产量以 Y_{nt} 来表示。若总劳动力为 L_{nt}，则有：$L_{nt}=H_{nt}+R_{nt}$。

秉承 Eaton 和 Kortum 的思想，生产力增长与中间品质量的提高有关。最终产品的生产遵循柯布—道格拉斯生产函数：

$$Y_{nt}=A_{nt}H_{nt}^{\alpha}\int_{0}^{J}X_{nt}(j)^{1-\alpha}\mathrm{d}j \tag{4.1}$$

其中，Y_{nt} 为 t 时间 n 国的产出，其中 A 为外生的参数，H 代表投入最终产品生产的人力资本，$X_{nt}(j)$ 是 n 国 t 时间中间投入品 j 的数量和质量的综合值。最终产品的产出增长是平稳的，可进行贸易。

（二）中间产品部门

国家间的生产率差别取决于投入的中间品的质量，而中间品是不可贸易的。假设中间品的种类在各国是相同的，并且不随时间的变化而改变，但新技术可以使中间品的综合值不断提高。一国中间品的质量随时间改进，改进来源于国内外研发成果的扩散效应。中间品 j 的生产需要

一定量的最终产品 $K(j)$ 和劳动力 $L(j)$ ：

$$X_{nt}(j) = S_{nt}K_{nt}(j)^{\phi}L_{nt}(j)^{1-\phi} \tag{4.2}$$

其中，$\varphi \in [0,1]$，S_{nt} 是由 t 时刻的技术存量决定的中间产品生产力。

（三）研发部门

新技术的产生是研发投入的结果。假定所有工人生产最终产品的劳动生产率相同，但研发的生产率不同。如果不论是从事生产还是研究劳动者都能按比例获得报酬，那么他们将按照各自的优势来选择最有生产力的工作。若 n 国在 t 时间有 R_{nt} 的劳动者从事研究工作，则研发速度为：

$$B_{nt} = \lambda_{nt}R_{nt}^{\beta}L_{nt} \tag{4.3}$$

其中，λ_{nt} 是研发生产力，$\beta > 0$ 表示 R&D 人才在研发生产中的效率。

每种技术都包括质量、使用和扩散时间时滞三个方面，其中：

第一，技术的质量是一个得自累积分配 $F(q)$ 的随机变量，$F(q) = 1 - q^{\theta}, q > 0$ 。这种质量在技术扩散到的各国是相同的。

第二，这种技术只能被用在一个随机决定的中间品部门。

第三，技术只有扩散以后才会变得具有生产力。

（四）消费

借鉴 Borensztein 等（1995）模型中的消费思想，资本积累取决于储蓄。个人效用最大化行为中：

$$U_t = \int_t^{\infty} \frac{C_s^{1-\sigma}}{1-\sigma} e^{-\rho(s-t)} \mathrm{d}s \tag{4.4}$$

其中，C 代表消费的最终产品 Y 的数量，σ 是边际效用弹性，ρ 是消费者的主观时间偏好率。

二、均衡过程

技术扩散对 n 国的生产力有两方面的作用，一是通过扩散直接增加

n 国的技术存量；二是通过技术扩散提高 n 国研发生产力，加速 n 国研发进程。下面的分析就分别从这两方面入手，得到生产部门的均衡过程。

（一）技术扩散的作用机制

1. 国外扩散将直接增加一国的技术存量

由（4.3）式得 n 国在 t 时间国内自主研发技术存量为：

$$V = \int_{-\infty}^{t} e^{-\varepsilon_{ni}(t-s)} B_{nt} \mathrm{d}s \tag{4.5}$$

扩散是一个随机的过程，t 时间从国外到 n 国的技术扩散速度为：

$$V^* = J^{-1} \sum_{i=1}^{N} \varepsilon_{ni} \int_{-\infty}^{t} e^{-\varepsilon_{ni}(t-s)} B_{it} \mathrm{d}s \tag{4.6}$$

其中，$\int_{-\infty}^{t} e^{-t_{ni}(t-s)} B_{it} \mathrm{d}s$ 是到 t 时间 i 国的技术的累积产出，ε_{ni} 就是技术从 i 国到 n 国的扩散速度。

t 时间 n 国来自国外扩散的技术存量为：

$$V^* = \int_{-\infty}^{t} V^* \mathrm{d}s \tag{4.7}$$

由（4.3）式、（4.5）式、（4.6）式和（4.7）式可以得到 t 时刻 n 国内的技术存量：

$$\begin{aligned} S_{nt} = & \int_{-\infty}^{t} e^{-t_{ni}(t-s)} \lambda_{ns} R_{ns}^{\beta} L_{ns} \mathrm{d}s + \int_{-\infty}^{t} [J^{-1} \sum_{i=1}^{n-1} \varepsilon_{ni} \int_{-\infty}^{s} e^{-s_{ni}(s-z)} \lambda_{iz} S_{iz}^{\beta} L_{iz} \mathrm{d}z] \mathrm{d}t \\ & + \int_{-\infty}^{t} [J^{-1} \sum_{i=n+1}^{N} \varepsilon_{ni} \int_{-\infty}^{s} e^{-s_{ni}(s-z)} \lambda_{iz} S_{iz}^{\beta} L_{iz}] \mathrm{d}t \end{aligned} \tag{4.8}$$

由（4.1）式、（4.2）式和（4.8）式，最终产品生产部门在均衡状态下的产出水平为：

$$Y_{nt} = A_{nt} H_{nt}^{\alpha} \int_{0}^{J} [S_{nt}(V, V^*) Y_k L]^{1-\alpha} \mathrm{d}j \tag{4.9}$$

虽然 H_{nt} 是一个自由分配的量，但是可以证明，最终产出达到最大时各项资源恰好在各个部门平均分配，因此在均衡状态下 H_{nt} 是确定的。而 A 是外生决定的。因此，在 n 国经济的均衡中仅有一项即 S_{nt} 项是可变项，它是由 n 国的研发生产力 λ_{nt} 决定的，这正是我们下面所要解决的问题。

2. 国外扩散将加速国内研发

假设 n 国 t 时刻的研发生产力由该时刻本国技术存量和世界技术存量决定：

$$\lambda_{nt} = \lambda(S_{nt}/\overline{S_t})\,\bar{S}_t^{\gamma} \tag{4.10}$$

其中，$\overline{S_t} = \sum_{i=1}^{N} S_{it}$，表示世界技术存量。$\gamma \leqslant 1$，与模型是否具有规模效应有关，为了简便这里设 $\gamma = 1$，并且 $\alpha > 0$。γ 越大，国际研发溢出的强度越大。

又由（4.8）式得 t 时刻本国技术存量由以前的研发生产力决定，由 $\overline{S_t} = \sum_{i=1}^{N} S_{it}$ 得世界技术存量也是由以前的研发生产力决定的。这样，研发生产力和技术存量之间就存在一个明确的动态机理——向后看：该时刻研发生产力由该时刻技术存量决定，而该时刻的技术存量又由前一时刻的研发生产力决定，同理，前一时刻的研发生产力又由那时的技术存量决定，一直向后，可推至初始状态；向前看：该时刻的技术存量决定了当前的研发生产力，当前的研发生产力又决定了下一时刻的技术存量。该机理可以用一个方程组来表示：

$$\begin{cases} \lambda_{nt} = \lambda(S_{nt},\overline{S_{nt}}) \\ S_{nt} = S(\lambda_{nt-1}) \\ \overline{S_{nt}} = \bar{S}(S_{nt}) = \bar{S}(\lambda_{nt-1}) \end{cases} \tag{4.11}$$

由（4.11）式可以看出，大国经济存在与否将会影响技术扩散的结果，生产部门的均衡也因此而不同，这里我们将分别予以讨论。

（二）小国经济条件下的均衡

因为分析对象是具有普遍代表性的小国经济，整个经济体中的任何一个国家都只是世界经济体中的一部分，分析对象虽然对世界经济体有影响作用，却不具有决定作用。此时 n 国内的自主研发量相对于世界研发而言很少，即 $V \ll V^*, V + V^* \approx \varepsilon_{iz}V + V^*$ ，这与 Eaton 和 Kortum 一般均衡模型的情形取得了一致。（4.8）式可以简写为：

$$S_{nt} = \int_{-\infty}^{t} [J^{-1} \sum_{i=1}^{N} \varepsilon_{ni} \int_{-\infty}^{s} e^{-s_{nt}(s-z)} \lambda_{iz} S_{iz}^{\beta} L_{iz}] \mathrm{d}t \tag{4.12}$$

将（4.12）式代入（4.9）式，便可得到化简后的生产函数：

$$Y_{nt} = A_{nt} H_{nt}^{\alpha} \int_{0}^{J} [S_{nt}(\varepsilon_{ni}, \lambda_{nt}) Y_k L]^{1-\alpha} \mathrm{d}j \tag{4.13}$$

显然，由（4.11）式和（4.13）式可以看出各国间的研发彼此影响，任何一国的技术存量都与其他国家的技术进步成正比，因为经济增长来源于技术进步，从而经济增长也与技术进步成正比。由（4.10）式和（4.13）式可以得到 n 国的增长速率：

$$g_{nY} = g_{nS} = g = \frac{\overset{*}{S}_n}{S_n} = \frac{(1-\alpha)\lambda}{J} \sum_{i=1}^{N} \frac{\varepsilon_{ni} S_i}{\varepsilon_{ni} + g S_n} R_i^{\beta} L_i \tag{4.14}$$

其中，g 为产出增长率，$\overset{*}{S}_n / S_n$ 和从事研究的劳动力的份额 R_i / L_i 在稳定状态中是不变的。而在均衡过程中，稳定状态的相对 TFP 水平为：

$$\theta = \left(\frac{S_{nt}}{S_{Nt}}\right)^{1/\theta}, n = 1, \cdots, N \tag{4.15}$$

一个经济体的均衡不仅仅是生产部门的均衡，而应该是生产和消费同时达到均衡。上面我们已经完成了对生产部门的均衡分析，下面所要做的就是进行消费行为的研究。

假定利率为 r，（4.4）式代表个人效用最大化行为，最优消费途径可由下述标准条件得到：

$$g_c = \frac{\dot{c}_t}{c_t} = \frac{1}{\sigma}(r - \rho) \tag{4.16}$$

容易证明，在一个稳定的均衡中，消费增长率和产出增长率相同，变量 Y、K 和 C 具有相等的增长率，随着时间推进，各国的技术存量和研发速度最终将取得一致，整个世界经济体的增长速度可以由（4.14）式和（4.16）式得到：

$$g_Y = g_K = g_C = g_S = g = \frac{\dot{S}}{S} = \frac{(1-\alpha)\lambda}{J}\sum_{i=1}^{N}\frac{\sigma\varepsilon_{ni}}{\sigma\varepsilon_{ni} + r - \rho}R^{\beta}L \tag{4.17}$$

至此，我们已经完成了对整个经济体的均衡分析。由（4.17）式可以看出，在各国间不存在地理障碍、技术垄断和吸收能力限制等因素，技术可以完全扩散的情况下，各国间将会以技术扩散为通道，形成完善的技术流通机制，从而取得技术进程上的一致。而经济增长又取决于技术进步，因此各国经济增长也将同时取得一致的增长率。由此我们得到本部分的一个结论性命题：

命题 1：在小国经济条件下，若存在完全的技术扩散，世界各国的经济增长将最终收敛于统一速率。

通过对（4.14）式求偏导，我们可以得到有关收敛速度的一个子命题：

子命题 1　$\partial g_{nY}/\partial R_i > 0, \partial g/\partial \varepsilon_{ni} > 0$。

吸收国的收敛速度与扩散国的研发投入正相关，与扩散速度正相关。技术扩散对国内研发的作用机制包括两个方面：一方面，技术扩散直接增加 n 国技术存量；另一方面，技术扩散使得 n 国技术存量增加，从而研发速度也变快，技术进程及经济增长也随之加快，R_i 和 ε_{ni} 是影响这一作用机制的两个主要因素。R_i 是 i 国研发人力投入，i 国研发人力投入越多，i 国研发成果就越多，从而可以扩散的新技术也就越多，n 国从中获益就越多，经济增长也越快。可以看出，n 国经济增长与 i 国研发人员的分配正相关。ε_{ni} 是从 i 国到 n 国的技术扩散速度，ε_{ni} 越大，上述作用机制的速度就越快，n 国经济增长也越快。显然，吸收国经济增长与扩散速度正相关。

对（4.17）式求偏导，可以得到有关均衡增长速率的两个子命题：

子命题2 $\partial g/\partial\beta > 0, \partial g/\partial\sigma > 0, \partial g/\partial\rho > 0, \partial g/\partial r > 0$ 。

均衡增长速度与 β、σ、ρ 正相关，与 r 负相关。β、σ、ρ 和 r 虽然是外生的参数，但它们的值也影响着世界经济体的均衡增长速度。β 表示研发中的人力资本要素的贡献，β 增大，意味着研发中的人力资本作用越大，研发能力提高，相应的研发速度就越快，从而促进均衡经济增长速率加快；σ 代表边际效用弹性，σ 越高，则跨期替代弹性越小，家庭越倾向于当期消费；ρ 为消费者的主观时间偏好率，ρ 越高，当期消费相对未来消费的效用越大，因此家庭越倾向于当期消费；r 为利率，r 越低，越能促进当期消费和投资，而当期经济活跃，又能刺激下期投资与研发，经济长期发展趋向较高的稳定增长率。

子命题3 $\partial g/\partial(R_i/L_i) > 0, \partial g/\partial S_i > 0, \partial g/\partial[\varepsilon_{ni}/(\varepsilon_{ni} + g)] > 0$ 。

上述偏导数为正，说明如果一国拥有一个相对较高的研究型劳动力份额和技术份额（R_i/L_i 和 S_i），并且对其他国家的技术扩散速度 $\left(\dfrac{\varepsilon_{ni}}{\varepsilon_{ni} + g}\right)$ 相对较快，那么它将会在决定世界增长率上发挥重要作用。从（4.11）式可以看到，一国的研发增加将会对其他各国产生一系列连锁反应，首先它将增加向其他国家的技术扩散，促进其他国家的技术进步，其他国家反过来又会增加向本国的扩散。与乘数加速数模型相似，一国研发的增加将引发一轮连续的技术进步。如果一国拥有一个相对较高的研究型劳动力份额和技术份额，则该国将成为世界主要的扩散源，若该国加速研发和扩散，则必将大大提高均衡增长速度。当一个国家或地区的研发在世界上占世界研发的很大份额时，整个世界的均衡增长率将会由该国决定，这种极端情况就是大国经济条件下的扩散分析。

虽然大国情形下的分析和小国经济有部分相似，但其中的均衡机理并不完全一致，而且收敛的条件也更强，作为小国经济的一个扩展，我们将在下面展开大国经济条件下的均衡分析。

（三）大国经济条件下的均衡分析

在 n 为大国时，t 时刻它的国内技术存量仍然由（4.8）式的形式得到，但因为此时 n 国的自主研发量占世界研发的很大部分，所以（4.8）式不能简单的按照（4.12）式的形式来处理。

t 时刻 n 国内的自主研发存量仍然为（4.8）式的前半部分，即

$$V = \int_{-\infty}^{t} e^{-t_{ni}(t-s)} \lambda R_{ns}^{\beta} L_{ns} \mathrm{d}s \tag{4.18}$$

国外研发扩散到 n 国的技术存量 V^* 由国外研发量决定，国外研发又由 n 国研发及其扩散决定，因此 V^* 也是 n 国国内研发决定的函数，即本国研发以速度 ε_{in} 向国外扩散，继而影响国外研发，国外研发又以速度 ε_{ni} 向国内扩散，因此有：

$$V^* = \varepsilon_{ni}\varepsilon_{in} V \tag{4.19}$$

其中，ε_{in} 为 n 国研发向 i 国的扩散速度，ε_{ni} 为 i 国研发向 n 国的扩散速度，因为 i 为小国，n 为大国，所以技术占优的 n 国向 i 国扩散较快，而技术处于劣势的 i 国向 n 国扩散则较慢，即 $\varepsilon_{ni} \ll \varepsilon_{in}$。这样 t 时刻 n 国内的技术存量为其自身研发的函数，（4.8）式可写为：

$$\begin{aligned} S_{nt} &= \int_{-\infty}^{t} e^{-t_{ni}(t-s)} \lambda_{ns} R_{ns}^{\beta} L_{ns} \mathrm{d}s + \varepsilon_{ni}\varepsilon_{in} \int_{-\infty}^{t} e^{-t_{ni}(t-s)} \lambda_{ns} R_{ns}^{\beta} L_{ns} \mathrm{d}s \\ &= (1 + \varepsilon_{ni}\varepsilon_{in}) \int_{-\infty}^{t} e^{-t_{ni}(t-s)} \lambda_{ns} R_{ns}^{\beta} L_{ns} \mathrm{d}s \end{aligned} \tag{4.20}$$

将（4.20）式代入（4.9）式，便可得到化简后的生产函数：

$$Y_{nt} = A_{nt} H_{nt}^{\alpha} \int_{0}^{J} [S_{nt}(\varepsilon_{ni}, \varepsilon_{in}, \lambda_{nt}) Y_k L]^{1-\alpha} \mathrm{d}j \tag{4.21}$$

由（4.3）式和（4.21）式得 n 国的均衡增长率为：

$$g_{nY} = g_{ns} = g = \frac{\dot{S}_n}{S_n} = \frac{(1-\alpha)\lambda}{J}(1 + \sum_{i=1}^{N} \varepsilon_{ni}\varepsilon_{in}) R_n^{\beta} L_n \tag{4.22}$$

同理，小国 i 的均衡增长率为：

$$g_{iY} = g_{is} = g = \frac{\dot{S}_i}{S_i} = \frac{(1-\alpha)\lambda}{J}\varepsilon_{in}R_i^{\beta}L_i \tag{4.23}$$

由（4.22）式和（4.23）式得小国 i 大国 n 的相对增长率为：

$$\theta = \frac{g_{iY}}{g_{nY}} = \frac{\dfrac{(1-\alpha)\lambda}{J}\varepsilon_{in}R_n^{\beta}L_n}{\dfrac{(1-\alpha)\lambda}{J}(1+\sum\limits_{i=1}^{N}\varepsilon_{ni}\varepsilon_{in})R_n^{\beta}L_n} = \frac{\varepsilon_{in}}{1+\sum\limits_{i=1}^{N}\varepsilon_{ni} * \varepsilon_{in}} \tag{4.24}$$

从（4.24）式可以得到本部分的另一个结论性命题：

命题2：在大国经济条件下，若存在完全的技术扩散，世界各国的经济增长将向大国的增长速率收敛。

尽管在大国经济条件下我们可以得到与小国条件下相似的结论，但是这个结论却需要更多的条件来支持。首先，小国要利用后发优势，通过降低成本来实现向大国的靠拢，必须与大国充分接触以保证大国向其的扩散速度大于某一临界值。其次，小国的研发向大国的扩散也将促进大国的技术进步，要实现收敛必须保证小国向大国的扩散速度小于某一临界值。

在（4.24）式中，只有当 $\varepsilon_{ni} \to 0, \varepsilon_{in} \to 1$ 时，才有：

$$\lim_{\substack{\varepsilon_{ni}\to 0\\ \varepsilon_{in}\to 1}} \frac{\varepsilon_{in}}{1+\sum\limits_{i=1}^{N}\varepsilon_{ni}\varepsilon_{in}} = 1 \tag{4.25}$$

虽然这两个条件的要求比较苛刻，但是前面的分析实际上已经暗含了这样的假设：首先，在大国经济条件下，大国和小国的技术差距明显，这就具备了大国向小国的技术扩散的前提条件；其次，在我们的分析中假设各国间不存在地理障碍、技术垄断和吸收能力限制，这在实质上形成了大国向小国技术扩散的流通渠道。这两个条件足以保证大国向小国扩散速度 $\varepsilon_{in} \to 1$ 。对于第二个条件，由于小国处于技术劣势地位，大国处于技术优势地位，小国可向大国扩散的技术很少，尽管两国间的技术扩散机制是完善的，小国向大国的技术扩散也是极为有限的，即 $\varepsilon_{ni} \to 0$ 。

三、小结

技术进步是世界经济增长的重要因素，但任何国家和地区都不可能完全依靠自身力量进行科技创新。无论是回顾前人的模型还是在我们的均衡分析过程中，国际技术扩散都被有力地证明为缩小技术差距、促进经济增长的重要途径，国际技术扩散的成功与否直接影响着区域和世界经济体技术进步和经济增长的进程。

本部分从生产部门入手，分析了小国经济中技术扩散下的均衡增长，并得到了理想状态下经济增长的重要结论——在小国经济条件下，若存在完全的技术扩散，世界各国的经济增长将最终收敛于统一速率。完全的技术扩散构成了国家间的技术流通渠道，技术可以在国家间无障碍的流通，各国研发彼此影响并最终取得一致，技术进程从而经济增长也将会收敛于均衡速率。

在大国经济条件下，我们同样得到了世界经济增长率收敛的结论——在大国经济条件下，若存在完全的技术扩散，世界各国的经济增长将向大国的增长速率收敛。大国技术进程虽然受到小国技术扩散的影响，但影响较小，而小国受大国影响较大，整个世界的技术进程从而经济增长都将跟随大国的脚步前进。

比较两种状态下的均衡，二者的不同之处则在于大国经济中的收敛需要更强的条件：第一，大国向小国扩散速度 $\varepsilon_{in} \to 1$ ；第二，小国向大国扩散速度 $\varepsilon_{ni} \to 0$ 。在大国经济条件下，小国处于技术劣势地位，大国处于技术优势地位，大国和小国的技术差距明显，假设技术扩散的机制是完善的，可以保证上述条件成立。

二者的相同之处则在于世界各国都将收敛于统一增长率，并且影响收敛速度和均衡增长率的因素也有许多相同点。其中，吸收国的收敛速度与扩散国的研发投入正相关，与扩散速度正相关。扩散国的研发增加、扩散速度加快都将影响技术扩散进程，促进吸收国的技术进步，使之更快向扩散国收敛。而均衡增长速率的大小不仅与研发的人力资本要素、边际效用弹性、消费者的主观时间偏好、利率等外生参数有关，还取决于技术相对占优国家的研发与扩散。如果一国拥有一个相对较高的研究型劳动力份额和技术份额，并且对其他国家的技术扩散速度相对较快，那么它的技术进程将会影响世界均衡增长率。当扩散国的这种技术优势地位十分显著时，整个世界的均衡增长率将会由该国决定，这就是大国经济条件下的情况。

我们的分析说明了国际技术扩散对世界经济增长的理想化效应，描述了在理想的技术扩散条件下，各国经济增长的收敛趋势。尽管理想化的理论模型不能完全贴近现实，但是抽象其中主要因素或许可以让我们认识到主要变量间的因果关系，这正是我们进行模型分析的目的所在。在具体问题中放松模型的条件限制，便可实现理论到现实的无限逼近。

第二节　一国特征因素对扩散效果影响的数理分析

尽管世界上所有国家具有相同的技术前沿，但国家之间采用国外先进技术以促进本国技术进步的程度是不同的，这涉及国际技术扩散的影响因素问题。从机制分析中可以看出，一国内部人力资本、研发水平及制度因素（包括知识产权保护、金融市场发展状况等）都会影响其对扩散技术的吸收效果。Griffith 等（2004）建立了一个基于 Aghion 和 Howitt（1992，1998）的内生增长模型以研究 R&D 两面性，指出研究与开发活动从影响本国创新及影响来自其他国家技术的消化吸收能力两个方面对本国技术进步产生促进作用。他们的模型设定中关于技术吸收国特征因素的参数设定可以证明一国特征因素会通过影响扩散速度进而影响其技术进步速率。

一、模型基本假设

经济中包括一系列的国家 $i, i \in (1, N)$，每个国家包含一系列的世代交叠 $t, t \in (1, \infty)$，且每一代包括生活两期的工人（同时也作为消费者）H_i，每个工人每一期拥有一个单位的劳动力（labor）禀赋及外生的部门特定要素，如资本或者土地 K_i/H_i，时间用 Γ 表示。经济体中包含研发部门、中间品部门与最终生产部门三个经济部门。研发部门与中间品部门雇佣劳动力进行生产，最终产品部门使用特定的资本要素与中间品投入进行生产。经济中的技术变化体现为连续的内生质量提升及中间品生产率的提高。

在第一期初始，工人从上一代人那里继承一定的知识存量，并决定是否进行研发或进行中间品生产。研发与中间品生产被模型化为特定活动，是不可逆的。进入中间品部门的工人在第一期获得生产中间品所必需的人力资本，进入研发部门的工人在第一期参与不确定的研发活动，且研发是否成功在第一期期末确定。

生产与消费在第二期发生，若第一期研发成功，发明者获得一期的新技术专利，在第二期开始时与中间品生产者确定利润分配。若研发没有成功，使用第二期的既有技术进行生产。由于代际技术溢出的存在，t 代的任何人都可以获得既有技术。因此，若研发不成功，使用中间品对最终产品的生产即为完全竞争环境下的生产。

二、消费

在每一期，工人都有一单位的劳动禀赋，是否进行研发或者中间品生产对应着劳动力供给。用 H_{it}^R 代表进入研发的工人数量，用 $H_{it}^P = H - H_{it}^R$ 代表进行中间品生产的工人数量。假定劳动供给都是有效的，最终产品的消费由偏好决定，工人是风险中性的，则在第 t 代，代表性消费者的终生效用是第二期最终消费的线性方程：

$$U_{it} = c_{i2t} \tag{4.26}$$

三、生产

根据 Aghion 和 Howitt（1992），最终产品产出 y 由中间品 x 及部门特定要素 K 来生产，生产形式为完全竞争条件下的柯布—道格拉斯函数：

$$y_{i2t} = A_{i2t} x_{i2t}^{\alpha} K_{i2t}^{1-\alpha}, 0 < \alpha < 1 \tag{4.27}$$

这里，A_{i2t} 代表第二期的生产率或中间品的投入质量。假设最终产品在运输成本为零时是可贸易的，但中间品与初始要素是不可贸易的。选择最终产品为定价标准，则 $P_{i2t} = 1$ 。中间品由劳动在规模报酬不变条件下生产：

$$x_{i2t} = h_{i2t} \tag{4.28}$$

h_{i2t} 为第二期生产中间品的工人数量。

四、创新与技术转移

对于非技术前沿的经济体来说，生产率的增长可能是由创新带来的，也可能是由技术转移带来的。R&D 活动在两者的进程中都起到了重要的作用。但是，有些技术也有可能是独立于 R&D 产生的。因此，不管在第一期的研发是否成功，我们都允许生产率或中间品的质量相比上一代第一期会提升一定的比例 $Q_i(A_{F1t}/A_{i1t}) \geqslant 1$ 。如果研发活动不成功，自动的技术转移是生产率增长的唯一来源，此时第二期中间品投入的生产率表示为：

$$\underline{A_{i2t}} = Q_i(A_{F1t}/A_{i1t}) A_{i1t} \tag{4.29}$$

划横线的变量表示研发没有成功时的世界形势，F 表示拥有世界技术前沿的经济体。假设方程 $Q_i(\cdot)$ 满足条件 $Q_i(\cdot) = 1, Q_i'(\cdot) > 0$, $Q_i''(\cdot) < 0, \forall i$. 直观地，距离技术前沿越远的国家，通过技术转移引起的生产率增长越大（$Q_i'(\cdot) > 0$），但这种增长是递减的（$Q_i''(\cdot) < 0$）。一个满足这些性质的简单方程为不变弹性方程：

$$Q_i(A_{F1t}/A_{i1t}) = (A_{F1t}/A_{i1t})^{\mu_i}, 0 < \mu_i < 1, \forall i. \tag{4.30}$$

这种扩散是自动的，独立于 R&D 活动，这种扩散的速度也因各个国家的制度、政府政策、人力资本水平、贸易开放度及其他变量的不同而不同，这里用参数 μ_i 表示。

如果研发成功，中间品投入的生产率或者质量比只存在技术转移时上升一个 $\Gamma_i > 1$ 的比例。研发部门的具体形式是类似于 Aghion 和 Howitt（1992）的一个离散变量。如果国家 i 的 t 代中，有 H_{it}^R 进入研发部门，我们假设个人的创新可能性是 $\lambda_i H_{it}^R$，并得到新技术的专利。因此，若进入研发部门，个人获得专利的可能性是 λ_i（对于所有的 i 来说，有 $0 < \lambda_i < 1$）。创新本质上是一个不确定的过程，参数 λ_i 反映了不同国家研发生产率的不同。

根据 Aghion 和 Howitt（1998）、Howitt（2000），假定创新规模 Γ_i 是一个国家距离技术前沿的函数，并假设这个函数是连续的：

$$\Gamma_i = \Gamma_i(A_{F1t}/A_{i1t}), \Gamma_i(1) > 1, \Gamma_i'(\cdot) > 0, \Gamma_i''(\cdot) < 0, \forall i.$$

尽管处于技术前沿之下的国家会增加创新规模（$\Gamma_i'(\cdot) > 0$），规模增加的幅度却随着与技术前沿距离的减小而减小（$\Gamma_i''(\cdot) < 0$）。表达成具有不变弹性的公式形式为：

$$\Gamma_i(A_{F1t}/A_{i1t}) = \gamma(A_{F1t}/A_{i1t})^{\phi_i}, \gamma > 1, 0 < \phi_i < 1, \forall i. \tag{4.31}$$

处于技术前沿的国家具有最高的 TFP 水平（$A_{i1t} = A_{F1t}$），创新规模为 $\gamma > 1$，正如 Aghion 和 Howitt（1992）中传统的质量提升模型。处于非技术前沿的国家（$A_{i1t} < A_{F1t}$），R&D 活动也促进了对来自于技术前沿技术的吸收，因此创新规模也会增加。参数 ϕ_i 决定了与技术前沿不同的创新的速度，并且因政府政策或制度等因素的不同而不同。因此，若研发成功，第二期中间品投入的生产率或质量可以表示为：

$$\overline{A_{i2t}} = \gamma(A_{F1t}/A_{i1t})^{\varphi_i+\mu_i} A_{i1t} \tag{4.32}$$

上方有横线的变量表示研发成功时的世界状态。

五、一般均衡

（一）第二期的生产均衡

如果研发活动不成功，中间品投入是在现存技术下，在完全竞争市场条件下进行生产。中间品生产者获得与其边际产品相等的工资（w_{i2t}）。

$$\underline{w_{i2t}} = \underline{\hat{q}_{i2t}} = \alpha \underline{A_{i2t}}(\underline{\hat{h}_{i2t}})^{\alpha-1}(K_i^{1-\alpha}) \tag{4.33}$$

第二期中间品部门对劳动力的需求等于其供给，由第一期内生选择决定：$\underline{\hat{h}_{i2t}} = \hat{H}_{it}^P$。

如果研发成功，研发者获得新技术的专利，是使用该技术生产的中间品供给的垄断者。这种技术是使用次优技术生产率的 $\Gamma_i > 1$ 倍，即有 $\overline{A_{i2t}} = \Gamma_i \underline{A_{i2t}}$。假设发明者具有绝对的议价能力，因此在限定的中间品投入、生产技术、大于等于次优技术时工人工资及使用新技术的成本不大于次优技术的情况下，他选择产出与工资以使利润最大化。即：

$$\begin{aligned}
&\max_{x_{i2t}, w_{i2t}} \left\{ q_{i2t} x_{i2t} - w_{i2t} h_{i2t} \right\} \\
&\qquad x_{i2t} \geqslant 0 \\
&\qquad x_{i2t} = h_{i2t}
\end{aligned} \tag{4.34}$$

$$\begin{aligned}
\text{满足：}\ & w_{i2t} \geqslant \underline{w_{i2t}} \\
& b_{i2t}[\overline{A_{i2t}}, q_{i2t}, r_{i2t}] \leqslant b_{i2t}[\underline{A_{i2t}}, \underline{q_{i2t}}, r_{i2t}] \\
& q_{i2t} = \alpha A_{i2t} x_{i2t}^{\alpha-1} k_{i2t}^{1-\alpha}
\end{aligned}$$

这里，$b_{i2t}(\cdot)$ 是最终产品生产的单位成本，是中间产品投入生产率 A_{i2t}、价格 q_{i2t} 及租金率 r_{i2t} 的函数。次优技术对于所有中间品生产者来说是无成本的，因此使用这种技术生产的工人工资 $\underline{w_{i2t}}$ 等于中间品生产的边际产品价值。

均衡时，专利所有者支付给中间品生产者的工资小于等于其他技术的支付，因此有

$$\bar{w}_{i2t} = \underline{\hat{w}_{i2t}} = \underline{\hat{q}_{i2t}} = \alpha \underline{A_{i2t}} (\bar{\hat{h}}_{i2t})^{\alpha-1} (k_i)^{1-\alpha} \tag{4.35}$$

为了简化分析，我们考虑在最大化垄断价格时，“巨大创新”所引起的新技术生产最终产品的成本要小于次优技术，利润最大化的垄断价格为边际成本的加成：

$$\bar{\hat{q}}_{i2t} = (1/\alpha) \bar{\hat{w}}_{i2t} = (1/\alpha)\ \underline{\hat{w}_{i2t}} \tag{4.36}$$

均衡时中间品投入生产的利润为：

$$\bar{\hat{\pi}}_{i2t} = (\frac{1-\alpha}{\alpha})\ \underline{\hat{w}_{i2t}} \bar{\hat{h}}_{i2t} \tag{4.37}$$

均衡时第二期中间品生产部门的劳动需求等于第一期的内生选择，$\hat{h}_{i2t} = \hat{H}_{it}^{P}$。

（二）第一期的均衡：在生产和研发中选择

在存在研发的均衡里，研发的预期收益 $\hat{V}_{it}^{R}$ 等于对应的中间品生产的预期收益 $\hat{V}_{it}^{R}$。在研发成功概率为 λ_i 时，研发者获得新技术的专利，且在均衡时获得公式（4.37）表示的利润。因此，他有 $1-\lambda_i$ 的概率不会获得专利，并且在第二期中不会获得研发收益。研发的终生收益为：

$$\hat{V}_{it}^{R} = \lambda_i (\frac{1-\alpha}{\alpha})\ \underline{\hat{w}_{i2t}} \hat{H}_{it}^{P}。$$

从上面的分析中可以看出，在第二期均衡时中间品生产者的工资取决于第一期的研发是否成功，并等于次优技术的边际产出价值。中间品生产的终生预期收益为 $\hat{V}_{it}^{R} = \underline{\hat{w}_{i2t}}$。

均衡时，中间品生产者等于工人供给减去从事研发的工人数量，$\hat{H}_{it}^{P} = H_i - \hat{H}_{it}^{R}$。综上，研发的终生预期收益等于中间品生产的终生预期收益，可以表示为：

$$1 = \lambda_i (\frac{1-\alpha}{\alpha}) (H_i - \hat{H}_i^{R}) \tag{4.38}$$

参数满足 $\lambda_i (\frac{1-\alpha}{\alpha}) H_i > 1$，由此我们得到一个内部均衡，公式

（4.38）定义了一个研发数量的唯一均衡水平（$0 < \hat{H}_i^R < H_i$）。

（三）生产率增长与趋同

从最终产品生产技术（方程（4.27）我们可以得到，两代之间预期的 TFP 增长率为：

$$E_{t-1}\ln\left(\frac{A_{i1t}}{A_{i1t-1}}\right) = \underbrace{\lambda_i \hat{H}_{it-1}^R \ln\lambda}_{term1} + \underbrace{\mu_i \ln\left(\frac{A_{F1t-1}}{A_{i1t-1}}\right)}_{term2} + \underbrace{\lambda_i \hat{H}_{it-1}^R \phi_i \ln\left(\frac{A_{F1t-1}}{A_{i1t-1}}\right)}_{term3} \tag{4.39}$$

在这里，E 表示预期。这个等式所表示的预期增长具有熊彼特内生增长模型的标准特性。以研发为基础的创新是经济体生产率增长的决定性因素（term1），且增长速率随创新的规模 γ、研发的成功概率 λ_i 及均衡的研发人员数 $\hat{H}_i^R$ 增长。

技术转移的可能性显示，在其他情况不变的情况下，距离技术前沿较远的国家（$A_{i1t-1} < A_{F1t-1}$）将会有更快的生产率增长。尽管所有位于技术前沿以下的国家都可以通过技术转移使生产率增长，需要指出的是，这种可能性由制度及政府政策等会影响自动转移的因素所决定（由 term2 中的 μ_i 表示），同时也由建立在研发活动基础上的吸收能力所决定（如 term3 所表示）。通过参与研发活动，国家不仅仅增加了消化与了解其他新发现的能力，而且提高了技术转移的速度。

公式（4.39）表示处于技术前沿国家及非技术前沿国家 TFP 的长期协整关系。联立公式（4.39）所表示的非前沿国家 i 及前沿国家 F，我们可以得到相对 TFP 变化的一阶差分等式：

$$E_{t-1}\Delta\ln\tilde{A}_{i1t} = (\lambda_F \hat{H}_{Ft-1}^R - \lambda_i \hat{H}_{it-1}^R)\ln\gamma - (\lambda_i \hat{H}_{it-1}^R \phi_i + \mu_i)\ln\tilde{A}_{i1t-1} \tag{4.40}$$

这里，$\tilde{A}_{i1t} = A_{F1t}/A_{i1t}$。在稳态均衡时，处于技术前沿的是通过创新取得预期最高增长率的国家（公式 4.39 中的 term1），因此模型允许技术领导国的内生转变。一个相对 TFP 的稳态均衡水平将存在于所有的国

家 i，使得国家 i TFP 的预期增长率等于处于技术前沿国家的增长率。在相对 TFP 的该数值上，该国家距离技术前沿的均衡距离使得其源于创新与技术转移引起的 TFP 增长恰好等于前沿国家仅由创新引起的 TFP 增长。从公式（4.40）中可以看出，处于技术前沿之下的国家 i 的相对 TFP 的稳态或长期协整水平为：

$$\ln\tilde{A}_{i1}^{*} = \frac{(\lambda_F \hat{H}_F^R - \lambda_i \hat{H}_i^R)\ln\gamma}{(\lambda_i \hat{H}_i^R \phi_i + \mu_i)} \tag{4.41}$$

稳态均衡的相对 TFP 决定于会影响研发生产率（$\lambda_{i,}\lambda_F$）的制度及政府政策等因素、均衡的研发人员（$\hat{H}_i^R, \hat{H}_F^R$）、前沿国创新规模（γ）及由政治与经济变量所决定的自动的及建立在吸收能力基础上的技术转移（μ_i, ϕ_i）。

六、结论

由以上分析可知，在达到稳态均衡时，一国源于自主创新与技术扩散的全要素生产率增长不仅仅取决于研发生产率及研发人员投入，而且受到本国的制度因素、政府政策及本国吸收能力的影响。

第五章　国际技术扩散及其影响因素的实证分析

改革开放以来，中国经济迅速发展，缩小了与发达国家整体经济实力的差距。根据新经济增长理论，一国经济增长的持续动力是技术进步，而技术进步的来源又分为国内创新及国际技术扩散。国际技术扩散对技术吸收国的促进作用是有条件的，作用大小受其自身特征及吸收能力的影响。在本部分第三章与第四章对国际技术扩散机制分析及其数理演绎的基础上，本章使用中国数据实证检验国际技术扩散对中国创新产出及技术进步的贡献度，并检验一国特征因素及吸收能力对技术扩散效果的影响。本章分为五节，第一节为四大渠道的国际技术扩散对中国整体创新能力贡献度的实证分析；第二节在地区层面上检验了国际技术扩散对中国技术进步的作用，并根据地区分组检验了扩散效果的地区差异；第三节与第四节为中国吸收能力对技术扩散影响的分析及门限检验；第五节在前四节的基础上，将国际文献引用纳入国际知识扩散的分析框架，尝试研究国际文献引用对一国技术创新的影响及其门限效应。本章得出的结论对中国利用国际技术扩散促进创新能力提升与技术进步进而促进经济增长具有重要借鉴意义，为后文的政策分析提供实证依据。

第一节　国际技术扩散对中国创新能力贡献度的实证分析

传统的三大国际技术扩散途径（FDI、进口贸易、国外专利申请）已经被证明是中国获取外国先进技术的重要渠道，在中国技术进步和经济发展中起到了重要的作用（李平，2007）。随着科技的发展，更为先进的交通通信工具使得国际间的人力资本流动越来越便捷，以“人”为载体的国际技术流动为广大发展中国家带来了来自发达国家的先进技术，国际人力资本流动也成为国际间技术扩散的重要渠道。本节使用中国国家层面的时间序列数据就四大渠道对中国总体创新能力及不同层次创新能力的影响进行了实证研究，并根据实证研究结果对四大渠道的技术溢出情况进行了分析。

一、模型设定

本书使用国内外学者通常使用的国际研发溢出来代理各渠道的国际技术扩散。根据机制分析，采用柯布—道格拉斯函数形式，本部分将中国研发资本投入产出函数设定为：

$$Inno_t = A_t S_{d_t}^{\alpha} S_{f_t}^{\beta} \tag{5.1}$$

$Inno_t$ 代表中国创新产出，研发资本投入分为国内的研发存量 S_d 和国外溢出的研发存量 S_f 两部分，国外研发存量溢出又分为 FDI 溢出的国外研发存量、进口贸易溢出的国外研发存量（此处考查国外研发存量流入，因此出口渠道没有计算在内）、国外专利申请溢出的国外研发存量以及国际人力资本流动溢出的国外研发资本存量四个部分，分别用 S_t^{fdi}、S_t^{im}、S_t^{pat} 和 S_t^{hum} 来表示。由此，中国研发资本的投入产出函数变为：

$$Inno_t = A_t S_{d_t}^{\alpha} S_{fdi_t}^{\beta_1} S_{im_t}^{\beta_2} S_{pat_t}^{\beta_3} S_{hum_t}^{\beta_4} \tag{5.2}$$

对（5.2）式两边取对数，整理可得本部分的实证分析模型：

$$\ln Inno_t = C + \alpha \ln S_t^d + \beta_1 \ln S_t^{fdi} + \beta_2 \ln S_t^{im} + \beta_3 \ln S_t^{pat} + \beta_4 \ln S_t^{hum} + \varepsilon_t \quad (5.3)$$

自主创新能力的代理指标中比较合理且容易量化的是国内专利申请数量，因此本部分采用国内专利申请数量来衡量技术进步水平。根据知识和技术层次的不同，专利申请又分为发明专利、实用新型和外观设计，它们体现了不同程度的自主创新，本部分将分析各个途径的国外研发溢出对中国总体创新能力及对中国不同层次创新能力的影响。另外，由于各国际技术扩散渠道对国内自主创新能力的提升作用存在时滞性，即国际技术扩散很少会立即促进本国技术进步，而是要经过一段时间在与国内相应设施结合之后，才会释放其技术拉动效应。因此，我们的模型加入解释变量的滞后期以考察各渠道的国际技术扩散对中国创新能力影响的时滞效应，由此，根据模型（5.3）建立以下三个回归模型：

$$\ln Invent_t = C + \alpha_j \ln S_{t-x}^d + \beta_1 \ln S_{t-x}^{fdi} + \beta_2 \ln S_{t-x}^{im} + \beta_3 \ln S_{t-x}^{pat} + \beta_4 \ln S_{t-x}^{hum} + \varepsilon_t \quad (5.4)$$

$$\ln Utility_t = C + \alpha_j \ln S_{t-x}^d + \beta_1 \ln S_{t-x}^{fdi} + \beta_2 \ln S_{t-x}^{im} + \beta_3 \ln S_{t-x}^{pat} + \beta_4 \ln S_{t-x}^{hum} + \varepsilon_t \quad (5.5)$$

$$\ln Design_t = C + \alpha_j \ln S_{t-x}^d + \beta_1 \ln S_{t-x}^{fdi} + \beta_2 \ln S_{t-x}^{im} + \beta_3 \ln S_{t-x}^{pat} + \beta_4 \ln S_{t-x}^{hum} + \varepsilon_t \quad (5.6)$$

其中，x 为滞后期，其余变量含义不变。模型中的 $\ln invent_t$、$\ln utility_t$、$\ln design_t$ 分别代表发明专利、实用新型和外观设计专利申请所代表自主创新层次。C 为常数项，ε_t 为随机误差项。

二、变量测算及数据来源

国内研发存量 S_t^d 使用永续盘存法 $S_t^d = (1-\delta) S_{t-1}^d + RD_t$ 进行计算。其中，δ 为研发资本折旧率，采用 Maurice 等（2002）的做法设定为 5%，RD_t 为第 t 年当年的研发支出。基年的国内研发存量遵循 Coe 和 Helpman（1995）的方法计算，公式为 $S_{1985}^d = RD_{1985}/(g+\delta)$，其中 g

为中国历年研发支出对数形式增长率的年平均数。

各大渠道溢出的国外研发存量的计算，我们采用 Lichtenberg 和 Potterie（1996）在度量 FDI 和进口贸易溢出量的方法（简称 LP 法）：

$$S_t^{fdi} = \sum_{j=1}^{10} \frac{FDI_{jt}}{GDP_{jt}} S_{jd_t} \text{ 以及 } S_t^{im} = \sum_{j=1}^{10} \frac{IM_{jt}}{GDP_{jt}} S_{jd_t}$$

其中，FDI_{jt} 表示第 t 年从第 j 国流入中国的 FDI 总量，本部分选取 1985—2007 年平均流入中国 FDI 排名前十位国家①的相关数据来计算 FDI 溢出中国的研发存量；IM_{jt} 表示中国第 t 年的进口额，本部分选取 1985—2007 年中国平均进口贸易总量排名前十名的国家②来计算进口贸易溢出的国外研发存量；GDP_{ji} 表示的是 j 国第 t 年的 GDP；S_{jd_t} 表示 j 国第 t 年的国内研发存量，计算方法同国内研发存量的计算方法，其中 1985 年存量为 Coe 和 Helpman（1995）中的数据。仿照 LP 方法本部分将国外专利申请溢出到中国的国外研发存量和国际人力资本流动溢出中国的国外研发存量进行量化，具体公式为：

$$S_t^{pat} = \sum_{j=1}^{8} \frac{VP_{jt}}{GDP_{jt}} S_{jt} = \sum_{j=1}^{8} \frac{PA_{jt}}{TPA_{jt}} \frac{RD_{jt}}{GDP_{jt}} S_{jd_t}$$

$$S_t^{hum} = \sum_{j=1}^{8} \frac{S_{jd_t}}{GJ_{jt}} FLOW_{jt} \qquad (5.7)$$

其中，RD_{jt} 为 j 国第 t 年的国内研发支出；PA_{jt} 表示 j 国第 t 年向中国申请的专利数量，本部分选取对中国专利申请量居前八位的国家③的专利申请数表示；TPA_{jt} 表示 j 国第 t 年所拥有的国内专利申请数量；VP_{jt} 表示 j 国第 t 年流入中国的专利申请的价值，为 j 国第 t 年每条专利申请的

① 根据《中国统计年鉴》中“按国别（地区）分实际外商投资额”数据，对华投资前十位的国家和地区是：澳大利亚、加拿大、法国、德国、意大利、日本、英国、美国、中国香港、新加坡。

② 根据《中国统计年鉴》中“我国同各国（地区）海关货物进出口总额”数据，对华出口贸易额前十位的国家是澳大利亚、加拿大、法国、德国、意大利、日本、韩国、美国、中国香港、新加坡。

③ 根据《中国统计年鉴》相关数据，前八位的国家是澳大利亚、加拿大、法国、德国、意大利、日本、英国、美国。

价值（RD_{jt}/TPA_{jt}）与 PA_{jt} 的乘积；GJ_{jt} 表示的是 j 国第 t 年的高校在校生数；$FLOW_{jt}$ 表示的是第 t 年从 j 国回流中国的学成归国留学人员数①，本部分选取 1985—2007 年中国海外留学生较集中的八个发达国家②的留学人员代理。

由于中国的专利法从 1985 年才开始实施，并且世界知识产权局统计的数据滞后二年时间，2009 年与 2008 年各国在三大专利局申请的专利数量截止到 2007 年，因此本部分研究数据的样本空间为 1985—2007 年。其中，中国的发明、实用新型和外观设计专利申请数、实际利用 FDI、进口贸易额，以及各个国家在中国的专利申请数量均来自《新中国五十五年统计资料汇编》和《中国统计年鉴》。国内研发支出数据来自于中宏数据统计网站，并通过历年的固定资产投资价格指数和 PPP 汇率将其折算成 1985 年 PPP 美元价格。各个国家的 GDP 和 PPP 汇率均来自国际货币基金组织的“World Economic Outlook Database（2009）”，研发支出占 GDP 比例来自于“OECD Factbook 2009”，各个国家在其国内的专利申请数量来源于世界知识产权局统计数据库。

三、模型的实证检验

由于实证检验使用的是时间序列数据，而时间序列大多存在非平稳的现象，简单的回归可能会产生“虚假回归”的现象。本部分分别通过 ADF 单位根检验和 Johansen 协整关系检验来检验各时间序列的平稳性和相互之间的协整关系。单位根检验结果见表 5. 1。

由表 5. 1 的结果可以看出，在被解释变量中，最高阶（即二阶）单整变量有四个，为双数，并且人力资本流动变量为平稳序列，被解释变

① 由于学成回国留学人员是中国智力回流的主体，是海归的最重要组成部分，本书用学成回国人员数来衡量海归规模。此外，鉴于数据的可得性，本书以历年各国对华贸易和 FDI 总值占当年中国贸易和 FDI 总值的比重作为权重，用中国历年学成回国留学人员数和该权重的乘积来衡量从上述五个国家学成回国的留学人员数。

② 据教育部国家留学基金委和公安部相关统计，中国海外留学生较集中的八个发达国家分别是：美国、日本、英国、德国、法国、加拿大、澳大利亚、意大利。

量单整阶数小于被解释变量，因此各个变量之间可以做协整检验，结果见表5.2。从表5.2协整关系检验结果可以得出，各模型中各个序列之间都存在着协整关系，即它们之间存在着长期关系，模型中各不平稳的变量通过某种线性组合是平稳的。因此，可以进一步对上述模型进行回归分析。

表5.1　各时间序列数据平稳性检验结果

变量	检验形式（c，t，k，）	t统计量	相伴概率	结论
$\ln Inno_t$	（c，t，0）	-3.9436	0.0271	稳定
$\ln Invent_t$	（c，t，0）	-0.8067	0.9495	不稳定
$\ln Utility_t$	（c，t，0）	-5.9676	0.0004	稳定
$\ln Design_t$	（c，0，0）	-3.6032	0.0144	稳定
$\ln S_t^d$	（c，t，1）	-0.7698	0.9527	不稳定
$\ln S_t^{fdi}$	（c，t，1）	-1.3466	0.1595	不稳定
$\ln S_t^{im}$	（c，0，0）	-1.200	0.6552	不稳定
$\ln S_t^{pat}$	（c，0，0）	0.8197	0.8814	不稳定
$\ln S_t^{hum}$	（c，0，0）	-2.1882	0.8269	稳定
$\Delta\ln Invent_t$	（c，0，0）	-2.6840	0.0099	稳定
$\Delta\Delta\ln S_t^d$	（c，0，0）	-4，0142	0.0073	稳定
$\Delta\Delta\ln S_t^{fdi}$	（0，0，0）	-5.1802	0.0001	稳定
$\Delta\Delta\ln S_t^{im}$	（c，0，0）	-8.7621	0.0001	稳定
$\Delta\Delta\ln S_t^{pat}$	（c，0，0）	-7.3742	0.0001	稳定

注：显著性水平为5%；Δ表示一阶差分，ΔΔ表示二阶差分；检验类型中的c表示检验平稳性时估计方程中的位移项，数值为0则表示不含位移项；第二项t表示时间趋势项，0表示不含趋势项；括号中最后一项表示自回归滞后的长度，采用Schwarz Info Criter标准确定最优滞后期，最大滞后期设定为4。

表5.2　Johansen 协整检验结果

原假设	$r=0$	$r\leqslant 1$	$r\leqslant 2$	$r\leqslant 3$	$r\leqslant 4$	$r\leqslant 5$	协整关系个数
模型（5.3）	161.87 *	109.47 *	62.76 *	33.43	11.39	1.78	3
模型（5.4）	190.02 *	116.76 *	66.95 *	35.05 *	16.68	1.63	4
模型（5.5）	177.92 *	108.73 *	64.34 *	33.65	12.72	0.10	3

续表 5.2

原假设	$r=0$	$r\leqslant1$	$r\leqslant2$	$r\leqslant3$	$r\leqslant4$	$r\leqslant5$	协整关系个数
模型（5.6）	198.94 *	117.24 *	77.11 *	42.59 *	17.43	0.37	4

注：r 表示协整关系的个数，表中数据为各协整关系中的迹统计量，* 表示在 5% 的显著性水平下拒绝原假设。

四、模型回归结果的解释

本部分采用 Eviews 6.0 软件对模型（5.3）至模型（5.6）进行检验，具体的回归结果见表 5.3。

表 5.3　模型（5.3）至模型（5.6）的回归结果

变量	模型（5.3）		模型（5.4）		模型（5.5）		模型（5.6）	
	无滞后	滞后一期	无滞后	滞后一期	无滞后	滞后一期	无滞后	滞后一期
C		2.92 (2.11)		-3.50 (-1.99*)		4.22 (2.83**)		
$\ln S_{t-x}^{d}$	1.77 (22.57***)	0.99 (3.08**)	1.24 (8.99***)	1.78 (4.40***)	1.71 (24.09***)	0.62 (1.89*)	2.06 (6.23***)	1.31 (11.37***)
$\ln S_{t-x}^{fdi}$	0.04 (0.33)	-0.12 (-1.63)	-0.12 (-0.64)	-0.22 (-2.44***)	0.14 (1.73)	-0.11 (-1.41)	-0.15 (-0.52)	-0.04 (-0.20)
$\ln S_{t-x}^{im}$	-0.07 (-0.47)	-0.06 (-0.26)	0.14 (0.57)	0.20 (0.68)	-0.09 (-0.61)	-0.06 (-0.24)	-0.22 (-0.99)	-0.15 (-0.69)
$\ln S_{t-x}^{pat}$	-0.32 (-1.77*)	0.81 (3.45***)	0.05 (0.17)	0.27 (0.90)	-0.50 (-3.10***)	0.80 (3.13***)	-0.70 (-1.70)	0.91 (3.71***)
$\ln S_{t-x}^{hum}$	0.12 (1.83*)	-0.27 (-3.61***)	0.08 (0.78)	-0.20 (-2.12**)	1.02 (2.09*)	-0.24 (-3.07***)	0.13 (1.54)	-0.26 (-3.13***)
$ar(1)$	0.56 (5.52)		0.74 (3.28***)		0.16 (6.51***)		1.22 (6.61***)	0.74 (5.07***)
$ar(2)$							-0.28 (-1.83***)	
$\bar{R}^2$	0.99	0.98	0.97	0.98	0.99	0.97	0.98	0.99
DW	1.67	1.23		1.63	1.80	1.11	1.72	1.41

注：每个解释变量的系数下方括号内数值为"该系数显著异于零"的 t 检验统计量；*** 表示的是在 1% 的显著性水平下拒绝原假设，** 表示的是在 5% 的显著性水平下拒绝原假设，* 表示的是在 10% 的显著性水平下拒绝原假设。

从回归结果我们可以得出以下结论：

第一，无论从哪一个方程的回归结果来看，中国国内的研发存量对各层次的创新产出都有显著的促进作用。各方程国内研发存量的回归系数均为正，而且都通过了显著性检验。研发存量的增加可以在两个方面促进创新能力的提升：一是通过直接的研发投入，进行原始创新，提高我国的创新能力；二是通过用于消化吸收的研发投入，引进并消化吸收国外先进技术，提高我国的创新能力。随着中国科技经费支出的不断增大，国内研发对自主创新有越来越重要的作用。同时，传统计划经济体制下政府作为技术创新筹资主体的“错位”情况也已开始改变，科技经费支出已经逐步由政府支出为主转变到以企业支出为主，这不仅大大提升了企业的研发活力和技术水平，而且更有利于中国整体技术水平和创新能力的提高。

第二，从回归结果来看，流入我国的 FDI 并没有显著地促进我国创新能力的提升，滞后一期的回归结果显示其对我国创新产出甚至有不明显的抑制作用。长期以来，我国采取“以市场换技术”的策略，采用各种优惠措施吸引外资以促进我国技术进步与创新能力的提升。跨国公司促进东道国创新能力提升需具备以下两个条件：一是跨国公司向东道国转移了先进的技术；二是东道国能够将转移的技术吸收利用，内化为自身的创新能力。而在中国，这两个方面都没有有效地实现。一方面，跨国公司正是基于其先进的技术、管理和营销渠道，才能在东道国成功地与具有当地市场优势、顾客偏好和商业实践优势的当地企业进行竞争，因此跨国公司一般不愿使其特有的知识资产外溢到当地。为了在竞争中处于优势地位，跨国公司更不可能将所拥有的一流先进技术以技术转让或对外直接投资的方式转移出去。跨国公司在东道国的经营形式可以体现这一点：相比独资经营，合资和合作经营更有利于技术溢出，而数据显示，跨国公司在我国独资经营的份额逐年增大，到 2007 年已经达到 60%，这更不利于先进技术的溢出。另一方面，中国的创新能力相对较低，无论是从研发投入还是从人力资本水平方面来看，都还较为薄弱，因此无法有效地将跨国公司溢出的技术内化为自身的创新能力。另外，滞后一期的回归结果显示，FDI 对我国低层次创新能力有不显著的抑制作用，而明显地抑制了发明专利的产出。跨国公司子公司进入当地后，利用其技术优势，一方面在东道国申请其使用的技术专利，抑制了东道国相应技术专利的申请；另一方面，跨国公司子公司挤占当地企业的市场份额，使得当地企业没有能力也少有动机进行创新活动，因此不利于我国创新能力的提升。

第三，模型回归结果显示进口溢出的国外研发在当期与滞后一期对我国自主创新的产出总体上有不显著的负向影响。首先，这可能与中国改革开放以来进口的商品结构有关。中国进口商品以工业制成品为主，其中资本产品和高新技术产品占据主导地位，进口所溢出的研发层次和含量较高。由于进口技术能够满足国内的技术需求，加之资源的有限性，进口对国内的创新产出形成了“挤出效应”，并可能会对进口的技术产生进一步的依赖，因此进口研发溢出对我国创新能力的提升有轻微的负向作用。其次，进口商品技术外溢的发生必然要求本国具有一定的技术吸收能力，由于中国国内消化吸收能力不足，进口溢出的研发不能在当期被有效地转化为我国内在的创新产出，这也是造成这一结果的重要原因。最后，由于本国是通过进口国外的中间投入品间接地分享国外的 R&D 成果，从而国外的先进技术发生了外溢现象，因此体现贸易伙伴国 R&D 成果的进口产品不可避免地要受到中间投入品生命周期、技术周期的约束。

第四，国外专利申请溢出的国外研发在当期对中国自主创新总体上有不明显的抑制作用，但滞后一期的溢出显著地促进了我国创新能力的提升。回归结果显示，国外专利申请的研发溢出对当期各层次创新的回归系数多数为负且没有通过显著性检验，只有对实用新型的负向作用通过了显著性检验。国外专利申请是学习国外先进技术最直接的一个渠道：一旦一国接受了另一国发明者对其专利申请的注册，就表明了该国运用该技术的意愿，专利申请注册所在国的公司被允许研究专利文件，可以收集到重要的专利技术信息，在不模仿专利技术的情况下，可以免费使用所收集到的技术信息。因此，在我国申请的外国专利实质上成为我国技术存量的一部分，但这部分存量需要大量的消化吸收投入才能被充分利用。而事实上，我国企业对于已申请专利文件的利用能力与意识还较低，很少有企业认识到这一技术学习渠道。因此，短期内国外专利申请不会对我国的创新能力有太大的影响。另外，随着中国的专利保护制度建设的不断完善，中国的国外专利申请不断增加，对我国当期专利申请，特别是代表中等创新能力“实用新型”的专利申请，形成了的一定的挤出。

但是，国外专利申请溢出的国外研发滞后一期对中国发明专利的影响为正，并且均通过了1%的显著性检验。这说明在长期，国外专利申请对我国创新能力的提升有一定的促进作用。一方面，在长期，一部分国外专利申请的技术经过我国企业的模仿与学习，将部分技术转化为自身的创新能力，在国外专利的基础上形成了自己的新专利；另一方面，受国外专利申请的限制，许多技术在我国的使用需要购买国外专利许可，给我国企业带来了巨大的成本，使得企业增强了创新与专利申请意识，以减少国外专利使用成本，从而促进了创新能力的提升。

第五，海归溢出的国外研发存量在当期对中国创新产出有积极作用，但滞后一期的溢出对创新产出有抑制作用。海归产生的国外研发溢出当期显著促进中国创新能力提升的原因在于海归溢出的独特性。一方面，海归人员是国外先进技术的有机载体，是国际技术扩散的导线；另一方面，海归本身就是一国技术创新和进步的重要力量，是一国人力资本水平的重要体现，其利用国内提供的科研环境，通过国外积累内化于自身的技术知识，推动回流国自主科技创新能力提升。据统计，1978—2008 年，中国派出的留学人员中归国人数达 40 万，他们中很多拥有自主知识产权，或是是重大技术发明的参与者，因此海归对我国当期的创新产出具有直接影响。

然而，海归对我国创新能力提升的促进作用又有较高的要求。优越的国内科研环境、较高的经济发展水平、高水平的国内人才基础以及积极有效的政策支持是海归技术进步效应的必要条件。从要素匹配的角度考虑，资本与劳动力匹配状况反映了要素配置的市场化完善程度，其匹配质量的好坏对一个企业、一个地区甚至一国的经济技术进步意义重大（姚林如等，2008）。近年来，中国经济迅速发展，研发、教育投入力度逐年加大，人力资本水平日益提高，从而吸引了较多海外高质量人才。但同时，实现海归先进技术与中国相应技术要素的顺利对接对于现时期的中国来说是一个亟待解决的问题。由于国内的融资环境、人才任用体制等问题的存在，海归在国内的长期发展状况仍有待改善。

第二节　国际技术扩散对中国技术进步的影响
——中国地区面板数据的实证分析

为了进一步分析国际技术溢出对我国自主创新的影响，本节使用全要素生产率作为被解释变量以检验四大国际技术扩散渠道对中国技术进步的作用。本节使用中国1985—2007年的省际面板数据检验了四大国际技术扩散渠道对我国技术进步的影响，并根据地区分组检验以考查不同地区间溢出效果的差异。

一、模型设定

在国际技术外溢效应存在性的检验过程中，一个比较常见的做法就是构造包含国际技术扩散各变量的生产函数，从而通过考察各变量对全要素生产率的贡献来确定技术外溢效应的大小。本部分在实证检验的过程中也沿用了这一基本思路。我们假定生产函数符合柯布—道格拉斯生产函数形式且技术进步是希克斯中性的。一国在时间 t 的产出（Y_t）使用劳动（L_t）、实物资本（K_t）和知识资本（S_t），根据柯布—道格拉斯生产函数可得：

$$Y_t = A_t K_t^{\alpha} L_t^{\beta} S_t^{\gamma} \tag{5.8}$$

其中，α、β、γ 是生产函数中的参数，全要素生产率表示为 TFP：$TFP_t = Y_t/(K_t^{\alpha} L_t^{\beta}) = A_t S_t^{\gamma}$，用来代表广义的技术进步。根据 Coe 和 Helpman（1995）的贸易溢出计量模型（以下简称 CH 模型），假设 $S = (S^d)^{\delta}(S^f)^{\varphi}$ 。对一个开放经济体来说，S 取决于本国知识资本（S^d）和国外的知识溢出（S^f）。可见，TFP 取决于本国知识资本和国外知识溢出。在使用面板数据时，该假设导致了下面的回归形式：

$$\ln TFP_{it} = \alpha_0 + \alpha_1 \ln S_{it}^{d} + \alpha_2 \ln S_{it}^{f} + c_1 + \varepsilon_{it1} \tag{5.9}$$

进口贸易、国外专利申请以及 FDI 作为国际技术扩散的重要路径已得到众多学者的认可，对国际间的技术知识流动发挥了重要的作用。本部分在此基础上引入海归技术溢出项，即国外的技术溢出 S_{it}^{f} 主要来源于进口贸易溢出的国外研发存量、国外专利申请溢出的国外研发存量、FDI 溢出的国外研发存量、海归溢出的国外研发存量，模型（5.9）转化为：

$$\ln TFP_{it} = \beta_0 + \beta_1 \ln S_{it}^{d} + \beta_2 \ln S_{it}^{im} + \beta_3 S_{it}^{fdi} + \beta_4 \ln S_{it}^{pat} + \beta_5 \ln S_{it}^{hum} + c_2 + \varepsilon_{it2} \tag{5.10}$$

其中，TFP_{it} 和 S_{it}^{d} 分别表示中国各地区历年全要素生产率、中国各地区历年国内研发存量，进口溢出的国外研发存量为 S_{it}^{im}，FDI 溢出的国外研发存量为 S_{it}^{fdi}，国际专利申请溢出的国外研发存量为 S_{it}^{pat}，海归溢出的国外研发存量为 S_{it}^{hum}。c 为常数项，ε_{it} 表示随机扰动项。

由于各国际技术扩散路径对国内技术进步的拉动作用存在时滞性，它们很少会立即促进本国技术进步，而是要经过一段时间在与国内相应设施结合之后，才会释放其技术拉动效应；智力回流还会通过网络效应促进国际贸易和 FDI 从而促进回流国的技术进步，为体现这一效应，本部分在考虑海归技术溢出滞后效应的基础上，在模型中引入智力回流与进口贸易和 FDI 的交互项，以检验海归通过进口贸易和 FDI 引致机制产生的技术溢出对中国全要素生产率的影响；与国际技术扩散各渠道的技术扩散效果类似，一国国内研发状况对其技术进步的作用也存在时滞性，在模型中将各技术溢出渠道及国内研发的滞后一起加入模型，回归方程为：

$$\ln TFP_{it} = \gamma_1 \ln S_{it}^{d} + \gamma_2 \ln S_{it}^{hum} + \gamma_3 \ln S_{it}^{im} + \gamma_4 \ln S_{it}^{fdi} + \gamma_5 \ln S_{it}^{pat} + \gamma_6 \ln S_{it-1}^{d} + \gamma_7 \ln S_{it-1}^{hum} + \gamma_8 \ln S_{it-1}^{im} + \gamma_9 \ln S_{it-1}^{fdi} + \gamma_{10} \ln S_{it-1}^{pat} + \gamma_{11} (\ln S_{it-1}^{hum} \ln S_{it}^{f-im}) + \gamma_{12} (\ln S_{it-1}^{hum} \ln S_{it}^{fdi}) + c_3 + \varepsilon_{it3} \tag{5.11}$$

二、变量度量及数据说明

（一）TFP 的度量

关于全要素生产率的测算，常用的方法是以“索罗余值”为代表的参数估计方法，它通过建立某种具体形式的生产函数，采用拟合回归的方法估计待定系数，进而估算全要素生产率。由于生产函数本身的不可知性并且需要较强的理论假设，导致不同的模型设定形式产生不同的估计结果。本部分通过非参数 Malmquist① 指数法计算我国历年的全要素生产率。DEA 是近年来出现的用于估计 TFP 的一种新方法，其基本思想是通过与前沿技术水平的对比来确定经济的效率或技术水平，反映了生产决策单元与生产前沿面之间的距离。作为一种非参数估计方法，它不再依赖于较强的理论假设和具体的生产函数设定形式，可以避免由此导致的估计误差，具有仅使用线性规划的办法而不需要任何具体函数形式或分布假设来得到前沿函数的优点。本部分将我国每个省区市的产出作为一个决策单元，运用 Far 等（1994）提出的基于 DEA 的

① Malmquist 指数最初由 Malmquist（1953）提出，Caves 等（1982）首先将该指数应用于生产率变化的测算，此后与 Chames 等（1978）建立的 DEA 理论相结合，在生产率测算中的应用日益广泛。该方法的原理主要是通过保持决策单元（DMU，Decision Making Units）的输入或者输出不变，借助于数学规划和统计数据确定相对有效的生产前沿面，将各个决策单元投影到 DEA 的生产前沿面上，并通过比较决策单元偏离 DEA 前沿面的程度来评价它们的相对有效性。

Malmquist 指数方法来估计我国地区级全要素生产率的变动状况，全部样本包括从 1985 年到 2007 年 30 个省区市共 23 年的样本数据（其中重庆并入四川，不包括港澳台地区）。在使用 DEA 方法计算上述指标时，GDP 用 CPI 进行平减，将其折算成以 1985 年不变价格计算的实际 GDP，L_{it} 则采用各省区市从业人员数来衡量，省际固定资本存量的估计采用 Goldsmith（1951）开创的永续存盘法计算①。

（二）S_{it}^{d}、S_{jt}^{d}、S_{it}^{hum}、S_{it}^{im}、S_{it}^{pat}、S_{it}^{fdi}的度量

由于数据限制，除国内研发存量外，国外研发溢出各变量的测度均使用本章第一节中国家层面的国外研发溢出加权计算，具体地：

1. S_{it}^{d} 的度量

中国各地区历年的研发存量我们采用永续盘存法来计算，即 $S_{it}^{d} = (1-\delta)S_{it-1}^{d} + RD_{it}$，各地区的研发支出额 RD_{it} 采用相应的固定资产价格指数进行平减。中国对研发支出进行统计是从 1987 年开始的，1985—1986 年的 RD_{it} 根据相邻三年研发经费占 GDP 比例的平均值乘以当年 GDP 计算得出，其余年份数据可以由《中国科技年鉴》查到。本部分采用 Griliches（1980）提出的方法来计算中国 1985 年的研发存量：

$$S_{i1985}^{d} = RD_{i1985}/(g+\delta)$$

其中，根据 Coe 和 Helpman（1995）的定义，g 为 1985—2007 年每

① 根据 Goldsmith（1951）开创的永续存盘法：对当年投资 I 这一变量，本书采用固定资本形成额这一指标，并采用各地区固定资产投资价格指数将其折算为 1985 年价格表示的实际值，其中，江西、广东缺失 1985—1992 年的固定资本形成总额数据，本书按徐现祥等（2007）的方法补齐。对于 2002 年之后缺失的固定资本形成额，我们采用全社会固定资产投资总额来进行替代，因为我们发现全社会固定资产投资总额与其基本一致。缺失的固定资本投资价格指数我们借鉴张军等（2004）和刘兴凯等（2010）的处理方法，计算出各地区 1985—2002 年的固定资本价格指数——国内生产总值核算历史资料提供了各地区以不变价计算的固定资本形成指数，据此可以计算整理出以 1985 年为基期的各地区实际固定资本形成总额，用各地区名义的固定资本形成总额除以实际的固定资本形成总额，就可以得到各地区固定资本形成价格指数，经济折旧率直接取其计算得到的 9.6%。而对基年 1985 年的资本存量的估计上，我们亦直接采用其推算得到的 1985 年各省（市、自治区）的资本存量作为本书的初始资本存量，并通过固定资产投资价格指数将其折算成 1985 年价格。

年研发投资支出对数形式增长率的平均数，即 2.3%。δ 为研发资本折旧率，我们沿用 Coe 和 Helpman（1995）回归所得的 5%。

2. 各省区市海归人员的研发溢出存量 S_{it}^{hum} 的度量

鉴于各省区市留学回国人员数据的可得性，本部分以历年各地区高校在校生数占该年全国高校在校生数的比例作为权重（G_{it}），用历年海归人员对中国的研发溢出存量与该权重的乘积来衡量历年海归在各地区的研发溢出存量：

$$S_{it}^{hum} = \left(\sum_{j=1}^{8}(S_{jt}^{d}/GJ_{jt})FLOW_{jt}\right)G_{it}$$

3. 各省区市进口研发溢出 S_{it}^{im} 的度量

本部分以历年各地区进口额占该年全国进口额的比重作为权重（JK_{it}），用历年中国进口溢出的国外研发存量与该权重的乘积来衡量其历年在各地区的研发溢出存量：

$$S_{it}^{f-im} = \left(\sum_{j=1}^{10}\frac{IM_{jt}}{GDP_{jt}}S_{jt}^{d}\right)JK_{it}$$

4. 各省区市国外专利申请 S_{it}^{pat} 的度量

鉴于地区专利数据的可得性，本部分以历年各地区研发支出额占该年全国研发经费支出总额的比重作为权重（YF_{it}），用历年中国专利申请与专利引用溢出的国外研发存量与该权重的乘积来衡量其历年在各地区的研发溢出存量：

$$S_{it}^{f-pat} = \left(\sum_{j=1}^{8}\frac{VP_{jt}}{GDP_{jt}}S_{jt}^{d}\right)YF_{it}$$

5. FDI 溢出的研发存量 S_{it}^{fdi} 的度量

本部分以历年各地区实际利用 FDI 额占该年全国实际利用 FDI 总值的比重作为权重（W_{it}），用历年中国 FDI 溢出的国外研发存量与该权重的乘积来衡量其历年在各地区的研发溢出存量：

$$S_{it}^{fdi} = \left(\sum_{j=1}^{10}\frac{FDI_{jt}}{GDP_{jt}}S_{jt}^{d}\right)W_{it}。$$

（三）数据来源

TFP 计算中所使用的各省区市 GDP、从业人员数、固定资产额、各地区历年的研发支出额、高校在校生数及各种价格指数来源于《新中国五十年统计资料汇编》和历年的《中国统计年鉴》；中国 1985—1986 年的研发支出根据相邻三年平均研发支出占 GDP 比例乘以当年 GDP 计算得出，其余年份数据可从《中国科技年鉴》查到；各地区历年的进口总值可见《新中国五十五年统计资料汇编》，研发溢出国对华贸易额和国外在华专利申请数量分别来源于历年的《中国对外贸易统计年鉴》和《中国统计年鉴》；研发溢出国的 GDP 来源于世界货币基金的 World Economic Outlook Database（2009）；研发溢出国历年的发明专利申请数量来源于 OECD 的 Patent Database（2009）；研发溢出国流入中国的 FDI 数额和研发投资数据分别来源于历年的《中国对外贸易统计年鉴》、《中国统计年鉴》以及 OECD 官方网站上的 OECD Factbook 2009；研发溢出国历年高校在校生数来源于联合国教科文组织数据库和历年《国际统计年鉴》；中国留学回国人员数据来源于历年《中国统计年鉴》。

三、实证结果分析

由于模型（5. 11）中将海归溢出、进口贸易溢出、FDI 技术溢出、海归与贸易和 FDI 的交叉项同时纳入模型，而这几项之间可能会存在多重共线性问题，影响回归结果的显著性。因此，本部分采用汉密尔顿（2008）关于减少多项式或交互效应模型中多元共线性问题的“对中”（Centering）法来降低变量间的共线程度：在创建多项式或乘积项之前将各溢出变量减去其平均数。这将导致创建的新变量以零为中心分布，并且该新变量与其交叉项的相关性会大大削弱。通过减少多元共线性，即“对中”常常能得到更为精确的系数估计值，即具有更小的标准误。在上述分析的基础上，本部分采用 Stata 软件对模型（5. 11）进行回归，以 Hausman 检验来确定固定效应模型或随机效应模型的选取，Hausman

检验所得χ^2检验统计量对应的概率值表明选择固定效应模型①，经筛选发现滞后两阶的各指标均不显著。模型具体的检验结果见表5.4。

表5.4　国际技术扩散各路径对中国技术进步影响的检验结果

变量	方程（5.11）回归结果	变量	方程（5.11）回归结果
$\ln S_{it}^{d}$	0.341（2.25**）	$\ln S_{it-1}^{d}$	0.791（8.39***）
$\ln S_{it}^{im}$	0.252（1.83*）	$\ln S_{it-1}^{im}$	0.405（2.45**）
$\ln S_{it}^{fdi}$	-0.0072（-1.33）	$\ln S_{it-1}^{fdi}$	0.268（2.42**）
$\ln S_{it}^{hum}$	0.305（1.72*）	$\ln S_{it-1}^{hum}$	0.383（2.36**）
$\ln S_{it}^{pat}$	0.328（2.47**）	$\ln S_{it-1}^{pat}$	0.405（2.37**）
$\ln S_{it-1}^{hum}\ln S_{it}^{f-im}$	0.28（1.03）	$\ln S_{it-1}^{hum} * \ln S_{it}^{f-fdi}$	0.124（2.00*）
C	0.54（1.02）	F	454
R^2	0.69	Hausman Test	Chi2（7）=18.02 Prob > Chi2 = 0.0004

注：***、**、*分别表示在1%、5%和10%的显著性水平上变量显著。

由回归结果，我们可以得出以下结论：

第一，无论是当期还是滞后一期各地区研发存量促进了我国的技术进步，且滞后一期的系数较大，说明研发存量对技术进步的促进作用有长期影响。正如第一节中的分析所说，随着中国经济的发展及国家对创新能力的重视，中国自身研发投入显著地促进了中国技术进步。一方面，研发投入的增加促进了本国自主创新能力的提升，从而促进了本国的技术进步；另一方面，由于研发两面性的存在，研发投入的增加还能提升我国对国外扩散技术的吸收能力，从而从技术吸收角度促进了我国的技术进步。模型的回归系数也在一定程度上验证了一国国内研发对其技术进步的显著促进作用。

第二，当期和滞后一期的进口研发溢出对中国存在显著为正的技术

① 在1%的显著性水平下，当Hausman统计量大于$x_{0.01}^2(n)$（n为模型中被估计参数个数）时，则认为模型中存在固定效应，否则采用随机效应模型。Prob值为模型包含随机效应的置信概率，该概率小于0.01时选择固定效应模型进行估计，否则采取随机效应模型估计。

溢出效应，这与 Coe 和 Helpman（1995）以及李小平和朱钟棣（2004）的结论一致。第一节的实证研究显示，当期的进口研发溢出并没有促进我国的创新产出，但此处研究显示进口研发溢出促进了我国全要素生产率的提升。正如第一节分析所说，进口通过中间品进口和国际技术贸易来促进一国技术进步。改革开放以来，中国进口商品以工业制成品为主，其中资本产品和高新技术产品占据主导地位，大量的高技术资本设备的引进促进了我国全要素生产率的提升。但全要素生产率提升所体现的技术进步并不代表我国创新能力的提升——对于国外先进技术的依赖甚至抑制我国的自主创新。

除直接增加我国全要素生产率以外，进口贸易研发溢出还通过以下几点促进我国技术进步：首先，一国通过进口可以更便宜地获得本国稀缺的资本设备，从而提高国内资本的积累效率；其次，大量国外先进的中间投入品的进口使得国内企业可以通过对进口商品的研究与学习提高自身的技术水平，从而节省自主研发的成本，带动国内的技术进步；最后，进口贸易增加了本国企业与外国企业交流学习的机会，从而促进了本土企业对国外企业的管理模式等的学习，提升自身效率，从而促进了本国技术进步。

第三，国际专利申请对我国的技术进步存在显著的促进作用。回归结果显示，当期和滞后一期国际专利申请的估计系数为正且通过显著性检验，这说明国际专利申请对中国技术进步发挥了积极作用。一方面，国际专利申请增加了中国的知识存量，使得中国企业有更多接触技术前沿的渠道，从而增加对先进技术的了解与使用，进而提高了中国的全要素生产率，促进中国的技术进步；另一方面，对国际专利信息的查询及使用可以促进我国的技术进步，并减少由于不知道专利存在而引起的侵权所带来的成本。近年来，中国在知识产权制度的变革与发展方面取得了一定的成绩，知识产权保护的法律体系不断健全，吸引了大量的国外专利，在一定程度上促进了我国的技术进步。

第四，FDI 当期溢出的国外研发对我国技术进步的贡献作用不显著，呈不显著的负向作用。这说明FDI溢出的国外先进技术对我国技术进步的促进作用具有一定的时滞效应：在短期内FDI的技术溢出对促进国内技术进步的作用存在一定的限制。一直以来，外商直接投资的技术外溢效应被认为是影响东道国技术进步的最重要的一种方式，包括中国在内的发展中国家纷纷采取优惠措施吸引外资流入，以促进本国技术进步，而中国也成为发展中国家中最大的也是最有吸引力的外资流入国（WIR，2008）。正如研究结果显示，虽然外资的大量进入为中国的技术进步和产业升级提供了难得的机遇，对中国经济技术进步做出了一定的贡献，但是对中国技术进步的促进作用极为有限，其原因有以下几点：其一，FDI投资导向存在比例失调问题。Akbar和Bride（2004）的研究认为以市场为导向的FDI有利于转轨经济国家的长期发展，以资源为导向的FDI不利于东道国企业的技术进步和国民福利的增长。而由于中国技术水平相对落后，引入的大部分外资是基于中国廉价劳动力及优惠政策等考虑，技术密集度相对较低，这在一定程度上限制了FDI对中国技术溢出效应的发挥。其二，由于我国技术水平较低，外资进入可能会挤占国内企业的市场份额，使得本国企业的利润降低，失去进行技术改进的动力，不利于本国技术进步。其三，仍然是吸收能力问题，由于中国人力资本水平还较低，因此无法将FDI溢出的研发吸收利用，促进本国技术进步。

但滞后一期的FDI国外研发存量溢出对中国技术进步的影响系数显著为正，即从长期来看FDI渠道产生的技术溢出促进了中国的技术进步。一方面，经过一定时间的使用与科技发展，FDI原来溢出的先进技术不再是技术前沿，因此外资企业对技术的垄断减弱，甚至为了更好地在东道国进行经营而有意地加强与东道国企业的研发合作，从而促进了技术扩散；另一方面，随着我国创新能力的提升与吸收能力的增强，能够对所溢出的技术更好地加以利用，促进了技术进步。

第五，海归溢出的国外研发促进了中国技术进步。从结果中可以看出，海归研发溢出当期与滞后一期对技术进步有正向影响，且系数通过了显著性检验，这表明海归在短期与长期均对中国技术进步有积极的促进作用，并且长期的促进作用更大。人力资本流动尤其是具有国际视野的海外留学归国人员是实现国际技术扩散的重要载体，壮大了中国的国际化人才队伍，也是将中国国际技术扩散溢出的知识存量转化为生产力的最快捷方式。然而，一方面，海归溢出的国外研发存量需要与中国相应的资源配置结合才能发挥作用，并且其溢出的研发存量需要经过一段时间的消化吸收才能对技术进步发挥促进作用；另一方面，中国当前的人力资本结构中，非海归型人力资本比例远高于海归型人力资本，人力资本的国际化水平还没有达到技术扩散产生显著溢出效应所要求的水平。此外，当前中国的人力资本流动体系仍然不健全，人员流动相对封闭，其在技术效率改善方面的作用甚微，在一定程度上限制了海归技术溢出效应的充分发挥，因此长期内海归对技术进步的促进作用更为显著且作用更大。随着中国教育、研发投资规模的扩大与国际经济技术交流的日益频繁，海归对中国技术进步的推动作用将日益凸显。

第六，海归通过 FDI、进口贸易对我国技术进步的作用为正，这验证了回流人员对回流国技术进步网络效应的存在性，但通过进口贸易对我国技术进步的促进作用没有通过显著性检验，通过 FDI 对我国技术进步的促进作用通过了 10% 的显著性检验。Javorcik 等（2006）、Beine 等（2006）指出，建立移民网络能够便利货物、要素和思想在人才流出国和流入国之间的流动。一国外流的人才不仅可以给国内输入最新的知识技术，而且还可以形成一定的商业网络，加强与输出国贸易和投资的联系，通过吸引更多的贸易和 FDI 进一步放大人员流动的技术溢出效应。首先，许多学者认为在标准的贸易理论框架内贸易和人力资本流动是互补的关系。比如，东南亚国家与中国异质产品的双边贸易增长额中 60% 归功于东南亚的华裔商业网络，这加强了中国与东南亚各国的经济技术交流与合作（Wagner 等，2002）。Kugler 和 Rapoport（2006）的研究以及 Rauch 和 Trindade（2002）对中国的研究也表明人力资本流动和贸易之间存在互补关系。其次，海外人才能够帮助自己国家吸引 FDI，Wei（2004）对中国的研究发现，中国 2000 年吸收的 FDI 总量中大约 410 亿源自其海外移民的投资。

模型（5.11）的回归结果显示，各技术溢出渠道滞后一期时，其溢出的国外研发存量对各省区市全要素生产率的影响最大，这说明各渠道溢出的国外研发存量需要经过一段时间的消化吸收才能对技术进步发挥最大的促进作用。据此，将模型（5.11）变换如下：

$$\ln TFP_{it} = \lambda_1 \ln S_{it-1}^{d} + \lambda_2 \ln S_{it-1}^{hum} + \lambda_3 \ln S_{it-1}^{im} + \lambda_4 \ln S_{it-1}^{pat} + \lambda_5 \ln S_{it-1}^{fdi} + c_4 + \varepsilon_{it4} \qquad (5.12)$$

需要说明的是，本部分在最终模型中选用各渠道技术溢出项的滞后一期作为解释变量，很好地避免了回归估计中的内生性问题。回归结果显示各渠道技术溢出的滞后一期对技术进步的作用显著，即前一期的技术溢出对当期技术进步产生作用，但是当期的技术进步并不能影响前一期的技术溢出，满足先验的外生性假定，这样就很好地避免了当期 TFP 与各渠道技术溢出“互为因果”而可能产生的内生性问题。

四、国际技术扩散地区差异的实证分析

为了分析国际技术扩散溢出效应的地区差异，本部分按社会经济发展和地理区位因素，将中国划分为东中西三大经济地带[①]，从而可以更为准确的考察海归在不同地区的技术溢出效应及差异，为寻找各地区国际技术溢出效应发挥的限制因素奠定基础。运用模型（5.12）对各地区海归溢出的回归结果见表 5.5。

① 本章考察的样本为不包括重庆和港澳台在内的 30 个省区市，其中重庆市 1996 年以后的各项指标数据并入四川省，并按照各省区市的社会经济发展和所处地理环境，将其划分为东中西三个经济地带：东部包括北京、天津、河北、辽宁、上海、江苏、浙江、福建、山东、广东和海南 11 个省份；中部包括山西、吉林、黑龙江、安徽、江西、河南、湖北和湖南 8 个省份；西部包括四川、贵州、云南、西藏、陕西、甘肃、青海、宁夏、新疆、内蒙古和广西 11 个省份。

表 5.5　三大经济带面板数据回归结果

地区	东部地区	中部地区	西部地区
$\ln S_{it-1}^{d}$	0.64（8.43***）	0.57（2.16**）	0.25（0.14）
$\ln S_{it-1}^{hum}$	0.216（2.28**）	0.196（2.29**）	0.049（1.64）
$\ln S_{it-1}^{im}$	0.248（1.95*）	0.219（2.29**）	0.104（1.84*）
$\ln S_{it-1}^{fdi}$	0.382（2.32**）	0.24（2.32**）	0.116（0.85）
$\ln S_{it-1}^{pat}$	0.446（2.33**）	0.471（1.94*）	-0.003（-1.78*）
C	-0.49（-0.97）	-0.486（-1.18）	-0.897（-2.38**）
F	476	501	538
R^2	0.68	0.72	0.85

注：系数下括号内的数值是该系数 *t* 值，***、**、* 分别表示在 1%、5%、10% 的显著性水平上变量显著。

以上回归结果显示，除西部地区外，国内研发存量对各地区 TFP 的弹性要高于国外研发溢出的 TFP 弹性，这说明中国大部分地区的技术进步仍然主要依赖国内研发，而且国内研发存量的 TFP 弹性从东部地区向西部地区逐步递减。在西部地区，国内研发对技术进步的影响相对较小，这可能是由于西部地区经济发展较为落后，研发投入不足，而且由于技术基础薄弱，研发投入利用效率有限，因此对本地区技术进步的促进作用不明显。

进口溢出的国外研发存量对中国各地区技术进步的贡献度都显著为正，这说明对于转型时期的中国，国际贸易仍然是促进技术进步的重要渠道，并且这种促进作用对东中西三大经济带技术进步的贡献度依次递减。东部省市较早实行了对外开放，国外先进技术通过多种渠道扩散到当地企业，这使得高收入地区与发达国家的技术差距缩小，能够更为有效地促进当地的技术进步。同时，经济较为发达的东部地区技术基础较好，具有较高的技术识别能力，因此进口的产品中多为适宜本地技术的产品，有效节约了技术进口资源，促进了本地区的技术进步。而中西部地区与国际先进技术水平还存在很大的差距，虽然这使得进口产生技术溢出的可能性较大，但由于本地区吸收能力薄弱，并且自主创新能力较低，因此虽然进口渠道的国际研发溢出对本地区技术进步有促进作用，但作用相对较小。相对西部地区，中部地区技术吸收能力较高，能较为充分地获取进口产生的技术溢出，从而扩大了进口溢出的国外研发存量对技术进步的贡献度，因此国内进口溢出的国外研发存量对中部地区技术进步的促进效应大于西部地区，但略小于东部地区。

输入型 FDI 溢出的国外研发存量对各地区 TFP 弹性均为正，但仅对东部地区和中部地区的作用通过了显著性检验，而对西部地区没有通过显著性检验，并且系数按东、中、西依次递减。一方面，输入型 FDI 确实产生了国外研发溢出，促进了各地区技术水平的提高，这表明输入型 FDI 的技术溢出效应存在明显地区差异。首先，由于各地区政府研发投入不同，本来技术薄弱的西部地区由于创新投入不足技术更加落后，因此很难吸收溢出的技术。其次，西部地区的人力资本水平也较为薄弱，进一步抑制了对溢出技术的吸收。一个地区的受教育状况一定程度上可以反映其人力资本水平的高低。最后，地理区位也是影响 FDI 技术溢出的重要因素，中国输入型 FDI 主要集中在东部沿海地区。截止到 2008 年，中国东部和中部地区实际利用外资占全部吸引外资总额的比例大约为 86.19%，而西部地区仅占 13.81%，这直接导致了东部地区外资技术溢出效应明显高于中、西部地区①。

国外专利申请的技术进步效应也存在显著的地区差异，国外专利申请溢出的国外研发存量对中部地区和东部地区技术进步的贡献度为正，而对西部地区则为负。尽管中部地区由于研发资金和科研人员相对匮乏导致自主技术创新能力低于东部，但其技术创新以模仿创新为主，通过研究国外专利申请可以较为充分有效地利用国外专利申请的研发溢出，因此国外专利申请对其技术进步发挥了最大的促进作用。东部地区则主要是通过研究国外专利申请以掌握国际研发趋势，避免研发的盲目性，从而提高研发效率，发挥了国外专利申请对技术进步的促进作用。而西

① 数据来源于国研网。

部地区则由于自身研发很少涉及国外专利申请的先进技术领域，并且技术创新能力和人力资本水平低下，严重抑制了国外专利申请的溢出效应。此外，国外专利申请的目的主要是实施国际技术垄断，难以利用国外专利申请的研发溢出也就间接加强了技术垄断，从而对西部技术进步产生了阻碍作用。

从回归结果中可以看出，海归研发溢出显著地促进了东部和中部地区的技术进步，对西部地区的正向促进作用不明显。这个结果也符合经济现实。海归人员是国外先进技术的有机载体，是国际技术扩散的重要渠道，但优越的国内科研环境、较高的经济发展水平、高水平的国内人才基础以及积极有效的政策支持是海归技术进步效应的必要条件，而北京、上海等东部发达地区最能满足这些条件，也即成为最吸引海归的地区。中部地区分组的沿海各省对海归也有一定的吸引力，但远远不及东部地区。西部地区由于经济因素与吸收能力的限制，对海归的吸引力不大。因此，无论是海归研发溢出直接对技术进步的影响，还是海归所引起的网络效应对技术进步的影响，都是东部地区最为明显，西部地区基本没有影响。海归回国后的分布，从整体上看大多集中在发展较早、拥有过硬的硬件设施、能够为海归人士提供较为理想的就业环境的大中城市。

第三节　国际技术扩散影响因素的门限特征分析

本章第二节检验了各地区的国际技术扩散效应，检验结果表明各个扩散渠道对各地区经济发展和技术进步所起到的作用存在着很大的差别，这种状况源于我国区域经济发展的不平衡性。由于地理位置、自然条件、经济基础以及政策倾斜等原因，我国的东部、中部和西部地区在经济发展水平、科研投入水平以及高等教育发展水平等方面存在着较大的差异，由此导致了地区间国际技术扩散技术进步效应的不同。当一个地区的综合能力达到一定的水平时，国际技术扩散的技术外溢效应才会充分显现。为了考察国际技术扩散各影响因素对我国创新和技术进步的影响，另外鉴于地区专利数据的可得性，本节使用中国 1997—2008 年的地区面板数据，通过构造门限回归模型对影响国际技术扩散技术外溢效应变动的各种因素进行进一步的考察。

一、国际技术扩散与技术创新门限模型的设定

在考察通过影响某一变量从而对被解释变量产生差异影响的因素时，以往研究通常采用分组检验或交互项连乘检验的方法。分组检验是指按照某一设定的指标将样本分为不同的子样本，然后分别对子样本进行回归从而得到不同因素在各子样本区间对被解释变量影响的差异，但这一方法面临的一个无法回避的问题是分组标准的确定，传统分组检验只是简单地依照某个影响指标对样本进行平均分组，这必然难以准确反映各种因素对于被解释变量的影响。交互项连乘检验在测度 FDI 溢出的相关研究中得到广泛应用，一些学者通过构建 FDI 与代表 FDI 吸收能力指标（例如：研发密度、相对技术前沿面的差距等）的交互项来测度上述指标通过作用于 FDI 吸收能力进而对 FDI 溢出产生的影响，这一方法的局限在于它所测定的指标影响是单调递增或递减的，但事实往往并非如此。近年来，非线性计量经济模型的发展为这一问题的研究提供了一种新的思路，“门限回归”方法作为分组检验方法的一种扩展，针对上述两种检验方法的局限进行了改进，在诸多领域研究中得到应用。单一门限回归的基本思想为：在模型内的某一影响变量 g_{it} 存在一个门限水平 τ 的情况下，对于 $g_{it} \leqslant \tau$ 与 $g_{it} > \tau$ 两种情况而言，其对被解释变量的影响存在着明显的差异，本部分将采用的是 Hansen（1999）发展的门限面板回归模型，它根据数据本身的特点来内生地划分区间，模型表述如下：

$$\ln Y_{it} = \varphi_i + \lambda' \ln X_{it} + \omega_1 \ln M_{it} I(g_{it} \leqslant \tau) + \omega_2 \ln M_{it} I(g_{it} > \tau) + C + \varepsilon_{it} \quad (5.13)$$

其中，i 表示个体，t 表示时间。Y_{it} 为被解释变量，M_{it} 为受门限变量影响的解释变量，X_{it} 为一组除 M_{it} 外对被解释变量有显著影响的变量，λ 为相应的系数向量。g_{it} 为门限变量，τ 为特定的门限值，ω_1 和 ω_2 则分别为门限变量在 $g_{it} \leqslant \tau$ 与 $g_{it} > \tau$ 时解释变量 M_{it} 对被解释变量 Y_{it} 的影响系数。$I(\cdot)$ 为一个示性函数，$\varepsilon_{it} \sim iid(0,\sigma^2)$ 。

模型（5.13）中，τ 相应的残差平方和为：$S(\tau) = \hat{e}(\tau)'\hat{e}(\tau)$ ，根据 Chan（1993），如果回归中的 τ 越接近门限水平，则回归模型中的残差平方和就越小，我们可以通过最小化 $S(\tau)$ 来获得 τ 的估计值，即 $\hat{\tau} = \text{argmin}S(\tau)$ 。在估计出 $\hat{\tau}$ 以后，可以进一步估计出其他参数。得到参数估计值后，需要进行两个方面的检验：

第一个检验即检验模型（5.13）中 ω_1 和 ω_2 是否存在显著性的差异，如果门限回归模型的检验结果表明 $\omega_1 = \omega_2$ ，说明该模型没有表现出明显的门限特征。该检验的原假设为 $H_0:\omega_1 = \omega_2$ ，对应的备择假设为 $H_1:\omega_1 \neq \omega_2$ ，检验统计量为：

$$F = \frac{S_0 - S(\hat{\tau})}{\hat{\sigma}^2} \qquad \hat{\sigma}^2 = \frac{1}{T}\hat{e}(\tau)'\hat{e}(\tau) = \frac{1}{T}S(\tau)$$

S_0 为在原假设下得到的残差平方和，在原假设 H_0 的条件下，门限值 τ 无法识别，因此 F 统计量的分布是非标准的。本部分采用 Hansen（1999）采用的自抽样法（Bootstrap）来获得其渐进分布，继而构造其 p 值。

第二个需要检验的是门限的估计值是否等于其真实值，原假设为 $H_0:\hat{\tau} = \tau_0$ ，由于存在多余参数的影响，Hansen（1996）使用极大似然估计量检验门限值，来获得统计量：

$$LR(\tau) = \frac{S(\tau) - S(\hat{\tau})}{\hat{\sigma}^2}$$

以上只是针对存在一个门限的情况，但从计量的角度来看可能会存在多个门限，双重门限模型估计的方法为先假设单一模型中估计出的 $\hat{\tau}_1$ 为已知，再进行 τ_2 的搜索，得到误差平方和最小时对应的 $\hat{\tau}_2$ ，Bai

（1997）研究表明 $\hat{\tau}_2$ 是渐进有效地，但 $\hat{\tau}_1$ 却不具有此性质，因而可固定 $\hat{\tau}_2$ 对 $\hat{\tau}_1$ 进行重新搜索，从而得到其优化后的一致估计量。同理，多重门限模型可在单一和双重门限模型的基础上进行扩展，本书不再赘述。

为考察不同区间内各种因素通过作用于国际技术扩散进而对技术进步与创新产出的差异化影响，本部分基于模型（5.13），设定的各渠道技术溢出的单一和双重门限模型分别为：

$$\begin{aligned}\ln TFP_{it} = {} & \varphi_{i3} + \kappa_1 \ln S_{it-1}^{d} + \kappa_2 \ln S_{it-1}^{hum} + \omega_1 \ln S_{it-1}^{fdi} I(x_{it} \leqslant \tau) + \\ & \omega_2 \ln S_{it-1}^{fdi} I(x_{it} > \tau) + \kappa_3 \ln S_{it-1}^{im} + \kappa_4 \ln S_{it-1}^{pat} + C_7 + \mu_{it3}\end{aligned} \tag{5.14}$$

$$\begin{aligned}\ln Inno_{it} = {} & \varphi_{i3} + \kappa_1 \ln S_{it-1}^{d} + \kappa_2 \ln S_{it-1}^{hum} + \omega_1 \ln S_{it-1}^{fdi} I(x_{it} \leqslant \tau) + \\ & \omega_2 \ln S_{it-1}^{fdi} I(x_{it} > \tau) + \kappa_3 \ln S_{it-1}^{im} + \kappa_4 \ln S_{it-1}^{pat} + C_7 + \mu_{it3}\end{aligned} \tag{5.15}$$

$$\begin{aligned}\ln TFP_{it} = {} & \varphi_{i4} + \kappa_1 \ln S_{it-1}^{d} + \kappa_2 \ln S_{it-1}^{hum} + \omega_1 \ln S_{it-1}^{fdi} I(x_{it} \leqslant \tau) + \\ & \omega_2 \ln S_{it-1}^{fdi} I(\tau_1 < x_{it} \leqslant \tau_2) + \omega_3 \ln S_{it-1}^{fdi} I(x_{it} > \tau) + \\ & \kappa_3 \ln S_{it-1}^{im} + \kappa_4 \ln S_{it-1}^{pat} + C_8 + \mu_{it4}\end{aligned} \tag{5.16}$$

$$\begin{aligned}\ln Inno_{it} = {} & \varphi_{i4} + \kappa_1 \ln S_{it-1}^{d} + \kappa_2 \ln S_{it-1}^{hum} + \omega_1 \ln S_{it-1}^{fdi} I(x_{it} \leqslant \tau) + \\ & \omega_2 \ln S_{it-1}^{fdi} I(\tau_1 < x_{it} \leqslant \tau_2) + \omega_3 \ln S_{it-1}^{fdi} I(x_{it} > \tau) + \\ & \kappa_3 \ln S_{it-1}^{im} + \kappa_4 \ln S_{it-1}^{pat} + C_8 + \mu_{it4}\end{aligned} \tag{5.17}$$

$$\begin{aligned}\ln TFP_{it} = {} & \varphi_{i5} + \kappa_1 \ln S_{it-1}^{d} + \kappa_2 \ln S_{it-2}^{hum} + \omega_1 \ln S_{it-1}^{im} I(x_{it} \leqslant \tau) + \\ & \omega_2 \ln S_{it-1}^{im} I(x_{it} > \tau) + \kappa_3 \ln S_{it-1}^{fdi} + \kappa_4 \ln S_{it-1}^{pat} + \\ & C_9 + \mu_{it5}\end{aligned} \tag{5.18}$$

$$\begin{aligned}\ln Inno_{it} = {} & \varphi_{i5} + \kappa_1 \ln S_{it-1}^{d} + \kappa_2 \ln S_{it-2}^{hum} + \omega_1 \ln S_{it-1}^{im} I(x_{it} \leqslant \tau) + \\ & \omega_2 \ln S_{it-1}^{im} I(x_{it} > \tau) + \kappa_3 \ln S_{it-1}^{fdi} + \kappa_4 \ln S_{it-1}^{pat} + C_9 + \mu_{it5}\end{aligned} \tag{5.19}$$

$$\begin{aligned}\ln TFP_{it} = {} & \varphi_{i6} + \kappa_1 \ln S_{it-1}^{d} + \kappa_2 \ln S_{it-1}^{hum} + \omega_1 \ln S_{it-1}^{im} I(x_{it} \leqslant \tau) + \\ & \omega_2 \ln S_{it-1}^{im} I(\tau_1 < x_{it} \leqslant \tau_2) + \omega_3 \ln S_{it-1}^{im} I(x_{it} > \tau) + \\ & \kappa_3 \ln S_{it-1}^{fdi} + \kappa_4 \ln S_{it-1}^{pat} + C_{10} + \mu_{it6}\end{aligned} \tag{5.20}$$

$$\ln Inno_{it} = \varphi_{i6} + \kappa_1 \ln S_{it-1}^{d} + \kappa_2 \ln S_{it-1}^{hum} + \omega_1 \ln S_{it-1}^{im} I(x_{it} \leqslant \tau) + \omega_2 \ln S_{it-1}^{im} I(\tau_1 < x_{it} \leqslant \tau_2) + \omega_3 \ln S_{it-1}^{im} I(x_{it} > \tau) + \kappa_3 \ln S_{it-1}^{fdi} + \kappa_4 \ln S_{it-1}^{pat} + C_{10} + \mu_{it6} \quad (5.21)$$

$$\ln TFP_{it} = \varphi_{i7} + \kappa_1 \ln S_{it-1}^{d} + \kappa_2 \ln S_{it-1}^{hum} + \omega_1 \ln S_{it-1}^{pat} I(x_{it} \leqslant \tau) + \omega_2 \ln S_{it-1}^{pat} I(x_{it} > \tau) + \kappa_3 \ln S_{it-1}^{fdi} + \kappa_4 \ln S_{it-1}^{im} + C_{11} + \mu_{it7} \quad (5.22)$$

$$\ln Inno_{it} = \varphi_{i7} + \kappa_1 \ln S_{it-1}^{d} + \kappa_2 \ln S_{it-1}^{hum} + \omega_1 \ln S_{it-1}^{pat} I(x_{it} \leqslant \tau) + \omega_2 \ln S_{it-1}^{pat} I(x_{it} > \tau) + \kappa_3 \ln S_{it-1}^{fdi} + \kappa_4 \ln S_{it-1}^{im} + C_{11} + \mu_{it7} \quad (5.23)$$

$$\ln TFP_{it} = \varphi_{i8} + \kappa_1 \ln S_{it-1}^{d} + \kappa_2 \ln S_{it-1}^{hum} + \omega_1 \ln S_{it-1}^{pat} I(x_{it} \leqslant \tau) + \omega_2 \ln S_{it-1}^{pat} I(\tau_1 < x_{it} \leqslant \tau_2) + \omega_3 \ln S_{it-1}^{pat} I(x_{it} > \tau) + \kappa_3 \ln S_{it-1}^{fdi} + \kappa_4 \ln S_{it-1}^{im} + C_{12} + \mu_{it8} \quad (5.24)$$

$$\ln Inno_{it} = \varphi_{i8} + \kappa_1 \ln S_{it-1}^{d} + \kappa_2 \ln S_{it-1}^{hum} + \omega_1 \ln S_{it-1}^{pat} I(x_{it} \leqslant \tau) + \omega_2 \ln S_{it-1}^{pat} I(\tau_1 < x_{it} \leqslant \tau_2) + \omega_3 \ln S_{it-1}^{pat} I(x_{it} > \tau) + \kappa_3 \ln S_{it-1}^{fdi} + \kappa_4 \ln S_{it-1}^{im} + C_{12} + \mu_{it8} \quad (5.25)$$

$$\ln TFP_{it} = \varphi_{i1} + \kappa_1 \ln S_{it-1}^{d} + \omega_1 \ln S_{it-1}^{hum} I(x_{it} \leqslant \tau) + \omega_2 \ln S_{it-1}^{hum} I(x_{it} > \tau) + \kappa_2 \ln S_{it-1}^{im} + \kappa_3 \ln S_{it-1}^{fdi} + \kappa_4 \ln S_{it-1}^{pat} + C_5 + \mu_{it1} \quad (5.26)$$

$$\ln Inno_{it} = \varphi_{i1} + \kappa_1 \ln S_{it-1}^{d} + \omega_1 \ln S_{it-1}^{hum} I(x_{it} \leqslant \tau) + \omega_2 \ln S_{it-1}^{hum} I(x_{it} > \tau) + \kappa_2 \ln S_{it-1}^{im} + \kappa_3 \ln S_{it-1}^{fdi} + \kappa_4 \ln S_{it-1}^{pat} + C_5 + \mu_{it1} \quad (5.27)$$

$$\ln TFP_{it} = \varphi_{i2} + \kappa_1 \ln S_{it-1}^{d} + \omega_1 \ln S_{it-1}^{hum} I(x_{it} \leqslant \tau) + \omega_2 \ln S_{it-1}^{hum} I(\tau_1 < x_{it} \leqslant \tau_2) + \omega_3 \ln S_{it-1}^{hum} I(x_{it} > \tau_2) + \kappa_2 \ln S_{it-1}^{im} + \kappa_3 \ln S_{it-1}^{fdi} + \kappa_4 \ln S_{it-1}^{pat} + C_6 + \mu_{it2} \quad (5.28)$$

$$\ln Inno_{it} = \varphi_{i2} + \kappa_1 \ln S_{it-1}^{d} + \omega_1 \ln S_{it-1}^{hum} I(x_{it} \leqslant \tau) + \omega_2 \ln S_{it-1}^{hum} I(\tau_1 < x_{it} \leqslant \tau_2) + \omega_3 \ln S_{it-1}^{hum} I(x_{it} > \tau_2) + \kappa_2 \ln S_{it-1}^{im} + \kappa_3 \ln S_{it-1}^{fdi} + \kappa_4 \ln S_{it-1}^{pat} + C_6 + \mu_{it2} \quad (5.29)$$

其中，i 表示个体，t 表示时间。$\ln TFP_{it}$、$\ln Inno$ 分别为各地区技术进步和技术创新指标，分别以各地区的以 DEA 计算的 TFP 及每年的专利申请受理数表示。$I(\cdot)$ 项之前的变量为受门限变量影响的解释变量。x_{it} 为门限变量，其中由于各技术溢出项滞后一期，x_{it} 值本部分均采用相应门限变量的滞后一期值来表示，τ 为特定的门限值，ω_1、ω_2 和 ω_3 分别为门限变量在 $x_{it} \leqslant \tau$、$\tau_1 < x_{it} \leqslant \tau_2$ 与 $x_{it} > \tau_2$ 时解释变量对被解释变量的影响系数，$\varepsilon_{it} \sim iid(0,\sigma^2)$。

二、门限变量选择

结合前面国际技术扩散对技术进步影响机制的分析，本小节进一步将通过国际技术扩散进而影响中国技术创新与技术进步的因素概括为经济发展水平、科研投入、人力资本水平以及金融市场效率四个主要方面，以此构建门限变量，并分别测度各门限变量的门限值所划分的不同区间内变量对技术进步与创新的差异。

（一）经济发展水平

一个地区的经济发展水平是对该地区经济发达程度的综合考量。一般而言，只有当某个地区的经济总量达到一定水平时，才会形成较强的竞争承受能力和消化吸收能力，从而促进各渠道技术外溢效应的产生。这也是技术外溢效应多发生在发达国家和地区的原因所在。因此，我们选择了最能够代表一个地区经济总量和发达程度的 GDP 和人均 GDP 水平作为衡量经济发展水平因素的指标，GDP 使用当年价，相关数据来自历年《中国统计年鉴》。

（二）科研投入状况

研发支出是吸引人才回流、FDI 等的一个非常关键的因素，科研因素既包括软环境，又包括国家在科研方面的经费投入。一个国家的研发投入在很大程度上代表其自主创新和对外来技术的吸收能力，较大的研发投入往往能吸引更多的 FDI 和海外高质量人才回流。本部分选择各地区历年的研发经费支出额作为科研投入状况的衡量指标，科研投入使用当年价，相关数据来自历年《中国科技统计年鉴》。

（三）人力资本水平

一个地区的国际技术扩散效果不仅取决于地区的物质基础和研发投入状况，同时也有赖于该地区总体的人力资源素质。因此，一个地区的人力资本状况就成为影响各渠道技术外溢效应发挥的另一个重要因素。本部分分别选择各省区市高校在校生人数占其总人口的比重（高等教育发展水平）作为人力资本的衡量标准，以此为基础进行检验。其中，各地高校在校生人数及总人口数来自《新中国五十年统计资料汇编》和历年《中国统计年鉴》。

（四）金融市场效率

金融市场效率、技术扩散及技术进步是相互依赖的关系。长期以来，金融发展对经济增长的作用都备受关注（王永齐，2007；Alfaro 等，2003）。Levin（1997）将金融体系作用概括为调节资源分配、动员储蓄、风险管理等，其中新技术的研发与推广往往由于研发成功率与未来市场收益不确定性而面临很大风险，因此金融体系能否为企业（海归企业及 FDI 企业）提供便利的融资是决定企业创新效率的重要因素。由于中国银行部门的信贷决策并不是完全出于经济上的考虑，它们倾向于向国有企业提供贷款，对私人部门则存在信贷歧视，如果以银行贷款总额与 GDP 之比来度量显然会高估中国实际的金融深化水平，因此私人部门的贷款总额更能合理地衡量一地区的金融深化水平（陈刚等，2009），本部分采用银行给予私人部门的贷款总额占 GDP 的比重来衡量中国金融市场融资效率。各地区银行私人贷款额数据来源于历年各地区统计年鉴，需要说明的是，统计年鉴上并没有详细定义和给出私人部门以及公共部门获得的贷款数据，我们以金融中介短期贷款中的乡镇企业、三资企业、私营企业及个体贷款的和来近似代替私人部门获得的贷款。

三、国际技术扩散各影响因素门限值的确定

通过上述分析，我们选取了经济发展水平、科研投入、人力资本水平以及金融市场效率作为国际技术扩散技术溢出影响因素的门限变量，以下本部分依次就上述各因素运用模型（5.14）到模型（5.29）进行门限回归①，具体结果如下：

由表5.6的结果可以看出，TFP为被解释变量时，FDI、进口和专利渠道方面人力资本水平的单一门限回归分别通过了5%、1%、1%水平下的显著性检验，但双重门限和三重门限检验不显著，说明它们存在一个门限值。但海归方面，人力资本水平的单一与双重门限检验均比较显著，但三重门限检验并不显著，即在所研究的样本内包含两个门限值。$Inno_{it}$ 为被解释变量时，海归、FDI和进口渠道方面人力资本水平的单一门限回归分别通过了10%、5%、10%水平下的显著性检验，但双重门限和三重门限检验不显著，说明它们存在一个门限值。但国际专利申请方面，人力资本水平的单一与双重门限检验均比较显著，但三重门限检验并不显著，即在所研究的样本内包含两个门限值。通过对比我们发现，技术创新的各门限值均高于技术进步的相应门限值，即技术创新对一国人力资本水平的要求更高。

表5.6　人力资本水平门限值的检验

指标	海归		FDI		进口		专利	
因变量	*TFP*	*Inno*	*TFP*	*Inno*	*TFP*	*Inno*	*TFP*	*Inno*
门限值一	0.022	0.032	0.016	0.021	0.014	0.016	0.023	0.024
	(2.1**)	(1.7*)	(2.5**)	(2.3**)	(10.5***)	(1.8*)	(11.4***)	(1.7*)
门限值二	0.027	0.006	0.033	0.031	0.032	0.038	0.027	0.033
	(12.9***)	(1.3)	(1.4)	(1.1)	(1.1)	(0.6)	(1.3)	(2.4**)

① 在检验门限效果时沿用Hansen（1999）采用的"自抽样法"，为避免因样本容量过小而造成检验结果的准确度下降，本书在检验过程中规定最低的样本观测数为40，而不是Hansen（1999）采用的默认值10。

续表 5.6

指标	海归		FDI		进口		专利	
因变量	*TFP*	*Inno*	*TFP*	*Inno*	*TFP*	*Inno*	*TFP*	*Inno*
门限值三	0.041	0.015	0.028	0.018	0.035	0.025	0.045	0.045
	(1.4)	(0.9)	(1.0)	(0.9)	(0.9)	(1.2)	(0.9)	(1.6)

注：括号内为各门限模型所对应的 *F* 统计量，***、**、* 分别表示在 1%、5%、10% 的显著性水平上显著。

由表 5.7 可以看出，四渠道 GDP 总值的单一门限回归分别通过了 1%、5%、5% 和 5% 水平下的显著性检验，但双重门限和三重门限检验不显著。此外，各渠道人均 GDP 的单一门限回归分别通过了 1%、5%、10% 和 5% 水平下的显著性检验，说明各渠道 GDP 总值和人均 GDP 均存在一个门限值。

表 5.7　TFP 为被解释变量条件下的经济发展水平门限检验结果

指标	海归		FDI		进口		专利	
	GDP（亿元）	人均 GDP（万元）	GDP（亿元）	人均 GDP（万元）	GDP（亿元）	人均 GDP（万元）	GDP（亿元）	人均 GDP（万元）
门限值一	7869	2.74	4362	2.12	4231	1.54	10038	2.83
	(14.5***)	(8.2***)	(2.3**)	(2.2**)	(2.8**)	(1.9*)	(2.4**)	(2.5**)
门限值二	4775	4.78	1525	3.67	7897	1.28	7820	4.16
	(0.7)	(1.5)	(0.1)	(1.2)	(1.4)	(1.3)	(1.1)	(1.0)
门限值三	4879	4.77	2897	3.87	4975	3.75	5875	1.98
	(0.8)	(1.3)	(1.6)	(1.2)	(0.9)	(1.2)	(1.1)	(0.8)

注：括号内为各门限模型所对应的 *F* 统计量，***、**、* 分别表示在 1%、5%、10% 的显著性水平上显著。

由表 5.8 可以看出，四渠道 GDP 总值的单一门限回归分别通过了 5%、10%、1% 和 5% 水平下的显著性检验，但双重门限和三重门限检验不显著。此外，各渠道人均 GDP 的单一门限回归分别通过了 10%、5%、5% 和 1% 水平下的显著性检验，说明各渠道 GDP 总值和人均 GDP

均存在一个门限值。通过对比分析表 5.7 和表 5.8 我们发现，技术创新的各门限值均高于技术进步的相应门限值。

表 5.8　*Inno* 为被解释变量条件下的经济发展水平门限检验结果

指标	海归		FDI		进口		专利	
	GDP（亿元）	人均 GDP（万元）	GDP（亿元）	人均 GDP（万元）	GDP（亿元）	人均 GDP（万元）	GDP（亿元）	人均 GDP（万元）
门限值一	9350.21	2.98	6987.1	2.58	6254	2.60	12187.58	3.97
	(2.3**)	(1.8*)	(1.9*)	(2.1**)	(11.1***)	(2.2**)	(16.4**)	(9.5***)
门限值二	7532	3.87	5259.73	5.98	8794	5.33	8259	4.55
	(0.8)	(0.9)	(0.8)	(1.2)	(1.6)	(1.0)	(1.3)	(1.6)
门限值三	10569	4.07	997	3.92	9353	3.91	9870.5	6.98
	(1.1)	(1.4)	(1.6)	(1.0)	(1.4)	(0.4)	(1.4)	(1.1)

注：括号内为各门限模型所对应的 *F* 统计量，***、**、* 分别表示在 1%、5%、10% 的显著性水平上显著。

由表 5.9 可以看出，TFP 为被解释变量时，四渠道科研投入的单一门限回归分别通过了 1%、10%、5% 和 1% 水平下的显著性检验，但双重门限和三重门限检验不显著，说明各渠道科研投入均存在一个门限值。*Inno* 为被解释变量时，四渠道科研投入的单一门限回归分别通过了 10%、10%、5% 和 10% 水平下的显著性检验，但双重门限和三重门限检验不显著，说明各渠道科研投入均存在一个门限值。同时，我们发现技术创新的各门限值均高于技术进步的相应门限值。

表 5.9　科研投入门限值的检验

指标	海归		FDI		进口		专利	
因变量	*TFP*	*Inno*	*TFP*	*Inno*	*TFP*	*Inno*	*TFP*	*Inno*
门限值一	101.4	112.3	94.77	110.45	62.31	78.4	123.1	131.4
	(8.7***)	(1.8*)	(1.8*)	(1.7*)	(2.3**)	(2.4**)	(9.8***)	(1.9*)
门限值二	145.43	129.07	254.15	98.74	190	109.07	174.2	97.4
	(0.9)	(1.0)	(1.5)	(0.9)	(0.8)	(0.3)	(1.0)	(0.7)

续表 5.9

指标	海归		FDI		进口		专利	
因变量	*TFP*	*Inno*	*TFP*	*Inno*	*TFP*	*Inno*	*TFP*	*Inno*
门限值三	347	375.1	196.3	108.44	233.7	395	332.1	202.1
	(1.1)	(1.5)	(0.7)	(1.2)	(1.4)	(1.0)	(1.6)	(1.6)

注：括号内为各门限模型所对应的 *F* 统计量，***、**、*分别表示在1%、5%、10%的显著性水平上显著。

由表5.10可以看出，TFP为被解释变量时，海归、进口和专利渠道方面金融市场效率的单一门限回归分别通过了5%、5%、1%水平下的显著性检验，但双重门限和三重门限检验不显著，说明它们存在一个门限值。但FDI方面，金融市场效率的单一与双重门限检验均比较显著，但三重门限检验并不显著，即在所研究的样本内包含两个门限值。*Inno*为被解释变量时，海归渠道的单一门限回归分别通过了10%、5%、1%和10%水平下的显著性检验，但双重门限和三重门限检验不显著，说明它们存在一个门限值。金融市场效率对国际专利申请技术溢出的门限最高，而对进口技术溢出的门限值最低，这在一定程度上也可以解释部分金融市场效率较低的发展中国家主要通过进口而不是专利申请与专利引用渠道获得技术溢出的现象。

表5.10　金融市场效率门限值的检验

指标	海归		FDI		进口		专利	
因变量	*TFP*	*Inno*	*TFP*	*Inno*	*TFP*	*Inno*	*TFP*	*Inno*
门限值一	7869	2.74	4362	2.12	4231	1.54	10038	2.83
	(14.5***)	(8.2***)	(2.3**)	(2.2**)	(2.8**)	(1.9*)	(2.4**)	(2.5**)
门限值二	4775	4.78	1525	3.67	7897	1.28	7820	4.16
	(0.7)	(1.5)	(0.1)	(1.2)	(1.4)	(1.3)	(1.1)	(1.0)
门限值三	4879	4.77	2897	3.87	4975	3.75	5875	1.98
	(0.8)	(1.3)	(1.6)	(1.2)	(0.9)	(1.2)	(1.1)	(0.8)

注：括号内为各门限模型所对应的 *F* 统计量，***、**、*分别表示在1%、5%、10%的显著性水平上显著。

四、各影响因素不同门限区间的回归结果

（一）TFP 为被解释变量的门限分析

首先分析各渠道的技术溢出对全要素生产率影响的情况。

1. FDI 技术溢出的门限回归结果

表 5.11 为 FDI 渠道国际技术扩散的门限回归结果，由表中数据可以得出以下结论。

表 5.11　FDI 门限回归结果

解释变量	经济发展水平		科研投入	人力资本水平	金融市场效率
	GDP	人均 GDP			
$\ln S_{it-1}^{d}$	0.453（2.38**）	0.514（1.72*）	0.587（2.47**）	0.725（8.21***）	0.750（2.42**）
$\ln S_{it-1}^{hum}$	0.314（2.37**）	0.234（2.45**）	0.269（1.84*）	0.442（2.35**）	0.456（1.82*）
$\ln S_{it-1}^{fdi}$_1	0.453（2.47**）	0.238（2.42**）	0.113（2.16**）	0.047（2.26**）	0.129（1.95*）
$\ln S_{it-1}^{fdi}$_2	0.576（2.14**）	0.745（1.83*）	0.573（6.76***）	0.193（2.32**）	0.432（2.40**）
$\ln S_{it-1}^{fdi}$_3					0.532（5.36**）
$\ln S_{it-1}^{im}$	0.160（1.74*）	−0.815（−0.71）	0.214（1.75*）	0.237（2.27**）	0.345（2.07**）
$\ln S_{it-1}^{pat}$	0.315（1.76*）	0.274（1.12）	0.109（1.32）	0.107（2.26**）	0.471（2.03**）
C	1.225（0.21）	1.141（1.77*）	1.170（0.78）	1.583（1.78*）	1.445（1.76*）
R^2	0.74	0.81	0.67	0.67	0.91

注：括号内为各系数所对应的 t 统计量，***、**、*分别表示在 1%、5%、10% 的显著性水平上显著。

（1）经济发展水平

一国技术水平的提高与其经济发展水平呈正相关，当地区 GDP 总额低于 4362 亿元时，FDI 对技术进步的影响系数为 0.453，地区 GDP 总额跨过该门限值时相应的系数变为 0.576，即 FDI 对中国技术进步的影响随着国民收入水平的提高而增强。通过对比分析，我们发现没有达到 GDP 总值门限值的省份有：海南、贵州、西藏、甘肃、青海、宁夏

以及新疆。同样，当一个地区的人均GDP超过2.12万元时，FDI的技术溢出系数达到0.745，反之则仅为0.238。仅有北京、天津、内蒙古、辽宁、上海、江苏、浙江、福建、山东、广东跨过了FDI技术溢出人均GDP的门限值。

（2）科研投入

表5.11的回归结果显示，科研投入对技术进步的影响呈现出正向的单一门限特征，当地区平均科研经费投入低于94.77亿元时，FDI对技术进步的影响系数为0.113，当跨过这一门限后相应的系数却变为0.573，这一结果表明当研发投入跨过门限值时其对技术进步的作用更大。通过比较分析发现，北京、天津、辽宁、上海、江苏、浙江、山东、河南、广东、四川、陕西跨过了科研投入的门限值。

（3）人力资本水平

中国的人力资本水平与FDI引致的技术进步呈非单调的正相关关系。当高等教育发展水平低于0.016时，FDI对技术进步的弹性系数为0.047，当大于这一比重时弹性系数为0.193。北京、天津、辽宁、吉林、黑龙江、上海、江苏、浙江、江西、湖北跨过了这一门限。

（4）金融市场效率

表5.11显示，当地区平均金融市场效率低于0.068时，FDI对技术进步的弹性系数为0.129，而跨过这一门限时相应的弹性系数变为0.432，随着第二个门限的跨越，相应系数变为0.532。即随着金融市场效率的改进，FDI技术拉动效应的阻力变小，推力变大。对省际数据进行比较，发现当前跨过FDI技术进步第二个金融市场效率门限的主要有：北京、天津、上海、江苏、浙江、山东、广东、福建。

2. 进口技术溢出的门限回归结果

表5.12为进口渠道国际技术扩散的门限回归结果，由表中数据可以得出以下结论。

表 5.12 进口门限回归结果

解释变量	经济发展水平		科研投入	人力资本水平	金融市场效率
	GDP	人均 GDP			
$\ln S_{it-1}^{d}$	0.673（2.29**）	0.545（2.35**）	0.643（2.23**）	0.615（2.17**）	0.744（1.27**）
$\ln S_{it-1}^{hum}$	0.432（4.85**）	0.454（1.74*）	0.313（3.43**）	0.351（3.64***）	0.277（0.87）
$\ln S_{it-1}^{im}$_1	0.221（2.47**）	0.255（1.85*）	0.237（2.06**）	0.207（2.74***）	0.217（1.95*）
$\ln S_{it-1}^{im}$_2	0.370（205**）	0.487（1.85*）	0.453（4.35***）	0.393（2.25**）	0.336（2.10**）
$\ln S_{it-1}^{im}$_3					
$\ln S_{it-1}^{pat}$	0.16（2.24**）	0.085（1.32）	0.108（1.86*）	0.237（1.88*）	0.355（1.91*）
$\ln S_{it-1}^{fdi}$	0.305（1.74*）	0.274（0.92）	0.119（1.05）	0.218（2.27**）	0.361（2.33**）
C	1.054（1.34）	1.105（1.81*）	1.045（1.18）	1.83（1.76*）	-1.405（-1.86*）
R^2	0.77	0.68	0.79	0.81	0.85

注：括号内为各系数所对应的 t 统计量，***、**、* 分别表示在 1%、5%、10% 的显著性水平上显著。

（1）经济发展水平

当地区 GDP 总额低于 4231 亿元时，进口对技术进步的影响系数为 0.221，地区 GDP 总额跨过该门限值时相应的系数变为 0.370，即进口对中国技术进步的影响随着国民收入水平的提高而增强。通过对比分析，我们发现没有达到 GDP 总额门限值的有：海南、贵州、西藏、甘肃、青海、宁夏以及新疆。同样，当一个地区的人均 GDP 超过 1.54 万元时，进口的技术溢出系数达到 0.487，反之则仅为 0.255。北京、天津、河北、辽宁、内蒙古、吉林、黑龙江、上海、江苏、浙江、福建、山东、河南、湖北、广东跨过了进口技术溢出人均 GDP 的门限值。

（2）科研投入

科研投入对技术进步的影响呈现出正向的单一门限特征，当地区平均科研经费投入低于 63.31 亿元时，海归对技术进步的影响系数为 0.237，当跨过这一门限后相应的系数却变为 0.453，这一结果表明当研发投入跨过门限值时其对技术进步的作用更大。通过比较分析发现，北京、天津、河北、辽宁、上海、江苏、浙江、福建、山东、河南、湖北、广东、四川、陕西跨过了科研投入的门限值。

（3）人力资本水平

中国的人力资本水平与进口引致的技术进步呈单调的正相关关系。当高等教育发展水平低于 0.014 时，海归对技术进步的弹性系数为 0.207，当大于这一比重时弹性系数为 0.393。跨过高等教育发展水平门限值的地区有北京、天津、河北、辽宁、吉林、黑龙江、上海、江苏、浙江、安徽、福建、山东、河南、湖北、湖南、广东以及陕西。

（4）金融市场效率

当地区平均金融市场效率低于 0.069 时，进口对技术进步的弹性系数为 0.217，而跨过这一门限时相应的弹性系数变为 0.336，即随着金融市场效率的改进，进口技术拉动效应的阻力变小，推力变大。对省际数据进行比较，发现当前跨过进口技术进步的金融市场效率门限的主要有：北京、天津、辽宁、上海、江苏、浙江、山东、广东、福建。

3. 国际专利申请与专利引用技术溢出的门限回归结果

表 5.13 为国际专利申请与引用渠道国际技术扩散的门限回归结果，由表中数据可以得出以下结论。

表 5.13 专利门限回归结果

解释变量	经济发展水平		科研投入	人力资本水平	金融市场效率
	GDP	人均 GDP			
$\ln S_{it-1}^{d}$	0.558（2.38**）	0.637（2.13**）	0.522（1.72*）	0.674（7.86***）	0.712（2.41**）
$\ln S_{it-1}^{hum}$	0.267（1.74*）	0.233（1.73*）	0.244（2.28**）	0.341（2.44**）	0.421（1.27）
$\ln S_{it-1}^{pat}$_1	0.335（2.11**）	0.343（1.95*）	0.387（2.33**）	0.157（2.02**）	0.427（1.85*）
$\ln S_{it-1}^{pat}$_2	0.572（2.26**）	0.637（1.78*）	0.547（2.18**）	0.404（2.25**）	0.638（2.01**）
$\ln S_{it-1}^{pat}$_3					
$\ln S_{it-1}^{im}$	0.26（1.94*）	-0.045（-1.32）	0.158（1.96*）	0.245（2.37**）	0.614（1.75*）
$\ln S_{it-1}^{fdi}$	0.138（1.05）	-0.114（-1.67）	0.365（1.18）	0.614（2.04**）	0.101（1.61）
C	1.474（1.86*）	1.141（1.35）	3.336（1.39）	2.647（1.94*）	-1.569（-1.77*）
R^2	0.66	0.92	0.90	0.78	0.85

注：括号内为各系数所对应的 t 统计量，***、**、* 分别表示在 1%、5%、10% 的显著性水平上显著。

（1）经济发展水平

当地区GDP总额低于10038亿元时，专利申请对技术进步的影响系数为0.335，地区GDP总额跨过该门限值时相应的系数变为0.572，即专利申请对中国技术进步的影响随着国民收入水平的提高而增强。通过对比分析，我们发现达到GDP总额门限值的有：辽宁、上海、江苏、浙江、山东、河南、广东以及四川。同样，当一个地区的人均GDP超过2.83万元时，海归的技术溢出系数达到0.637，反之则仅为0.343。仅有北京、天津、上海、江苏、浙江、广东跨过了专利申请技术溢出人均GDP的门限值。

（2）科研投入

科研投入对技术进步的影响呈现出正向的单一门限特征，当地区平均科研经费投入低于123.1亿元时，专利申请对技术进步的影响系数为0.387，当跨过这一门限后相应的系数却变为0.547，这一结果表明当研发投入跨过门限值时其对技术进步的作用更大。通过比较分析发现，北京、辽宁、上海、江苏、浙江、山东、广东、四川跨过了科研投入的门限值。

（3）人力资本水平

中国的人力资本水平与专利申请引致的技术进步呈单调的正相关关系。当高等教育发展水平低于0.023时，专利申请对技术进步的弹性系数为0.157，当大于这一比重时弹性系数为0.404。跨过高等教育发展水平门限值的地区仅有北京、天津、上海。

（4）金融市场效率

当地区平均金融市场效率低于0.082时，海归对技术进步的弹性系数为0.427，而跨过这一门限时相应的弹性系数变为0.638，即随着金融市场效率的改进，专利申请技术拉动效应的阻力变小，推力变大。对省际数据进行比较，发现当前跨过专利申请技术进步的金融市场效率门限的主要有：北京、天津、上海、江苏、浙江、山东、广东、福建。

4. 海归技术溢出的门限回归结果

表5.14为海归渠道国际技术扩散的门限回归结果，由表中数据可

以得出以下结论。

表 5.14　海归门限回归结果

解释变量	经济发展水平		科研投入	人力资本水平	金融市场效率
	GDP	人均 GDP			
$\ln S^{d}_{it-1}$	0.423（2.21**）	0.570（2.42**）	0.582（6.85***）	0.524（2.29**）	0.767（2.35**）
$\ln S^{hum}_{it-1}$_1	0.315（2.40**）	0.274（2.73**）	0.071（2.05*）	0.542（6.08***）	0.167（2.38**）
$\ln S^{hum}_{it-1}$_2	0.643（8.86***）	0.852（1.78*）	0.472（5.45***）	0.077（2.23**）	0.334（1.73*）
$\ln S^{hum}_{it-1}$_3				0.632（2.12**）	
$\ln S^{im}_{it-1}$	0.174（1.85*）	0.235（1.94*）	0.164（1.74*）	0.154（2.23**）	0.184（2.28**）
$\ln S^{pat}_{it-1}$	0.168（2.12**）	0.0815（1.01）	0.134（1.90*）	0.136（2.18**）	0.156（1.91*）
$\ln S^{fdi}_{it-1}$	0.135（1.73*）	0.174（1.42）	0.119（0.74）	0.021（2.43**）	0.24（2.27**）
C	-1.264（-1.24）	1.100（1.94*）	1.011（0.88）	-1.585（-1.78*）	1.048（1.76*）
R^2	0.74	0.76	0.83	0.87	0.80

注：括号内为各系数所对应的 t 统计量，***、**、* 分别表示在 1%、5%、10% 的显著性水平上显著。

（1）经济发展水平

分析表 5.14 我们发现，一国技术水平的提高与其经济发展水平呈正相关，当地区 GDP 总额低于 7869 亿元时，海归对技术进步的影响系数为 0.315，地区 GDP 总额跨过该门限值时相应的系数变为 0.643，即海归对中国技术进步的影响随着国民收入水平的提高而增强。通过对比分析，我们发现达到 GDP 总值门限值的有：北京、河北、辽宁、上海、江苏、浙江、福建、山东、河南、湖北、湖南、广东、四川。同样，当一个地区的人均 GDP 超过 2.74 万元时，海归的技术溢出系数达到 0.852，反之则仅为 0.274。仅有北京、天津、上海、江苏、浙江、山东、广东跨过了海归技术溢出人均 GDP 的门限值。

（2）科研投入

表 5.14 的回归结果显示，科研投入对技术进步的影响呈现出正向的单一门限特征，当地区平均科研经费投入低于 101.4 亿元时，海归对技术进步的影响系数为 0.071，当跨过这一门限后相应的系数却变为

0.472，这一结果表明当研发投入跨过门限值时其对技术进步的作用更大。通过比较分析发现，北京、天津、辽宁、上海、江苏、浙江、山东、湖北、广东、四川、陕西跨过了科研投入的门限值。

（3）人力资本水平

中国的人力资本水平与海归引致的技术进步呈非单调的正相关关系。当高等教育发展水平低于0.022时，海归对技术进步的弹性系数为0.542，当发展水平大于这一比重时弹性系数为0.077，并随着第二个门限的跨越，其影响系数上升为0.632。仅有北京、天津、上海跨过了高等教育发展水平的第二个门限。

（4）金融市场效率

表5.14显示，当地区平均金融市场效率低于0.073时，海归对技术进步的弹性系数为0.167，而跨过这一门限时相应的弹性系数变为0.334，即随着金融市场效率的改进，海归技术拉动效应的阻力变小，推力变大。对省际数据进行比较，发现当前跨过海归技术进步的金融市场效率门限的主要有：北京、天津、辽宁、上海、江苏、浙江、山东、广东、福建以及海南。近年来，在国际国内经济形势复杂多变的背景下，海南省金融业增值出现了总量和增速偏低等问题，但总体来看还是充分发挥了金融业在其国际旅游岛建设中的重要作用，金融运行稳健，金融环境进一步优化，金融业竞争力提升，这些为海南省金融市场效率的门限跨越现象提供了解释。就全国来看，在金融市场效率改进方面，各级政府仍然任重道远。

（二）*Inno* 为被解释变量的门限分析

下面为各渠道的国际技术扩散影响因素对我国创新产出影响的分析。

1. FDI技术溢出的门限回归结果

表5.15为FDI渠道国际技术扩散创新影响的门限回归结果，由表中数据可以得出以下结论。

表 5.15 FDI 门限回归结果

解释变量	经济发展水平		科研投入	人力资本水平	金融市场效率
	GDP	人均 GDP			
$\ln S^{d}_{it-1}$	0.363 (2.28**)	0.447 (2.37**)	0.565 (2.23**)	0.663 (7.01***)	0.732 (1.77*)
$\ln S^{hum}_{it-1}$	0.367 (1.99*)	0.225 (2.31**)	0.233 (2.25*)	0.315 (2.44**)	0.234 (2.32**)
$\ln S^{fdi}_{it-1}$_1	0.171 (2.16**)	0.458 (2.26**)	0.267 (2.36**)	0.257 (2.32**)	0.476 (2.37**)
$\ln S^{fdi}_{it-1}$_2	0.574 (2.42**)	0.765 (1.97*)	0.453 (2.08**)	0.577 (2.33**)	0.551 (1.75*)
$\ln S^{fdi}_{it-1}$_3					
$\ln S^{im}_{it-1}$	0.16 (2.27**)	-0.215 (-1.37)	0.163 (2.44**)	0.078 (2.32**)	0.781 (2.41**)
$\ln S^{pat}_{it-1}$	0.045 (1.88*)	0.374 (1.69)	1.119 (1.27)	0.371 (2.32**)	0.346 (4.33***)
C	1.007 (1.18)	1.446 (1.71*)	1.003 (1.43)	1.740 (1.82*)	6.071 (1.91*)
R^2	0.74	0.64	0.73	0.85	0.95

注：括号内为各系数所对应的 *t* 统计量，***、**、* 分别表示在 1%、5%、10% 的显著性水平上显著。

（1）经济发展水平

一国技术创新的提高与其经济发展水平呈正相关，当地区 GDP 总额低于 6987.1 亿元时，FDI 对技术创新的影响系数为 0.171，地区 GDP 总额跨过该门限值时相应的系数变为 0.574，即 FDI 对中国技术创新的影响随着国民收入水平的提高而增强。通过对比分析，我们发现达到 GDP 总值门限值的有：北京、河北、辽宁、上海、江苏、浙江、山东、河南、广东以及四川。同样，当一个地区的人均 GDP 超过 2.58 万元时，海归的技术溢出系数达到 0.765，反之则仅为 0.458。仅有北京、天津、辽宁、上海、江苏、浙江、福建、山东、广东跨过了 FDI 技术溢出人均 GDP 的门限值。

（2）科研投入

表 5.15 的回归结果显示，科研投入对技术创新的影响呈现出正向的单一门限特征，当地区平均科研经费投入低于 110.45 亿元时，FDI 对技术创新的影响系数为 0.267，当跨过这一门限后相应的系数却变为 0.453，这一结果表明当研发投入跨过门限值时其对技术进步的作用更

大。通过比较分析发现，北京、天津、辽宁、上海、江苏、浙江、山东、广东、四川、陕西跨过了科研投入的门限值。

（3）人力资本水平

中国的人力资本水平与FDI引致的技术创新呈单调的正相关关系。当高等教育发展水平低于0.021时，FDI对技术创新的弹性系数为0.257，当大于这一比重时弹性系数为0.577。北京、天津、上海跨过了这一门限。

（4）金融市场效率

表5.15显示，当地区平均金融市场效率低于0.087时，FDI对技术创新的弹性系数为0.476，而跨过这一门限时相应的弹性系数变为0.551，即随着金融市场效率的改进，FDI技术拉动效应的阻力变小，推力变大。对省际数据进行比较，发现当前跨过FDI技术进步的金融市场效率门限的主要有：北京、天津、上海、江苏、浙江、广东、福建。

2. 进口技术溢出的门限回归结果

表5.16为进口渠道国际技术扩散创新影响的门限回归结果，由表中数据可以得出以下结论。

表5.16　进口门限回归结果

解释变量	经济发展水平		科研投入	人力资本水平	金融市场效率
	GDP	人均GDP			
$\ln S_{it-1}^{d}$	0.587（2.28**）	0.514（2.25***）	0.542（2.32**）	0.615（2.17**）	0.704（2.37**）
$\ln S_{it-1}^{hum}$	0.312（1.91*）	0.234（2.25**）	0.142（1.95*）	0.364（3.77***）	0.236（1.69）
$\ln S_{it-1}^{im}$_1	0.178（2.35**）	0.354（1.71*）	0.361（2.16**）	0.247（2.45**）	0.492（2.15**）
$\ln S_{it-1}^{im}$_2	0.375（2.29**）	0.445（2.24**）	0.413（4.54***）	0.363（2.34**）	0.575（1.99*）
$\ln S_{it-1}^{im}$_3					
$\ln S_{it-1}^{pat}$	0.16（2.24**）	0.275（1.02）	0.238（2.17*）	0.207（2.18**）	0.175（1.83*）
$\ln S_{it-1}^{fdi}$	0.305（1.74*）	0.214（0.43）	0.149（1.65）	0.175（1.87*）	0.227（2.27**）
C	1.054（1.44）	-1.141（-1.97*）	1.43（1.04）	1.94（1.76*）	-1.654（-1.86*）
R^2	0.80	0.77	0.74	0.87	0.94

注：括号内为各系数所对应的t统计量，***、**、*分别表示在1%、5%、10%的显著性水平上显著。

（1）经济发展水平

当地区 GDP 总额低于 6254 亿元时，进口对技术创新的影响系数为 0.178，地区 GDP 总额跨过该门限值时相应的系数变为 0.375，即进口对中国技术创新的影响随着国民收入水平的提高而增强。通过对比分析，我们发现没有达到 GDP 总额门限值的有：海南、贵州、云南、西藏、甘肃、青海、宁夏以及新疆。同样，当一个地区的人均 GDP 超过 2.6 万元时，进口的技术溢出系数达到 0.445，反之则仅为 0.354。

（2）科研投入

科研投入对技术创新的影响呈现出正向的单一门限特征，当地区平均科研经费投入低于 78.4 亿元时，海归对技术创新的影响系数为 0.361，当跨过这一门限后相应的系数却变为 0.413，这一结果表明当研发投入跨过门限值时其对技术创新的作用更大。通过比较分析发现，北京、天津、河北、辽宁、上海、江苏、浙江、福建、山东、河南、湖北、广东、四川、陕西跨过了科研投入的门限值。

（3）人力资本水平

中国的人力资本水平与进口引致的技术创新呈单调的正相关关系。当高等教育发展水平低于 0.016 时，海归对技术创新的弹性系数为 0.247，当大于这一比重时弹性系数为 0.363。跨过高等教育发展水平门限值的有北京、天津、辽宁、吉林、黑龙江、上海、江苏、江西、湖北以及陕西。

（4）金融市场效率

当地区平均金融市场效率低于 0.065 时，进口对技术创新的弹性系数为 0.492，而跨过这一门限时相应的弹性系数变为 0.575，即随着金融市场效率的改进，进口技术拉动效应的阻力变小，推力变大。

3. 国际专利申请与专利引用技术溢出的门限回归结果

表 5.17 为国际专利申请渠道国际技术扩散创新影响的门限回归结果，由表中数据可以得出以下结论。

表 5.17　国际专利申请门限回归结果

解释变量	经济发展水平		科研投入	人力资本水平	金融市场效率
	GDP	人均 GDP			
$\ln S_{it-1}^{d}$	0.712（2.14**）	0.627（2.19**）	0.512（1.72*）	0.615（2.36**）	0.724（2.25**）
$\ln S_{it-1}^{hum}$	0.132（1.74*）	0.213（1.85*）	0.265（2.45**）	0.445（2.07**）	0.781（1.25）
$\ln S_{it-1}^{pat}$_1	0.214（2.47**）	0.216（1.77*）	0.325（2.40**）	0.436（2.35**）	0.247（1.75*）
$\ln S_{it-1}^{pat}$_2	0.524（2.02**）	0.671（2.32**）	0.591（2.35**）	0.324（1.96*）	0.778（1.86*）
$\ln S_{it-1}^{pat}$_3				0.476（5.42**）	
$\ln S_{it-1}^{im}$	0.06（1.04）	0.045（0.82）	-0.158（-1.76**）	0.575（1.92*）	0.224（1.96*）
$\ln S_{it-1}^{fdi}$	0.275（1.38）	0.184（1.43）	0.679（1.11）	-0.033（-1.85*）	0.752（1.36）
C	1.474（1.06）	1.361（1.05）	3.336（1.39）	2.175（1.77*）	-1.085（-1.87*）
R^2	0.77	0.91	0.69	0.73	0.86

注：括号内为各系数所对应的 t 统计量，***、**、* 分别表示在 1%、5%、10% 的显著性水平上显著。

（1）经济发展水平

当地区 GDP 总额低于 12187.58 亿元时，专利申请对技术创新的影响系数为 0.214，地区 GDP 总额跨过该门限值时相应的系数变为 0.524，即专利申请对中国技术创新的影响随着国民收入水平的提高而增强。同样，当一个地区的人均 GDP 超过 3.97 万元时，海归的技术溢出系数达到 0.671，反之则仅为 0.216。仅有北京、天津、上海跨过了专利申请技术溢出人均 GDP 的门限值。

（2）科研投入

科研投入对技术创新的影响呈现出正向的单一门限特征，当地区平均科研经费投入低于 131.4 亿元时，专利申请对技术创新的影响系数为 0.325，当跨过这一门限后相应的系数却变为 0.591，这一结果表明当研发投入跨过门限值时其对技术创新的作用更大。通过比较分析发现，北京、辽宁、上海、江苏、浙江、山东、广东、四川跨过了科研投入的门限值。

（3）人力资本水平

中国的人力资本水平与专利申请引致的技术创新呈非单调的正相关

关系。当高等教育发展水平低于 0.023 时，专利申请对技术创新的弹性系数为 0.436，当大于这一比重时弹性系数为 0.324，随着第二个门限的跨越，影响系数变为 0.476。跨过高等教育发展水平第二个门限的地区仅有北京、天津两地。

（4）金融市场效率

当地区平均金融市场效率低于 0.095 时，海归对技术创新的弹性系数为 0.247，而跨过这一门限时相应的弹性系数变为 0.778，即随着金融市场效率的改进，专利申请技术拉动效应的阻力变小，推力变大。对省际数据进行比较，发现当前跨过专利申请技术创新的金融市场效率门限的主要有：北京、天津、上海、江苏、浙江、广东、福建。

4. *海归技术溢出的门限回归结果*

表 5.18 为海归渠道国际技术扩散创新影响的门限回归结果，由表中数据可以得出以下结论。

表 5.18　海归门限回归结果

解释变量	经济发展水平		科研投入	人力资本水平	金融市场效率
	GDP	人均 GDP			
$\ln S_{it-1}^{d}$	0.582（1.92*）	0.632（2.36**）	0.582（6.85***）	0.479（2.23**）	0.882（2.18**）
$\ln S_{it-1}^{hum}$_1	0.323（1.74*）	0.234（2.13**）	0.171（2.97***）	0.205（2.78***）	0.231（1.74*）
$\ln S_{it-1}^{hum}$_2	0.536（2.37**）	0.833（1.98*）	0.344（2.15**）	0.307（3.27***）	0.293（1.97*）
$\ln S_{it-1}^{hum}$_3					
$\ln S_{it-1}^{im}$	0.062（1.83*）	0.245（1.75*）	0.221（2.08**）	0.314（2.37**）	0.227（3.09***）
$\ln S_{it-1}^{pat}$	0.168（2.27**）	0.125（1.78*）	0.074（1.91*）	0.436（2.07**）	0.474（1.86*）
$\ln S_{it-1}^{fdi}$	0.135（1.89*）	0.274（1.02）	0.441（1.64）	0.104（1.95*）	0.475（2.08**）
C	-1.264（-1.14）	1.017（2.03**）	1.447（1.18）	1.655（1.97*）	3.358（1.75*）
R^2	0.75	0.71	0.69	0.82	0.91

注：括号内为各系数所对应的 t 统计量，***、**、* 分别表示在 1%、5%、10% 的显著性水平上显著。

（1）经济发展水平

分析表5.18我们发现，一国技术创新水平与其经济发展水平正相关，当地区GDP总额低于9350.21亿元时，海归对技术创新的影响系数为0.323，地区GDP总额跨过该门限值时相应的系数变为0.536，即海归对中国技术创新的影响随着国民收入水平的提高而增强。通过对比分析，我们发现达到GDP总值门限值的有：北京、河北、辽宁、上海、江苏、浙江、山东、湖南、广东、四川。同样，当一个地区的人均GDP超过2.98万元时，海归的技术溢出系数达到0.833，反之则仅为0.234。仅有北京、天津、上海、江苏、浙江、广东跨过了海归技术溢出人均GDP的门限值。

（2）科研投入

表5.18的回归结果显示，科研投入对技术创新的影响呈现出正向的单一门限特征，当地区平均科研经费投入低于112.3亿元时，海归对技术创新的影响系数为0.171，当跨过这一门限后相应的系数却变为0.344，这一结果表明当研发投入跨过门限值时其对技术创新的作用更大。通过比较分析发现，北京、天津、辽宁、上海、江苏、浙江、山东、广东、四川、陕西跨过了科研投入的门限值。

（3）人力资本水平

中国的人力资本水平与海归引致的技术创新呈单调的正相关关系。当高等教育发展水平低于0.032时，海归对技术创新的弹性系数为0.205，当大于这一比重时弹性系数为0.307。仅有北京、天津跨过了该门限。

（4）金融市场效率

表5.18显示，当地区平均金融市场效率低于0.092时，海归对技术创新的弹性系数为0.231，而跨过这一门限时相应的弹性系数变为0.293，即随着金融市场效率的改进，海归技术拉动效应的阻力变小，推力变大。对省际数据进行比较，发现当前跨过海归技术进步的金融市场效率门限的主要有：北京、天津、辽宁、上海、江苏、浙江、山东、

广东以及福建。

五、结论

本节使用中国1997—2008年的数据实证检验了国际技术扩散影响因素对我国创新产出与技术进步的影响，并测算了各个影响因素对各渠道扩散作用从而影响创新产出和技术进步的门限水平。本节的实证分析得出以下结论：

第一，一国或地区的吸收能力会影响国际技术扩散的效果从而影响扩散对创新与技术进步的促进作用。在本节的实证分析中，中国不同地区的经济发展水平、人力资本水平与金融市场发展水平的差异导致了各扩散渠道对各地区创新与技术进步促进效果的不同：跨过各影响因素门限值的地区国际技术扩散对技术创新与技术进步的促进作用较大，而在没有跨过各因素门限的地区，作用较小。

第二，相比中西部地区，东部地区的吸收能力明显促进了本地区的技术创新与技术进步。回归结果显示，东部地区多数省区市及少量中部区省市跨过了各技术扩散影响因素的第一门限，而西部地区鲜有跨过门限值的省份，只有四川省跨过了部分门限。相比之下，京津沪三地几乎跨过了所有的门限值，甚至双重门限值。

第三，相比其他影响因素，人力资本水平因素的门限值要求较高。从回归结果中可以看出，在对国际技术扩散影响因素对技术进步作用的回归中，只有FDI和进口贸易渠道的人力资本在多数东部省份跨过了门限值；国际专利申请与海归渠道的技术扩散影响因素中，人力资本只在京津沪三地通过了门限值；而对技术创新影响的回归中，四大渠道影响因素中也只有人力资本仅仅在京津沪三地跨过了促进创新的门限。在众多影响因素中，人力资本是一国或地区的吸收能力中最为重要的因素，但人力资本不可能在短期内完成积累，因此相比其他影响因素，我国的人力资本水平的提高尤为重要与迫切。

第四，在国际技术扩散的四大渠道中，国际专利申请与海归渠道对各影响因素的要求较FDI与进口贸易渠道高。从以上回归结果中可以看出，国际专利申请的技术溢出对技术创新与技术进步的促进作用实现时各影响因素的门限值最高，其次为海归溢出，而FDI和进口贸易的的门限值最低。

第五，创新产出对各渠道影响因素的要求高于对技术进步的要求。从分析结果中可以看出，各个影响因素对创新促进作用的门限值均高于对技术进步促进作用的门限值，这个结果与经济事实相符。从本章第一节与第二节的实证结果中也可以看出，各技术扩散渠道对中国技术进步的促进作用大于对创新的促进作用，说明相比技术进步，技术创新无论是对扩散的技术还是对一国的吸收能力，都有较高的要求。

第四节　知识产权保护水平对国际技术扩散影响的门限分析

本章第三节中分析了一个地区的经济发展水平、人力资本水平与金融市场因素对国际技术扩散外溢效果的影响。除这几个影响因素之外，一国的制度因素也会影响国际技术扩散的效果。在国际技术扩散影响因素的分析中，知识产权保护因素是影响一国国际技术扩散重要的制度因素之一。而由于一国的知识产权保护是国家层面上的一种法律环境，虽然在地区之间有所差异，但在实际数据上，这种差异却很难体现。鉴于此，本节使用国家层面的知识产权保护时间序列数据作为中国知识产权保护的大环境来初步检验一国知识产权保护对各个渠道国际技术扩散效果的影响。

一、模型的设定

一国的技术进步除自身研发投入外，还受到四大渠道国际研发溢出的影响，借鉴Coe和Helpman（1995）的研发溢出模型，设定本部分的基准模型为：

$$\ln TFP = C + \beta_0 \ln S_t^d + \beta_1 \ln S_t^{fdi} + \beta_2 \ln S_t^{im} + \beta_3 \ln S_t^{pat} + \beta_4 \ln S_t^{hum} + \varepsilon_t \tag{5.30}$$

$$\ln Inno = C + \beta_0 \ln S_t^d + \beta_1 \ln S_t^{fdi} + \beta_2 \ln S_t^{im} + \beta_3 \ln S_t^{pat} + \beta_4 \ln S_t^{hum} + \varepsilon_t \tag{5.31}$$

其中，*TFP* 为技术进步代理变量，*Inno* 为创新代理变量，S_t^d、S_t^{fdi}、S_t^{im}、S_t^{pat} 和 S_t^{hum} 分别为中国国内研发存量以及由 FDI、进口贸易、国外专利申请、国际人力资本流动各国际技术扩散渠道溢出的国外研发存量，β_i 为回归系数，ε_t 为扰动项。由于此处使用的为时间序列数据，无法继续使用第三节中的内生门限模型，这里借鉴 Borensztein 等（1998）的研究思路，设计我国知识产权保护水平与国际技术扩散各渠道的交互项来检验其对我国技术进步的影响以及影响的“门限”水平。具体而言，当考虑各渠道溢出的国际研发对中国技术进步的综合影响 β_i 时，既包括了各渠道本身对中国技术进步的影响，也包括了各扩散渠道与知识产权保护 p 对技术进步的交叉效应。将四大渠道的技术溢出与国内研发对中国技术进步影响的系数 β_i 看成是知识产权保护水平 p 的函数，则 $\beta_i = \lambda_i p + \eta_i$，其中 λ_i 表示知识产权保护水平 p 与国际技术扩散各渠道对技术进步的交叉效应，η_i 表示各渠道的国际技术扩散对技术进步的直接效应。另外，各个渠道的影响同样可能有滞后效应，分别考虑知识产权保护对国内研发与各渠道国际技术扩散的影响，则基准模型变为：

$$\ln TFP = C + (\lambda_0 P + \eta_0) \ln S_{t-k}^d + \beta_1 \ln S_{t-k}^{fdi} + \beta_2 \ln S_{t-k}^{im} + \beta_3 \ln S_{t-k}^{pat} + \beta_4 \ln S_{t-k}^{hum} + \varepsilon_t \tag{5.32}$$

$$\ln Inno = C + (\lambda_0 P + \eta_0) \ln S_{t-k}^d + \beta_1 \ln S_{t-k}^{fdi} + \beta_2 \ln S_{t-k}^{im} + \beta_3 \ln S_{t-k}^{pat} + \beta_4 \ln S_{t-k}^{hum} + \varepsilon_t \tag{5.33}$$

$$\ln TFP = C + \beta_0 \ln S_{t-k}^d + (\lambda_1 P + \eta_1) \ln S_{t-k}^{fdi} + \beta_2 \ln S_{t-k}^{im} + \beta_3 \ln S_{t-k}^{pat} + \beta_4 \ln S_{t-k}^{hum} + \varepsilon_t \tag{5.34}$$

$$\ln Inno = C + \beta_0 \ln S_{t-k}^d + (\lambda_1 P + \eta_1) \ln S_{t-k}^{fdi} + \beta_2 \ln S_{t-k}^{im} + \beta_3 \ln S_{t-k}^{pat} + \beta_4 \ln S_{t-k}^{hum} + \varepsilon_t \tag{5.35}$$

$$\ln TFP = C + \beta_0 \ln S_{t-k}^{d} + \beta_1 \ln S_{t-k}^{fdi} + (\lambda_2 P + \eta_2)\ln S_{t-k}^{im} + \beta_3 \ln S_{t-k}^{pat} + \beta_4 \ln S_{t-k}^{hum} + \varepsilon_t \tag{5.36}$$

$$\ln Inno = C + \beta_0 \ln S_{t-k}^{d} + \beta_1 \ln S_{t-k}^{fdi} + (\lambda_2 P + \eta_2)\ln S_{t-k}^{im} + \beta_3 \ln S_{t-k}^{pat} + \beta_4 \ln S_{t-k}^{hum} + \varepsilon_t \tag{5.37}$$

$$\ln TFP = C + \beta_0 \ln S_{t-k}^{d} + \beta_1 \ln S_{t-k}^{fdi} + \beta_2 \ln S_{t-k}^{im} + (\lambda_3 P + \eta_3)\ln S_{t-k}^{pat} + \beta_4 \ln S_{t-k}^{hum} + \varepsilon_t \tag{5.38}$$

$$\ln Inno = C + \beta_0 \ln S_{t-k}^{d} + \beta_1 \ln S_{t-k}^{fdi} + \beta_2 \ln S_{t-k}^{im} + (\lambda_3 P + \eta_3)\ln S_{t-k}^{pat} + \beta_4 \ln S_{t-k}^{hum} + \varepsilon_t \tag{5.39}$$

$$\ln TFP = C + \beta_0 \ln S_{t-k}^{d} + \beta_1 \ln S_{t-k}^{fdi} + \beta_2 \ln S_{t-k}^{im} + \beta_3 \ln S_{t-k}^{pat} + (\lambda_4 P + \eta_4)\ln S_{t-k}^{hum} + \varepsilon_t \tag{5.40}$$

$$\ln Inno = C + \beta_0 \ln S_{t-k}^{d} + \beta_1 \ln S_{t-k}^{fdi} + \beta_2 \ln S_{t-k}^{im} + \beta_3 \ln S_{t-k}^{pat} + (\lambda_4 P + \eta_4)\ln S_{t-k}^{hum} + \varepsilon_t \tag{5.41}$$

设门限水平为 x_j。在以上模型中，当且仅当 $\lambda_i > 0$ 时，知识产权保护水平 p 与各渠道的技术溢出成正相关关系，且 $x_j \geqslant -\eta_i/\lambda_i$ 时，吸收能力因素就跨过了其发展门限，对国外溢出的研发呈现积极的作用；反之，当且仅当 $\lambda_i < 0$ 时，知识产权保护水平 p 与各渠道的技术溢出成负相关关系，且 $x_j \leqslant -\eta_i/\lambda_i$ 时，知识产权保护水平仍没有跨过其发展门限，不能促进国际研发溢出从而促进本国技术进步。

二、指标测算及数据来源

本节四大渠道的国际研发溢出数据与本章第一节中四大渠道国际研发溢出相同。新变量知识产权保护水平 p 的测算方法如下。

国际上实证研究中通常使用的知识产权保护指数为 GP 指数（Ginarte 和 Park，1997）。GP 指数在国际上被认定为知识产权保护强度测度的最具代表性的方法，后来的各学者在进行知识产权保护与相关经济变量关系的跨国研究时，多使用 GP 指数来度量知识产权保护强度。这一方法的不足在于它没有考虑法律条款的实施效果。对于司法制度比较健全的西方国家，这一指标度量的保护水平与实际的保护水平不会出现显著的差异，但是，对于诸如中国这样的司法体系正在完善的转型期国家，由于立法与司法尚不完全同步，其度量的保护水平与实际的保护水平可能并不一致。

针对这一情况，也有中国学者根据中国的实际情况对 GP 指数进行了修正。修正的方法均是在 GP 指数的方法上加入执法力度与社会公众知识产权保护意识的因素。其中，最具有代表性的是中国学者韩玉雄与李怀祖（2005）的测算。两位学者根据 Ginarte-Park 方法计算了 1984—2002 年间中国的知识产权保护水平，发现 Ginarte-Park 方法不能适应司法体系正在完善的转型期国家（如中国）知识产权保护力度的度量。针对 Ginarte-Park 方法的不足，他们在 Ginarte-Park 方法的基础上，结合我国实际情况，将“执法力度”引入知识产权保护的度量因素中，提出了适用于转型期国家的修正的知识产权保护水平的度量方法，计算方法如下：

$$P^A(t) = F(t)P^G(t)$$

其中，$P^G(t)$ 为 t 年按 Ginarte-Park 方法计算的一国知识产权保护力度，$F(t)$ 为同一年份的执法力度和司法状况。$P^A(t)$ 即为修正后的知识产权保护力度。该方法将影响执法力度的因素归纳为四个方面：社会法制化程度、法律体系的完备程度、经济发展水平与国际社会的监督与制衡机制。并选用律师占总人口的比例、立法时间、人均 GDP 和是否为 WTO 成员国四个指标来度量某年份的执法力度。每个指标的满分各为 1 分，最后将这四个指标之和除以 4，就得到某年的 $F(t)$ 值。

本部分按照该方法计算 1985—2007 年中国的知识产权保护力度，但对于执法力度的计算作了些许修改：第一，由于中国律师占总人口的比例至今仍在万分之一左右，远低于国际公认的律师占总人口比例达到万分之五时才具备较高法制化程度的标准，且我国长期缺少遇到侵权就向律师咨询、求助的传统，因此本部分令这一指标值 2001 年前为 0.15，2001—2007 年为 0.25（因为在 2001 年加入 WTO 后，国外法律服务机构在中国的经济活动中发挥了一定作用）。第二，本部分加入了专利法立法时间指标，以区分一般的立法时间，并将满分值设定为30年。第三，本部分将体现经济发展水平的人均GDP指标满分值定为10000元（2001年价格水平）。

表5.19　中国1985—2007年知识产权保护程度水平

年份	p值	年份	p值
1985	0.188	1997	1.665
1986	0.277	1998	1.728
1987	0.314	1999	1.788
1988	0.358	2000	2.062
1989	0.400	2001	2.219
1990	0.439	2002	2.679
1991	0.480	2003	2.734
1992	0.523	2004	2.822
1993	1.092	2005	2.889
1994	1.362	2006	2.936
1995	1.490	2007	2.972
1996	1.589		

此外，对于2003—2007年的GP指数，本部分将沿用2002年的数值，理由如下：根据韩玉雄、李怀祖的研究成果并参考Ginarte和Park（1997）给出的西方发达国家的GP指数，2002年中国的GP指数已基本达到西方发达国家的水平，而一旦达到这一水平，GP指数是相当稳定的，几年内不会有大的变化。事实上，中国在2001年前后的知识产权保护法律已比较完备，这表明中国的GP指数在近年来没有大的变化。指数计算结果见表5.19。

根据Ginarte-Park方法所计算的GP指数，中国的保护力度在1994年已经达到“3”，达到甚至超过了发达国家的水平，但是经过执法力度修正后的指数说明，由于我国执法环境、立法时间、经济发展水平等因素造成执法力度的不足，我国的知识产权保护水平并不能与其他发达国家相比。但从表5.19中的数据也可以直观地看出，我国的知识产权水平也在逐年提高。2007 年，修正后的 GP 指数已接近 3，基本达到了西方发达国家 20 世纪七八十年代的水平。

三、模型回归结果分析

对模型（5.32）至模型（5.41）进行回归，所得结果见表 5.20 至表 5.24，表 5.25 对结果进行了总结，并计算了知识产权保护水平通过各渠道对技术进步与创新影响的门限值。

表 5.20 为知识产权保护水平对国内研发存量影响从而影响国内技术进步与创新的回归结果。回归结果显示，加入知识产权与国内研发存量交互项之后，国内研发存量当期对技术进步有轻微的抑制作用，但滞后一期对技术进步有不明显的促进作用，而知识产权保护与国内研发存量的交互项在当期与滞后一期都促进了技术进步。从门限值来看，知识产权保护系数在超过 0.5 时，就可以通过影响国内研发存量进而促进技术进步，处于比较低的水平。相比技术进步，知识产权保护对创新的影

表 5.20 模型（5.32）至模型（5.33）的回归结果

变量	模型（5.32）		模型（5.33）	
	无滞后	滞后一期	无滞后	滞后一期
C	-0.93（-1.78）	-1.96（-3.17***）	-4.76（-2.07*）	-5.72（-1.94*）
$\ln S^{d}_{t-k}$	-0.02（-0.15）	0.25（1.79）	2.83（5.36***）	2.90（4.24***）
$\ln S^{fdi}_{t-k}$	0.08（4.18***）	0.10（4.62***）	0.25（2.19**）	0.12（1.23）
$\ln S^{im}_{t-k}$	0.02（0.53）	-0.04（-1.33）	-0.16（-0.88）	0.07（0.75）
$\ln S^{pat}_{t-k}$	-0.15（-2.93**）	-0.11（-1.90*）	-0.58（-1.86*）	-0.02（-0.04）
$\ln S^{hum}_{t-k}$	0.02（1.05）	0.01（-1.90*）	0.10（1.42）	-0.16（-2.05）
pS^{d}_{t-k}	0.04（4.88***）	0.01（1.12）	-0.07（-1.58）	-0.13（-3.48***）
$ar(1)$	0.74（2.99**）	0.90（4.83***）	0.37（3.45***）	-0.03（-0.13）
$ar(2)$	-0.74（-3.29***）	-0.76（-4.15***）		-0.43（-1.46）
$\bar{R}^2$	0.97	0.98	0.99	0.98
DW	1.97	1.97	1.8	1.86

注：系数下括号内的数值是该系数 t 值，***、**、* 分别表示在 1%、5%、10% 的显著性水平上变量显著。

响不大，其与国内研发存量交互项的系数对创新呈不显著的负向作用。从门限值来看，知识产权保护影响国内研发存量促进创新产出的门限值相当高，这从一定程度上反映了要提高自主创新能力，知识产权保护制度的完善是十分重要的一环。

表 5.21 是知识产权保护水平通过对 FDI 渠道的国际技术扩散从而对我国技术进步与创新的影响的回归结果。从表中可以看出，知识产权保护与 FDI 渠道技术溢出的交互项系数为正，促进了技术进步，且不存在门限值，即 FDI 渠道的国际技术溢出对我国知识产权保护水平并不敏感。知识产权保护系数与 FDI 渠道技术溢出的交互项对创新的影响系数为负并且这种负向作用极为显著，但由于 FDI 渠道技术溢出对创新的直接作用为正，因此知识产权保护对创新作用的门限为正值。从表 5.25 可以看出，FDI 渠道技术溢出对我国创新促进作用的知识产权保护门限为 1，也处于比较低的水平，说明 FDI 渠道的技术溢出对我国创新的影响也没有受到知识产权保护水平的限制。

表 5.21　模型（5.34）至模型（5.35）的回归结果

变量	模型（5.34）		模型（5.35）	
	无滞后	滞后一期	无滞后	滞后一期
C		-2.36（-5.44***）	-4.54（-2.63*）	-2.42（-2.75***）
$\ln S_{t-k}^{d}$	-0.22（-11.7***）	0.34（3.54***）	2.75（6.85***）	2.33（11.04***）
$\ln S_{t-k}^{fdi}$	0.03（2.00*）	0.11（5.02***）	0.27（3.18***）	0.04（1.29）
$\ln S_{t-k}^{im}$	0.08（2.13*）	-0.03（-1.01）	-0.14（-0.89）	-0.44（-3.66***）
$\ln S_{t-k}^{pat}$	-0.01（-0.24）	-0.13（-2.43**）	-0.48（-1.82*）	0.61（3.89***）
$\ln S_{t-k}^{hum}$	-0.03（-1.61）	0.01（0.74）	0.13（2.22**）	-0.14（-2.80***）
pS_{t-k}^{fdi}	0.12（7.22***）	0.01（0.50）	-0.27（-3.17***）	-0.25（-9.36***）
$ar(1)$	0.58（3.02***）	0.84（4.60***）	0.29（2.41**）	-0.95（-3.16***）
$ar(2)$	-0.75（-4.04***）	-0.78（-4.64***）		-0.48（-1.60）
$\overline{R}^2$	0.97	0.98	0.99	0.99
DW	1.97	1.84	1.9	2.12

注：系数下括号内的数值是该系数 t 值，***、**、* 分别表示在 1%、5%、10% 的显著性水平上变量显著。

表5.22为知识产权保护水平对进口研发溢出从而对我国技术进步与创新影响的回归结果。从表中数据可以看出，知识产权保护系数与进口溢出当期交互项对技术进步有显著的促进作用，滞后一期作用不显著，但对创新却有负向作用。从门限值来看，对技术进步影响的知识产权保护水平要求不高，而由于进口研发溢出对创新的综合影响为负，无从计算门限数值，我国知识产权保护水平对进口研发溢出从而对创新的影响作用不显著。

表5.22　模型（5.36）至模型（5.37）的回归结果

变量	模型（5.36）		模型（5.37）	
	无滞后	滞后一期	无滞后	滞后一期
C		-2.23（-3.73***）	-4.51（-1.84*）	-6.83（-3.94***）
$\ln S_{t-k}^{d}$	-0.17（-10.81***）	0.32（2.53**）	2.69（5.09***）	2.98（8.12***）
$\ln S_{t-k}^{fdi}$	0.11（6.27***）	0.11（5.09***）	0.15（1.22）	-0.08（-1.97*）
$\ln S_{t-k}^{im}$	-0.05（-1.31）	-0.04（-1.11）	-0.02（-0.08）	0.32（1.49）
$\ln S_{t-k}^{pat}$	-0.07（-1.65）	-0.12（-2.06*）	-0.55（-1.71）	-0.13（-2.49**）
$\ln S_{t-k}^{hum}$	0.01（0.30）	0.01（0.82）	0.09（1.41）	0.01（0.07）
pS_{t-k}^{im}	0.06（8.48***）	0.01（0.46）	-0.08（-1.25）	-0.20（-6.17***）
$ar(1)$	0.54（2.95**）	0.84（4.48***）	0.40（3.37***）	-0.49（-1.75）
$ar(2)$	-0.75（-4.36***）	-0.78（-4.59***）		-0.54（-1.77）
$\overline{R}^2$	0.98	0.98	0.99	0.98
DW	1.94	1.85	1.78	2.10

注：系数下括号内的数值是该系数t值，***、**、*分别表示在1%、5%、10%的显著性水平上变量显著。

表5.23为知识产权保护水平对国外专利申请研发溢出从而对我国技术进步与创新影响的回归结果。从表中数据可以看出，知识产权保护系数与国外专利申请研发溢出当期交互项对技术进步有显著的促进作用，但对创新却有不显著的负向作用；滞后一期的数值对技术进步的作用不显著，但对创新的抑制作用很显著。从门限值来看，相对其他溢出渠道，国际专利申请对知识产权保护水平的要求较高，对技术进步影响

的门限值为1.9，而对创新影响的门限值为3.4，我国的知识产权保护水平还未达到这一数值。

表5.23　模型（5.38）至模型（5.39）的回归结果

变量	模型（5.38）		模型（5.39）	
	无滞后	滞后一期	无滞后	滞后一期
C		-2.42（-4.03***）	-2.54（-0.67*）	-3.68（-1.75）
$\ln S^{d}_{t-k}$	-0.18（-10.89***）	0.35（2.73**）	2.40（3.13***）	2.38（5.01***）
$\ln S^{fdi}_{t-k}$	0.17（5.87***）	0.11（3.60***）	0.09（0.44）	-0.40（-3.36***）
$\ln S^{im}_{t-k}$	0.04（1.09）	-0.03（-1.01）	-0.22（-1.32）	0.0.8（-0.41）
$\ln S^{pat}_{t-k}$	-0.17（-2.83**）	-0.12（-2.17*）	-0.63（-1.66）	0.99（3.09***）
$\ln S^{hum}_{t-k}$	0.01（0.02）	0.01（0.95）	0.17（2.91**）	-1.77（-2.60**）
pS^{pat}_{t-k}	0.09（6.99***）	-0.01（-0.02）	-0.01（-0.08）	-0.29（-3.96***）
$ar(1)$	0.62（3.14***）	0.88（4.63***）	0.72（4.80***）	-0.24（-0.77）
$ar(2)$	-0.69（-3.85***）	-0.78（-4.48***）	-0.01（-0.01）	0.03（0.23）
$\overline{R}^2$	0.98	0.98	0.98	0.98
DW	1.87	1.88	1.74	2.20

注：系数下括号内的数值是该系数的 t 值，***、**、*分别表示在1%、5%、10%显著性水平上变量显著。

表5.24为知识产权保护水平对海归研发溢出从而对我国技术进步与创新影响的回归结果。从表中数据可以看出，知识产权保护系数与海归研发溢出当期交互项对技术进步有抑制作用，滞后一期的促进作用不显著，对创新当期与滞后一期的作用也不显著。从门限值来看，知识产权保护水平通过海归研发溢出对技术进步作用为2，相对来说较高，而对创新作用的门限值在当期来看无门限值，从滞后一期来看由于对创新的综合作用为负，无法计算门限值。这说明了海归渠道对知识产权保护水平的要求较高，而相对技术进步，知识产权保护对创新的作用不显著。作为一种制度因素，知识产权保护对海归研发溢出从而对技术进步与创新的影响也反映出一国的制度环境对高质量人才流入从而对本国技术进步、技术创新的影响。

表 5.24 模型（5.40）至模型（5.41）的回归结果

变量	模型（5.40）		模型（5.41）	
	无滞后	滞后一期	无滞后	滞后一期
C	-3.10（-7.46***）	-2.35（-5.73***）		
$\ln S_{t-k}^{d}$	0.50（5.44***）	0.34（3.70***）	1.84（17.48***）	1.67（18.72***）
$\ln S_{t-k}^{fdi}$	-0.01（-0.10）	0.12（3.92***）	0.08（0.39）	-0.23（-1.94**）
$\ln S_{t-k}^{im}$	-0.05（-1.87*）	-0.03（-0.95）	-0.14（-0.97）	-0.24（-1.11）
$\ln S_{t-k}^{pat}$	-0.12（-2.47**）	-0.12（-2.36**）	-0.44（-2.57）	0..70（3.04***）
$\ln S_{t-k}^{hum}$	0.10（3.54***）	0.01（0.01）	0.09（0.77）	-0.12（-0.99）
pS_{t-k}^{hum}	-0.05（-3.79***）	0.01（0.52）	0.04（0.68）	-0.09（-1.90*）
$ar(1)$	1.31（6.60***）	0.88（5.06***）	0.74（2.93**）	
$ar(2)$	-0.87（-4.29***）	-0.80（-4.58***）	0.01（0.08）	
$\overline{R}^2$	0.99	0.98	0.99	0.98
DW	1.50	1.70	1.87	1.44

注：系数下括号内的数值是该系数的 t 值，***、**、* 分别表示在 1%、5%、10% 显著性水平上变量显著。

表 5.25 知识产权保护水平与对各渠道技术扩散影响及其门限值

相关性 / 门限值	*TFP*	*TFP*(-1)	*Inno*	*Inno*(-1)
国内研发存量	正相关	正相关	负相关	负相关
	0. 5*	N	40*	21*
FDI 渠道的技术溢出	正相关	正相关	负相关	负相关
	N	N	1*	0. 16*
进口渠道的技术溢出	正相关	正相关	负相关	负相关
	0. 83	4	N	N
国际专利申请渠道的技术溢出	正相关	负相关	负相关	负相关
	1. 9*	N	N	3. 4*
国际人力资本流动渠道的技术溢出	负相关	正相关	正相关	正相关
	2*	N	N	N

注：* 表示计算门限值的系数均通过了显著性检验。

四、结论

从以上实证结果的分析中，可以得出以下几个结论：

第一，对于各个渠道的技术扩散来说，知识产权保护对技术进步的影响较大，对创新的影响较小，且对技术进步促进作用的门限值较低，对创新促进作用的门限值较高。由于创新对于知识产权保护水平的要求较高，我国现在的知识产权保护力度与保护意识还没有达到通过自主研发及各渠道的研发溢出来促进创新的水平，因此知识产权保护对创新的作用不大。相对于创新，技术进步对知识产权保护的要求较低，因此各渠道的技术扩散对技术进步的促进作用没有受到知识产权保护水平的限制。从这一点来看，若强调各渠道的技术进步作用，知识产权保护强度无须过高，但若要以知识产权保护来促进国内研发与国际研发溢出对创新的作用，则知识产权保护水平的提高是必然的。

第二，从各个溢出渠道的比较来看，国际专利申请与海归研发溢出对知识产权保护水平的要求要高于 FDI 和进口渠道。知识产权保护水平是国际专利申请最为重要的影响因素，而对于自主性最强的海归研发溢出，一国的制度因素是影响海归选择的重要因素，因此对技术进步与创新产生影响。

第五节　国际文献知识扩散的技术创新效应及门限特征检验

本章前四节就国际贸易、FDI、专利申请及专利引用和国际人力资本流动四大渠道对东道国的技术扩散效应进行分析，进入 21 世纪以来，随着世界各国互联网及网络数据库的发展，文献作为一国知识和技术的系统记录，在国际知识扩散中的作用日益凸显。文献计量学的引文分析方法进一步指出，文献引文是知识流动的轨迹和书面凭证，就跨国知识扩散而言，总体上，发展中国家引用发达国家文献次数越多，说明其利用外部知识越多。鉴于数据可得性，本书基于 CSCD 数据库的统计数据，分析国际文献知识扩散在中国区域技术创新能力提升中的作用。

由于文献知识的基础性和公共产品特征，东道国吸收能力在接受、消化及进一步应用国际文献知识扩散过程中发挥了至关重要的作用，本节进一步将中国区域的技术基础设施、人力资本及研发投入等吸收能力因素纳入模型框架，并运用 Hasen（1999）的内生门限模型，检验东道国吸收能力因素在国际文献知识扩散中的作用。

一、模型设定

本节借鉴 CH（1995）的实证模型，验证国际文献知识扩散对东道国技术创新的影响。技术创新实质上是利用国内外各种研发资源创造新技术的过程。开放经济条件下，就研发资金短缺的发展中国家而言，创新能力提升不仅取决于国内的研发投入，发达国家的知识扩散也是重要的作用变量。下文基于技术创新的柯布—道格拉斯生产函数，将中国区域技术创新投入产出函数的对数形式设定为：

$$\ln Inno_{it} = \alpha_0 + \alpha \ln S_{it}^{d} + \beta \ln S_{it}^{f} + \varepsilon_{it} \tag{5.42}$$

其中，i 表示地区，t 表示时间；$Inno_{it}$ 表示 i 地区 t 期的技术创新产出，随着中国专利制度的不断健全和完善，越来越多的科研人员以申请专利的形式对其研究成果进行保护，本部分选取各省区市的专利申请数作为技术创新产出的衡量指标；S_{it}^{d} 为内部研发投入，包括研发资本投入（S_{it}^{dk}）和研发人员投入（S_{it}^{dl}），即 $S_{it}^{d} = S_{it}^{dk} S_{it}^{dl}$；$S_{it}^{f}$ 为一国外部的研发知识溢出，本部分主要考察科技引文（S_{it}^{cit}）的国际知识扩散效应，为了分析的全面性，同时将其他渠道知识扩散效应（$S_{it}^{control}$）以控制变量的形式纳入模型，$S_{it}^{f} = S_{it}^{cit} S_{it}^{control}$。模型（5.42）可表示为：

$$\ln Inno_{it} = \alpha_0 + \alpha_1 \ln S_{it}^{dk} + \alpha_2 \ln S_{it}^{dl} + \beta_1 \ln S_{it}^{cit} + \beta_2 \ln S_{it}^{control} + \varepsilon_{it} \tag{5.43}$$

开放经济条件下，发达国家的知识扩散是促进一国技术创新能力提升的重要外部因素。其中，进口贸易（$\ln S_{it}^{im}$）、FDI（$\ln S_{it}^{fdi}$）、专利申请（$\ln S_{it}^{pat}$）及人力资本流动（$\ln S_{it}^{hum}$）等渠道已经得到国内外学者的广泛认可，并形成了系统的研究框架。为了分析的全面性，下文将其纳入模型进行相关实证检验：

$$\ln Inno_{it} = \alpha_0 + \alpha_1 \ln S_{it}^{dk} + \alpha_2 \ln S_{it}^{dl} + \beta_1 lnS_{it}^{cit} + \beta_2 \ln S_{it}^{im} + \beta_3 \ln S_{it}^{fdi} + \beta_4 \ln S_{it}^{pat} + \beta_5 \ln S_{it}^{hum} + \varepsilon_{it} \quad (5.44)$$

由理论分析可以看出，科技引文知识扩散对东道国最直接的作用是知识存量累积效应，Adams（1990）的研究表明，文献出版物的知识扩散存在0—10年不同的滞后效应，本部分加入引文知识扩散的滞后变量以捕捉此效应。此外，国内外众多学者对不同研发投入的时间延迟效应进行了多方面的研究。根据现有的研究成果，有些学者认为科技投入与产出之间存在着2年的时间延迟（Guan和Liu，2005），而有些学者认为存在3—5年的时间延迟（Scherer，1983；Acs和Audretsch，1991）。基于此，本部分在模型中加入被解释变量的滞后项以考察技术创新的动态性：

$$\ln Inno_{it} = \alpha_0 + \alpha_1 \ln S_{it}^{dk} + \alpha_2 \ln S_{it}^{dl} + \beta_1 lnS_{it}^{cit} + \beta_2 \ln S_{it}^{im} + \beta_3 \ln S_{it}^{fdi} + \beta_4 \ln S_{it}^{pat} + \beta_5 \ln S_{it}^{hum} + \beta_6 \ln S_{it-j}^{cit} + \beta_7 \ln Inno_{it-j} + \varepsilon_{it} \quad (5.45)$$

国际知识扩散对东道国技术创新的影响，归根结底取决于东道国本身的吸收能力，东道国的技术基础设施、人力资本水平及研发投入是影响国际文献知识扩散的重要吸收能力变量。以往相关研究一般采用分组检验或交互项的方法，但分组检验简单地依照某指标对样本进行平均分组，难以准确反映各种因素对于被解释变量的影响。交互项连乘检验方法则局限于所测定的指标影响是单调递增或递减的。近年来，非线性计量经济模型的“门限回归”方法根据数据本身的特点内生地划分区间，为此问题提供了新的思路。

为考察不同吸收能力因素通过引文知识扩散对中国区域技术创新的影响，本部分基于门限回归模型的设定思路，设定引文知识扩散的单一和双重门限模型分别为：

$$\ln Inno_{it} = \alpha_0 + \alpha_1 \ln S_{it}^{dk} + \alpha_2 \ln S_{it}^{dl} + \omega_1 lnS_{it}^{cit} I(x_{it} \leqslant \tau) + \omega_2 \ln S_{it}^{cit} I(x_{it} > \tau) + \beta_2 \ln S_{it}^{control} + \varepsilon_{it} \quad (5.46)$$

$$\ln Inno_{it} = \alpha_0 + \alpha_1 \ln S_{it}^{dk} + \alpha_2 \ln S_{it}^{dl} + \omega_1 \ln S_{it}^{cit} I(x_{it} \leqslant \tau_1) + \omega_2 \ln S_{it}^{cit} I(\tau_1 < x_{it} \leqslant \tau_2) + \omega_3 \ln S_{it}^{cit} I(x_{it} > \tau_2) + \beta_2 \ln S_{it}^{control} + \varepsilon_{it} \quad (5.47)$$

其中，i 表示地区，t 表示时间；$\ln S_{it}^{cit}$ 为受门限变量影响的解释变量；x_{it} 为门限变量，鉴于门限变量外生性的假定，τ 为特定的门限值，ω_1 或 ω_1'、ω_2 或 ω_2' 和 ω_3 分别为门限变量在 $x_{it} \leqslant \tau$、$\tau_1 < x_{it} \leqslant \tau_2$ 与 $x_{it} > \tau_2$ 时解释变量对被解释变量的影响系数，$\varepsilon_{it} \sim iid(0,\sigma^2)$。

同理，多重门限模型可在单一和双重门限模型的基础上进行扩展，本部分不再赘述。

二、指标构建及数据来源

（一）指标构建

国际文献引用知识扩散 S_{it}^{cit} 的度量。本节基于2002—2008年《中国科学计量指标：论文与引文统计》① 收录的九大类学科②科技期刊，借助期刊影响因子选取排名前50的核心期刊，分别统计中国各省区市引用25个发达OECD③ 国家科技引文数量。据此计算历年科技文献在中国的知识扩散：$S_{it}^{f-cit} = \sum_{j=1}^{25} \frac{CA_{i,jt}}{GDP_{jt}} S_{f_{jt}} = \sum_{j=1}^{25} \frac{C_{i,jt}}{TC_{jt}} \frac{RD_{jt}}{GDP_{jt}} S_{f_{jt}}$。其中，$RD_{jt}$ 为 j 国第 t 年的国内研发支出，$C_{i,jt}$ 表示中国 i 地区第 t 年引用 j 国论文的总次

① 知识产权出版社，2010年。

② 数学、物理学、化学、地球科学、生物学、农林科学、医药卫生、工程技术、环境科学九大学科。

③ 25个国家指美国、法国、英国、日本、德国、加拿大、意大利、瑞典、芬兰、丹麦、挪威、荷兰、比利时、瑞士、奥地利、土耳其、澳大利亚、新西兰、希腊、冰岛、爱尔兰、卢森堡、葡萄牙、西班牙、韩国。

数，TC_{jt} 表示第 t 年 j 国论文被引用的总次数[①]，$CA_{i,jt}$ 表示中国 i 地区第 t 年借助引用从 j 国获取的总知识溢出量，为 j 国篇被引文献的知识溢出量 $\frac{RD_{jt}}{TC_{jt}}$ 与 $C_{i,jt}$ 的乘积。

本节中进口贸易（S_{it}^{im}）、FDI（S_{it}^{fdi}）、专利申请与专利引用（S_{it}^{pat}）及国际人力资本流动（S_{it}^{hum}）技术扩散指标同上文。

（二）数据来源

中国各省区市专利申请受理数、研发经费内部支出和研发人员全时当量均来自历年《中国科技统计年鉴》；中国各省区市历年的进口总值、FDI及固定资产投资价格指数、主要发达国家对华贸易、FDI及主要发达国家留学回国人员数据来自历年《中国统计年鉴》；研发溢出国的GDP、CPI、PPP、研发支出占GDP的比重均来源于OECD官方网站上的OECD Factbook；研发溢出国在美国（USPTO）、欧洲（EPO）、日本（JPO）和中国（SIPO）四大专利局的发明专利申请数量来源于世界知识产权局（WIPO）及世界银行专利数据库。

吸收能力因素指标：中国区域图书馆数量、互联网的用户数来自中国历年的《区域统计年鉴》；人力资本水平、研发资本投入选取中国各省区市研发人员数及每千人研发人员数作为人力资本的衡量指标，各省区市的科技人员数量来自历年的《中国科技统计年鉴》，各省区市人口数来自历年的《中国统计年鉴》；科技经费及人均科技经费作为研发资本的衡量指标，相关数据出自历年的《中国科技统计年鉴》。

三、实证结果分析

根据前文理论分析和数据描述，本节对国际文献知识扩散的东道国

① 根据SCI期刊网络数据库，选取25个OECD国家排名前50位的科技期刊的被引总次数。

技术创新效应进行计量检验。在此，我们分别采用静态面板方法和动态面板方法对实证模型进行估计，以考察实证结论的稳健性。

（一）存在性检验

1. 静态面板方法的回归结果

国际知识扩散多渠道之间的共线性问题可能会导致回归结果不稳定（Lee，2002），本部分根据汉密尔顿（2008）方法①对模型的多重共线性问题进行相关检验。根据回归结果显示，研发人员（$\ln S^{dl}$）方差独立于其他解释变量仅为4.014%，*VIF* 为24.91，主要原因可能是研发资本投入中很大部分是支付给研发人员的报酬，两者之间多重共线性较大。为了模型分析的稳健性，本部分将研发人员剔除，各变量 *VIF* 均低于10。此外，模型中贸易与 FDI 两条物化型的知识溢出渠道之间存在较强的多重共线性，对模型进一步删选得出 FDI 知识溢出是区域技术创新的重要影响变量，因此剔除贸易知识溢出渠道。同时对模型进行面板数据的异方差及截面相关检验，检验结果表明不存在异方差②及截面相关③问题。

表5.26 首先给出了静态面板数据的估计结果，由表5.26 可得，国际文献引用知识扩散对中国技术创新的影响为正，这与我们的直观想法一致，引文知识扩散对中国的技术创新确实起到了促进作用。随着对世界前沿文献引用次数的增多，发达国家的先进知识扩散对中国区域技术创新能力的作用在逐步增强，但回归结果系数没有通过10%的显著性水平检验。这可能有以下两种原因：第一，引文知识扩散虽然对我国技术创新的作用为正，但是其本身的作用效果较小。第二，模型内生性所致。科技文献作为一国基础研究成果的主要形式，技术创新能力强的省

① 将模型（5.44）中每个解释变量对所有其他解释变量进行回归，计算每个变量的方差与其他变量独立的比例。

② 根据 Stata 11.0 检验结果，Hettest 检验 $P=0.3967$。

③ 根据 Stata 11.0 检验结果，Pesaran 检验 $P=0.9394$，Friedman 检验显示 $P=1.000$。

份基础研究投入相应多，因此论文产出也会多，从而国际引文知识扩散效应也大，即一个地区的技术创新和引文知识扩散存在相互影响。严重的内生性导致 OLS 结果是有偏和非一致性的，当然，是否存在内生性还需更严格的计量验证。

表 5.26　静态面板估计结果

估计方法	FE		2SLS
$\ln S_{it}^{dk}$	0.347	0.387	0.346
	(2.51**)	(2.85***)	(4.33***)
$\ln S_{it}^{f-cit}$	0.028	0.036	0.160
	(0.91)	(1.20)	(2.32**)
$\ln S_{it}^{f-import}$	0.078		
	(1.67)		
$\ln S_{it}^{fdi}$	0.062	0.175	0.060
	(1.42)	(3.35***)	(2.59*)
$\ln S_{it}^{pat}$	0.214	0.205	0.782
	(7.12***)	(6.96***)	(17.94***)
$\ln S_{it}^{flow}$	0.054	0.065	0.109
	(1.27)	(1.56)	(3.46***)
常数项	2.48	1.84	-0.736
	(1.24)	(0.94)	(0.466)
Hausman P-value	0.0000	0.0000	0.0020
R^2	0.9530	0.9501	0.8939

注：***、**、* 分别表示在 1%、5%、10% 的显著性水平上变量显著。

国内研发资本投入与国外知识溢出效应相比，国内研发资本投入的产出弹性最大，回归系数在 1% 的显著性水平下为正。这说明我国自主创新能力提升主要依靠本国的研发投入。随着我国科技经费支出的不断增大，国内研发对自主创新作用越来越重要。

关于 FDI 的溢出效应，未剔除贸易扩散渠道时，FDI 知识溢出作用不显著，其很大程度上是因为模型的多重共线性所致。在剔除贸易知识溢出渠道以后，FDI 知识扩散显著促进中国创新能力的提升，这与大多数学者的实证结论一致，Caves（1974）、Blomström（1986）、Kokko（1994）、李平（2007）等人得出 FDI 借助示范效应、模仿效应、人力资本流动效应等机制促进发展中东道国技术进步及技术创新能力的提升的结论。专利申请的作用显著大于 FDI 的溢出效应，在 1% 的显著性水平下为正，其作用仅次于国内研发资本投入，这正如李平（2006）所述：国外专利申请是发展中国家和地区获得国外技术的重要渠道。发展中国家接受发达国家的专利申请注册，其公司可以借助专利文件收集到重要的专利技术信息，在不模仿专利技术的情况下，可以免费使用所收集到的技术信息。人力资本流动的系数为正，但不显著。这可能是因为国际人力资本流动的数据难以统计，本部分采取留学生数做为替代指标，其作用效果不能完全衡量国际人力资本流动对中国各区域的技术创新效应，也可能是东道国各地区吸收能力的差异所致。

为了避免内生性，并对模型的稳健性进行检验，下文进一步采用 2SLS 回归。因严格的引文外生变量选取的困难性，本部分选取国际文献知识溢出的滞后一阶及二阶作为其弱工具变量。选取工具变量需要考察两个条件：第一个条件是它与内生变量之间是相关的。将引文知识溢出对两个工具变量及其他外生解释变量进行投影，实证得出两个工具变量分别在 1% 和 5% 的统计水平上显著，回归方程的拟合优度为 0.88。这表明这些工具变量与内生变量之间是强相关的，符合工具变量的第一个条件。工具变量的第二个条件要求它与模型中残差项不相关。在多个工具变量的条件下，我们运用 Wooldbridge（2002）的过度识别检验，得到的 Sargan 检验结果接受工具变量独立于 2SLS 估计的残差的原假设，这表明本部分选取的工具变量是合适的。接下来，我们使用工具变量对引文资本流动知识溢出的内生性进行检验。因为如果不存在内生性问题，普通最小二乘（OLS）估计方法要比 2SLS 更合适。我们将引文知识溢出对所有变量（包括工具变量）进行回归，将得到的残差项放入结构方程中，回归结果显示，p 值为 0.002，在 1% 的统计水平上显著，这表明，引文知识扩散确实是内生的。

2SLS 的回归结果显示，引文知识扩散变量的系数显著性增强，通过 5% 的显著性水平检验，并且系数增大，这印证了引文的确存在内生性。技术创新越高，意味着产出越多，这样引用的文献也会越多。同时，引文的增多会带来知识的溢出，促进东道国技术创新能力的提升。2SLS 回归结果还显示，FDI 对创新的作用减弱，系数仅通过 5% 的显著性水平检验。这说明由于引文的内生性，普通最小二乘法对 FDI 的作用存在高估。同时，人力资本流动的作用被低估，考虑到内生性后，它的系数通过 1% 的显著性水平。

2. *动态面板方法回归结果*

因为国际文献引用知识扩散存在滞后性效应并且一国技术创新是一个动态过程，所以有必要在回归方程中捕捉这种滞后效应。但是，引文知识溢出的内生性导致静态面板方法估计会产生内生性问题。虽然工具变量法能够在一定程度上克服变量的内生性。GMM 方法则可以有效解决该问题。鉴于此，我们进一步报告了 GMM 方法的估计结果。

目前，动态面板数据模型主要有两种估计方法：差分 GMM 和系统 GMM。差分 GMM 估计仅对差分方程进行估计，因此可能损失一部分信息。系统 GMM 则同时对水平方程和差分方程进行估计，并以差分变量的滞后项作为水平方程的工具变量，以水平变量的滞后作为差分方程的工具变量。该方法由于利用了更多的样本信息，一般情况下比差分 GMM 估计更有效，当然，这种有效性是有前提的，即系统 GMM 中新增工具变量是有效的。为验证工具变量的有效性，我们根据 Arellano 和 Bover（1995）以及 Blundell 和 Bond（1998）的建议进行了 Sargan 检验。此外，还需要检验的是残差项是否存在一阶和二阶序列相关。系统 GMM 可分为一步法和两步法，相比一步法，两步法不容易受到异方差的干扰，但是在有限样本条件下，两步法的标准误可能产生向下偏倚。

对此，本部分借鉴 Windmeijer（2005）的方法对两步法标准差的偏差进行矫正。在前文理论分析的基础上，本节对科技引文知识扩散对中国区域技术创新的影响分别进行差分 GMM 和系统 GMM 的计量检验，以考察结论的稳健性。

表 5.27　动态面板回归结果

估计方法	DIF-GMM		SYS-GMM	
	模型（5.44）	模型（5.45）	模型（5.44）	模型（5.45）
$\ln S_{it}^{dk}$	0.421	0.183	0.521	0.114
	（3.05**）	（2.21**）	（5.57***）	（2.36**）
$\ln S_{it}^{f-cit}$	0.065	0.025	0.034	0.017
	（3.64***）	（2.85**）	（2.12**）	（9.72**）
$\ln S_{it}^{f-fdi}$	0.051	0.197	0.129	0.245
	（1.53）	（4.71***）	（4.20***）	（2.00**）
$\ln S_{it}^{f-pat}$	0.434	0.810	0.162	0.739
	（11.76***）	（13.14***）	（3.81***）	（16.07***）
$\ln S_{it}^{f-flow}$	0.179	0.030	0.041	0.113
	（6.12***）	（1.72*）	（2.12**）	（5.30***）
$\ln S_{it-1}^{f-cit}$		0.041		0.043
		（2.98**）		（3.43***）
$\ln S_{it-2}^{f-cit}$		0.197		0.204
		（6.71***）		（7.28***）
$\ln Inno(-1)$		0.147		0.134
		（4.91***）		（5.90***）
常数项	10.79	-0.745	1.568	-0.849
	（10.60***）	（-1.98）	（2.05**）	（-1.64）
Sargan 值	0.7800	0.4665	0.6921	0.4700
AR(1)	0.0000	0.0000	0.0003	0.0005
AR（1）	0.2302	0.1379	0.4589	0.1156

注：***、**、*分别表示在1%、5%、10%的显著性水平上变量显著。

萨甘统计量表明系统广义矩估计工具变量是有效的，残差序列相关性检验表明，差分后的残差只存在一阶序列相关性而无二阶序列相关性，因此从估计的结果可以断定原模型的误差无序列相关性。模型整体显著性检验的 Wald 检验 p 值表明模型整体非常显著，对比 2SLS 和 GMM 回归结果，我们发现各变量系数的符号均没改变，显著性水平也基本没变，这说明模型比较稳健。

引文知识扩散对东道国技术创新作用显著为正，其一阶和二阶滞后也对东道国技术创新效应为正，这与前面的理论分析相吻合，引文知识扩散可以促进东道国各创新主体之间相互作用，共同促进东道国技术创新能力的提升。此外，被解释变量的滞后一阶也在 1% 的显著性水平下为正，这表明技术创新存在路径依赖性，即中国区域的技术创新是一个动态的过程。

（二）门限回归结果分析

本部分运用 Hansen（1999）的内生门限方法，选取中国区域的国际互联网用户数、各地公共图书馆的数量、科技经费投入、人均科技经费投入、科研人员数及每千人科研人员投入数量，基于模型（5.47）进行门限回归得出东道国各吸收能力的门限值①，具体结果见表 5.28。

我们依次在不存在门限、一个门限和两个门限的设定下对模型（5.49）进行估计，得到的 F 统计量和采用 Bootstrap 方法得出的 P 值见表 5.28。我们发现，国际互联网用户数、研发人员数和人均研发资本投入仅存在单一门限；公共图书馆数、每千人研发人员数和研发资本投入存在双重门限，第二个门限均通过 5% 的水平检验；所有变量的三重门限均没有通过 5% 的显著性水平检验。根据各门限变量的门限估计值将研究样本划分为不同的区间，引文对技术创新的影响在不同的区间内存在差异（见表 5.29）。

① 本书门限值的选取以 5% 的显著性水平为标准。

表 5.28 门限检验结果

指标	技术基础设施		人力资本水平		研发投入	
	国际互联网用户数（户）	公共图书馆数（个）	研发人员数（千人）	每千人研发人员数（人/千人）	研发资本投入（万元）	人均研发资本投入（元/人）
第一个门限值	625	97	301.9	3.78	2031.4	582.5
	(12.4***)	(5.915**)	(11.9***)	(13.68***)	(14.2**)	(14.2***)
第二个门限值	517	106	63.5	4.5	2438.5	464.6
	(4.4*)	(7.968**)	(1.488)	(4.84)	(8.24**)	(3.612*)
第三个门限值	441	127	69.5	10.1	4452.9	3073.5
	(3.8)	(5.963*)	(4.957*)	(1.441)	(-1.338)	(6.48)
最小值	5.81	16	3.59	0.45	32.58	37.62
最大值	4554	163	527.5	24.8	11249.5	5376.1
均值	449.1	91.7	131.0	3.6	1749.2	517.5

注：括号内为各门限模型对应的 F 统计量，***、**、* 分别表示在 1%、5%、10% 的显著性水平上显著。

表 5.29 门限回归结果

指标	技术基础设施		人力资本水平		研发投入	
	国际互联网用户数（户）	公共图书馆数（个）	研发人员数（千人）	每千人研发人员数（人/千人）	研发资本（亿元）	人均研发资本（元/人）
$\ln S_{it}^{dk}$	0.708	0.688	0.716	0.707	0.76	1.128
	(7.68***)	(7.41***)	(7.75***)	(7.75***)	(7.87***)	(6.44***)
$\ln S_{it}^{f-cit}$_1	0.031	0.019	0.035	0.031	0.014	0.062
	(1.02)	(0.61)	(1.15)	(1.00)	(0.38)	(1.99**)
$\ln S_{it}^{f-cit}$_2	0.076	0.039	0.084	0.062	0.078	0.101
	(2.35**)	(1.30)	(2.53**)	(2.01**)	(2.53**)	(3.24***)
$\ln S_{it}^{f-cit}$_3		0.071		-0.015	0.114	
		(2.18**)		(-0.40)	(3.63***)	
$\ln S_{it}^{f-fdi}$	0.06	0.059	0.054	0.056	0.08	0.073
	(0.81)	(1.36)	(1.23)	(1.30)	(1.82*)	(1.60)
$\ln S_{it}^{f-pat}$	0.193	0.194	0.194***	0.19***	0.215	0.187
	(6.46***)	(6.49***)	(6.47)	(6.34)	(7.15***)	(5.88***)

续表 5.29

指标	技术基础设施		人力资本水平		研发投入	
	国际互联网用户数（户）	公共图书馆数（个）	研发人员数（千人）	每千人研发人员数（人/千人）	研发资本（亿元）	人均研发资本（元/人）
$\ln S_{it}^{f-flow}$	0.064	0.071	0.075	0.044	0.095	0.083
	(1.81*)	(2.01*)	(1.91*)	(1.04)	(2.23**)	(1.91**)
C	-2.67**	-2.35	-2.81	-2.62	-11.9	-9.51
	(-1.99)	(-1.74*)	(-2.09**)	(-1.98**)	(-5.75***)	(-3.59***)
R^2	0.9251	0.9284	0.9251	0.9240	0.8481	0.8464

注：括号内为各系数所对应的 t 统计量，***、**、* 分别表示在 1%、5%、10% 的显著性水平上显著。

国际互联网用户数与技术创新正相关。当国际互联网用户数小于 517 时，作用不显著；但当国际互联网用户数大于 517 时，系数变为 0.076，通过 5% 的显著性水平。其中跨过该门限的从高到低排列为：广东、浙江、江苏、山东、福建、河北、河南、辽宁、上海、四川、湖北、湖南、北京、山西、陕西、广西、安徽。

公共图书馆数量对技术创新的影响呈现递增趋势。当数量低于 97 时，影响系数为 0.019，不显著；当数量大于 97 小于 106 时，影响系数跃升至 0.039，仍然不显著；当图书馆数量大于 106 时，系数变为 0.071，通过 5% 的显著性水平检验。即随着公共图书馆数量的增加，国际引文知识扩散对技术创新的作用呈现加速趋势。跨过 106 门限的有：河北、四川、云南、山东、河南、广东、辽宁、山西、湖南、内蒙古、陕西、江苏。

研发人员数对技术创新的影响呈现正向单一门限特征。当研发人员数低于 301.9 千人时，引文对技术创新的影响系数为 0.035，不显著；当研发人员数大于 301.9 千人时，系数增至 0.084，通过 5% 的显著性水平检验。即研发人员数对技术创新的影响存在明显的门限特征。跨过该门限的有：广东、江苏、北京、浙江、山东。

每千人研发人员数与技术创新呈现非单调的关系。当每千人中研发人员数低于3.78时，引文溢出的弹性系数为0.0307，不显著；大于3.78小于4.48时，引文溢出的弹性系数变为显著，为0.062；但当大于4.48时，系数转为-0.015。这说明研发人员密度并不是越大越好，存在一个有利于技术创新的最佳区间。这可能因为，研发人员过多会因为管理等因素产生不效率。研发人员密度处于最佳技术创新区间的有：辽宁、陕西、山东。

研发资本投入对技术创新的影响呈现正向双门限特征。当研发资本投入低于2031.408亿元时，引文溢出的弹性系数不显著；当在2031.408亿元和2438.452亿元之间时，引文溢出的弹性系数变为0.078，通过5%的显著性水平；当高于2438.452亿元时，引文溢出的弹性系数跃升到0.114，并且通过1%的显著性水平检验。这表明，中国技术创新还需要更多的研发资本投入。其中，研发资本投入跨过2438.452亿元的有：江苏、北京、广东、山东、浙江、上海、辽宁、四川、天津、湖北、陕西、河南。

人均研发资本投入对技术创新起到促进作用。当研发资本投入低于582.456元时，引文溢出的弹性系数为0.062，在5%的显著性水平下显著；当高于582.456元时，引文溢出的弹性系数变为0.101，显著性水平也随之提高。这表明人均研发资本投入越多，越有利于我国的技术创新。其中，人均研发资本投入跨过582.456元的有：北京、上海、天津、江苏、浙江、广东、山东、辽宁、陕西、福建。

由以上实证结果可以看出，东道国不同吸收能力因素是解释国际引文知识扩散效果差异的重要变量，整体跨过各吸收能力门限的地区，国际引文知识扩散对其技术创新的作用要显著高于其他地区，这启示我们，中国各地区要借助国际引文知识扩散快速提升技术创新能力及实现技术赶超，需要各地区加大自身各吸收能力因素建设，提高对国际知识扩散的吸收能力。

四、结论

进入21世纪，随着各国互联网技术及大型网络数据库的完善，发展中国家可以方便地获取世界前沿文献，表现为其在科学著述过程中引用发达国家文献次数迅速增加。借助引文，全球知识扩散系统正在形成，本部分基于全球知识扩散系统的背景，详细阐述了国际引文知识扩散对东道国技术创新的作用机理，在此基础上将其纳入国际知识扩散的分析框架，借助 CSCD 数据库统计数据实证检验国际引文知识扩散在中国区域技术创新能力中的作用，2SLS 和 GMM 回归结果显示，国际引文知识扩散是中国区域技术创新能力提升的重要作用变量。此外，为了全面刻画引文知识扩散的作用，本部分将中国区域技术基础设施、人力资本及研发投入等吸收能力因素纳入模型框架，并运用内生门限方法检验其在接受、消化及应用知识扩散中的作用。实证结果显示，各地区吸收能力的差异是解释引文知识扩散效果的重要变量，整体上，跨过吸收能力门限的地区，引文知识扩散的作用显著高于未跨过门限的地区。

随着经济的快速发展，特别是知识经济时代的到来，知识在一国技术创新及经济增长中的作用日益凸显。因此，就中国这样的发展中国家而言，应该借助各种渠道获取国际先进知识，以发挥后发优势促进自身创新能力的提升：首先，中国应该积极参与全球知识扩散系统，在此基础上加强自身国家创新体系建设，促进各创新主体之间的互动。国际引文知识扩散的技术创新效应不仅包括基础研究、应用研究及开发生产等各个环节，还涉及国家创新体系中各主体之间的互动。其次，鉴于引文知识扩散的间接性及广泛性，各区域要努力提升其吸收能力，加大本国的研发投入、研发人员及相应的技术基础设施投入，以更好地接受、消化及应用引文知识。但回归结果也显示，中国各省区市要注意研发人员的合理配置，引导国内人才的有序流动。

第三部分

内生需求：机制及影响因素分析

国际技术扩散对发展中国家技术进步的促进作用已经得到了国内外学者的广泛认可，外国直接投资（FDI）、进口贸易、国外专利申请及国际人力资本流动等路径的技术扩散为发展中国家的技术赶超提供了机遇。而Romer（1990）指出，新技术的生产量由市场供给和市场需求共同决定，国际技术扩散、市场需求等因素共同促进了新技术的产生。一方面，在一国自主创新资源有限的情况下，国外研发资源是促进本国技术进步的重要来源；但另一方面，我国在外来技术的引进与吸收方面存在诸多限制，并且仅靠技术引进与吸收不能满足本国的创新需求。因此，从一国内部来发掘推动技术创新及技术进步的因素，是一国创新持久发展的有效途径。就中国而言，巨大的国内外消费市场会对技术创新水平产生不同层次的需求，有效的创新需求将成为拉动中国技术进步、推动经济增长的重要途径。对此，在科学、合理利用各种形式国际技术扩散的基础上，从中国国内市场需求角度来探讨如何促进技术创新能力的提升，将为我国“创新型国家”战略目标的实现开辟另一条重要路径。

第二部分基于技术供给角度，细致分析了五大渠道的技术扩散及其影响因素对技术创新的影响，而本部分主要从需求视角阐述一国需求影响技术创新的机制以及内生需求因素中的工资上涨、收入差距对一国技术创新的影响，并在此基础上通过引用经典数理模型，进一步实证检验外部出口需求、工资上涨和收入差距对一国创新能力及技术进步的影响。其中，第六章为需求对技术创新影响机制的分析：第一节在介绍需求引致创新理论的基础上，分析需求如何影响技术创新，并基于开放经济的背景，分析国内需求与国外需求对一国创新能力及技术进步的影响机制；第二节选取工资上涨和收入差距扩大两种当前中国较为显著的需求影响因素，从不同角度分析了二者对技术创新与技术进步的作用机理。第七章主要通过数理模型来证明工资上涨与收入差距在一定情况下如何影响技术进步和技术创新，共分为两节：第一节为工资上涨与技术进步关系的阐述，使用动态规划方法全面刻画了工资引致技术进步的动态过程；第二节综合研究一般均衡情况下收入不平等对技术创新的双重作用。在前两章机制及数理模型分析的基础上，第八章使用中国数据实证检验需求因素对技术创新及技术进步的影响，共分为三节：第一节为国内外需求对中国创新能力贡献度的分析，针对地区差异使用门限回归法测度了国内需求中影响地区技术创新的门限变量值；第二节检验工资上涨对技术进步的影响，针对不同性质的企业，使用门限回归法测度了工资水平对技术创新的影响程度；第三节利用中国行业层面的数据检验收入不平等对技术进步的影响。本章得出的结论对中国有效利用国内外需求，促进自主创新能力提升与技术进步，进而促进经济增长，具有重要借鉴意义。

第六章　需求引致创新理论的机制与影响因素

根据需求引致技术创新理论，技术创新是企业追求利润最大化的经济活动，受市场需求的引导和制约。在开放经济条件下，一国技术创新水平的提高除了受自身技术状态、外部技术溢出等因素影响外，还会受市场需求拉动的影响。本章在归纳已有相关文献的基础上，总结分析需求引致技术创新的理论机制，并就需求因素对技术创新以及技术进步的作用机制进行系统梳理。第一节为需求对技术创新影响的理论机制总结，就国内需求与国外需求对技术创新的影响机制进行了区分。在此基础上，第二节选取工资上涨和收入不平等这两个当前中国经济形势下对国内需求影响较为显著的需求因素，分别探讨二者对技术创新及技术进步的作用机制。

第一节　需求影响技术创新的机制分析

技术创新是一个由技术发明到市场销售的系统工程，传统的技术创新注重研发人员和资金的投入，较少涉及技术创新的后端（即市场作用）。自 Schmookler“需求引致创新理论”提出以来，市场需求对技术创新的引导作用开始受到关注，众多学者认为市场需求是企业技术创新的决定性力量。本部分在对现有文献梳理总结的基础上，阐述了需求引致创新理论，并进一步将市场需求分为国内需求外需求，详细分析了国内外需求对技术创新的作用机制和渠道。

一、需求引致创新理论

对市场需求引致技术创新这一问题的研究较有代表性的是美国经济学家施默克勒，其提出的“需求引致创新”理论（Schmookler，1962）指出技术创新来源于客户的需求。市场需求信息构成企业技术创新活动的出发点，企业为满足市场需求而采用新工艺和新技术来改造原有产品或生产适销的新产品。如果预期未来需求上升，企业会更多地投资于创新，市场经济中产业需求的差异直接影响创新活动的激烈强度。在新经济条件下，这一表现更加明显，技术创新和产品的更新换代很大程度上是以市场需求为导向的。在此理论基础上，有学者从不同角度对需求引致创新理论作了实证检验。其中，Myers 和 Marquis（1969）对 567 项不同技术创新个案的研究结果显示，其中四分之三的创新活动都是以市场需求为出发点的，只有四分之一是由技术本身的发展所推动。Geroski 等（1996）对创新活动的影响因素进行了研究，结果表明相比供给拉动，创新活动与需求因素的推动有更大的联系。Crespi 和 Pianta（2005）使用六个欧洲国家的行业数据，分析了技术创新和需求（包括居民消费、出口等）之间的关系，研究发现居民消费对技术创新具有积极效应，最终消费对于拉动产品创新和过程创新均起着至关重要的作用，出口对技术创新活动产生积极的影响。

二、国内外需求对创新的影响机制

在开放经济大环境下，各国之间频繁的贸易往来使得一国有效需求既包括来自国内居民的需求也包括来自外国居民的需求。不同的需求共同影响着一国的技术创新与技术进步。

（一）国内需求与技术创新

市场需求者以价格及产量等形式给予生产者一定的信息，对产品和技术提出了明确的要求。企业则通过创新生产适销产品来满足市场的需求。在进行交易的过程中，企业从消费者那里获得他们希望产品未来改进的信息，这些信息对于企业降低技术创新的风险、决策未来市场的产品种类而言至关重要（Jovanovic 和 Rob，1987）。姜百臣等人（2009）从消费者基于创新产品选择偏好的角度，通过对实践调查数据的实证分析，探讨消费者的需求偏好对企业技术创新的影响，结果显示：消费者的需求偏好为企业的技术创新行为指明了方向。有关资料显示，企业研发过程中其与市场需求较好结合的情况下，研发产品的成功率高达85%（来兴显等，1995），可见市场需求在企业的研发活动中起着不可替代的作用。

1. 市场规模效应

国内需求规模的大小直接决定着新产品的销售量（Zweimuller，2000；Nelson 和 Winter，1982），当市场需求增大时企业由于利润增加的驱动而扩张生产，而高研发效率的企业利润增长会更快，因此在市场规模扩大的情况下企业为获得更高的利润将会从事更多的技术创新活动。国内市场需求大，一项新技术开发应用后的扩散效应也大，能够为企业带来更为丰厚的回报，这将进一步促使企业增大研发投入。Bottazzi 和 Peri（1999）将空间知识溢出和需求置于同一模型中来强调市场需求作为一个关键的外生变量对区域长期技术创新活动的影响，实证结果显示创新活动跟当地需求呈正相关关系，人口数作为市场需求规模大小的代理变量对专利数据的解释程度达38%。规模较大的国内市场需求的单位研发成本、市场成本和风险均会低于市场规模较小的国家，通常规模较大的市场需求持续时间较长，这些均构成企业进行技术创新活动的有力支持条件（周怀峰，2008）。

2. 收入效应

随着经济发展，人民收入逐渐增加，生活水平日益提高，对产品的需求层次也不断提升。在这一过程中，由于人均收入水平的提高，需求结构会逐渐发生改变，人们将会追求更高质量、更高层次的商品进行消费，因而使得新产品的市场潜在需求空间也会增大，那些率先进行技术创新的企业就会较为容易地占据市场，获得较大的潜在盈利空间，这将在很大程度上激励和促进企业采用新的技术，来满足市场需求，以此获得较大收益。

（二）国外需求与技术创新

全球化背景下，各国间相互依存程度日益加大，市场总需求空间随着国外需求（主要是指出口部分）的高速增长而变大。在国际市场中，与国外购买者的接触、国外市场竞争压力以及在国外市场中所获得的技术创新规模效应等都能使得出口商具有技术优势，形成较高的技术创新能力。内生增长理论与新贸易理论也强调了国际贸易与创新之间的关系。本书将国外需求对技术创新的引致作用归结为以下两个方面。

1. 自我选择

外部市场需求对于企业而言意味着更大的利润空间，为追求更高的利润企业会选择进入国际市场，但同时也将面临更为激烈的竞争。企业为了保持其在国际市场上的竞争力必须加快创新的步伐。市场自我选择的过程意味着只有生产效率较高和创新能力较强的企业才能进入国际市场（Bernard 和 Jensen，1999；Greenaway 和 Kneller，2004），非出口企业会因贸易或地理壁垒而被隔离在国际市场的竞争之外，而出口企业可能会因没有采用好的技术而难于在国际市场中立足（Blalock 和 Gertler，2004）。选择进入国际市场的企业就会在国际竞争压力的作用下，运用差异化的战略来维持其在国际市场上的份额，而这必须依靠增加 R&D 投入、从事技术创新活动来提高自身的生产率及节约生产成本。

2. 出口中学习

与国外购买者和供应商的联系被视为出口商获得技术溢出的重要来源：一方面，出口商从国外买者那里获得技术援助，通过这一渠道直接接触到国外的供货商、技术专家和其他研究者等；另一方面，外国消费者的不同消费需求使得市场规模不断扩大，在国外买者偏好的产品采用比国内出口商更高的技术时，就会促使国内出口商在其生产过程中采用先进技术。中国台湾的一个案例研究表明企业在进入出口市场后会刺激其改进自身的技术能力（Westphal，2002）。Blalock 和 Gertler（2004）发现印度尼西亚的出口商从国外消费者那里获得从产品设计到技术等方面的收益。Salmon 和 Shaver（2005）指出出口对技术创新的影响在于出口商能够通过出口中介、消费者反馈和其他外国机构，接触到不同的竞争产品和消费者偏好的信息，因此会加速技术创新，他们认为企业进入出口市场是为其进行技术创新提供信息、提高其竞争力的策略行为。Albornoz 和 Ercolani（2007）则认为出口使企业接触到可以改善其生产率的知识库，但只有当这些先进的知识、技术被吸收后才能保证企业效率提高。

第二节　需求影响因素与技术创新

有效需求的影响因素包括一国或地区的经济总收入、人均收入、收入差距等（范红忠，2007）。工资作为居民收入的主要组成部分，在一定程度上反映了一国的人均购买力水平，因而会影响一国的有效需求水平；收入差距也会通过影响居民的消费支出水平和消费结构层次对一国的有效需求产生影响。对此，基于需求引致技术创新理论，本节选取了当前经济形势下影响有效需求最具代表性的两个变量——工资上涨和收入差距，分析了两者在需求引致技术创新中的作用机制和渠道。

一、工资上涨

工资作为一国居民收入的主要来源之一，其水平的提高会随之引起居民对产品需求的增长，在一定程度上起到刺激企业研发创新的作用，进一步推动技术进步的发展。这为不少专家学者研究技术进步问题开辟了新思路。

（一）工资上涨与技术创新

Schmooker（1966）在需求引致技术创新理论中提到的“市场需求”是一个广泛的概念，不仅包括消费者的需求，也包括生产者的需求。工资作为联结消费者和生产者的中介，其上涨既可以通过产品市场需求又可以通过要素市场需求来引致一国的技术进步。具体来讲，工资上涨作为鼓励技术进步的机制，一方面会促使企业加大研发投入，提高企业的技术创新水平和技术创新能力；另一方面会促使企业加大对在职职工的培训，提高人力资本水平，为累积技术创新提供动力。同时，工资提高还会使工人的收入增加，从而增加对其下一代的教育等人力资本投入。可见，实际工资的上升是鼓励创新和发明的重要变量。

在具体的研究中，Hicks 早在 1939 年的《工资理论》中便提出实际工资提高导致技术创新和产业结构变迁的观点。他认为，虽然从短期均衡来看，实际工资的提高降低了企业利润率；但从长远来看，企业可以通过对技术做出调整，以此确定新的生产可能性边界。Kleinknecht（1998）认为低工资策略降低了公司的创新积极性，也使低创新能力的公司得以生存。同时，他还指出荷兰由于较低的工资而陷入低技术公司主导市场的陷阱。此外，有关高绩效工作系统（High Performance Work Systems）的相关文献也强调高工资在技术进步过程中的重要性，高工资能够促进技术创新（Madsen 和 Damania，2001）。

（二）不同理论视角下的分析

工资上涨促进技术进步这一问题是国外经济学研究的热门话题。古典经济学、内生经济增长理论以及效率工资理论等分别从不同的视角强调工资上涨在一国技术进步中的重要性。

1. 新古典经济理论的视角

新古典经济理论强调在完全竞争的市场经济条件下，企业根据理性人的假设追求其利润的最大化。一种生产要素价格的上涨将促使企业在生产中用价格相对低的要素替代这一要素，这一观点最早可见于 Hicks（1939）的研究，他认为要素相对价格改变会诱使企业家进行有偏的技术变革，以使用相对价格较低的要素维持其利润，从而产生有偏的技术进步（Biased Technological Progress）。Hicks 的这一思想，到 20 世纪 60 年代，演变成引致创新理论（Induced Technological Progress）。

Kleinknecht 基于荷兰 1982 年的工资节制政策的研究，支持了这一观点。工资下降促使企业在生产过程中用廉价的劳动替代资本，这种工资节制政策实际上是一种通过牺牲生产率来实现就业的政策，最终导致荷兰经济发展陷入“低工资—低创新陷阱”（Kleinknecht，1998；Kleinknecht 和 Naastepad，2001，2002，2005；Vergeer 和 Kleinknecht，2001；Naastepad 和 Kleinknecht，2004；Kleinknecht 等，2006）。Rothbarth（1946）和 Habakkuk（1962）通过美国和英国的土地/劳动比例发现：美国劳动力短缺的现实，促使美国制造商在生产中使用更多的资本去替代劳动，并进一步采用劳动节约型的技术进步。相反，劳动力丰裕的英国没有劳动成本压力，导致其技术落后于美国。Temin（1966）对此结论提出了质疑，他指出 Rothbarth-Habakkuk 假说中暗含的美国利息率低于英国的假定与当时两国的经济实际不符。基于这一质疑，James 和 Skinner（1984）进一步将美国的制造业划分为熟练劳动部门和非熟练劳动部门分别进行考察，检验结果表明，仅在熟练劳动部门，因为资本相对密集、利息率较低，工资上涨促进了资本要素对劳动要素的替代。

Madsen 和 Damania（2001）对 OECD 国家，Ozmucur（1997）以及 Ozmucur（2006）对土耳其 500 家大型制造业，Pieponi 和 Pompei（2007）对意大利，Gordon（2004）对日本、欧洲和美国，Marquetti（2004）对美国和 38 个 OECD 国家的研究都表明：工资上涨促使企业在生产中使用资本去替代劳动，产生了显著的技术进步。Bester 和 Petrakis（2003）基于完全竞争的假设，得出工资上涨将促使企业加大创新投入，以降低企业的单位劳动力成本。Bester 和 Petrakis（2004）在垄断竞争的框架下也得出相同的结论。

2. 内生经济增长理论视角

内生经济增长理论强调高工资的重要性。他们认为，实际工资上升可以作为一种鼓励创新和发明的机制，当工资降低时，企业创新活动的积极性也会随之下降，再加之，知识具有外部性的特点，企业创新活动的减少会因此而导致知识溢出的减少（Romer，1987）。具体来讲，工资上涨作为鼓励技术进步的机制，一方面促使企业加大对节约劳动的研发投入，提高企业的技术创新水平和技术创新能力；另一方面会促使企业加大在职职工培训力度，提高人力资本水平，为技术创新提供人力资本支撑。同时，工资提高还会使工人的收入增加，从而加大对下一代的教育投入。

（1）工资上涨促进企业研发投入增加

对于追求利润最大化的企业而言，工资作为劳动力成本，其上升将促使企业加大 R&D 投入，把更多的资源投入到节省劳动的研发创新活动中去。Kleinknecht（1998）认为低工资会降低企业研发投入的积极性，使国家陷入低工资低创新陷阱，Downing 和 White（1986）、Millman 和 Prince（1989）、Clarkson 和 Miller（1989）以及 Cyert 和 March（1992）的研究也支持了这一观点。Acemoglu（1997a；1997b）基于劳动力流动视角的研究发现：低工资导致劳动力流动增加，这将导致企业的研发投入和人力资本贬值。该结论得到了 Kleinknecht 和 Naastepad（2005）的进一步支持：由于技术的外部性特征，低工资带来的灵活的劳资关系会导致企业专属技能的外泄，这不仅不利于企业的研发投入，还会加剧市场失灵。David（1975）运用一个内生的技术进步模型，研究发现劳动要素价格上涨，会通过促进研发人员学习的效应来促进技术进步。郭玉清（2007）通过研究发现预期高工资会促使研发人员自觉跨越研发活动的人力资本门限，这在一定程度上提升了企业研发活动的预期回报。与上述研究相反，Huizinga 和 Broer（2004）则认为起初工资上涨会促使研发部门致力于新资本或者是劳动节约型的技术进步，但工资提高会导致失业增加，工资水平下降，即长期来看工资上涨不会促进一国的技术水平提升。

（2）工资上涨促进人力资本水平提升

人类社会发展中起决定作用的是生产力，而决定生产力水平高低的则是掌握了一定文化、科学和技术的人，因此为了保持经济的快速可持续发展，必须加大人力资本积累，增加人力资本投资。人力资本的收益率模型将人力资本投资划分为教育投资和培训投资两个投入变量，工资上涨可以通过影响教育投资和培训投资这两个变量，促进一国技术进步。

其一，工资上涨促使企业增加培训投入。

贝克尔（1987）认为工人通过在生产中学习新技术固然能够促进人力资本水平提升，但是这个过程非常缓慢，一个比较快速的方法就是加大在职培训力度。通过有效的员工培训，可以提高员工综合素质，提高员工的人力资本存量，营造良好的组织氛围，从而使其更好地适应外部环境的变化。

工资上涨，为避免雇佣新工人，企业会对在职工人进行培训，提高在职工人的劳动生产效率。另外，一些企业会因为劳动力成本的上升裁减员工，而机器数量保持不变，这也会促使企业对在职工人进行培训等（Hutchens，1989）。培训会提高工人对技术应用的熟练程度，增加人力资本存量，为累积创新（Accumulative Innovation）提供可能性（Bartel，1994；Acemoglu，2002；Marquetti，2004；Colomboy 和 Stanca，2008）。Black 和 Lynch（1996）运用公司层面的数据，实证检验得出企业在职电脑培训对企业的生产率存在积极的影响。Barrett 和 O'Connell（2001）基于 700 家爱尔兰企业的研究发现，企业的一般培训对生产率的作用远远大于个别培训的作用。Zwick（2005，2006）通过研究德国的大规模企业发现培训和劳动生产率之间是正向的关系。Ballot 等（2006）运用 1987—1993 年法国和瑞典企业层面的数据，通过实证检验得出，在法国培训对生产率存在正向影响关系，但在瑞典则是负向关系。Almeida

和 Carneiro（2006）运用葡萄牙1500个大型制造业企业的面板数据检验得出，对工人的培训每年增加 10 个小时，会促进其生产率提高 0.6%。Colomboy 和 Stanca（2008）进一步发现培训对生产率有显著的促进作用，培训每增加 1% 会促进工人的生产率增加 0.07%，这一结果与 Dearden 等（2006）相同，他们借助英国1983—1996年的工业数据实证检验得出的系数是 0.6%。

其二，工资上涨促进工人增加教育。

工资是收入的主要组成部分，工资水平的高低影响工人教育投入的多少，劳动力价格长期过低，使得劳动者收入过低，从而无法对自己及下一代进行教育投入，整个社会的人力资本积累及劳动力素质提高受到限制。

Galor 和 Zeira（1993）、Piketty（1997）认为：通过教育实现的人力资本回报率很大，但如果工资差距过大，会导致穷人放弃人力资本投资，工资差距越大，受这种约束的人越多，因此经济体中的人力资本存量会越少。Kahyarara（2003）借助坦桑尼亚的数据实证检验得出教育水平的提高对劳动生产率有促进作用。Benhabibi 和 Spiegel（1994）通过实证检验教育和创新之间的关系，指出教育同创新速度和技术赶超速度建立关系后对生产力增长有显著贡献。此外，他们的研究结论还有力回应了 Nelson 和 Phelps（1966）的观点，即教育增加个体能力首先表现在创新（如发明新产品、新技术、新的工艺流程），其次表现在采纳新技术，然后是加速技术在经济中的扩散。Jacobs 和 Webbink（2007）在荷兰低工资的背景下，通过实证检验得出：教育与创新之间的关系不显著，但教育水平显著地提高了劳动生产率。因为荷兰的低工资导致其个人很难负担高昂的教育费用，所以个人教育投资支出较其他国家 OECD 规模较小，为了鼓励私人投资教育，Jacobs 和 Webbink 提倡荷兰政府实施一项“个人收入教育特派贷款项目”。

3. 效率工资理论的视角

效率工资是企业为提高工人生产率及人力资本水平而支付的高于均

衡水平的工资，效率工资理论的核心是工资和生产率之间存在正相关关系，支付给工人效率工资可以激励工人努力工作，使工人周转率下降，增强工人士气等。效率工资理论通过社会学模型、怠工模型、劳动力转换模型、逆向选择模型、公平模型这五个模型具体阐述了工资与生产率之间的关系。

Goldsmith 等（2000）基于效率工资理论的视角实证检验得出企业能够通过支付工人效率工资来提高工人的努力程度及生产率水平。Clark（1987）运用跨国棉纺织产业的数据进行实证检验，发现工人的生产率和实际工资水平之间是正相关关系，低工资水平国家（如中国和印度）的工人往往会选择在工作中“磨洋工”。Doms 等（1997）运用企业层面的数据研究了工资水平与先进技术采用之间的关系，结论是：高工资的工人更有动力采用新技术，这一观点也得到了 Siegel（1995）、Krueger（1993）、Autor 等（1996）等的支持。

Orszag 和 Zoega（1996）运用动态的效率工资模型实证研究发现，企业能够通过提高工资来减少劳动力的流动及就业的转换。Pieroni 和 Pompei（2008）通过实证研究发现，蓝领工人和白领工人的工资水平和专利活动之间是正向关系，然而劳动力流动与技术创新是负相关的关系，低工资导致劳动力的高流动频率对工人的生产率和人力资本积累产生负面影响。企业的研发投入是依靠知识投入不断积累的，劳资关系的不稳定不利于创新和生产率的增长。人力资源管理理论（HRM）也认为，劳资之间互相信任的关系会提高劳动生产率（Delaney 和 Huselid，1996；Appelbaum 等，2000；Lorenz，2008、1999）。

4. 创造性破坏视角

作为经济增长理论的基石——熊彼特的“创造性破坏理论”认为，创新能力强的企业会迫使创新能力低的企业退出市场。熊彼特的创造性破坏观点为许多经济学家所认同，Clarkson 和 Miller（1989）的研究表明创新活动在企业利润下降时最容易发生，企业通过创新活动来确保其利润，因此外生的工资上涨会给企业压力进而促使其创新。Kleinknecht

(1998）认为荷兰的低工资政策不利于创造性破坏机制的发挥，低工资政策使得那些低创新能力的企业也能生存，因此是荷兰经济陷入由低创新企业主导的陷阱。Kleinknecht 和 Naastepad（2001）进一步认为，外生的实际工资上涨不仅会发挥“创造性破坏”，使得那些最不愿意创新、技术水平最低的企业退出市场，也会激发其余企业加强技术创新以确保其利润水平。

二、收入不平等

自 1955 年库兹涅茨的《经济发展与收入不平等》一文问世，收入分配与经济增长的关系便引起诸多经济学家的关注。而作为经济增长的源泉——技术进步是否也会受收入不平等的影响，近年来不少学者，从需求视角下展开了关于收入不平等对技术创新以及技术进步影响的研究。

（一）收入不平等与需求

20 世纪 90 年代中期以来，收入差距对需求的影响引起了诸多学者的关注。关于收入差距对需求是否存在影响以及如何影响，不同学者态度并不一致。凯恩斯的绝对收入假说指出消费是收入的函数，收入的高低直接影响消费水平，随着收入差距的扩大，消费需求也会逐渐减少。而莫迪里安等人提出的未考虑遗赠动机的标准生命周期假说，却认为由于消费需求受一生中总收入的影响，收入差距扩大并不影响消费需求。Blinder（1975）提出的广义生命周期假说认为考虑遗赠动机时，收入差距在一定条件下会影响消费。Menchik 和 David（1983）的实证研究也支持了收入分配影响总消费的观点。国内学者李军（2003）就收入差距对消费需求的影响进行了定量分析，数理推导出收入不平等的加剧会降低消费需求水平。张国华（1999）通过对 1996—1998 年统计数据的分析，得出居民收入差距的逐渐拉大带来了消费需求的明显断层，并指出居民收入的分配结构也会对消费需求变动产生重要影响。

尽管基于不同的理论假定所得出的结论并不一致，但收入不平等作为需求的一个重要影响因素，已越来越为人们所接受。

（二）收入不平等影响技术创新的机制分析

收入不平等对技术创新的影响可以从市场需求和人力资本积累两大视角展开分析，其中在市场需求视角的分析中，收入不平等对技术创新的影响机制可以归纳为“规模效应”、“价格效应”和“结构效应”三方面。

1. 市场需求视角的影响

从市场需求视角来看，收入差距会对技术创新或R&D投入产生一定影响。Zweimuller（2000）指出，收入分配决定了对某种特定商品的市场需求，分配的不平等程度决定有能力购买该商品的消费者的数量，进而影响生产厂商的创新欲望。Greenwood和Mukoyama（2001）基于不同收入消费者对产品购买需求存在差异的假定下，利用局部均衡模型分析得到收入分配规模能够刺激创新研发动机的结论。Foellmi和Zweimuller（2006）通过改进对消费偏好的假定，将异质消费偏好引入R&D增长模型中，假定消费者沿着不同消费等级进行产品消费，并分别从高收入群体和低收入群体的相对收入和人口所占比重两方面分析收入差距对企业研发新产品的影响。汪同三和蔡跃洲（2006）认为在经济发展的不同阶段，收入水平的提高和收入差距的扩大可能提高也可能降低消费的比重，这在很大程度上取决于消费倾向是否发生较大变化。沈凌和田国强（2009）在一个分离型均衡框架下得出：如果贫富差距是由低收入者变得相对更穷而导致的，那么对厂商的创新是有利的；如果贫富差距是由低收入者的人口比重增加而导致的，那么对创新是不利的。市场需求角度下收入不平等影响创新研发的机制大致可总结为市场需求的“规模效应”、“价格效应”和“结构效应”。

（1）规模效应

购买群体数量的增加带来有效需求规模增大，有效需求规模的大小直接决定新产品的销售量和企业利润的增加，从而影响企业的创新投资决定。收入分配不均会降低新产品的市场需求规模，制约企业的创新活动（Murphy 等，1989；孙军和梁东黎，2009；Foellmi 和 Zweimuller，2006）。由于不同收入阶层的消费倾向不同，高收入阶层的消费倾向较低，低收入阶层消费倾向较高，但低收入阶层受其收入水平的限制无法提高消费，致使全社会的总消费需求偏低，引致市场有效需求不足，造成企业预期销售规模减少、预期利润下降；而“需求拉动”（Demand Pull）技术创新假说认为销售规模和可赢利性的变化会刺激研发投入（Judd，1985）。在这种情况下，收入差距的加大因导致社会消费需求不足，最终使企业预期收益下降进而阻碍新一轮创新产品的研发。

（2）价格效应

财富的高度集中能够通过影响相对富裕的人群为新产品支付更高的价格来促进技术创新和经济增长。随着收入差距的扩大，高收入者相对以前更加富裕，在边际效用递减规律的作用下，相对富裕的人群消费新产品的效用会较之前变大。在垄断市场条件下，新产品的定价也会相应提高，进而激励企业加大创新研发投入（Greenwood 和 Mukoyama，2001），收入差距强化了创新企业面向高收入群体的定价优势。Foellmi 和 Zweimuller（2006）则认为，由于富人的人均收入相对下降打击其购买新产品的积极性，迫使企业降低价格，即收入差距的缩小会降低企业研发创新。价格效应与消费者对创新产品的偏好有关，消费者对创新产品的偏好越高，给予的价格也越高，这样创新者就有更大的动力去迎合消费者的偏好。

（3）结构效应

收入不平等能够通过影响消费结构对技术创新产生影响。波特（1990）认为市场需求规模较大有利于企业建立竞争优势，但相对市场规模来说，国内购买者的性质是否老练、对产品要求是否苛刻会刺激企业对产品做进一步的改进、创新。消费结构的升级意味着消费者新的消费方向，消费结构升级后，产业部门必须对原有产品进行技术创新以提高产品的质量、品质或性能以满足消费者的需求（刘冰，2007）。收入差距的持续扩大必然导致居民消费结构层次的不断拉大，影响到整体消费结构的升级，不利于厂商创新动力的增强（Greenwood 和 Mukoyama，2001）。王俊和刘东（2009）用城乡收入比做收入不平等的替代变量，区分规模效应和结构效应，实证检验了收入差距对地区技术创新的影响。

2. 人力资本积累视角的影响

长期中，收入不平等还可能会影响人力资本的积累。Galor 和 Zeira（1993）认为初始收入分配越均等，进行人力资本投资的个体将会更多。当金融市场不完善时，个体进行人力资本投资将取决于个体所拥有的资产和收入。由高收入者向低收入者进行收入再分配有助于提高人力资本总投资。低收入家庭的生育率越高其人力资本投资越少，当收入差距扩大时，会增加低收入家庭的比例，从而制约人力资本教育投资、在职培训以及医疗卫生健康投资，降低全社会的人力资本水平和经济增长（Croix 和 Doepke，2004；Acharyya 和 Alonso，2006）。而且收入差距通过代际传递还将影响到家庭中子女的人力资本形成与积累。Perotti（1994）提出不同条件下收入不均等影响人力资本积累，当教育费用相对于人均收入较高时，收入向富人集中更有利于富人接受教育，即收入不均等有利于人力资本的积累。反之，教育费用相对于人均收入较低时，收入不均等不利于人力资本的积累。此外，Gregorio（1995）和 Benabou（1996）等人也都认为收入差距的扩大不利于人力资本的积累。

第七章 内生需求理论模型

需求因素一定程度上能够刺激企业增加研发投入，从事更多的技术创新活动，最终影响本国技术进步。当前中国国内引致创新的需求因素主要有工资上涨、收入不平等等。本部分主要就需求因素工资上涨、收入差距分别对一国研发投入和创新影响的模型进行分析。

第一节 工资上涨与技术进步

工资上涨与技术进步的数理模型可以分为静态模型和动态模型。其中，静态模型基于生产函数的分解与推导来考察工资与生产率之间的关系，认为工资上涨可以通过资本深化、研发投入及人力资本投入等机制促进全要素生产率的提升，如 Kleinknecht（2002）基于 CES 生产函数，推导得出工资上涨通过要素替代促进了生产率提升；动态模型考察工资上涨与企业技术进步之间的动态关系，如 Bester 和 Petrakis（2002）基于完全竞争市场的假设得出，均衡增长路径中劳动生产率的增长率等于工资增长率，虽然其完全竞争及代表性企业的技术对每个企业来说是公共知识的假设与现实情况不符，但在一定程度上说明了工资上涨与企业技术进步之间的动态关系。

本章借鉴 Bester 和 Petrakis（2004）的研究，将工资与生产率同时纳入模型框架，基本假定是代表性厂商在产品市场上是一个垄断者，但在要素市场上是一个完全竞争者。对比以往简单的将工资水平作为劳动力成本，本章引入基于单位劳动力成本的分析，丰富了工资上涨引致技术进步的研究，并使用动态规划的方法，全面刻画了工资引致技术进步的动态过程。

一、模型描述

本节建立了一个跨期最优化模型来分析工资上涨对企业技术进步的影响。具体到每个时点上，企业的单位成本由工资水平和生产率水平共同决定。工资上涨会促使企业借助加大创新投入来提高生产率的方式降低单位成本。通过技术创新，企业能够提高劳动生产率从而降低其下一时间点的成本。这实质上是一个动态最优化问题，因为创新影响劳动力成本，并且技术创新的动力取决于成本的变化。分析结果表明，只要初始企业的劳动力成本不是太高，则工资上涨就不会导致企业被驱逐出市场。最终，企业达到均衡状态，此时生产率增长率和工资增长率趋同，企业的单位成本保持不变。这个均衡状态和工资水平没有关系，只取决于增长率。工资水平仅仅决定企业是达到均衡状态还是将破产。

为计算方便，假定时间是无限期，即企业不考虑其生命的有限性。在每个时期，$t = 0,1,2\cdots$ ，企业雇佣劳动及其他要素来生产单一产品，并且靠技术创新来提高其劳动生产率。企业在 t 时期的创新行为决定了其下一期的技术水平。为了检验劳动力成本对生产率增长的影响，在此假定需求不变。

模型具体表述：在每个时期，生产厂商面临的需求曲线为 $P(x)$ ，则其收入为 $R(x) = P(x)x$ 。在 t 时刻要生产 x 单位的产品，扣除劳动之外的成本投入为 $C(x)$ 。这要求劳动投入为 x/a_t ,a_t 是厂商在 t 时刻的劳动生产率。

企业通过增加创新投入来提高劳动生产率。企业创新成本投入增加 $K(q)$ ，能够使劳动生产率增加 $(1 + q)$（企业在 t 时期的创新行为决定了其下一期的技术水平）。为了问题处理的方便性，我们假定创新投入 $K(q)$ 与现在的劳动生产率不相关。因此，a_t 描述的是在时刻 t 所能够获得的技术水平，在 $t+1$ 时刻的劳动生产率变为 $a_{t+1} = (1+q_t)a_t$。

其中，$K(q)$ 代表创新支出，对于所有的 q 来说，$K(0)=0, K'(0)=0, K'(\infty)=\infty$，并且 $K'(q)>0, K''(q)>0$，生产率的初始值 $a_0=\bar{a}_0$ 外生。

外生的工资 w_t 以 γ 的速率增长，因此 $w_{t+1}=w_t(1+\gamma), w_0=\bar{w}_0, \gamma$ 表示整体经济中劳动生产率的平均增长率。所以，在均衡的劳动力市场中工资以 γ 的速率增长。因为企业仅占整体经济中很小的一部分，所以假定其对均衡工资的影响为零。本部分基于拟线性需求曲线来分析工资上涨对需求的财富效应。

$c_t = w_t/a_t$，通过 t 时期 $K(q)$ 的创新投入，企业 $t+1$ 时期单位劳动成本可以写作 $c_{t+1}=(1+r)c_t/(1+q)$。企业的利润函数 $\Pi(c)=\max\limits_x R(x)-C(x)-cx$，取决于其单位成本。

假定 $R(x)-C(x)$ 是凹函数并且 $R(0)\geqslant C(0), R'(0)\geqslant C'(0), R'(\infty)\geqslant C'(\infty)$，因此利润最大化的均衡产量是唯一且连续的。只要单位成本 c 不是很大，均衡产量 $x^*(c)$ 为正且随着 c 的增加而减少。由包络定理可知 $\Pi'(c)=-x^*(c)$，其中 $-\Pi'(c)c$ 的形状是很重要的，$-\Pi'(c)c=x^*(c)c$，该公式刻画了企业的工资成本。很明显，当企业的单位成本 c 趋向于0时，其总工资支付趋向于0。当企业的单位成本 c 非常大时，工资总支付也趋向于0，因为此时的产量趋于0。因此，企业的工资成本在一个内部点 c 为正数时达到最大值。像引理1中所说，下面的假定是为了保证 $-\Pi'(c)c$ 是状态良好的，即这个曲线是单峰的。

假定1 只要 $P(x)>0$，$[R'(x)-C'(x)]x$ 是拟凹的。并且，当 $x\to 0$ 时，$[R'(x)-C'(x)]x\to 0$。

这个假定对于标准的成本或者是需求函数是适用的。例如，如果 $P(x)$ 是线性函数的或者是价格的需求弹性大于1的等弹性函数，则 $R'(x)x$ 是严格凹的。另外，$-C'(x)x$ 也是凹函数。另外假定1中后半部分的内容也符合这些需求和成本函数。

引理1 存在一个单位成本 c^m，当成本 $c<c^m$ 时，企业的工资成本

$-\Pi'(c)c$ 随着单位成本的增加而增加，当 $c > c^m$ 时，企业支付的总工资 $-\Pi'(c)c$ 随着单位成本的增加而减少。

生产厂商对未来收入的贴现是 $0 < \delta < 1$ ，我们假定 $-\delta\Pi'[c^m(1+\gamma)]c^m > K'(\gamma)$ 。

对于给定的贴现值 δ，上述条件的前提是工资增长率足够小。由引理 1 可知，工资支付总额 $-\Pi'(c)c$ 在 $c = c^m$ 处达到最大值。因为企业的创新动力与企业总劳动成本密切相关。上述条件保证了在 $c = c^m$ 处，企业从创新中得到的边际收益高于其以 γ 的速率增长的边际成本。如假说 1 的证明中提到的，上述条件表明对于成本 c 在 c^m 附近，企业选择创新率 $q > \gamma$ 。否则，企业生产率增长率总是滞后于工资的增长率，其单位劳动成本总是增加的，最后企业被迫离开市场。

分析该跨期问题的最优创新战略：

$$\max_{c_t,q_t}\sum_{t=0}^{\infty}\delta^t[\Pi(c_t)-K(q_t)]\quad 约束条件是\ c_{t+1}=\frac{1+\gamma}{1+q}c_t, c_0=\bar{c}_0 \tag{7.1}$$

上述公式的解决定了一个最优的路径 $\left\{c_t^*, q_t^*\right\}_{t=0}^{\infty}$ 。上述公式是一个最优控制问题，唯一的状态变量 c，控制变量 q，无限期并且是独立存在的。因此，最优的创新政策将由 $q^*(c)$ 来描述，厂商在其单位成本为 c_t 的情况下，选择最优的创新政策 $q_t^* = q^*(c_t)$ 。

二、均衡路径

为了推导最优的创新政策 $q^*(.)$ ，本部分使用动态规划方法，$V(c)$ 表示上述函数值。t 时刻的单位成本为 c_t ，生产者在最优的政策下的现值为 $V(c_t)$ 。贝尔曼方程可以表示为如下形式：

$$\begin{aligned} V(c) &= \Pi(c) - K(q^*(c)) + \delta V\left(c\frac{1+\gamma}{1+q^*(c)}\right) \\ &= \max_q \Pi(c) - K(q) + \delta V\left(c\frac{1+\gamma}{1+q}\right) \end{aligned} \tag{7.2}$$

假定 $V(.)$ 是连续可微的，最优创新政策 $q^*(.)$ 满足以下一阶必要条件：

$$-\delta V'(c\frac{1+\gamma}{1+q^*(c)})\frac{1+\gamma}{1+q^*(c)}c=(1+q^*(c))K'(q^*(c)) \tag{7.3}$$

由包络定理可知，我们得到以下式子：

$$V'(c)=\Pi'(c)+\delta V'(\frac{1+\gamma}{1+q^*(c)}c)\frac{1+\gamma}{1+q^*(c)} \tag{7.4}$$

通过比较式（7.3）式和式（7.4），来表示最优创新政策 $q^*(.)$ 的含义。

最优创新政策决定了生产者的最优工资成本：

$$c_{t+1}^*=\frac{1+\gamma}{1+q^*(c_t^*)}c_t^*$$

先来看平衡增长路径 c_t^* 的值。在平衡状态，c_t^* 不随时间变化。很明显，当 $\bar{c}=0$ 时是一个均衡路径值，在这个均衡状态下，企业最优创新政策为 $q^*(\bar{c}_1)=0$。当均衡成本 $\bar{c}$ 为正值时，$q^*(\bar{c})=\gamma$。在此均衡状态下，企业使其工资增长率等于劳动生产率的增长率，因此其每单位产出的平均成本保持不变。

对于 $q^*(\bar{c})=\gamma$，（7.4）式可以写为以下形式：

$$V'(\bar{c})=\Pi'(\bar{c})/(1-\delta)$$

$$-\Pi'(\bar{c})\bar{c}=\frac{K'(\gamma)(1+\gamma)(1-\delta)}{\delta} \tag{7.5}$$

由引理1及（7.4）式可知此（7.5）式有两个解，$\bar{c}_2$ 和 $\bar{c}_3$。并且两个均衡解随参数的变化，随着 γ 的增加，$\bar{c}_2$ 增加而 $\bar{c}_3$ 减少；相反，随着贴现因素 δ 的增加，$\bar{c}_2$ 减少而 $\bar{c}_3$ 增加。

下面我们说明 $c\in\left\{\bar{c}_2,\bar{c}_3\right\}$ 意味着 $q^*(c)=\gamma$。

定理 1　只有当 $c\in\left\{\bar{c}_2,\bar{c}_3\right\}$，最优创新政策 $q^*(c)=\gamma$。

本部分模型存在两个最优创新解，对于企业的工资生产率比值，此时企业有相同的动力来通过提高创新提高劳动生产率。意义表示如下：$\bar{c}_3$ 时企业拥有更高的直接动力来通过投资活动提高劳动生产率，因为这时的单位劳动成本比较高。然而，$\bar{c}_3$ 时，企业的产出要比 $\bar{c}_2$ 时低，企业在 $\bar{c}_2$ 时有一个间接的动力通过创新来提高劳动生产率，后面的产出效应抵消了直接效应，因此在两个均衡路径上企业有相同的动力进行创新活动。

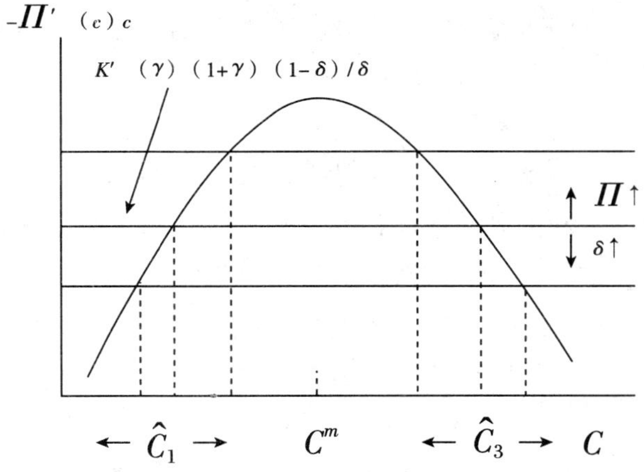

图 7.1　企业总成本与单位成本关系

三、创新动态化

由上述部分可得，$\{c_t^*, q_t^*\}_{t=0}^{\infty}$ 路径有三个稳定值，此时劳动力成本和创新增长率都是常数。典型的是，垄断者的初始工资生产率比值随着时间变化，直至其达到某一个稳定点。

定理 2　最优政策符合在 $c \in \{\bar{c}_2, \bar{c}_3\}$ 时，$q^*(c) > \gamma$，对于所有的 $c \notin \{\bar{c}_2, \bar{c}_3\}, q^*(c) < \gamma$。

对于成本 $c \in \{\bar{c}_2, \bar{c}_3\}$，创新率大于工资增长率，厂商有很强的动力去降低成本。在 $c \in \{\bar{c}_2, \bar{c}_3\}$ 这个区间中，创新率超过工资增长率，因此下一期的单位成本要小于上一期的单位成本。对于单位成本 c 不在这个区间的情况，下一期的单位成本要大于上一期，因为创新率小于工资增长率。就长期均衡而言：初始工资位于区间（$0, \bar{c}_1$）时，企业的工资生产率比值最终趋向于 $\bar{c}_2$，单位成本在不断的增加，因为此时的创新率要小于工资率。但是，当初始工资介于（$\bar{c}_2, \bar{c}_3$）时，单位成本在长期会趋向于 $\bar{c}_2$，此时单位成本会单调下降，因为此时的创新率要高于工资增长率。如果初始工资大于 $\bar{c}_3$，企业最终会退出市场，因此其产出会不断下降直至为 0。除非 $\bar{c}_0 > \bar{c}_3$，劳动生产率的增长率将趋于工资增长率，长期来看，垄断者的创新政策与其初始的劳动生产率和初始的工资水平不相关。不是工资水平而是工资增长率最终决定了创新企业的创新行为及其长期的均衡劳动力成本 $\bar{c}_2$。在此单位成本下，企业的产出和需求函数都是固定的，并且与工资水平不相关。这一单位劳动力成本与就业有密切关系：因为 $\bar{c}_2$ 是固定的，即初始工资水平上涨 1% 会导致劳动生产率上涨 1%，产出水平不变，从而就业下降 1%。

第二节　收入不平等与技术创新

Murphy 等（1989）构建了收入分配影响新技术应用的理论模型，假定价格和市场份额外生给定，得出较低的收入不平等通过为创新产品带来较大的市场需求而促进经济增长。Greenwood 和 Mukoyama（2001）在假定初始收入不均等导致消费者购买新产品的时间存在差异的情况下，通过局部均衡模型推导出双产品垄断厂商在做出创新选择的最佳时间。基于以上文献，Foellmi 和 Zweimüller（2006）将价格和经济增长率作为内生影响因素，分别从价格和市场规模两个角度综合分析了收入不平等对技术创新的影响，具体模型如下。

一、需求方面

（一）偏好

假定一个经济体内有多种潜在可生产的非同质产品，用 $j \in [0, \infty)$ 来表示。消费者偏好是分等级的，这意味着商品可以根据消费者的优先消费而被划分出来。建立等级模型，假定 $c(j)$ 单位的 j 商品能产生 $v(c(j)) \cdot \xi(j)$ 单位的效应。效应由基本效应函数 $v(.)$ 决定，其他商品也一样，并且有一个权重函数 $\xi(j)$，且 $\xi'(j) < 0$。单位较少的商品具有较高的权重（即在消费中占有较高的优先选择权），单位数较多的商品则具有较低的权重，占较低的优先选择权。

下面需要界定函数 $v(\cdot)$ 和 $\xi(\cdot)$。首先，假定购买有差异化的商品是一个“0—1”的选择函数，消费者或者选择消费数量为 1 的产品或者选择不消费产品，$c(j) \in \{0,1\}$。这样可使效用函数更为标准，$v(0) = 0, v(1) = 1$。这一假定主要是为了便于处理和分析起来更加方便。其次，假定等级函数的公式为 $\xi(j) = j^{-\gamma}$，且 $\gamma \in [0,1)$。此刻，效应函数可以写成 $u(\{c(j)\}) = \int_0^\infty j^{-\gamma} c(j) \mathrm{d}j$，在某一等级中消费数量为 N 的商品，则连续效用为 $u(\{c(j)\}) = \dfrac{N^{1-\gamma}}{(1-\gamma)}$。

由于假定消费者的寿命无期限，则消费者的目标函数为

$$U(\tau) = \int_0^\infty \frac{1}{1-\sigma} \left[\int_0^{N(t)} j^{-\gamma} c(j,t) \mathrm{d}j \right]^{1-\sigma} e^{-\rho(t-\tau)} \mathrm{d}t \tag{7.6}$$

这里，ρ 和 $1/\sigma$ 分别表示时间偏好的比率和相互作用的暂时替代弹性。

（二）消费选择

消费者所拥有的劳动和财富是不均等的，家庭预算约束条件：

$$\int_{\tau}^{\infty}\int_{0}^{N(t)}p(j,t)c(j,t)\mathrm{d}j\cdot e^{-R(t,\tau)}\mathrm{d}t\leqslant\int_{\tau}^{\infty}\omega(t)l\cdot e^{-R(t,\tau)}\mathrm{d}t+V(\tau) \tag{7.7}$$

$N(t)$、$P(j,t)$ 和 $W(t)$ 分别定义为 t 时刻有差异商品的数量、j 类商品的价格和工资率，$R(t,\tau)=\int_{\tau}^{t}\gamma(\tau)\mathrm{d}\tau$ 为 τ 和 t 期间的要素积累，l 为家庭劳动禀赋（不随时间变化），$V(\tau)$ 为家庭最初的财富水平。

根据预算约束方程（7.7）可以最大化方程（7.6）。设定拉格朗日条件，定义 $u(t)\equiv u(\{c(j,t)\})$，直接得到一阶条件：

$$c(j,t)=\begin{cases}1,p(j,t)\leqslant z(j.t)\\0,p(j,t)>z(j,t)\end{cases} \tag{7.8}$$

支付意愿 $z(j,t)$ 可以定义为 $z(j,t)\equiv j^{-\gamma}\dfrac{e^{R(t,\tau)-\rho(t-\tau)}}{\mu}u(t)^{-\sigma}$。

参数 μ 定义为拉格朗日乘数，在最初 τ 时期财富的边际效用（可理解为类似于 t 时间财富的边际效用 $\lambda(j,t)=\mu e^{-R(t,\tau)+\rho(t-\tau)}$）。（7.8）式表示在 t 时刻，如果商品 j 的价格低于购买意愿 $z(j,t)$，则消费者会购买商品 j，若高于，则消费者会转向购买其他商品。

消费者的支付意愿 $z(j,t)$ 越高，商品 j 在商品分类等级中的地位越低（对商品的优先选择权越高）。$z(j,t)$ 越高，消费者的财富边际效应 $\lambda(j,t)=\mu e^{-R(t,\tau)+\rho(t-\tau)}$ 越低。可见，富裕消费者财富的边际效用较低，支付意愿较高。

二、分配

假定所有消费者都具有相同的目标函数（7.6），但是禀赋不同。简单起见，我们假定有两种类型的消费者：穷人 P 和富人 R，各自人口所占比重分别为 β 和 $1-\beta$。所有家庭的收入都来自劳动收入以及垄断厂商利润所得的分配。假定每个家庭具有相同的收入构成（相同的劳动、相同的利润分配）。这样穷人的相对收入水平比率在每单位资本收入中所占比重 $\theta_P<1$，富人 $\theta_R>1$，穷人和富人收入份额相加之和为1，即：$(1-\beta)\theta_R + \beta\theta_P = 1$ 。将 $\vartheta = \theta_P$ 作为外生变量，则 $\theta_R = (1-\beta\vartheta)/(1-\beta)$ ，变量 β 和 ϑ 决定了收入分配。

三、技术和价格设定

（一）生产技术和技术进步

模型的供给方面：劳动是唯一的生产要素，劳动市场是完全竞争的。t 时期市场出清时的均衡工资定义为 $\tilde{\omega}(t)$ 。产品由垄断厂商生产，生产过程为规模收益递增。生产一种产品之前，厂商首先得“创新”。这赋予厂商获得充分掌握新产品创新方案和垄断地位的机会。创新成本用设定成本等于 $\tilde{F}(t)$ 单位劳动来代替。一旦准确地设定了成本，厂商便使用一项线性技术（一单位新产品的产出需要 $\tilde{b}(t)$ 单位劳动投入）。创新意味着技术进步，我们假定一个经济体的知识存量等同于人们所熟悉的设计数量 $N(t)$ 。生产有差异的产品部门的劳动系数与本部门知识存量成反比，令 $\tilde{F}(t) = \dfrac{F}{N(t)}, \tilde{b}(t) = \dfrac{b}{N(t)}$ ，其中 F 和 b 是外生变量，且 $F > 0, b > 0$ 。在不同部门之间选择边际生产成本，因为 $\tilde{\omega}(t)\tilde{b}(t) = 1$ 。这意味着，工资随着产量的增加而增长，$\tilde{\omega}(t) = N(t)/b$ ，且创新成本恒定不变，因为 $\tilde{\omega}(t)\tilde{F}(t) = F/b$ 。

（二）不同产品的价格

有差异化产品的生产商因处于垄断地位，其所设定的价格往往会高于边际生产成本，且垄断生产商的需求函数决定了垄断产品的价格。考虑对产品 j 的需求（简化起见，省去时间因素）：消费是双向选择，在给定价格 $p(j)$ 下，对产品 j 的需求量取决于有多少消费者愿意对其购买。假定有两组消费者，市场需求函数为阶梯函数（Step Function），见图 7.2。

当价格超出富人所愿意支付的价格时，即 $p(j) > z_R(j)$ ，需求量为零。需求曲线为一条垂直线。当价格在富人和穷人所愿意支付的价格之间，即 $p(j) \in [z_p(j), z_R(j)]$，市场需求等于富人所占比重 $(1-\beta)$。当价格低于或等于穷人所愿意支付的价格，即 $p(j) \leqslant z_p(j)$，市场需求为整个经济体的人口规模，即 1 单位。垄断厂商将会定价 $z_R(j)$，只卖给富人（图 7.2 的 A 点）；或者定价 $z_p(j)$，卖给所有人（如图 7.2 的 B 点），不管哪一个都能够获得丰裕的利润。相应的利润分别是 $\Pi_R(j) = [z_R(j)-1](1-\beta)$（A 点），$\Pi_{tot}(j) = [z_p(j)-1]$（B 点）。

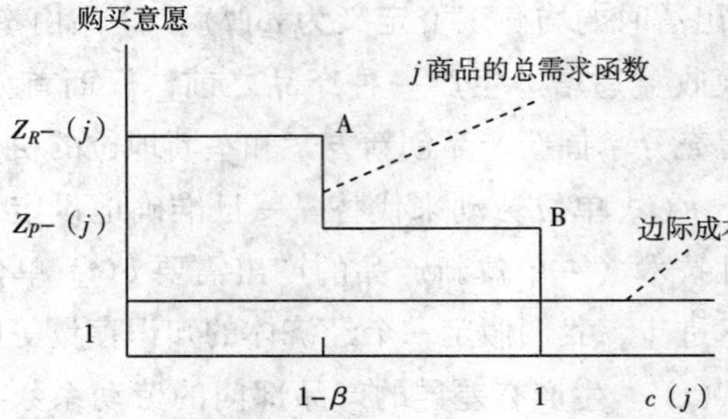

图 7.2　垄断企业的市场需求

假定垄断厂商生产 N 种产品，有两种情况：一是所有 N 个厂商都定价为 $z_R(j)$，只卖给富人，将无法达到均衡。如果穷人无法购买任何一种有差异产品，则他们购买产品 $j \to 0$ 的意愿将无穷大。因此，将有产品 $j > 0$ 使得 $\prod_{tot}(j) \geqslant \prod_R(j)$，或者等价的，$z_p(j) - z_R(j)(1-\beta) \geqslant \beta$，意味着 $z_p(j)/z_R(j) > 1-\beta$。二是所有厂商都定价为 $z_p(j)$，此时无法达到均衡。我们令 $N_P = N_R$，穷人和富人将花费相同的消费支出。因为富人将不会用尽他们的预算约束，财富的边际效应将会为零，$z_R(j)$ 趋于无穷。垄断厂商为获取利润最大化则只能销售给富人。

命题 1：厂商对所有商品 $j \in [0, N_p]$ 设定价格 $P(j) = z_p(j)$，然后对于所有 $j \in (N_P, N_R]$ 都有 $P(j) = z_R(j)$，其中 $0 < N_p < N_R \leqslant N$。

由命题 1 推出，差异产品的价格为：

$$P(j,t)=\begin{cases}Z_P(j,t),j\in[0,N_P(t)]\\Z_R(j,t),j\in[N_P(t),N_R(t)]\end{cases} \tag{7.9}$$

命题1中，当 $j\in[0,N_P(t)]$ 时，穷人消费所有的商品，当 $j\in[0,N_R],0<N_P<N_R\leqslant N$。这就意味着消费存在等级，消费者 i 只能购买等级低的 N_i 产品，只能满足基本需求；而富人不仅能购买必需品，还能负担起一些奢侈品。观察结果进一步得出：

命题2：均衡有两种状态：状态一，$N_P(t)<N_R(t)=N(t)$，富人购买所有厂商生产的所有产品；状态二，$N_P(t)<N_R(t)<N(t)$，富人仅购买所有产品中的一部分。

命题2对经济增长有重要的指导意义，$N_P(t)/N(t)<1$ 和 $N_R(t)/N(t)\leqslant 1$ 是不随时间而改变的。当 $N_R(t)/N(t)=1$，富人消费者能购买所有可生产的商品，创新生产商就会立刻把新产品卖给富人，然后再卖给穷人，我们称这种情况为"IS状态"（"创新和销售"）。当 $N_R(t)/N(t)<1$，富人消费者不购买所有可生产的产品。创新生产商在新产品有一个好的需求量之前不得不等待。我们称这种状态为"IW"状态（"创新与等待"）。下面本部分分别在"IS状态"和"IW状态"下分析收入不平等对创新的影响。

四、收入不平等对创新的影响

（一）IS状态（创新与销售）

1. 跨部门资源配置

经济资源包括知识存量 $N(t)$ 和家户中同质的劳动。在任何时期 t，$N(t)$ 为先定变量，但会影响当期的生产率 $b(t)$ 和 $\tilde{F}(t)$。总劳动供给被标准化为一单位。由于创新具有昂贵的成本，研发部门为生产创新产品将雇用一部分经济体中的资源。剩余劳动资源将被雇佣在最终产品的生产部门。跨部门间的劳动配给将是内生决定的。我们定义 L_Y 为生产部门工人数量，L_I 为研发部门工人数量。

产品部门对劳动的需求函数为 $L_Y = \int_0^{N(t)} [b/N(t)][\beta C_p(j,t) + (1 - \beta)C_R(j,t)]\mathrm{d}j$ 。

由于富人可以消费所有产品而穷人只能消费数量 $n(t) \equiv N_P(t)/N(t)$ ，这意味着 $L_Y(t) = b[\beta n(t) + (1-\beta)]$ 。研发部门对劳动的需求取决于 $\dot{N}(t)$（时间 t 时的创新水平）。研制一种新产品需要 $F/N(t)$ 单位的劳动，对研发人员的需求为 $L_I = F\dot{N}(t)/N(t) = Fg(t)$ 。

劳动市场完全竞争保证了劳动任何时候都能全部被雇佣，所以有 $1 = L_Y + L_I$ 。综合上面对 L_Y 和 L_I 的等式，经济资源约束可以写成：

$$1 = b[\beta n(t) + (1-\beta)] + Fg(t) \tag{7.10}$$

2. 均衡价格和利率

均衡增长过程中产品 j 的价格将如何设定？将引入新产品的时间表示为 τ。在此点处，创新厂商将价格定为 $p(j,\tau) = z_R(j,\tau)$ ，富人开始购买。随着他们收入的增长，富人愿意为既定的产品支付更高的价格，因此创新厂商可以定更高的价格。价格的变化率将直接取决于 $z_R(j,\tau)$ 。又因为 $z_R(j,\tau) = j^{-\gamma}e^{R(t,\tau)-\rho(t-\tau)}u_R(t)^{-\sigma}/\mu_R$ ，家户消费也存在差别即 $u_R(t) = N(t)^{1-\gamma}/(1-\gamma)$ 。将 $z_R(j,\tau)$ 的表达式代入取 log 并求导数得：

$$\frac{\dot{p}(j,t)}{P(j,t)} = \frac{\dot{Z}_R(j,t)}{Z_R(j,t)} = r(t) - \rho - \sigma(1-\gamma)\frac{\dot{N}(t)}{N(t)} \tag{7.11}$$

价格将会一直增长直到厂商发现可以选择吸引穷人作为额外的消费者。此时，厂商将把价格从 $z_R(j,s)$ 降到 $z_p(j,s)$ 。s 时刻，$z_p(j,s)$ 的变化率决定价格的改变。穷人愿意支付的价格为 $z_p(j,t) = j^{-\gamma}e^{R(t,\tau)-\rho(t-\tau)}u_p(t)^{-\sigma}/\mu_p$ ，其中 $u_p(t) = [nN(t)]^{1-\gamma}/(1-\gamma)$ 。由于 n 不变，$\dot{Z}_p(j,t)/Z_p(j,t)$ 的表达式与方程（7.11）相同。

观察价格 $p(N_i(t),t)$ 的变化，这是消费者 i 低优先选择产品（最高奢侈品）购买所面临的价格。假定在 $z_R(j,t)$ 中，$j = N_R(t) = N(t)$ ，在

$z_p(j,t)$ 中，$j = N_p(t) = n \cdot N(t)$，对时间取对数并求导得：

$$\frac{\dot{p}(N_i(t),t)}{P(N_i(t),t)} = r(t) - \rho - [\gamma + \sigma(1-\gamma)]\frac{\dot{N}(t)}{N(t)}$$

按照均衡经济增长方式，两种消费者的 $N(t)$ 增长率相同。增长率是恒定不变的，设值为 g，进一步假定大多数新开发的产品 $N(t)$ 价格不变，否则配置给研发部门的那部分劳动 L_I 将会改变。令 $\dot{p}(N(t),t) = \dot{p}(n \cdot N(t),t) = 0$，我们可以将上式中的利率表示成：

$$r(t) = \rho + g(\gamma + \sigma(1-\gamma)) \tag{7.12}$$

其中，均衡增长方式不变，方程（7.12）与标准增长模型里的 Euler 等式相同，消费等级 $\gamma = 0$。在 $\sigma = 0$ 的特殊情况下，消费等级参数 γ 表示消费商品的增加如何影响效应变动，类似于标准模型中的边际效应弹性。将利率公式（7.12）代入方程（7.11），可以得出 $\dot{p}(j,t)/p(j,t) = g\gamma$，因此具体某种商品的价格以恒定的速率提高。然而，某种具体商品在消费等级中的相对位置 $j/N(t)$ 取决于时间变量 t。换言之，按照均衡增长方式，价格分配保持不变。

内生变量 g, $p(N(t),t)$ 决定价格分配。进一步分析大多数的创新产品价格，定义 $p \equiv p(N(t),t) = Z_R(N(t),t)$。用内生变量 P 和 n 来表示 $p(N_p(t),t)$。由命题 1 可知，厂商供给产品 N_P 卖给所有人与只卖给富人没有差别，由于 N_P 满足套利条件 $Z_p(N_p) - 1 = [Z_R(N_p) - 1](1-\beta)$（简化，我们省略时间因素）。从公式（7.8）可以得出 $Z_R(N_P) = n^{-\gamma}Z_R(N)$。定义 $Z_R(N) = P$，则产品 N_p 的价格套利条件：

$$p(N_P(t),t) = Z_p(N_P(t),t) = \beta + (1-\beta)n^{-\gamma}p。$$

总之，新产品价格开始为价格 p，增长率为 $g\gamma$，而一旦厂商发现恰当的时候可以吸引穷人购买时，价格便会降为$\beta + (1-\beta)n^{-\gamma}p$，之后以 $g\gamma$ 的增长率增长。图 7.3 描述了均衡价格为 j/N 的函数。

对价格变动的两点评论：一是，特定商品 j 在消费等级中的相对位置 j/N 会随着经济的增长而降低。从这个角度，以前是奢侈品，现在变成必需品。二是，当穷人开始购买产品时，价格会发生离散跳跃而非连

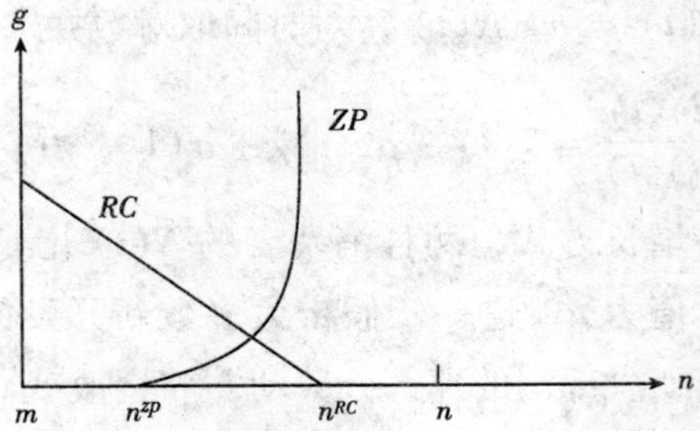

图 7.3　总体平衡：ZP 曲线和 RC 曲线

续的变化，这取决于我们对两组消费群体的假定。若有若干组消费者，则价格将会有多种小变化而不是一种变化来吸引消费者。

3. 创新过程

假定可以自由进入研发部门，均衡点位于零利润处即创新成本与创新价值平衡处。不管创新价值如何决定，创新成本被固定为 F/b 。为创新而做的努力也是针对那些多数消费者愿意购买的商品，创新过程也是遵循消费等级的。

为计算创新价值，需要知道引入一种新产品利润变动情况。厂商最初需求量为 $1-\beta$ 直到降价即穷人消费者进入。从那一时刻，所有消费者都可以购买，需求量等于 1。令 Δ 为只有富人进行购买某种新产品的时间间隔，Δ 必须满足 $N_p(t+\Delta) = N(t)$ ，按照均衡增长方式，N_p 以恒定不变的速率 g 增长，我们可以写成 $N_p(t)e^{g\Delta} = N(t)$ ，取对数得：

$$\Delta = -\ln[N_p(t)/N(t)]/g = -(\ln n)/g$$

因为 $n < 1$ ，所以 $\Delta > 0$ 。显然，在以下两种情况下，Δ 将一直维持，即创新产品只会卖给富人：一是如果穷人很穷（意味着穷人能够负担的起的商品数量 n 很小），二是增长率 g 很低。

之前我们将产品的边际成本标准化为 1，在 $s \in [t, t+\Delta)$ 的区间内（产品只销售给富人），利润等于 $(1-\beta)(pe^{gy(s-t)}-1)$ ；在时间 $s \geq t+\Delta$ 区间（产品卖给所有消费者），利润等于 $[\beta+(1-\beta)n^{-\gamma}p](e^{gy(s-t-\Delta)}-1)$。一项创新产品的价值等于这种变动利润折旧率 r。将创新价值等价于创新成本推出创新部门零利润条件：

$$\frac{F}{b} = (1-\beta)\left(\frac{p}{r-g\gamma}-\frac{1}{r}\right)+\beta n^{r/g}\left(\frac{1}{r-g\gamma}-\frac{1}{r}\right) \qquad (7.13)$$

使用命题1重新把穷人和富人各自的预算约束（7.7）表示出来，如下：

$$wl_p + (r-g)\frac{V_{tP}}{N_t} = [\beta n + (1-\beta)pn^{1-\gamma}]\frac{1}{1-\gamma}$$

$$wl_R + (r-g)\frac{V_{tR}}{N_t} = [\beta n + (1-\beta)pn^{1-\gamma}]\frac{1}{1-\gamma} + p\frac{1-n^{1-\gamma}}{1-\gamma}$$

假定要素禀赋分配 $l_p/l_R = \frac{V_{tp}}{V_{tR}} = \frac{\theta_p}{\theta_R} = \vartheta(1-\beta)/(1-\vartheta\beta)$，则价格 P 等式表示为：

$$p = \varphi(n) = \frac{(1-\vartheta)\beta}{1-\beta}\frac{n}{\vartheta - n^{1-\gamma}}, \quad \varphi'(n) > 0 \qquad (7.14)$$

p 与 n 成正相关关系的经济学含义：在收入不平等程度既定的状态（由外生变量 β 和 ϑ 表示）下，穷人想购买更多的差异化商品（n 较大）将会引致富人为最新的创新产品支付更高的价格（p 较大）。

方程（7.14）可以得出价格 p 和 n 之间的关系，$n<1, p>1$。当 $n=\vartheta^{1/(1-\gamma)}<1$ 时，p 可以无穷大。取 n 中的一个关键点，不妨令它为 m，有 $\varphi(m)=1$，内生变量 p，n 的区间为 $p\in[1,\infty), n\in[m,\vartheta^{1/(1-\gamma)})$。

为了得出增长率，使用方程（7.10）和方程（7.13），其中方程（7.13）中，用方程（7.12）替代 r，用方程（7.14）替代 p：

$$\frac{F}{b} = \frac{(1-\beta)\varphi(n)+\beta n^{\rho/g+(\gamma+\sigma(1-\gamma))}}{\rho+g\sigma(1-\gamma)} - \frac{1-\beta+\beta n^{\rho/g+(\gamma+\sigma(1-\gamma))}}{\rho+g(\gamma+\sigma(1-\gamma))} \qquad (7.15)$$

命题3：假定等级是平坦的，$\gamma \leqslant \sigma F\rho/(\sigma F\rho + b)$，并且在唯一均衡条件下有一个正的经济增长率即 $g>0$。（1）穷人 ϑ 的相对收入的增加引起经济增长率 g 的下降和消费份额 n 的降低；（2）在穷人 β 中所占的份额增加，保持 $\theta p = \vartheta$ 不变，g 增加，对 n 的影响是不确定的。

命题指出，收入不平等程度越大越能促进创新水平的提升和经济的增长（回想一下，分布参数 ϑ 的增加意味着不平等程度降低，而贫困人口 β 所占份额的增加，保持 $\theta p = \vartheta$ 不变，意味着不平等程度扩大）。首先来看一下参数 ϑ 增加时会带来什么变化。从方程（7.10）可以看出，参数 ϑ 的增加不影响 RC 曲线。然而从方程（7.15）中可以看到，参数 ϑ 出现在 $\varphi(n)$ 中，因此影响了 ZP 曲线。当 ϑ 增加时，$\varphi(n)$ 降低，见方程（7.14）。从方程（7.15）中可以看到，保持 g 不变 $\varphi(n)$ 的减少，n 相应增加，否则方程（7.15）不成立。因此，ZP 曲线必须向右移。新的均衡产生了一个较低的增长率和一个更高的穷人消费份额。下面考虑一下参数 β 的增加所带来的严重的影响。假定 ϑ 保持不变，这会增加富人的相对收入，不会对穷人产生影响，因此 β 的增加对 RC 曲线和 ZP 曲线都会产生影响。从方程（7.10）中可以看出 β 的增加可以带来相应的 n 的增加。因此，RC 曲线向右移动，同时 ZP 曲线向左移动。β 的增加直接使得方程（7.15）中的 R. H. S（Right Hand Side）降低了，而间接的使得 $\varphi(n)$ 增加了，因为 $\varphi(n)$ 随着 β 的增加而增加，这样 n 必然会降低。

考虑富人和穷人之间收入差距比较大时对创新价值的影响（参见方程（7.15）中零利润条件）。富人比穷人更高的相对收入有两个效应。第一个是价格效应。富人拥有一个较高的支付意愿，这能促使新产品的价格提高，而穷人有一个比较低的支付意愿，使得老产品的价格降低。换句话说，新产品刚开始时价格都比较高（新产品主要是卖给富人）并且最后的价格很低（此时产品成为大众产品卖给整个社会上的人）。由于折扣，创新价值的提升使得未来利润转移到目前。第二个效应是（动态的）市场规模效应，产品从独占市场缓慢过渡到大众市场。然而，这只是对利润二阶效应由于市场规模的扩大和更低的价格相吻合（事实上，在这个阶段，公司对于产品只卖给富人还是卖给整个社会上的人是漠不关心的）。因此，前面的价格效应总是主导着市场规模效应，以至于富人对穷人的较高的工资比率能够提高经济增长率。

另外，看一下当贫困人口所占比例较大时即收入比较集中时对创新价值的影响。只要穷人的收入没有改变，则价格、市场规模和大众消费商品 $j \in (N_P, N]$ 的利润也不会改变。然而，垄断公司 $j \in (N_P, N]$ 会比以前得到更多的利润。当收入差距比较小即富人所占比例比较小时，垄断市场变小会产生一个更高的价格，因为垄断产品非常接近于大众消费（因为 $j \to N_P$），公司开始对于商品卖给所有人还是仅仅卖给富裕家庭而漠不关心。换句话说，商品 N_P 的利润接近于大众消费商品的利润，并且不会因为收入集中而变化非常强烈。然而，当收入不平等程度较大时，垄断产品和大众消费商品便被远远的区分开来 $j \gg N_P$。垄断商品的价格和利润随着等级 j 的下降而下降，但是下降的的幅度不大。

（二）IW 状态（创新与等待）

下面考虑在 IW 状态中的均衡，创新公司的新产品在市场上被大量的需求购买之前有一个等待的时间。在 IW 状态中，依据方程（7.10），方程（7.14）和方程（7.15）的条件改为：

$$1 = gF + bn[(1-\beta)/m + \beta] \tag{7.16}$$

$$\frac{1-\vartheta}{(1-\beta)\vartheta} = \frac{1-m^{1-\gamma}}{\beta m + (1-\beta)m^{1-\gamma}} \tag{7.17}$$

$$\frac{F}{b} = (1-\beta+\beta m^{r/g})\left[\frac{1}{\gamma - g\gamma} - \frac{1}{\gamma}\right]\left(\frac{n}{m}\right)^{r/g} \tag{7.18}$$

由方程（7.12）得到 $r = \rho + g(\gamma + \sigma(1-\gamma))$。有三个方程式和三个未知数：$g$、$m$、$n$。这里 $m = N_P(t)/N_R(t)$ 指的是穷人和富人消费者之间的相对消费水平。注意 m 可以从方程（7.17）直接得到，并且由等级参数 γ 和分布参数 β 和 ϑ 单独决定。它不依赖于技术因素，并且独立于增长速度。可以用方程（7.16）和方程（7.18）来描述平衡的特征。

图 7.4（a）组描述了在 IW 状态下非常陡峭的等级中的平衡。在这种情况下，ZP 曲线向后弯曲。当 g 非常低的时候，曲线的斜率是负的，而当 g 很高时，曲线斜率是正的，因此在 IS 状态下，ZP 曲线向后弯

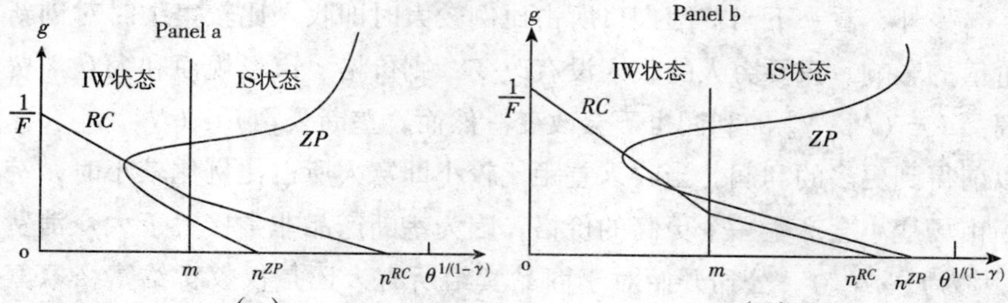

（a）　　　　　　　　（b）

图 7.4　陡峭的等级和多重均衡

曲。另外，一旦 $n \rightarrow \vartheta^{1/(1-\gamma)} > m$，$ZP$ 曲线变成一条垂直的直线。在 IW 状态下，$g > 0$ 的正的经济增长均衡只有当 F 非常小时才可能产生，因此 ZP 曲线符合 n 的值较低时的条件。在这种情况下，（低的）创新活动的成本可以得到偿付，即使富的消费者购买意愿最初是非常低的，并且创新者仅在未来赚得正的利润。在这种情况下，创新者即使不得不等待也愿意投资于研发成本。

图 7.4 的（b）组显示了存在多个均衡的情况。当 $n = n^{RC}$ 时，达到停滞均衡，在 IW 状态下有两个经济增长均衡点。多重均衡的存在是因为当等级很陡峭时需求效应非常强烈。创新公司的需求取决于国家的经济增长。如果创新者希望高速的经济增长，预期他们的市场很快就会发展成一个大众市场，产品的价格和利润飞涨。因此，乐观的经济预期对创新起激励作用，此时达到一个均衡。如果创新者对经济增长和利润的预期较低则不利于对创新的激励。因此，悲观的预期支撑的创新水平较低。

陡峭的等级的存在，使得收入不平等对经济增长的影响不存在，多数情况下保持不变。虽然在 IS 状态下稍微复杂一些，这种情况是很类似的。不平等程度的扩大并不一定意味着有更少的资源来满足总消费需求。虽然穷人消费的更少了，但是富人消费了更多的商品。从图形上来看，穷人 ϑ 的相对收入增加，ZP 曲线向右移动，但是 RC 曲线也会受到影响（在 IW 状态下，ϑ 增加，m 上升，RC 曲线向右移动）。然而，

当 ϑ 增加或者 β 降低时，模拟结果呈现的整体变化是经济增长速度放缓。

命题 4：假定等级是陡峭的，$\gamma > \sigma F\rho/(\sigma F\rho + b)$，并且存在唯一的均衡，此时 $g > 0$。（a）穷人 ϑ 的相对收入增加，经济增长率 g 下降，穷人的消费份额 n 降低，而富人所占的消费份额 n/m 增加。（b）穷人 β 所占的份额增加，保持 $\theta_P = \vartheta$ 不变，富人所占的消费份额 n/m 增加，经济增长率 g 下降，而对 n 的影响不确定。

在 IW 状态下收入不平等程度扩大也能够促进经济增长，这同 IS 状态下是相同的。较高的不平等产生了较高的富人对穷人收入比率，从而提高了创新价值，这是因为在产品周期的早期阶段（等待富人的时间非常短暂）能够产生正的利润，最后过渡到大众市场。价格效应大于需求规模效应，富人在人口中所占比例较大，也导致了创新的价值增加。在产品的初期阶段几乎没有富人愿意购买新产品并为之支付更高的价格。其结果是，创新价值的提升刺激了创新活动和长期的经济增长。值得注意的是，收入不平等促进经济增长的效应在 IW 状态下不如在 IS 状态下的作用大。在 IS 状态下，收入不平等程度不断扩大不会对消费产生严重的影响，因为富人消费了全部商品。而在 IW 状态下，富人消费的增加需要更多的资源且抑制了收入不平等对经济增长的正面影响。

第八章　需求引致创新及影响因素的实证分析

由文献回顾可知，基于中国现实情况对需求与技术创新或技术进步关系的实证研究较为匮乏，而且详细考察内生需求因素对技术进步的研究也较为少见。对此，本章在前文理论机制分析的基础上，利用中国省际面板数据，实证检验了需求（包括国内需求和国外需求）对技术创新的影响，并在此基础上利用内生门限回归分析法测度地区创新门限变量值。通过实证研究发现，国内需求对技术创新的促进作用要高于国外需求的作用。

在影响国内有效需求的诸多因素中，工资上涨和收入差距扩大是当前中国经济的热点问题。近年来中国工资增长幅度较大，这无疑会对企业造成一定的成本压力。工资的上涨可以从多方面影响一国的技术进步。当前形势下，研究工资与创新及技术进步的关系尤为重要。从创新角度来看，工资上涨对企业造成的压力，是温和还是过大？本章第二节在已有研究的基础上，提出创新工资门限假说，以此研究工资上涨对技术创新以及技术进步的具体影响。同时，随着中国经济的高速增长，人均收入水平的迅速提高，收入差距扩大现象也日益显著。世界银行2009年公布的中国居民可支配收入基尼系数为0.47，大大超过国际警戒线0.4的标准。而收入差距作为有效需求的重要影响因素，其对中国的技术创新以及技术进步具体会产生怎样的影响，本章第三节将展开对这一问题的研究。

第一节　国内外需求对技术创新的影响

需求引致创新理论认为，市场是技术创新活动的起点，也是技术创新得以实现的最终场所，市场需求变化能直接影响企业的销售和收入，为企业提供新的市场机会和创新思路，从而形成对企业技术创新的拉力作用和激励效应。本部分借助中国省际数据从市场需求（包括国内需求和国外需求）的视角来探索其对技术创新的影响。由于中国各地区经济发展水平、经济结构以及开放程度等方面存在着差异，地区技术创新水平也具有较大的不平衡性（统计数据显示：近十年来各地区专利申请受理数中，东部地区约占全国67.3%的比重，中部地区为14.8%，而西部地区仅为10%），本节将进一步运用以“门限回归”模型为代表的非线性计量经济理论来研究需求对创新拉动的差异影响，以期为中国各地区借助需求促进技术进步和经济发展提供理论指导。

一、市场需求对技术创新的影响

（一）模型设定

为考察国内、国外需求对技术创新的影响，本部分构建如下模型进行实证检验：

$$\ln Inno_{it} = \alpha \ln RDL_{it} + \beta \ln RDK_{it} + \theta \ln DM_{i,t} + \gamma \ln EX_{i,t} + C + \varepsilon_{it} \tag{8.1}$$

其中，i、t 分别表示省份和年份；*Inno* 为各地区技术创新水平，以各地区每年的专利申请受理数表示；*RDL* 为科技活动人员数，以各地区研究与试验发展人员全时当量表示；*RDK* 为研发活动资本投入，主要包括国外研发溢出（各地区实际利用 FDI 值）和本国研发资本存量两部分；DM 指各地区的国内需求部分，以各地区最终消费支出（包括居民消费和政府消费两部分）表示；而 EX 则指国外需求部分，以各地区按经营单位所在地分货物出口额来表示；α、β、θ、γ、ρ 分别表示各因素的影响程度，C 为常数项，ε 为随机扰动项。

（二）数据说明

1. 价格调整

由于各种统计年鉴上所载的数据均为以当年价格计算的名义值，为避免价格因素的干扰，需对模型中涉及价值形态的指标进行价格调整：本节分别以历年的各地区居民消费价格指数（1997 年为基期）和各地区商品零售价格指数（1997 年为基期）对相应年度的各地区最终消费支出和各地区按经营单位所在地分货物出口额数据进行平减。

研发活动的资本投入由国外研发溢出（各地区实际利用 FDI 值）和本国研发资本存量两部分之和构成，各地区实际利用外资按各地区固定资产投资指数（1997 年为基期）进行折算，国内研发资本存量则依据运用 Griliches（1980）提出的方法调整：第 i 个省份在 1997 年的国内研发存量：$S_{i1997} = RD_{1997}/(g+\delta)$，$RD_{1997}$ 为第 i 个省份在 1997 年的国内研发支出，以各地区科技经费内部支出来表示，根据 Coe 和 Helpman（1995）的定义，g 为 1998—2008 年每年研发支出对数形式增长率的平均数，δ 为研发资本的折旧率①。其余年份国内研发存量为 $S_{it} = (1-\delta)S_{i(t-1)} + RD_{it}$，其中 RD_{it} 是采用各地区固定资产投资指数折算 1997 年不变价格的历年国内研发支出。

2. 数据来源

本节运用 1999—2007 年中国的省份面板数据进行回归分析，由于

① 在实际计算过程中，沿用 Coe 和 Helpman（1995）采用研发数据回归所得的 5% 的折旧率。

西藏数据缺乏完整性，本部分将其剔除在外。各地区最终消费支出、各地区按经营单位所在地分货物出口额以及用于价格调整的各种价格指数来自历年的《中国统计年鉴》。各地区专利申请授权数、科技活动经费内部支出、研究与试验发展人员全时当量来自于历年《中国科技统计年鉴》。各地区实际利用外资1999—2004年的数据来自于《新中国五十五年统计资料汇编》；2005—2007年的数据从《中国区域经济统计年鉴（2006—2008）》获得。

（三）回归结果

使用Stata软件对模型（8.1）进行回归，以Hausman检验来确定固定效应模型或随机效应模型的选取，Hausman检验所得χ^2检验统计量对应的概率值表明选择固定效应模型①，模型具体的检验结果见表8.1：

表8.1　市场需求对技术创新影响的检验结果

	Coef	Std. Err	t	p > | t |
ln*RDL*	0.128**	0.064	2.07	0.040
ln*RDK*	0.145**	0.061	2.38	0.018
ln*DM*	0.763***	0.107	7.10	0.000
ln*EX*	0.209***	0.048	4.25	0.000
C	-0.981 *	0.531	-1.85	0.066
F	444.95	R^2	0.9411	
Hausman Test	Chi2（4）=22.99		Prob > chi2 = 0.0001	

注：***、**、*分别表示在1%、5%和10%的显著性水平上变量显著。

从研发投入的产出弹性（研发人员为0.128，研发资本为0.145）

① 在1%的显著性水平下，当Hausman统计量大于$x^2_{0.01}(n)$（n为模型中被估计参数个数）时，则认为模型中存在固定效应，否则采用随机效应模型。Prob值为模型包含随机效应的置信概率，该概率小于0.01时选择固定效应模型进行估计，否则采取随机效应模型估计。

可以看出，国内研发投入对中国技术创新具有显著的促进作用，具有较高素质的研发人员直接影响到对技术的运用、改进和创新，以及对国外研发成果的吸收与模仿、创新；实证结果表明研发投入是影响中国技术创新的重要因素，增加研发经费投入（包括国内研发资本投入与国外研发溢出）同样带动技术创新的产出增加。国内市场需求和国外市场需求对技术创新产出的影响系数分别为 0.763 和 0.209，且均通过了 1% 水平下的显著性检验，这一结果支持了理论机制部分的分析，市场需求的扩大对技术创新能力的提高起到促进作用。

目前中国整体技术创新水平的提升仍主要依赖于国内市场需求带来的引致作用，而出口市场的竞争效应以及“出口中学习”效应未能发挥应有的作用，我们认为这与中国的出口商品结构有较大关系。中国以加工贸易为主要形式的出口贸易徘徊在低技术含量的产业链加工层次，并未掌握核心技术和关键零部件制造技术（胡军等，2005），因而出口贸易对创新的促进作用仅体现在劳动初期获取熟练程度提高方面的人力资本积累，其后的技术升级进程却相当缓慢。

进一步对各省区市的数据进行估计的结果见表 8.2。由检验结果可见，各省区市国内需求和国外需求对技术创新影响的弹性系数存在明显的差异，某些省区市并未通过 10% 水平下的显著性检验，中西部地区的部分省区市甚至出现负的影响。与表 8.1 中国整体水平的检验结果相比，分省份数据的检验结果缺乏稳定性。我们认为省份研究结果的不一致性隐含着市场需求对技术创新的激励作用的发挥受到多种因素的制约，即可能与各地区的经济发展水平、对外开放程度等经济特征之间存在的差异有关，因此有必要对此问题进行进一步的探讨。我们将在下一部分通过构造门限回归模型进一步考察影响市场需求引致创新效应发挥的各种因素的作用，以期对各地区的技术进步及最终的经济发展产生指导意义。

表 8.2　中国各省区市市场需求对技术创新影响的检验结果

	DM	*EX*		*DM*	*EX*
北京	1.891（3.430***）	-0.893（-1.673*）	河南	0.585（5.477***）	0.426（3.706***）
天津	-0.200（-0.993）	1.153（7.262***）	湖北	0.336（2.843***）	0.856（5.628***）
河北	0.987（6.364***）	-0.176（-1.135）	湖南	0.595（4.935***）	0.438（2.887***）
山西	0.801（5.841***）	0.009（0.070）	广东	-0.370（-0.789）	1.313（2.973***）
内蒙古	0.951（6.743***）	-0.216（-1.327）	广西	0.837（5.851）	-0.034（-0.194）
辽宁	0.431（2.785***）	0.604（3.693***）	海南	0.911（1.830*）	-0.143（-0.215）
吉林	0.955（5.104***）	-0.056（-0.207）	重庆	0.554（5.339***）	0.504（4.507***）
黑龙江	0.86（11.176***）	0.076（0.883）	四川	0.619（6.314***）	0.464（4.455***）
上海	0.371（1.792*）	0.628（3.774***）	贵州	0.706（5.379***）	0.310（0.192）
江苏	0.097（0.777）	0.893（8.650***）	云南	0.849（6.649***）	0.002（0.014）
浙江	0.353（2.239**）	0.689（4.670***）	陕西	0.849（9.082***）	0.089（1.715*）
安徽	0.379（2.998**）	0.579（4.384***）	甘肃	0.807（6.553***）	0.067（0.469）
福建	0.519（3.013***）	0.402（2.364**）	青海	0.915（7.977***）	-0.340（-3.066***）
江西	0.845（7.849***）	-0.010（-0.073）	宁夏	0.999（5.233***）	-0.247（-1.187）
山东	0.384（2.282**）	0.642（3.602***）	新疆	0.789（8.664***）	0.090（1.359）

注：系数下括号内的数值是该系数 t 值，***、**、* 分别表示在 1%、5%、10% 的显著性水平上变量显著。

二、市场需求对技术创新影响的门限检验

（一）门限特征测量模型

本部分我们继续应用 Hansen（1999）发展的门限面板回归模型来考察不同区间内各种因素通过作用于市场需求而对技术创新能力的提升产生的差异影响，本部分设定的国内需求和国外需求的单一门限模型分别为：

$$\ln Inno_{it} = \varphi_i + \alpha\ln RDL_{it} + \beta\ln RDK_{it} + \omega_1 DM_{i,t}I(g_{i,t} \leqslant \tau) + \omega_2 DM_{i,t}[1 - I(g_{i,t} > \tau)] + \gamma\ln EX_{i,t} + \varepsilon_{it} \quad (8.2)$$

$$\ln Inno_{it} = \varphi_i + \alpha\ln RDL_{it} + \beta\ln RDK_{it} + \omega_1 EX_{i,t}I(g_{i,t} \leqslant \tau) + \omega_2 EX_{i,t}[1 - I(g_{i,t} > \tau)] + \gamma\ln DM_{i,t} + \varepsilon_{it} \quad (8.3)$$

双门限回归模型见（8.4）和（8.5）：

$$\ln Inno_{it} = \varphi_i + \alpha\ln RDL_{it} + \beta\ln RDK_{it} + \omega_1 DM_{i,t}I(g_{i,t} \leqslant \tau_1) + \omega_2 DM_{i,t}I(\tau_1 < g_{i,t} \leqslant \tau_2) + \omega_3 DM_{i,t}I(g_{i,t} > \tau_2) + \gamma\ln EX_{i,t} + \varepsilon_{it} \quad (8.4)$$

$$\ln Inno_{it} = \varphi_i + \alpha\ln RDL_{it} + \beta\ln RDK_{it} + \omega_1 EX_{i,t}I(g_{i,t} \leqslant \tau_1) + \omega_2 EX_{i,t}I(\tau_1 < g_{i,t} \leqslant \tau_2) + \omega_3 EX_{i,t}I(g_{i,t} > \tau_2) + \gamma\ln DM_{i,t} + \varepsilon_{it} \quad (8.5)$$

（二）门限变量的选取与检验结果

结合市场需求对技术创新影响机制的分析，进一步将通过市场需求进而影响到地区技术创新能力的因素概括为地区发展水平、收入水平、经济开放度三个主要方面，以此构建门限变量，并分别测度各门限变量的门限值所划分的不同区间内变量对技术创新的差异影响。

1. 地区发展水平

一个地区的经济发展水平是该地区发达程度的综合考量，一般而言，地区发展水平越高，该地区的消费能力越强，同时会产生更多新的消费需求，从而带动企业进行技术创新。因此，我们选取代表地区发展水平的地区人均生产总值（元）作为门限变量来测度其作用于市场需求进而对地区技术创新水平产生的影响。

2. 收入水平

地区居民可支配收入水平是影响该地区居民的购买能力的决定性因素，居民消费能力可对生产厂商的创新欲望产生影响。另外，收入水平的提高会促进市场需求结构的改变，成为企业技术创新的另一个主要动机。对于各地区收入水平的衡量，本部分选择居民可支配收入主要的来源职工工资（亿元）。

3. 经济开放程度

开放经济条件下，地区经济的发展不仅仅取决于国内需求的拉动，国际贸易对经济增长的作用已日益显著，对外经济开放度的提高通过技术外溢、吸收引进先进的管理技术和经验等途径对地区技术效率提高起到了重要的推动作用（何枫，2004）。另外，地区开放程度越高意味着国外需求市场的规模越大，企业通过从事创新活动以迎合国外用户的需求从而获得丰厚的利润。本部分以外贸依存度（地区进出口贸易额与地区生产总值的比值）来表示地区的经济开放程度。

通过上述分析可以看出，地区经济发展水平和当地居民收入水平通过对国内市场需求的影响而作用于当地的技术创新产出，而经济开放程度侧重于对国外需求的影响。因此，本部分根据上述因素影响对象的不同分别进行门限回归，所涉及指标的相关数据均来自历年的《中国统计年鉴》，在计算各地区经济开放度时将进出口额按年汇率平均价换算为人民币。门限回归①的具体结果如表 8.3 所示：

表 8.3 门限值的检验

	地区发展水平	收入水平	经济开放程度
第一个门限值	15490.78	1107.655	0.918
	(35.805***)	(29.324***)	(72.060***)
第二个门限值	460.356	69.338	0.339
	(15.812*)	(22.497***)	(15.797**)
第三个门限值	2957.205	570.779	0.062
	(12.752*)	(19.570***)	(9.815***)

注：括号内为各门限模型所对应 *F* 统计量，***、**、* 分别表示在 1%、5%、10% 的显著性水平上显著。

由门限值检验的结果可以看出，地区发展水平、收入水平、经济开放程度的单一、双重与三重门限检验均比较显著，即在所研究的样本内三个门限变量均包含三个门限值。各门限变量的门限估计值将研究样本

① 在检验门限效果时沿用 Hansen（1999）采用的“自抽样法”，为避免免因样本容量过小而造成检验结果的准确度下降，本文在检验过程中规定最低的样本观测数为 40，而不是 Hansen（1999）中采用的默认值 10。

划分为不同的区间，市场需求对技术创新的影响在不同的区间内存在显著差异（见表 8.4），具体来看：

表 8.4　门限回归结果

解释变量	地区发展水平	收入水平	经济开放程度
ln*RDL*	0.077（1.35）	0.037（0.65）	0.108（1.99**）
ln*RDK*	0.163（2.88***）	0.191（3.37***）	0.193（3.58***）
ln*DM*			0.697（7.43***）
ln*DM*_ 1	0.847（8.49***）	0.779（7.63***）	
ln*DM*_ 2	0.904（8.53***）	0.772（7.22***）	
ln*DM*_ 3	0.832（8.24***）	0.725（7.00***）	
ln*DM*_ 4	0.812（8.09***）	0.745（7.18***）	
ln*EX*	0.211（4.82***）	0.155（3.49***）	
ln*EX*_ 1			0.226（5.34***）
ln*EX*_ 2			0.088（1.93*）
ln*EX*_ 3			0.118（2.76***）
ln*EX*_ 4			0.153（3.57***）
C	−0.018（−1.89*）	0.163（0.29）	−0.165（−0.35）
R^2	0.9186	0.8993	0.9057

注：括号内为各系数所对应的 t 统计量，***、**、* 分别表示在 1%、5%、10% 的显著性水平上显著。

地区发展水平对技术创新的影响呈现出正向的三重门限特征，当地区人均生产总值低于 460.356 元时，国内需求对技术创新的影响系数为 0.847，当跨过这一门限相应的系数却上升为 0.903，说明随着人均生产总值的增加，国内需求对技术创新的影响变大。随着经济发展水平的提高，教育水平、信息传播、人员流动等方面也相对增强，利于新产品的研发与新技术的扩散，因而技术创新产出随之增加。但当地区人均生产总值进一步上升（大于 2957.205 元），其通过国内需求对技术创新的影响系数却开始呈下降趋势（相应的影响系数由 0.903 变为 0.832 和 0.812），这一结果从表面上看并不支持上述提及的地区综合发展实力强，该地区的消费需求高，就会对技术创新产生带动作用的分析，但我们进一步对样本数据进行分析后发现，地区人均生产总值跨过上述门限值的省区市的国外需求（出口部分）明显较大。地区经济增长率高意味着劳动生产率提高速度较快，生产成本的降低能够改善该地区产品的竞争地位而有利于增加出口，因此可能会带来更多的出口技术溢出。为保证门限回归模型的简化，本部分仅分析了地区人均 GDP 通过对国内需求的影响从而对技术创新产生的作用，而没有包含对国外需求的影响部分，因此当地区人均生产总值跨过第一个门限值后国内需求对技术创新影响的减弱可能是由于部分地转移到国外需求这一机制上，并不一定意味着总体市场需求对技术创新产生能力的影响削减。

地区技术创新水平的提高与其收入水平呈正相关，当地区工资总额低于69.338亿元时，国内需求对技术创新的影响系数为0.779，地区工资总额大于69.338亿元且小于570.779亿元时相应的系数变为0.772，最后一个门限值（1107.655亿元）划分的两个区间内在收入水平的影响下国内需求对技术创新的影响系数分别为0.725和0.745，差异并不大。从历年各地区的职工工资收入数据来看，近些年来各地区的收入水平均保持上升状态。就单个消费者而言，收入的普遍增加，会引致需求数量的增加，由于需求增长具有边际效用递减的性质，造成需求数量的自我约束，并在效用的权衡中对新产品提出要求，这构成了需求层次的潜在变化。而高收入弹性的需求随着收入增长将成为现实的潜在需求，进而对企业产品创新提出新的挑战（Reinthaler和Wolff，2004；Lederman和Maloney，2003）。就企业层面而言，劳动力价格的上涨会诱致企业使用更多的资本品进行创新、使用新的工艺设备；另外，工资上涨还迫使企业提高劳动者素质，进而提升资本品和劳动力的生产效率，这些都为提升中国创新能力提供了机遇（李平、张庆昌，2008）。

从收入分配角度对市场需求的创新引致作用进行分析，主要从以下两个方面进行阐述：一方面，收入分配的改善能够提高穷人的收入水平，创新的商品最初只能被一部分富人购买，但当低收入的居民在其工资水平上升的情况下其对创新产品的需求由于收入的提高得以满足，低收入群体会逐步加入消费新产品的队伍，新产品需求规模的扩大将推动自主创新。在收入水平的第一个门限划分的低收入区间内，国内需求引致创新的系数较大（0.779），本部分的理解为伴随收入水平上升的低收入群体带来规模效应使然。另一方面，高收入者边际消费倾向较低，甚至会向国外转移，收入水平的提高并没有带动对本国产品相应的消费。而且随着收入的增加，高收入者对产品的需求更加趋于个性化、定制化，这对于企业而言，创新成本较高，甚至企业会因创新的风险较大而不愿从事创新活动。因此，伴随着收入水平的上升，国内市场需求对技术创新的影响反而下降。当收入水平跨过第三个门限值（1107.655 亿元）后，国内需求的影响又进一步增大，这说明更多企业在高收入者高质量、高层次商品的需求驱动下进行技术创新，从而获得率先占据市场的潜在利润。

从经济开放程度的门限检验结果来看，一个地区的经济开放程度与创新水平之间存在着非单调性的三重门限特征，当外贸依存度小于 0.062 时，国外需求对技术创新的影响系数为 0.226，而当跨过这一门限后相应的系数却出现明显的下降，这与随着出口增长对技术创新影响变大的分析并不一致。经济开放程度较低的省区市主要集中在西部地区，国内需求部分较为薄弱，出现上述回归结果的原因可能在于国内需求的作用未充分发挥而虚假扩大了国外需求部分的影响①。其余两个门限值所划分的三个区间内国外需求的影响系数分别为 0.088、0.118 和 0.153。总体来看，国外需求对技术创新的促进作用仍稍逊于国内需求部分。

三、结论与启示

本部分基于市场需求的视角分析了国内需求与国外需求对技术创新

① 在对各地区数据分别进行回归时，结果显示西部地区国内需求部分对技术创新的影响系数大多数并不显著。

的影响，主要结论有：

第一，总体而言，市场需求对技术创新的带动作用不容忽视，国内需求所发挥的作用大于国外需求。在对各地区数据分别进行估计后发现市场需求对创新的影响存在明显的地区差异，并且许多省份国外需求的技术创新引致效应并不显著，说明中国技术创新能力的提升中出口贸易带来的技术溢出效应仍有待于进一步发挥更好的作用，也暗示需求引致创新效应存在门限特征。

第二，地区经济发展水平、经济开放程度、收入水平三个门限变量通过影响市场需求对技术创新产生促进作用。地区人均 GDP 跨过门限值后国内需求的影响力反而下降的结果说明经济较发达的地区国内需求部分仍有进一步发挥作用的余地。经济开放程度虽然存在三个门限值，但是低开放度的西部地区却有较高的国外需求引致创新作用，对于这一结果，合理的解释为这些地区国内需求部分对创新的促进作用较弱而导致国外需求部分作用的虚假扩大。收入水平的第二个门限值划分的两个区间里，收入水平作用下的国内需求对创新的影响差异较大，受价格效应的影响以及企业对高层次商品需求反应时间的影响，高收入群体对技术创新的刺激作用呈现先降后升的趋势。

第二节　工资上涨与技术进步——基于创新工资门限视角

本章第一节的实证分析显示，在影响有效需求进而影响技术创新的门限变量的各因素中，收入水平对技术创新产生较为显著的影响，而在决定国家或地区居民收入水平的诸多因素中，工资是多数普通企业员工的主要收入来源。因此，企业员工工资水平的变化对技术创新的影响是需求视角下提升自主创新能力研究过程中的重要方面。本节借助不同性质企业的相关数据来验证工资的变化对技术创新乃至技术进步的影响。

近年来，企业最低工资标准大幅上涨，给企业带来了成本上涨的压力。2008 年 11 月 17 日，人力资源和社会保障部发出通知，根据当前经济形势和企业实际，近期暂缓调整企业最低工资标准。在当前金融危机形势下，暂缓调整最低工资标准的规定可为企业减压。2005 年，中国、荷兰和美国之间的制造业雇员工资比值大约为 1 : 17.8 : 16[①]。中国工人工资水平相对较低，在这种情形下，出台暂缓调整最低工资标准的规定，是否有可能将中国推向“低工资—低创新”困境中？

新古典经济学、内生增长理论和有关高绩效的工作系统（High Performance Work Systems）的文献都强调高工资在技术进步和技术创新中的重要性[②]。新凯恩斯主义的效率工资理论则更进一步阐述了效率工资的作用机理（代表人物有：Leonard，1987；Shapiro 和 Stiglitz，1984；Akerlof，1982）。在相关实证研究中，Kleinknecht（1998）指出，低工资使荷兰的低创新能力公司得以生存，降低了企业创新的动力。从另一角度——需求引致创新来看，工资作为工人收入的一部分，低工资导致低需求，不利于企业开展技术创新活动。因此，从创新的供给角度和需求引致角度来看，低工资将使荷兰陷入低创新困境。Kleinknecht 和 Naastepad（2001）也得出同样的结论。但是工资并不是越高越好：理论上，低工资情况下，企业有可能陷入“低工资—低创新”困境；而当工资很高时，企业会面临破产，即工资对技术创新可能存在门限效应。本部分使用 Hansen（1999）门限回归方法检验不同性质企业的创新工资门限。

一、实证模型

通过需求对创新影响的理论机制的分析，从有效需求、要素替代以及效率工资等角度，工资都会对技术进步产生影响。对此，我们在检验

① 数据来源于 2008 年《国际统计年鉴》。

② Madsen 和 Damania（2001）文章的第二部分对此作了详细的说明，读者不妨参考。

工资对技术进步的影响时，不单纯从需求角度研究，而是综合多种影响因素，考虑采用以下基本的回归模型：

$$TFP = c + \alpha \cdot W + \beta_n \cdot X_n + \mu \tag{8.6}$$

其中，TFP 是技术进步，W 为实际工资；$X_n(n = 1,2,k)$ 是若干控制变量，包括其他诱致创新因素等；c 为截距项，μ 则是误差项。

"需求引致创新"假说最早由美国学者 Schmookler（1966）提出。该假说认为如果预期未来的需求上升，企业会更多的投资于创新，市场经济中产业间需求条件的差异直接影响创新活动的激烈强度，特别是在新经济条件下，表现更加明显，技术创新和产品的更新换代很大程度上是以市场需求为导向的。根据相关理论及现有经验研究成果，我们选取了市场规模、出口、政府采购三个方面的控制变量（Edler 和 Georghiou，2007；Hipp 和 Grupp，2005）。

一方面，由于新产品的前期投资往往很大，这意味着风险大，没有足够大的利润或预期利润就没有投资新产品的开发和生产，而大市场可以分摊研发成本，提高研发赢利的预期水平，从而促进新产品的研发与生产。另一方面，大市场还通过市场结构来影响企业的创新动力，而且在长期，可通过改善创新基础设施和微观创新环境，来提高自主创新的效率（范红忠，2007；Xu 和 Wang，2008）。此外，凡登定律（Verdoorn's Law）也指出生产率的增长是由产出增长的变化引起的，具体机制表现为规模经济和"边干边学"① 效应。

Krugman（1979）分析了经济一体化（主要包括创新者的出口行为）对技术创新的作用，指出贸易竞争引起的出口增长给创新者带来的技术创新报酬是进一步刺激创新的重要力量，但是随着垄断期的结束，技术被普遍传播，技术差距缩小，此时竞争带来的压力又会迫使创新先发国进行新的技术研发。另外，如果相对工资比较低，出口产品在国际市场存在较大的竞争优势，如果工资增长幅度较慢，企业可以通过增加

① 参见《新帕尔格雷夫经济学大辞典》（Q－Z）对"凡登定律"的解释，第 868—869 页。

出口来维持原有利润。这样工资上涨不会对企业造成压力，从而失去创新的动力（Kleinknecht 和 Naastepad，2001）。

政府采购不仅对技术创新具有引导作用，还可以改善一国的基础设施。例如，道格·汉顿（2002）对硅谷创造价值的演变的研究发现，第二次世界大战、20 世纪 50 年代国防支出，尤其是朝鲜战争，增加了对硅谷公司电子产品的需求，促进了硅谷技术基础设施和支持性产业的建立。李平和张庆昌（2009）对中国 1979—2007 年省级面板数据研究表明，政府消费对我国的技术进步起到了显著的积极影响。

鉴于此，我们以各省区市工业企业的全要素生产率为被解释变量，在方程（8.6）的基础上加入时间虚拟变量 Dum ，考虑以下省区市层面的面板模型：

$$\ln(TFP_{it}) = c + \alpha \cdot \ln(W_{it}) + \beta_1 \cdot \ln(MA_{it}) + \beta_2 \ln(EX_{it}) + \beta_3 \ln(GO_{it}) + Dum_{it} + \mu_{it} \quad (8.7)$$

其中，下标 i 和 t 分别表示省区市和时间，ln( ) 为各变量的对数；TFP 为相关省区市和年份的工业企业全要素生产率，W 为实际工资，MA 为市场规模，EX 为出口，GO 为政府采购。Dum 为时间虚拟变量，各年份不同，但同年份的各省区市是相同的。

Hansen（2000）提出的内生门限回归能够用于检验样本数据中的一个门限值，而要判断是否存在更多个门限值，可以用同样的方法对不同组别数据作进一步检验，以此类推，直至统计检验显示不存在门限效应。

针对本部分，构建如下 TR 模型：

$$\begin{aligned}\ln(TFP_{it}) = {} & c + \alpha_1 \cdot \ln(W_{it})(\ln(W \leqslant \gamma_1)) + \\ & \alpha_2 \cdot \ln(W_{it})\ln(\gamma_1 < W \leqslant \gamma_2)) + \\ & \alpha_3 \cdot \ln(W_{it})(\ln(W > \gamma_2)) + \beta_1 \cdot \ln(MA_{it}) + \\ & \beta_2 \ln(EX_{it}) + \beta_3 \ln(GO_{it}) + Dum_{it} + \mu_{it} \quad (8.8)\end{aligned}$$

二、变量及数据

本节选取国有及国有控股（以下简称国有工业企业）、三资工业企业作为研究对象。主要理由如下：第一，使用中国各省区市的面板数据可以克服跨国数据可能存在的缺陷；第二，选用两者分别进行检验，将降低两者同时没有达到门限值的情况出现的风险。经过对比后，我们发现在大多数年份两者工资存在较大差距。

（一）变量定义

1. 全要素生产率

Fare 等（1994）提出的基于 DEA 的 Malmquist 指数方法，可以避免人为设定生产函数及其具体参数带来的估计误差。我们采用该方法，以各省区市历年的实际工业总产值作为产出变量，实际固定资产净值、中间品投入以及年平均从业人员数量作为投入变量，在规模报酬非递增和投入要素弱可处置条件下，利用投入导向的 DEA 模型（Input-DEA），估算国有和“三资”工业企业的 Malmquist 生产率指数。该指数就是各省区市的国有和“三资”工业企业的全要素生产率（上年 =1）。

为消除价格影响，需要对涉及价值的指标进行价格调整。我们遵循蒋殿春和张宇（2008）的处理方法。对于工业总产值，以各省区市第 t 年的工业品出厂价格指数 $P_t^i(P_{1999}^i = 1)$ 对工业总产出进行平减，得到各省区市 i 的实际总产值：$\bar{Y}_t^i = \dfrac{Y_t^i}{P_t^i}$；同理，对各省区市工业增加值 y_t^i 进行价格平减可得到实际工业增加值。两者相减得到各省区市实际中间品投入额：$\bar{M}_t^i = \bar{Y}_t^i - \bar{y}_t^i$。

资本存量的度量是一个复杂的过程，不同学者的结论也不尽相同（张海洋，2005）。目前，国际上通用的资本存量方法是永续盘存法和资本租赁价格度量法。近年来，许多学者对中国的资本存量进行了度量，但是由于统计资料的限制，至今无法得到满意的结果。这些研究主要集中对全国或省际资本存量进行度量（王小鲁和樊纲，2000；张军等，2004），而很少对国有、“三资”工业企业的资本存量进行度量。

结合已有数据，我们用工业企业固定资产净值年平均余额表示资本存量。价格调整指数为各省区市的固定资产价格指数。

2. 实际工资

Feldstein（2008）认为生产率偏离工资增长的原因中，测度问题主要有两个：第一，变量 W 不应只包括工资，还应该包括各种劳动津贴等（Chakrabarti 和 Choudhary，2004）；第二，名义产出和名义工资如何转化成实际产出和实际工资，使用不同的价格指数折算得出的结果是不一致的。我国工资总额统计口径包括计时工资、计件工资、奖金、津贴和补贴、加班加点工资、特殊情况下支付的工资。因此，我们使用工业企业的平均工资数据，并使用各省区市 CPI 指数对平均劳动报酬进行平减，得到实际工资。

3. 市场规模

市场规模变量的测度，不同的文献采用不同的方法。范红忠（2007）采用 GDP 度量，而 Madsen 和 Damania（2001）采用的是货币 M1。GDP 是一国的产出，但不意味着都要被消费，只能代表潜在消费规模。相比而言，M1 能准确度量一国的市场规模，但因是时间序列数据，门限回归需要样本数据严格平衡。因此，我们使用各省区市的居民消费总支出来度量国内市场规模，并使用 CPI 进行价格调整。

4. 出口额

出口额我们使用各地区的货物出口总额度量。首先，我们使用汇率将出口额折算成以人民币为单位。然后，使用商品零售价格指数进行价格调整。

5. 政府采购

政府采购使用各省区市的政府消费支出来测度，并使用商品零售价格指数进行价格调整。

（二）数据说明

本部分的样本为 1999—2007 年中国 30 个省级国有及国有控股工业

企业和“三资”工业企业（不包括西藏）。

“三资”工业企业数据为外商投资和港澳台投资工业企业数据两者的和，包括工业增加值、工业总产值、固定资产净值年平均余额和平均从业人员。“三资”工业企业职工平均劳动报酬为外商投资和港澳台投资工业企业两者工资总额之和与两者的从业人员之和的比值。“三资”和“国有”工业企业数据均来自历年《中国统计年鉴》、《中国工业经济统计年鉴》、《中国劳动统计年鉴》和《2004 年中国经济普查年鉴》。

其中，2004 年国有工业企业的工业总产值在全国性的统计年鉴中未统计，各省统计年鉴的统计口径不一致，甚至一些省份对该指标未统计。因此，我们使用销售收入替代，而中间品投入为销售收入减销售费用。“三资”工业企业 2004 年的工业增加值未统计，我们使用前后 4 年的平均值来弥补。

三、实证结果

基于 Hausman 检验显示 F 检验统计量为 16.03，概率值为 0.0000，这表明模型应该采用固定效应。

（一）门限效应的检验

本部分依次在不存在门限、一个门限和两个门限的假定下对模型（8.7）进行估计，得到的 F 统计量和采用 Bootstrap 方法得出的 p 值见表 8.6。结果显示，国有企业的单一门限、双重门限和三重门限效果显著，相应的自抽样 p 值分别为 0.000、0.000 和 0.033。“三资”企业的单一门限显著，相应的自抽样 p 值为 0.000，而二重和三重门限效果没有通过 5% 的显著性水平检验，自抽样 p 值为 0.067 和 0.083。

表 8.5 门限效果检验

	国有企业					“三资”企业				
	F 统计量	p 值	临界值			F 统计量	p 值	临界值		
			1%	5%	10%			1%	5%	10%
单一门限检验	58.606***	0.000	19.439	11.686	7.23	23.077***	0.000	15.088	7.816	5.67
双重门限检验	9.471***	0.000	-2.375	-5.346	-8.37	10.728 *	0.067	40.050	14.593	7.65
三重门限检验	5.344**	0.033	6.466	4.658	3.24	6.027 *	0.083	13.946	7.217	5.56

注：** 、*** 分别表示在5%和1%显著性水平下显著；p 值和临界值均为采用 Bootstrap 方法反复抽样 300 次得到的结果。

表 8.6 门限值估计结果

	国有企业		“三资”企业	
	估计值	95% 的置信区间	估计值	95% 的置信区间
门限值 $\hat{\gamma}_1$	10.200	[10.114，10.268]	9.116	[9.107，9.166]
门限值 $\hat{\gamma}_2$	10.035	[8.876，10.675]		
门限值 $\hat{\gamma}_3$	9.524	[8.876，10.675]		

国有企业三个门限和“三资”企业的一个门限的估计值和相应的95%置信区间列示于表 8.6。借助图 8.1—图 8.4 绘制的似然比函数图，我们可以更为清晰的理解门限值的估计和置信区间的构造过程。门限参数的估计值是指似然比检验统计量 LR 为零时 γ 的取值，国有企业的三重门限分别为 10.200（图 8.1）、10.035（图 8.2）、9.524（图 8.3），“三资”企业的单一门限为 9.116（图 8.4）。各个门限估计值的 95% 置信区间是所有 LR 值小于 5% 显著水平下的临界值 7.35（对应图中虚线）的 γ 构成的区间。

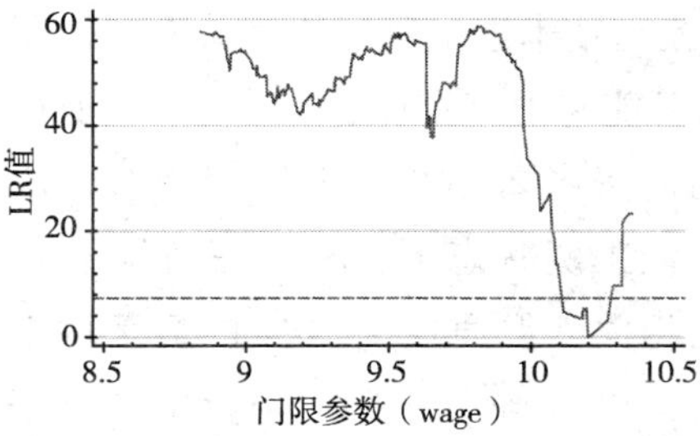

图 8.1　国有企业第一个门限的估计值和置信区间

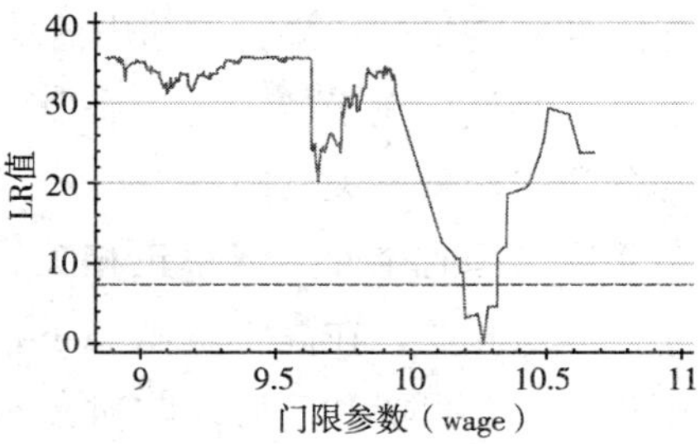

图 8.2　国有企业第二个门限的估计值和置信区间

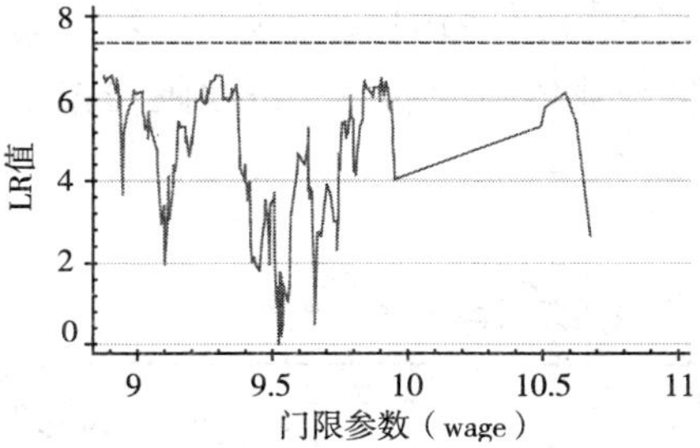

图 8.3　国有企业第三个门限的估计值和置信区间

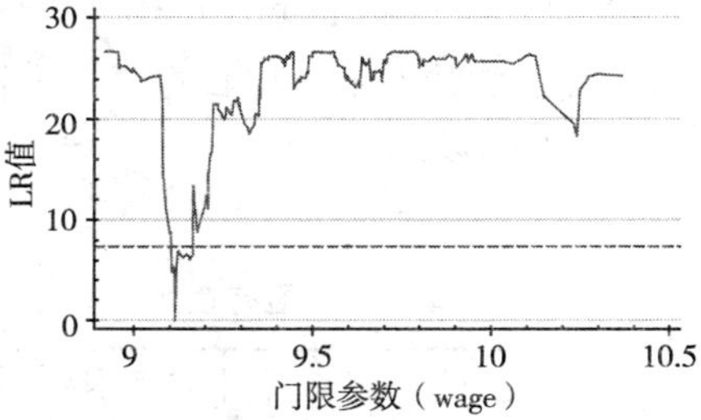

图 8.4　“三资”企业门限的估计值和置信区间

（二）门限回归结果

我们根据门限值将国有企业的工资分成四个不同的状态，按工资从低到高分别记为低工资状态[①]（$W \leqslant$ 13684.24 元）、次低工资状态（13684.24 元 $< W \leqslant$ 22811.04 元）、次高工资状态（22811.04 元 $<$ $W \leqslant$26903.19 元）和高工资状态（$W >$ 26903.19 元）。“三资”企业被分为两个不同的状态，分别为低工资状态（$W \leqslant$ 9099.73 元）、高工资状态（$W >$9099.73 元）。

① 这里，我们将 lnWa 转变成了 Wa，单位为元。

控制变量的结果为：国内需求规模与技术进步呈正相关关系，但国有企业的效应大于“三资”企业，这可能与国有企业、“三资”企业产品的消费对象有关，国有企业产品的消费者要比“三资”企业多；政府采购与国有企业生产率正相关，在低工资状态下，与“三资”企业生产率负相关，在高工资状态下，正相关，但通过了10%的显著性水平检验。这可能和政府采购对象有关；出口与“三资”企业生产率正相关，但对国有企业来说，在低工资（$W \leqslant 13684.24$ 元）和次高工资（22811.04 元 $< W \leqslant 26903.19$ 元）状态下，出口与生产率负相关，在次低工资（13684.24 元 $< W \leqslant 22811.04$ 元）和高工资（$W > 26903.19$ 元）状态下，正相关。这一结果和我们的理论预期一致。在工资较低的状态下，出口更进一步降低企业创新的动力，进而阻碍技术进步的提高。

表 8.7　国有企业：基于内生门限回归模型的估计结果

解释变量	$W \leqslant 13684.24$ 元	13684.24 元 $< W \leqslant 22811.04$ 元	22811.04 元 $< W \leqslant 26903.19$ 元	$W > 26903.19$ 元
ln(*W*)	0.275（2.71）	0.205（0.46）	1.171**（3.90）	0.527***（3.82）
ln(*MA*)	0.053**（-2.06）	0.084***（-3.02）	0.115**（2.69）	0.276*（-2.03）
ln(*EX*)	-0.035（-1.36）	0.178*（2.05）	-0.063**（2.51）	0.543***（3.76）
ln(*GO*)	0.014**（2.56）	0.054**（2.84）	0.329*（3.25）	0.344**（2.45）
Dum	0.013*（1.96）	-0.047*（-1.97）		
C	-0.676**（-2.65）	-5.017**（-2.51）	-1.561***（-4.28）	-3.481**（-3.12）
样本数	138	98	15	19
F	49.70 [0.0000]	6.71 [0.0010]	13.91 [0.0378]	30.12 [0.0000]
R^2	0.7030	0.451	0.7604	0.9305
省份	0	剩余省份	江苏、山东、青海、宁夏	北京、天津、上海、浙江、福建、广东

注：*、**、*** 分别表示在10%、5%和1%显著性水平下显著；( ) 中数值为 t 统计量；[ ] 中数值为相伴概率。有些变量因为不显著被剔除。

对于国有企业而言，在低工资和次低工资状态下，参数 α 值不显著。这表明工资对生产率的影响不明显，从而出现“低工资—低创新”陷阱。处于该状态下的有河北、山西等20个省份。当工资处于次高状态下时，参数 α 值最大，为1.171，并且在5%的显著性水平上显著。这说明该状态下，工资对技术进步的影响最大，但位于该状态下的省份仅有4个（见表8.7）。当工资上升到26903.19元时，工资对生产率的影响系数降为0.527。这表明并非工资越高越有利于促进技术进步的提高。

对比国有企业，“三资”企业的工资对技术进步的影响系数要小得多（见表8.8）。这可能是因为“三资”企业相对工资较低，$W>22811.04$ 的省份仅有4个，尚未跨过工资创新门限，或者进入工资明显促进技术进步提高的均衡状态。当“三资”企业处于低工资状态下（$W \leqslant 9099.73$），工资对生产率的影响系数为0.002，未通过5%的显著性水平。当工资达到9099.73时，参数 α 变为0.013，虽然比低工资状态下大很多，并且在1%的显著性水平上显著，但是相比国有企业，该参数还小很多。这表明工资对技术进步的影响显著为正，但是尚未跨过创新工资门限。

表8.8　“三资”企业：基于内生门限回归模型的估计结果

解释变量	$W \leqslant 9099.73$ 元	$W > 9099.73$ 元
ln(*W*)	0.002 *（4.84）	0.013***（5.12）
ln(*MA*)	0.026**（2.51）	0.041**（2.35）
ln(*EX*)	0.016 *（1.59）	0.041**（-1.97）
ln(*GO*)	-0.078**（2.68）	0.061 *（1.56）
Dum	0.002 *（1.96）	0.034***（3.42）
C	-4.614**（3.11）	0.726***（3.54）
样本数	41	229
F	6.84（0.0008）	21.57（0.0000）
R^2	0.6430	0.7573
省份	0	30

注：*、**、*** 分别表示在10%、5%和1%显著性水平下显著；（）中数值为 t 统计量。

四、结论

基于工资上涨促进技术创新角度，工资上涨对企业造成的压力，是温和还是过大？本节在已有的理论和实证研究基础上，提出创新工资门限假说，即工资上涨促进技术进步的提高，但存在门限效应。同时，基于 Hansen（1999，2000）提出的门限回归模型，本节利用国有企业和“三资”企业的省级面板数据对这一假说进行了检验，实证结果证实假说成立。实证研究得出的主要结论如下：对国有企业来说，工资水平低于22811.04 时，将陷入“低工资—低创新”陷阱，处于这一状态下的省份有20 个，当工资水平处于22811.04 和26903.19 之间时，工资对技术进步的影响最大，但该状态下的省份仅有4 个；对“三资”企业来说，工资水平高于9099.73 时，工资对技术进步的影响系数比低工资状态下要大得多，但和国有企业相比，系数相差很大；总体来看，我国工资水平较低，尚未跨过“工资创新门限效应”。与其他国家相比，我国许多产业的垄断程度比较高，企业总可以获得超额利润，工资的小幅度提升，不足以迫使企业进行更大程度的创新。改革开放后，虽然我国的工资水平大幅上升，但是总体水平还很低。以2005 年为例，制造业雇员工资，中国内地、中国香港、美国之间的比值大约为 1 ∶ 8 ∶ 16①。而 1998 年后，由于受亚洲金融危机的影响，我国的出口下降，意味着利润下降，企业为保持竞争优势，会被迫创新，降低成本或开发新产品来提高利润。

第三节　收入不平等与技术进步——中国工业行业数据的检验

从本部分需求影响因素对创新影响的分析中可知，影响居民收入水

① 数据来源于《国际统计年鉴 2006/2007》。

平以及消费能力的另一个重要因素——收入分配对技术创新有不同于工资的作用机制。本节利用中国行业层面的数据来单独分析收入不平等对技术创新的影响。由于行业数据的保密性，不少企业不申请专利（冼国明和薄文广，2005），导致使用专利申请作为技术创新的衡量指标有失准确性，因此此处代之使用更广义的技术创新——技术进步来做因变量进行分析。此外，技术进步和收入不平等的关系可能并不是外生的（Hatipoglu，2008），且有学者认为技术进步与收入变化存在交互作用（Galor 和 Tsiddon，1997），因而我们采用近年发展起来的系统 GMM 估计法对所构建的动态面板模型进行估计，以避免由于变量间的内生性所带来的参数估计偏误问题。

一、模型的设定

为了避免其他重要变量遗漏引起估计有偏，我们引入解释变量的滞后一期做解释变量，组建动态面板回归模型：

$$y_{it} = \alpha y_{i,t-1} + x_{it}^{'}\beta_i + \varepsilon_{it} \tag{8.9}$$

其中，$x^{'}$ 为解释变量矩阵。将企业自主研发与 FDI 进入两个主要解释变量纳入，构建本部分的基准模型：

$$\ln Tech_{it} = \alpha_{0t}\ln Tech_{it-1} + \alpha_{1t}\ln RD_{it} + \alpha_{2t}\ln FDI_{it} + \varepsilon_{it} \tag{8.10}$$

其中，$Tech_{it}$ 表示行业 i 在时间 t 期的技术进步水平（为更为精确研究有效需求视角下收入不平等对行业技术进步的影响，此处扣除技术进步中的技术效率因素，使用纯技术进步而非全要素生产率来衡量行业的技术进步水平），RD_{it} 表示全行业的研发投入强度，FDI_{it} 为外资行业的进入程度，ε_{it} 为随机扰动项。

（一）对交互项的说明

在计量经济学模型里，当一个解释变量对被解释变量的偏效应取决于另一个解释变量的大小时，经济学家通常在模型中加入这两个解释变量的交互项来进行分析。当两个解释变量存在交互作用时，如果不在模型中引入交互项，将会产生遗漏变量偏误而无法得到对解释变量的无偏估计（张爽，2006；Brambor，2006）。正如引言部分中所分析的，收入差距会通过“需求规模效应”和“价格效应”等刺激研发动机进而影响技术进步，即一定程度上收入差距对技术进步的影响取决于研发强度，因此我们有理由将收入差距与行业自主研发的交互项纳入模型，见模型（8.12）。与此同时，也有学者研究认为收入差距会影响对外资技术的吸收，如 Maloney（2002）就曾对拉丁美洲做过实证检验指出，持续的收入不平等降低了其外部技术的吸收能力。而我们在间接影响机制中分析到：收入差距会影响人力资本的积累并间接影响外来技术的吸收作用，对此，我们进一步将收入差距与 FDI 的交互项也纳入回归模型中，见模型（8.13）。

我们考虑 R&D 与 FDI 可能也存在相互作用。理由是：一方面，R&D 活动具有两面性（Cohen 和 Levinthal，1989；Griffith 等，2000），研发活动在产生新知识和信息的同时可以增强企业吸收现有知识和信息的能力，促进知识和技术的外溢效应，而国内企业研发的知识溢出也会促进 FDI 加速增长（Walz，1997）；另一方面，FDI 对内资行业的自主研发也会产生影响。国内学者王红领等（2006）将 FDI 进入对内资企业自主研发的影响研究大致总结为三大类：“抑制论”、“促进论”和“双刃剑论”，而他对全国工业行业 1998—2003 年面板数据进行的实证检验结果支持了“促进论”。对此，将研发与 FDI 的交互项纳入基准模型得：

$$\ln Tech_{it} = \alpha_{0t}\ln Tech_{it-1} + \alpha_{1t}\ln RD_{it} + \alpha_{2t}\ln FDI_{it} + \alpha_{3t}\ln RD_{it}\ln FDI_{it} + \varepsilon_{it} \tag{8.11}$$

交互项 $\ln RD_{it}\ln FDI_{it}$ 表示 R&D 活动与外资对技术进步的相互作用。

综上所述，我们在模型内分别加入收入差距与 R&D 以及收入差距与 FDI 的交互项，研究来自有效需求的收入差距对行业技术进步的影响。模型如下：

$$\ln Tech_{it} = \alpha_{0t}\ln Tech_{it-1} + \alpha_{1t}\ln RD_{it} + \alpha_{2t}\ln FDI_{it} + \alpha_{3t}\ln RD_{it}\ln FDI_{it} + \alpha_{4t}G_t\ln RD_{it} + \varepsilon_{it} \tag{8.12}$$

$$\ln Tech_{it} = \alpha_{0t}\ln Tech_{it-1} + \alpha_{1t}\ln RD_{it} + \alpha_{2t}\ln FDI_{it} + \alpha_{3t}\ln RD_{it}\ln FDI_{it} + \alpha_{4t}G_t\ln FDI_{it} + \varepsilon_{it} \tag{8.13}$$

$$\ln Tech_{it} = \alpha_{0t}\ln Tech_{it-1} + \alpha_{1t}\ln RD_{it} + \alpha_{2t}\ln FDI_{it} + \alpha_{3t}\ln RD_{it}\ln FDI_{it} + \alpha_{4t}G_t\ln RD_{it} + \alpha_{5t}G_t\ln FDI_{it} + \varepsilon_{it} \tag{8.14}$$

其中，G_t 表示收入不平等程度；$G_t\ln RD_{it}$ 为收入差距与自主研发的交互项，$G_t\ln FDI_{it}$ 为收入差距与 FDI 的交互项。

（二）估计方法的选取

除了解释变量与被解释变量之间可能存在内生关系外，Bond（2002）认为被解释变量滞后期即动态项与随机误差项相关，也存在严重内生性。而且在影响行业技术进步的各种因素中，我们的模型中允许出现观察不到的各行业的特征（如行业的文化、资源、技术水平等）与解释变量相关。为了处理这些问题，我们参照 Arellano 和 Bond（1991）、Arellano 和 Bover（1995）、Blundell 和 Bond（1998）等人的研究成果，采用系统广义矩估计法（GMM）对动态面板模型进行估计。系统 GMM 方法利用水平变量和一级差分随机项的正交矩、一级差分变量和水平随机项的正交矩，有效解决了内生性问题。

GMM 估计的核心思想是运用工具变量产生相关的矩条件方程。具体分析过程如下：

首先对方程（8.9）进行一次差分，得：

$$\Delta y_{it} = \alpha\Delta y_{i,t-1} + \beta_i\Delta x_{it}' + \Delta\varepsilon_{it} \tag{8.15}$$

在水平残差序列不相关的前提下，模型（8.10）中需满足以下矩条件：

$$E(y_{i,t-s}\Delta\varepsilon_{it}) = 0 \quad (t = 3,4,\cdots,T,\ s > 2) \tag{8.16}$$

$$E(x_{i,t-s}\Delta\varepsilon_{it}) = 0 \quad (t = 3,4,\cdots,T,\ s > 2) \tag{8.17}$$

标准 GMM 方法一般应用以上矩条件进行估计，其估计值的一致性依赖于水平残差不相关性和矩条件的有效性。矩条件的有效性我们可以用 Sargan 检验来确定，即检验工具变量整体的有效性；我们用差分转换方程的一阶和二阶序列相关（AR（1），AR（2））检验水平残差 ε_{it} 是否存在序列相关性。若 AR（1）显著而 AR（2）不显著说明水平残差自相关不存在。

差分会造成个体效应的被消除以及不随时间变化的解释变量的不可估计。本部分采用系统 GMM 估计，即包含差分方程和水平方程的 GMM 估计。水平方程的矩条件：

$$E(\varepsilon_{it}\Delta y_{i,t-s}) = 0 \ (t = 3,4,\cdots,T, \ s > 2) \tag{8.18}$$

$$E(\varepsilon_{it}\Delta x_{i,t-s}) = 0 \ (t = 3,4,\cdots,T, \ s > 2) \tag{8.19}$$

上述矩条件的有效性可以通过系统 GMM 估计的 Sargan 过度识别来确定，零假设是矩条件均有效。

二、变量及数据说明

（一）指标选取

本节采用 Malmquist-DEA 方法来测度技术进步，将全要素生产率分解成纯技术进步率和技术效率，以纯技术进步率来衡量行业的技术进步水平。在计算过程中，以内资行业 i 在时间 t 的工业增加值 Y 作为产出，以相应固定资本存量 K 和当年就业人数 L 作为投入。其中，工业增加值是经各年工业品出厂价格指数（以 1991 年为基期）平减后所得。固定资本存量，我们沿用国际上通用的永续盘存法进行计算。行业固定资本存量的永续盘存法计算公式为：$K_{it} = K_{i(t-1)} + \Delta K_{it}$。其中，$K_{it}$ 表示内资行业 i 在时间 t 的固定资本存量净值；ΔK_{it} 表示内资行业 i 在时间 t 的固定资产投资，以相邻两年的固定资产净值之差表示，并将其用以 1991 年为基期的固定投资价格指数进行平减。

研发投入强度，以大中型工业行业的科技经费总支出占行业主营业务收入的比重来表示。科技经费支出包括科技经费内部支出和其他科技活动经费支出。考虑到行业的研发力量主要集中于大中型企业，因此未将小企业的研发计算在内。

外资进入程度，用三资行业固定资产净值余额年平均值占全部国有及规模以上非国有工业企业固定资产净值余额年平均值的比重来表示。尽管有大量文献论证外国直接投资的进入会对内资企业带来各种效应，如市场竞争效应、技术溢出效应等，为考察 FDI 进入对内资行业的综合影响，我们并没有将其细化。

收入不平等程度，用中国各年的基尼系数来衡量。需要说明的是：基于国家层面有效需求的角度，我们用各年国家总体的基尼系数来衡量收入差距，而非选取行业层面的收入差距。

（二）数据来源

除固定资本存量外，用于计算全要素生产率的内资行业工业增加值 Y（2004 年数值为估算）、从业人员数 L、用于计算 R&D 强度的工业行业主营业务收入，以及计算外资进入所用的固定资产净值余额年平均值均来自历年《中国统计年鉴》（2000—2008 年），用于计算固定资本存量的固定资产净值余额来自历年《中国工业经济统计年鉴》，用于计算研发强度的科技经费内部支出和其他科技活动经费支出均来自历年《中国科技统计年鉴》。收入差距指标数据来源于历年世界银行发展报告，2005—2007 年的基尼系数我们按照张焕波和王铮（2007）的方法进行测算。

样本选取的是 1999—2007 年中国行业分类中的 2 位码 39 个行业大类的 31 个行业的 279 个观测点。为了保证数据的统一性，我们删除了“石油和天然气开采业”、“其他采矿业”、“烟草加工业”、“工艺品及其他制造业”及“废弃资源和废旧材料回收加工业”。根据《中国工业经济统计年鉴》行业变动情况，将“农副食品加工业”和“食品制造业”的相关数据合并为“食品加工制造”行业，将“石油加工、炼焦及核燃料加工业”和“燃气生产和供应业”合并为“石油、炼焦、煤气”行业，将“通用设备制造业”和“专用设备制造业”合并为“机械加工”行业。

三、实证结果

（一）TFP 分解结果

使用 DEAP 2.1 软件对 31 个行业 1999—2007 年的全要素生产率 TFP 进行分解，得出各个行业的技术进步指数，表 8.9 为各行业的平均技术进步指数。从总体上来看，31 个行业年平均 *Tech* 值都大于 1，说明各个行业都存在较为明显的技术进步。

表 8.9　1999—2007 年内资行业技术进步率和全要素生产率均值

行　业	*Tech*	*TFP*	行　业	*Tech*	*TFP*
煤炭采选业	1.137	1.118	医药制造业	1.155	1.133
黑色金属矿采选业	1.140	1.105	化学纤维制造业	1.111	1.113
有色金属矿采选业	1.145	1.107	橡胶制品业	1.140	1.098
非金属矿采选业	1.144	1.122	塑料制品业	1.156	1.106
食品加工和食品制造	1.134	1.156	非金属矿物制品业	1.141	1.143
饮料制造业	1.150	1.120	黑色金属冶炼压延加工业	1.118	1.187
纺织业	1.147	1.116	有色金属冶炼压延加工业	1.139	1.153
服装及其他纤维制品制造	1.112	1.094	金属制品业	1.142	1.098
皮革毛皮羽绒其制品业	1.124	1.133	机械加工	1.143	1.153
木材加工竹藤棕草制品业	1.156	1.139	交通运输设备制造业	1.144	1.144
家具制造业	1.145	1.103	电气机械及器材制造业	1.157	1.13
造纸及纸制品业	1.149	1.153	电子及通信设备制造业	1.163	1.163
印刷业记录媒介的复制	1.145	1.116	仪器仪表文化办公用机械	1.147	1.196
文教体育用品制造业	1.104	1.071	电力蒸汽热水生产供应业	1.107	1.132
石油加工、炼焦、煤气	1.098	1.096	自来水的生产和供应业	1.098	1.050
化学原料及制品制造业	1.143	1.156			

（二）系统 GMM 估计

使用系统广义矩估计（System-GMM）方法对 1999—2007 年 31 个行业的面板数据进行估计，回归结果见表 8.10。由表 8.10 可以看出，估计系数的联合显著性 Wald 检验在 1% 水平上显著；Sargan 检验 P 值较大，说明不能拒绝原假设，即 GMM 估计中的工具变量不存在过度识别问题。由 AR（1）和 AR（2）的值表明，差分后的残差只存在一阶序列相关而无二阶序列相关，说明序列之间不存在相关性，这与 GMM 估计中序列无相关性的先验假设是一致的。

表 8.10　各模型检验结果

解释变量	模型（8.10）	模型（8.11）	模型（8.12）	模型（8.13）	模型（8.14）
$\ln Tech_{it-1}$	-0.6620***	-0.6664***	-0.7510***	-0.6088***	-0.8142***
	(0.0197)	(0.0254)	(0.0199)	(0.0983)	(0.1447)
$\ln RD$	0.2028***	0.2549***	-0.1108***	0.0167**	-0.1453***
	(0.0098)	(0.0220)	(0.0804)	(0.0087)	(0.0875)
$\ln FDI$	-0.1384***	-0.0324 *	-0.0561***	-0.1733***	-0.3381***
	(0.0052)	(0.0183)	(0.0212)	(0.0411)	(0.1223)
$\ln RD\ln FDI$		0.0294***	-0.0014	-0.0126	0.0045
		(0.0046)	(0.0064)	(0.0047)	(0.0044)
$G\ln RD$			-0.0862***		-0.0524***
			(0.1067)		(0.1150)
$G\ln FDI$				-0.3454***	-0.4451***
				(0.0598)	(0.1474)
Sargan 检验 P 值	0.9423	0.9458	0.9906	0.9933	0.9961
联合显著 Wald 值	0.0000	0.0000	0.0000	0.0000	0.0000
AR（1）p 值	0.0000	0.0001	0.0001	0.0000	0.0001
AR（2）p 值	0.1367	0.3646	0.1674	0.1005	0.1775

注：我们使用 Stata 10.0 软件包对数据进行回归，表中所列自变量均为一阶差分形式。括号内数值为标准差，***、** 和 * 分别表示在 1%、5% 和 10% 的水平上变量显著。Sargan 检验的零假设是工具变量与残差无相关性，即模型不存在过度识别；AR（2）为 Arellano-Bond test for AR（2）in first difference 的检验值，零假设为残差不存在二阶自相关。

从回归结果中我们可以看出，收入差距与行业自主 R&D 的交互项系数为负值（模型（8.12）中为 -0.0862，模型（8.14）中为 -0.0524），说明收入差距通过作用于研发投入最终阻碍了行业的技术进步；加入收入差距因素后，R&D 对技术进步的贡献度由显著为正变为显著为负（模型（8.10）系数为 0.2028，而模型（8.12）中为 -0.1108，模型（8.14）中为 -0.1453）。这说明近些年来中国收入不平等现象的加重不利于刺激企业进行新产品的创新研发。我们认为这是由于收入差距扩大所引起的“需求规模效应”较之“价格效应”更为显著。当前中国较为严重的一个问题是国内有效需求不足，经济学界普遍认为其关键原因在于收入差距过大。一方面，多数财富集中于少数人手中，大多数人需要消费却无能力消费，造成国内市场消费比例较低，内需难以启动。统计数字显示，我国城市人口中的 20% 富人拥有金融资金的 66.4%，而 20% 的穷人仅拥有金融资产的 1.3%。从消费零售额看，2007 年县和县以下 10 亿人以上消费品零售额仅占 GDP 总量 11.7%，而县以上城市 3 亿人以下的消费品零售额占 GDP 总量的 25.5%，按人均计算，相差 10 倍左右①。另一方面，由于高收入居民的储蓄倾向远远高于中低收入居民，国民收入向高收入群体过度倾斜导致总体储蓄率持续偏高，致使总体居民消费占 GDP 比重呈下降趋势，从 2000 年的 46% 下降到了 2007 年的 35%②。而总体消费需求不足中包含着新产品的有效需求不足，依据有效需求规模假说——企业研发创新的动力主要来源于新产品的市场有效需求规模，我们推断收入差距过大引致新产品的有效需求不足，打击企业研发创新的积极性，阻碍技术进步，最终抑制经济增长，这与当前中国的经济现实相吻合。另外，过大的收入差距还可能通过影响企业生产成本来影响企业创新动

① 数据来自观察网，http://guancha.com.cn/news_detail.php? id = 3345&nowmenuid = 27&cpath = &catid = 0。

② 数据来自王小鲁：《有效需求、结构失衡与经济危机》，载清华大学《中国与世界观察》2009 年第 1 期。

机：当收入差距过大时，企业普通工人的工资收入往往会比较低且增长缓慢，导致企业的劳动成本持续偏低，企业无需进行技术改进，仅靠较低的生产成本便能够维持较高的利润，这会大大降低企业进行技术创新的动力。

收入差距与FDI的交互项系数也显著为负，可能原因是收入差距过大不利于人力资本水平的提高，从而抑制了对先进技术的消化吸收，阻碍了内资行业技术进步。回归结果还显示，FDI对技术进步的综合影响显著为负。丘斌等（2008）认为FDI的进入会对内资企业形成负向的溢出效应：外资进入带来同行业内的竞争效应和学习模仿效应的同时，对内资企业的研发却产生了挤出效应，不利于企业的自主创新和技术进步。另外，近些年来中国在市场准入、税收、土地价格等诸多方面给予跨国公司的优惠政策，提升了跨国公司在中国市场的竞争力，致使外资企业自身采用先进技术和技术进步的动力不足。中国政府近期出台的相关措施，如2008年的内外企税率合一以及对企业研发费用实现所得税按50%加计扣除等税法改革，均有利于国内企业加强自主研发，推动国内企业成为技术创新的主体。

四、结论

本节在前文总结收入差距对技术进步可能存在的间接影响机制的基础上，将收入差距分别与内资行业自主研发以及与FDI的交互项纳入模型，以检验收入差距对我国内资行业技术进步可能存在的影响。考虑到变量之间以及滞后项与随机扰动项可能存在内生性，实证研究采用系统GMM方法进行估计，实证检验得出收入差距会间接地影响技术进步的结论。在“需求规模效应”的主导作用下，收入分配不均不利于研发创新投入的增加，阻碍了技术进步；过大的收入差距阻碍了外来技术的进入，不利于内资行业的技术进步。

我国收入差距扩大的来源较多，有城乡差距、地区发展不平衡、行业垄断、公共产品供应不均、财税再分配调节落后、腐败等一系列原因，其中城乡收入差距尤为明显。随着城市化、工业化进程的加快，我国城乡居民收入比从1978年的2.6：1，扩大到2007年的3.33：1，2008年又扩大到了3.36：1[①]。对此，国家在通过完善社会保障体系、改善低收入者民生状况缓解收入差距的同时，采取积极措施缓解城乡收入差距，会对我国内资行业的技术进步起到一定的需求推动作用。

此外，在回归结果中我们也发现外资引进的"市场换技术"策略的实施并没有取得预期的效果。国家在推动技术进步、激励企业自主创新过程中，不应过多的依赖外来技术溢出提高国家技术创新能力，应将注意力更多的放在自身需求创新因素上，如通过采取积极措施，逐步缓解过大的收入差距这一有效需求创新因素，将有效促进国家技术水平的提高。

① 数据来自中国农业信息网，http://www.agri.gov.cn/JJPS/t20090224_1224593.htm。

第四部分

典型区域研究及对中国自主创新政策制定的建议

本书第二部分和第三部分分别从国际技术扩散和内生需求两个方面分析了中国自主创新能力提升的路径选择。考虑到中国经济明显的区域差异性，为使本书的研究成果具有更好的适用性和说服力，本部分以环渤海经济圈为例，解析国际技术扩散和内生需求因素对本地区自主创新能力提升的贡献度，并进一步分析了环渤海经济圈实施自主创新战略的基础与瓶颈。环渤海经济圈自主创新能力的提升不仅可以促进当地经济增长乃至经济发展方式的转变，还有利于解决中国经济发展的“南重北轻”问题。同时，环渤海经济圈为中国典型的区域性经济圈，本研究对其他经济区域自主创新能力的提升具有借鉴价值。最后，综合对全国和环渤海次区域层面的研究成果，本部分对如何有效利用国际技术扩散与内生需求等国内外因素形成创新资源在区域内的最优组合，以全面提升中国自主创新能力提出相关的政策建议。

第九章　环渤海经济圈的自主创新路径选择

"环渤海经济圈"在1986年首次进入区域经济发展的视野，为中国"经济圈"的发展踏出了重要一步。但改革开放三十多年来，珠三角、长三角经济圈已强力崛起，环渤海在经济一体化和区域协同发展的探索上却先发而迟至，被誉为"中国经济第三极"的环渤海经济圈一直以来难以实至名归。而自主创新是经济发展的"助推器"，是引领经济持续发展的根本动力。因此，本部分从自主创新角度出发，剖析环渤海经济圈相对长三角和珠三角经济发展较为缓慢的原因。

第一节　环渤海经济圈自主创新现状分析

以京津冀、山东半岛、辽东半岛三个核心区组成的环渤海经济圈，作为中国经济增长的重要一极，为中国经济发展做出了重要贡献。同时，环渤海地区紧邻中国政治、科教、文化中心首都北京，是经济开放的主要窗口、外资进入中国的主要通道、我国对外贸易的主要口岸之一，是引进技术和实现产业技术升级的辐射源。因此，经过近年来的发展，环渤海经济圈自主创新能力建设已取得较大进展，人才、教育、科技资源丰富，具有百所高等院校和重点研究院为依托的科技创新体系。

一、环渤海地区创新投入及产出分析

为清晰反映环渤海经济圈的自主创新现状，我们将其与长三角、珠三角经济圈进行比较研究。并根据三大经济圈1998—2008年研发资本存量与科技人员投入绘制图9.1和图9.2，通过比较发现三大经济圈的

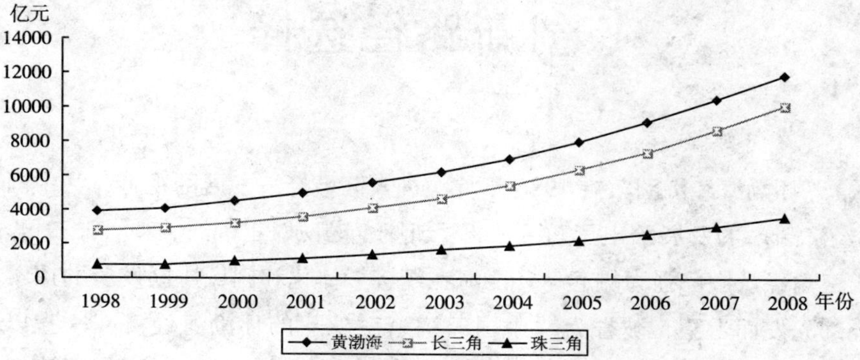

图9.1　三大经济圈研发资本存量比较

资料来源：1998—2009年《中国统计年鉴》和《中国科技统计年鉴》。

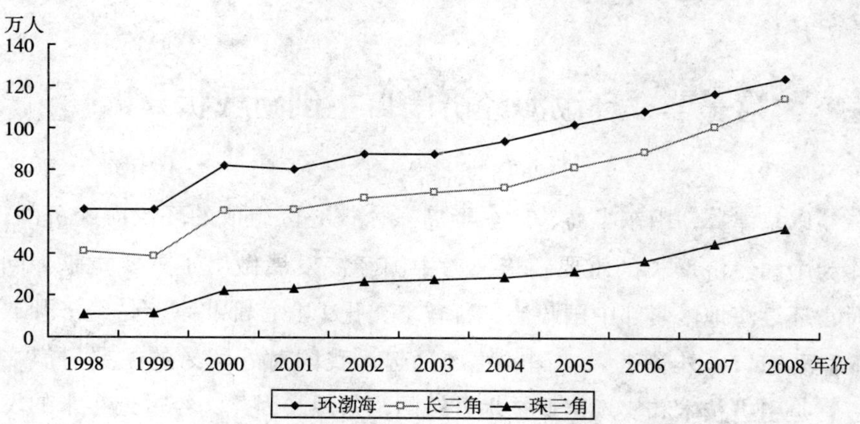

图9.2　三大经济圈研发人员投入比较

资料来源：1998—2009年《中国统计年鉴》和《中国科技统计年鉴》。

研发投入均呈稳步上升趋势，且由统计局公布的统计数据可见，近年来环渤海地区研发投入呈稳步上升趋势，庞大的科研队伍和科技投入遥遥领先于长三角和珠三角经济圈，具有技术禀赋优势：2008 年环渤海研发资本存量和科技人员数分别为 11882.09 亿元和 124.5 万人，长三角为 10090.76 亿元和 115 万人，珠三角为 3608.48 亿元和 52.7 万人。

然而，通过进一步比较分析三大经济圈的创新产出，环渤海地区与长三角和珠三角相比却没有任何比较优势。创新产出的衡量是根据专利授权总数、万人专利授权数和单位 GDP 专利授权数三个指标分别将专利授权、发明专利、实用新型专利、外观设计专利四个不同技术含量层次的专利授权绘制图 9.3，从图中可以看出环渤海经济圈与长三角和珠三角相比，不论在绝对数还是相对数指标上其专利产出都明显低于其余两个经济圈：2008 年环渤海、长三角和珠三角经济圈专利授权数分别为 67386 件、121859 件和 62031 件；万人专利授权数分别为 2.86 件、8.3 件、6.5 件；单位 GDP 专利授权数分别为 0.87 件、1.86 件和 1.74 件。

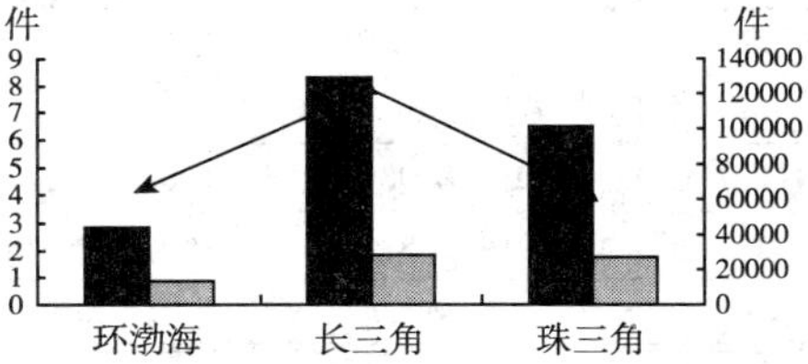

（a）专利授权总量

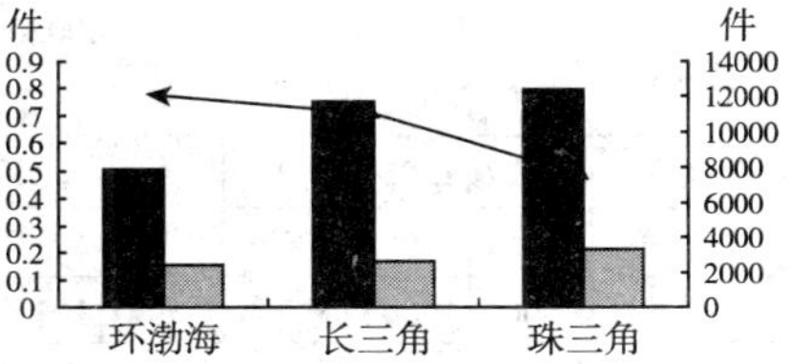

（b）发明专利

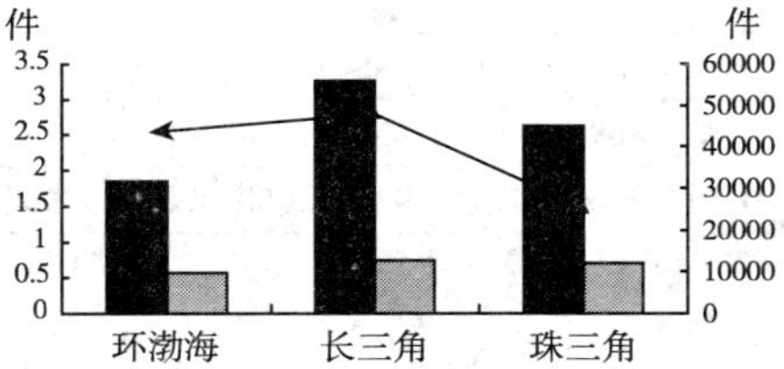

（c）实用新型专利

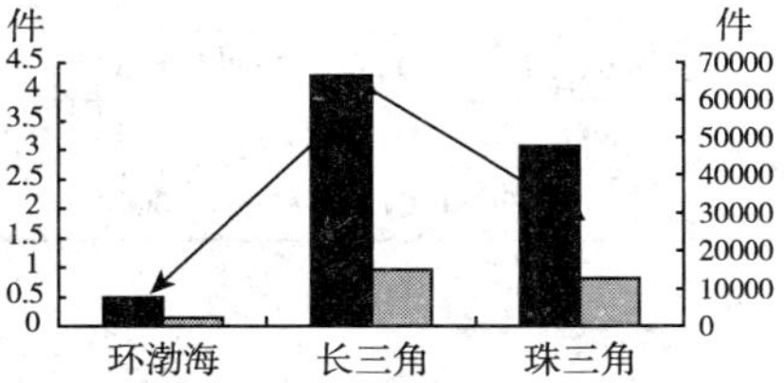

（d）外观设计

图 9.3　三大经济圈专利授权情况比较

资料来源：1998—2009 年《中国统计年鉴》和《中国科技统计年鉴》。

我们不禁有些疑问，为何环渤海地区在三大经济圈中拥有最高的研发资本存量和研发人员投入，其专利产出却是最少？美国经济学家保罗·克鲁格曼（Paul Krugman）在他的著作《萧条经济学的回归》中特别指出，中国的经济增长是资源投入的结果，而不是效率的提升。那么，反观环渤海地区相对其他两大经济圈而言较少的创新产出，是否应归因于创新投入的效率低下？

二、自主创新投入产出绩效分析

为解开上述疑问，我们基于投入产出绩效视角，采用数据包络分析（DEA）方法，通过构建技术前沿具体比较分析三大经济圈的创新投入运行效率。其中，产出选用专利授权数来衡量，投入分别为研发资本存量和研发人员投入。时间跨度为 2001—2008 年，数据均来源于《中国统计年鉴》和《中国科技统计年鉴》，具体运行结果列入表 9.1。

表 9.1　三大经济圈创新投入产出绩效

地区	2002 年			2003 年			2004 年			2005 年		
	eff	tech	tfp	eff	tech	tfp	eff	tech	tfp	eff	tech	tfp
环渤海	0.897	1.084	0.973	1	1.237	1.237	0.963	1.019	0.981	0.949	1.073	1.017
长三角	1.051	1.084	1.139	1.288	1.237	1.593	0.864	1.019	0.881	0.994	1.073	1.066
珠三角	1.000	1.063	1.063	1.000	1.161	1.161	1.000	0.97	0.97	1.000	1.042	1.042

地区	2006 年			2007 年			2008 年			平均		
	eff	tech	tfp	eff	tech	tfp	eff	tech	tfp	eff	tech	tfp
环渤海	1.174	1.025	1.203	1.183	1.066	1.261	1.16	0.935	1.085	1.041	1.059	1.102
长三角	1.326	1.025	1.359	1.214	1.066	1.293	1.169	0.935	1.093	1.118	1.059	1.185
珠三角	1.000	1.018	1.018	1.000	1.083	1.083	1.000	0.938	0.938	1.000	1.037	1.037

从表 9.1 的数据可以看出，环渤海地区纯技术进步变化（tech）相对处于较高水平，然而技术效率变化（eff）却处于相对较低阶段，这说明环渤海地区未能有效利用创新投入，从而造成了创新综合绩效（tfp）相对较低。由此可见，环渤海地区存在由研发投入结构失衡引起

的相对过剩问题，最终导致研发拥挤现象，降低了技术效率。因此，优化环渤海地区研发投入，把有限的资本运用到边际产出增加的产业或资金严重缺乏的领域将会进一步提高区域整体的经济效率；此外，研发资本和人员的禀赋结构也决定了技术创新的效率，人力资本和物质资本投资需要平衡，过分强调其中一方都会损失效率，两者协调发展以缓解单一资本的边际报酬递减，才能促进技术创新的提升。那么环渤海经济圈自主创新的瓶颈是什么，哪种研发投入没有达到合适配比，以及什么因素造成了该投入没有有效发挥作用，将是本部分着重研究的问题。

第二节　环渤海经济圈自主创新实证分析

开放经济条件下，一国或地区的自主创新能力受到自身研发投入、外部技术溢出、市场需求等多重因素的影响。本章着重对环渤海经济圈各项创新投入的产出贡献度进行实证检验，解析国际技术扩散和内生需求因素对当地自主创新能力全面提升的影响。

一、实证模型及数据的度量

（一）模型建立

本章基本计量模型采用 Griliches（1979）提出的知识生产函数，为了消除变量间可能存在的异方差性和多重共线性等问题，采用对数形式进行分析。同时，纳入国内需求、出口来衡量大市场对技术创新的引致作用，选取 FDI 衡量国际技术扩散对技术创新的影响，具体构建模型如下：

$$\begin{aligned}\ln Inno_{it} = {} & a_0\ln RDK_{it} + a_1\ln RKL_{it} + a_2 DM_{it} + a_3 FDI_{it} \\ & + a_4 EX_{it} + v_t + e_{it}\end{aligned} \tag{9.1}$$

FDI 的溢出效应受东道国国内制度因素的影响，而知识产权保护是众学者关注的重要因素，因此在研究 FDI 对东道国技术溢出的作用时，通常将知识产权保护作为主要影响因素纳入实证或数理模型。因此，本部分将知识产权与 FDI 的交互项纳入如下模型：

$$\ln Inno_{it} = a_0 \ln RDK_{it} + a_1 \ln RKL_{it} + a_2 DM_{it} + a_3 FDI_{it} + a_4 EX_{it} + a_5 PFDI_{it} + v_t + e_{it} \quad (9.2)$$

考虑到收入差距会通过需求规模效应和价格效应促进研发能力的提高，因此在模型内分别加入收入差距与国内需求以及收入差距与研发投入的交互项，以研究影响有效需求的收入差距对当地技术创新的影响：

$$\ln Inno_{it} = a_0 \ln RDK_{it} + a_1 \ln RKL_{it} + a_2 DM_{it} + a_3 FDI_{it} + a_4 EX_{it} + a_5 PFDI_{it} + a_6 GDM_{it} + a_7 G\ln RDK_{it} + v_t + e_{it} \quad (9.3)$$

为了衡量工资影响要素市场及产品市场需求引致的技术进步，我们将工资与研发存量的交互项纳入模型（9.4）。最后，为了综合分析各影响因素的共同作用，构建综合模型（9.5）。

$$\ln Inno_{it} = a_0 \ln RDK_{it} + a_1 \ln RKL_{it} + a_2 DM_{it} + a_3 FDI_{it} + a_4 EX_{it} + a_5 PFDI_{it} + a_6 \ln W \ln RDK_{it} + v_t + e_{it} \quad (9.4)$$

$$\ln Inno_{it} = a_0 \ln RDK_{it} + a_1 \ln RKL_{it} + a_2 DM_{it} + a_3 FDI_{it} + a_4 EX_{it} + a_5 PFDI_{it} + a_6 GDM_{it} + a_7 G\ln RDK_{it} + a_8 \ln W \ln RDK_{it} + v_t + e_{it} \quad (9.5)$$

在上述各式中 i 代表省份；t 代表年份；v 表示“个体效应”，具体包括不可观测的地区效应及当地经济特性，目的在于控制地区的固定效应。如果假设其为不随时间改变的固定性因素，那么其他随时间而变的因素则归入随机误差项 e 中，相应的模型称为“固定效应”模型；如果假设其为随机因素，则随机误差项变为 $\varepsilon_{it} = v_{it} + e_{it}$，相应的模型称为“随机效应”模型。在下面的实证检验部分将运用 Hausman 检验法得出适合本部分使用的模型。

（二）变量度量及数据说明

本章运用 1993—2008 年环渤海“三省二市”（北京、天津、河北、辽宁、山东）的面板数据来考察各因素对当地创新产出的影响，变量的详细说明见表9.2。

表9.2　变量定义及说明

变量	变量名称	变量说明	数据来源
INNO	技术创新	专利申请授权数	《中国科技统计年鉴》
RDK	研发资本	国内研发存量，计算方法见上文说明	《中国科技统计年鉴》
RKL	研发人员	研发人员占职工总数的比重	《中国科技统计年鉴》
DM	市场需求	最终消费支出，包括居民消费和政府消费以1992年为基期采用居民消费价格指数折算	《中国统计年鉴》
EX	国外需求	按经营单位所在地分货物出口总额以1992年为基期采用商品零售价格总指数折算	《中国统计年鉴》
FDI	国际扩散	实际利用外资与地区生产总值的比例	《新中国五十五年统计资料汇编》;《中国区域经济统计年鉴2006—2008》
P	知识产权保护	修正后的知识产权保护力度指数	颜珲（2008）
G	收入不平等	中国的基尼系数	世界银行发展报告
W	工资	职工工资总额以1992年为基期采用居民消费价格指数折算	《中国统计年鉴》

研发资本投入为研发存量，依据Griliches（1980）提出的方法调整：1993年的研发存量 $RDK_{1993} = RD_{1993}/(g+\delta)$，$RD_{1993}$ 为1993年的研发支出，以各地区科技经费内部支出来表示，g 为1993—2008年每年研发支出对数形式增长率的平均数，δ 为研发资本的折旧率（本部分采用25%）。其余年份研发存量 $RDK_{it} = (1-\delta)RDK_{i(t-1)} + RD_{it}$，其中 RD_{it} 是采用1992年各地区固定资产投资指数平减后的历年研发支出。

二、实证结果分析

经过实证检验，模型的 F 统计量均大于显著性水平为5%的临界值，因此方程采用变截距模型而非混合估计模型，并进一步分别对各模型进行 Hausman 检验，选择适当的模型进行回归分析，回归结果列入表 9.3。

表 9.3　环渤海经济圈自主创新能力的检验结果

解释变量	模型（9.1）	模型（9.2）	模型（9.3）	模型（9.4）	模型（9.5）
ln*RDK*	0.527 (4.91 ***)	0.305 (2.33 **)	0.771 (7.56 ***)	0.229 (1.21)	0.466 (2.56 ***)
ln*RDL*	0.113 (1.61)	0.083 (1.22)	0.055 (0.88)	-0.023 (-0.33)	0.032 (0.51)
DM	1.053 (1.57 **)	2.042 (2.77 ***)	6.872 (2.54 ***)	1.255 (2.52 ***)	4.921 (1.71 *)
FDI	-2.582 (-1.98)	-8.001 (-3.41 ***)	-6.394 (-4.15 ***)	-5.228 (-3.11 ***)	-7.783 (-4.51 ***)
EX	1.324 (1.53)	1.042 (1.25)	0.71 (1.04)	0..079 (0.11)	0.705 (1.03)
GDM	——	——	-10.016 (-1.77 *)	——	-7.101 (-1.22 ***)
PFDI	——	2.938 (2.72 ***)	2.012 (2.55 ***)	——	3.040 (3.46 ***)
*G*ln*RDK*	——	——	-0.409 (-1.84 ***)	——	-0.596 (-2.62 ***)
ln*W*ln*RDK*	——	——	——	0.052 (2.05 ***)	0.054 (2.26 **)
F 值	139.43	129.19	1395.17	1073.51	1346.91
R^2	0.9259	0.9116	0.9548	0.9454	0.9574
Hausman 检验	固定效应	固定效应	随机效应	随机效应	随机效应

注：***、**、*分别表示在 1%、5% 和 10% 的显著性水平上变量显著。

（一）研发资本存量

研发资本存量对技术创新具有显著的促进作用，且贡献度均较大，这说明环渤海地区技术创新的主要驱动力来自于自身研发投入。随着我国传统计划经济体制下政府创新筹资“错位”状况的改善，研发经费支出主体由政府向企业转型，环渤海地区研发经费在技术创新中的作用愈发重要。

然而，在收入差距影响下，研发资本作用于技术创新的影响系数在1%水平下显著为负，这表明环渤海地区的收入差距不利于研发资本的投入，最终影响了技术创新能力的提升。主要原因是过大的收入差距可能使企业陷入低创新陷阱：收入差距过大时，企业员工的工资收入持续偏低，企业仅靠较低的劳动成本便能维持较高的利润，从而降低了企业的创新积极性。

实证结果中，工资是提升技术创新能力的重要变量。根据新古典经济理论，对于一个追求利润最大化的企业来说，劳动力成本增加将促使企业把更多的资源投入到节省劳动的研发活动上去。劳动要素价格上涨还会促进研发人员的学习效应来促进技术进步，预期高工资会促使研发人员自觉跨越研发活动的人力资本门限，高人力资本同时也提升了企业研发活动的预期回报。而且，从劳动力流动的视角来看，由于技术的外部性特征，低工资带来灵活的劳资关系会导致企业专属技能的外泄，这不仅不利于企业的研发投入和对工人的培训，还会加剧市场失灵。

（二）研发人员投入

环渤海地区的研发人员对技术创新的提升作用并不显著。这说明人力资本水平尚未达到其促进自主创新的“门限”。只有具备较高水平的人力资本，研发投入才能极大地促进自主创新；国外研发也只有与一定水平的人力资本相结合才会对技术创新产生显著的促进作用，人力资本水平较低会制约FDI所产生的研发溢出效应，从而阻碍了自主创新能力的提高。

（三）市场需求

各模型中市场需求的影响系数均显著为正，这说明环渤海地区的市场需求为企业创新活动提供了市场条件，持续的需求能够不断地刺激企业进行创新，对创新水平的提升具有重要作用。

各模型中基尼系数和市场需求交互项的系数均显示环渤海地区的收入不平等对创新产出产生了明显的阻碍作用。这表明收入差距的市场效应已超过价格效应，即伴随环渤海地区收入差距的扩大，贫富分化引起的居民平均消费倾向减少已超过高收入阶层的消费倾向增加，从而导致有效内需不足，最终削弱需求对技术创新的促进作用，甚至产生抑制效应，这一结论应引起我们足够的重视。

环渤海的出口对其整体创新水平有不显著的正向作用。一方面，可能是因为国外需求对其技术创新的影响相对区内需求来说缺乏稳定性，且有一定时间的滞后，所以造成短期内出口对创新的促进作用不显著；另一方面，环渤海地区的出口竞争力不强，环渤海 5 省市与长三角、珠三角的东南沿海 5 省市（上海、江苏、浙江、福建和广东）的面积大致相等，出口额却相差甚远，以 2008 年为例，东南沿海 5 省市出口额占全国 71.59%，而环渤海 5 省市份额仅占 18.09%。

（四）FDI 及知识产权保护

FDI 渠道的研发溢出并未推动环渤海技术创新，而是呈显著的负向作用。这可能是因为环渤海地区技术创新层次较高（详见图 9.3（b）），大多先进的尖端技术是跨国公司海外经营扩张所依赖的重要基础，也是决定其竞争成败以及利润高低的主要因素，因此为了在 R&D 全球化中保持技术优势，减少技术扩散，外资企业往往通过技术锁定等策略严密控制其尖端技术和核心技术的扩散和溢出。这些限制性措施，滞缓甚至阻止了跨国公司 R&D 机构对内资企业的技术溢出，因此利用 FDI 的技术溢出来推动当地发明专利发展的难度很大。FDI 对当地技术进步的作用更大程度上是通过产业间关联、合作竞争效应以及人力资本效应等途径来实现，直接对技术进步的作用是很有限的。而且当地经济发展水平、人力资源等条件也会制约企业对国外技术的吸收。

但知识产权保护能增强 FDI 技术溢出对技术创新的促进作用。这主要是因为东道国知识产权保护的增强为扩散方的技术转移提供了保障。当发展中国家的成本优势并不明显时，知识产权保护力度的大小将左右外国直接投资的多寡，加强知识产权保护将吸引更多的跨国公司投资。此外，良好的知识产权保护环境也有利于吸引跨国公司在发展中国家建立研发机构，从而促进技术溢出的产生和发展中国家技术创新能力的提高。

第三节　环渤海经济圈自主创新的瓶颈因素及对策分析

环渤海经济圈具有良好的地缘条件、丰裕的资源禀赋和雄厚的经济基础，但由于历史、经济以及政策上的差异，尽管其经济已有较大发展，但与珠江三角洲、长江三角洲相比相对落后，这映射出瓶颈因素对其自主创新和经济增长的制约。因此，本部分的研究结论对环渤海地区提高自主创新能力的政策制定有一定的启示，除继续加大研发资本投入外，还要打破各自主创新瓶颈约束因素的制约。

一、打破创新人力资源约束

在当今知识经济时代，高素质的人力资本是科技创新的重要保证。在技术创新或技术扩散的过程中，人力资本是技术优势形成的源泉，为技术创新提供强有力的智力支持。图 9.2 中三大经济圈研发人员投入比较显示出环渤海较优越的研发人员投入数量，但从图 9.4 所列的三大经济圈研发人员占职工总数比重可见，环渤海地区研发人员占全体职工比例明显处于劣势，2008 年环渤海研发人员占职工人数比重为 4.95%，长三角为 6.9%，珠三角为 5.35%。因此，减少对密集投入劳动力的依赖，把比较优势从低成本的劳动力转向高科技含量、高附加值产业，打破创新人力资源的约束是至关重要的。由此，通过加大环渤海地区各级政府对教育的财政支出，以及加强企业职工教育培训等途径来提高劳动力的教育水平和科技水平，是提升区域创新水平的重中之重。

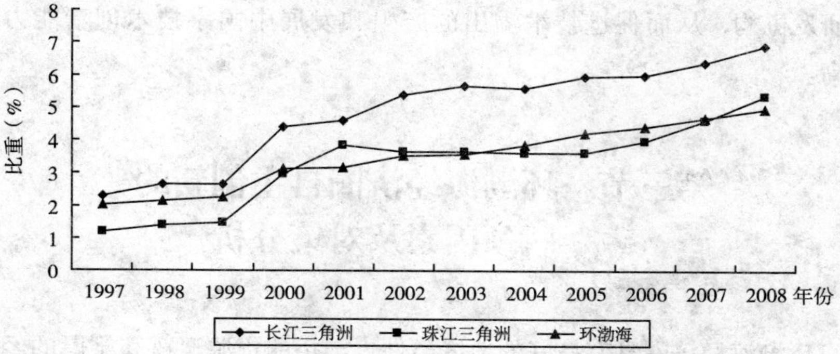

图 9.4　区域研发人员投入比较

资料来源：1998—2009 年《中国统计年鉴》和《中国科技统计年鉴》。

环渤海地区在人才交流与合作方面的相对落后也是造成研发人员投入对创新带动作用不明显的原因之一。长三角、珠三角的人才流动很快，区域间可互相不断补充新鲜血液，而整个环渤海地区人才分布不均衡，北京、天津、大连、青岛等发达城市向河北、辽宁和山东等大部分地区的流动较少，不利于研发人员整体优势的发挥。因此，有效发挥环渤海地区的人力资源优势重在区域内各地域单位通过联动、合作和协同，整合成全区域人力资源的共同体，通过推进人力资源信息网络的建设等措施构筑环渤海地区人才高地，形成该地区城市群的“整体效应”，从而实现人力资源合理利用、流动和优化配置，避免人力资本水平对自主创新能力提升的瓶颈制约。

二、缩小收入差距

环渤海区域内主要经济体的经济发展水平存在较大差距，2007 年北京人均 GDP 为 57431 元，天津为 47972 元，河北仅为 19363 元，经济发展水平的差距导致居民的工资、消费、社会福利、政府和企业投资、经济发展潜力等方面的差距。此外，虽然近年来环渤海地区城乡居民的收入水平都有了很大提高，但城乡间收入差距也在不断地扩大（详见图 9.5），造成整体需求不足，削弱了需求对创新的引致作用。对此，促进经济发展、提高居民收入水平的同时，还应通过政府出台相应的税收与社会保障等政策措施，减少收入差距和地区发展不平衡，进而充分发挥有效需求对自主创新的引致作用。

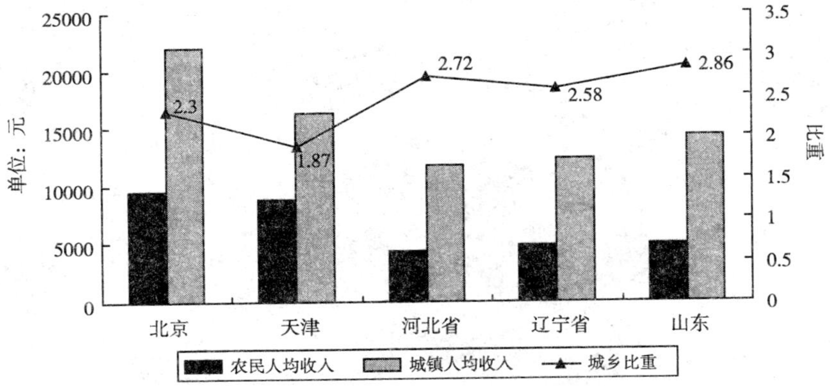

图 9.5　环渤海各省市城乡收入差距情况

资料来源：1998—2009 年《中国统计年鉴》和《中国科技统计年鉴》。

三、抑制 FDI 挤出效应

长期以来，环渤海地区利用外资数量较多，但没有充分考虑其技术溢出效应，如果引进的 FDI 质量不高，或对国内厂商产生挤出效应，都将不利于 FDI 溢出效应的发挥，甚至阻碍自主创新能力的提升。且 FDI 技术溢出主要产生在技术差距较小的产业，对于环渤海而言，最适宜的技术引进应当是那些最能发挥当地生产潜力、与当地现有生产水平和技术吸收能力相匹配的技术，因此在选择时应综合自身生产环境、消费结构、要素禀赋等因素，并增强外资企业和国内企业的产业关联，提高国内配套能力，延长国内产业链，从而有效利用全球科技资源提升自主创新能力。此外，在制定知识产权保护政策时应当充分考虑其对 FDI 溢出效应的影响，以动态的观点来衡量最优知识产权保护水平，使之与当地技术能力和经济基础相适应。

第十章　全面提升中国自主创新能力的政策建议

改革开放以来，中国经济的持续高速增长主要依赖于低成本的劳动生产率、巨大的潜在市场以及大规模但不一定高效的政府投资。目前这种优势正逐渐丧失：一方面，许多拥有更低廉劳动力的国家在学习和赶超中国，弱化了中国的比较优势；另一方面，发达国家实施的国际技术垄断日益增强，中国自身核心技术的匮乏使其在产业发展和升级、经济增长方式转变上遭受瓶颈制约，难以实现竞争优势的升级。要维持未来持续的经济增长，中国必须尽快提高自主创新能力。特别是在中国特殊的经济结构下，地区之间的落差非常大，如何有效调动各地区创新积极性、避免地区之间经济增长差距的扩大显得尤为重要。本章在总结我国利用技术投入和市场需求对创新能力提升中存在的问题及不足的基础上，提出相应的对策，从而为我国自主创新战略的政策制定提供借鉴。

第一节　国际技术扩散利用的对策分析

随着全球经济一体化进程的加速，国际技术扩散日益成为发展中国家和地区实现技术进步、推动经济持续增长的重要环节，本书将国际技术扩散归纳为外国直接投资、国际贸易、国外专利申请、人力资本跨国流动及国际文献引用五个主要途径，本部分就如何有效利用上述几大渠道全面提升中国的自主创新水平提出以下政策建议。

一、借助 FDI 促进技术进步的对策

FDI 进入一方面可以通过竞争效应、人员流动效应等间接促进我国技术进步，另一方面可以通过直接的技术溢出促进我国创新能力提升。而第二部分与环渤海区域的实证研究显示，FDI 并没有显著地促进我国创新能力的提升，甚至有抑制作用。近年来，随着全球经济一体化进程的加速及我国经济发展，我国一直是外资流入大国，而利用外资提高我国创新能力及技术水平以促进经济增长也是现阶段我国引进外资最主要的目的。我国还需从以下几个方面来吸引并有效利用外资，以更好地促进创新能力提升与技术进步，进一步加速经济发展：

（一）FDI 的引进应根据自身特点，注重规模，更应注重质量

本书采用改进后的国际 R&D 溢出的测算方法进行测算，技术溢出的多少不仅仅取决于 FDI 的数量，也与 FDI 的质量密切相关。FDI 的质量体现在外资来源国、外资进入中国的形式及区域与产业分布等方面。我国现阶段的外资主要来源于亚洲国家及地区，而不是拥有前沿技术的发达国家，并且在进入形式中外资独资企业呈现上升趋势。来自亚洲国家与地区的投资与我国技术差距较小，易于吸收，但是由于商品结构相似度大，而且外资产品具有较强的竞争力，挤占了我国内资企业大量的产品销售份额，致使大量企业没有足够的资金与动力参与创新与研发活动。相比合作与合资企业，独资企业的外资更易于保持其技术领先优势，防止技术溢出到当地，因此难以促进我国技术进步。另外，2008 年我国外资的投资行业分布显示，30% 以上的外资进入了金融与房地产行业，而不是进入了可以促进我国技术进步的部门；在制造业中，最大比例的外资进入了电子类制造业，虽然表面上看是进入了高技术行业，但实质上我国并不拥有制造的核心技术，而仅仅是为外资提供了大量的廉价劳动力。因此，在引进并利用外资时，各地政府和企业应根据自身

特点，通过鼓励适合自身特点的投资来促进本国的技术进步；合理地设定技术标准，提高外资进入的技术门限；制定合理的优惠政策，引导FDI在地区结构、行业结构的优化；完善外商在境内投资的法律和法规，对外资并购行为进行约束以避免本国企业因外资的过度进入而受到冲击。

（二）注重区域基础设施建设，促进低收入地区FDI流入

FDI分布的地区差异是造成FDI没有促进我国整体技术进步的原因之一。第二部分第五章使用地区层面数据的实证研究显示，按地区进行分组时，FDI显著促进了东中部地区的技术进步，而对西部地区的技术进步没有显著影响。FDI有利于东道国产业结构的优化调整和升级换代，刺激当地企业提升技术、管理水平等。而在影响FDI流入的诸多要素中，若仅从劳动力成本和政策影响两个方面考虑的话，中西部低收入地区与高收入地区的差异并不明显：近年来中西部地区已实施了一系列吸引FDI的政策，在劳动力成本上甚至还更有优势。相比而言，地区的基础设施水平成为FDI分布不均匀的一个重要影响因素。如果某一地区的基础设施跟不上，徒有政策的优惠与廉价的劳动力也不能达到吸引FDI的目的，因而应在完善基础设施上下工夫，例如延伸公路、铁路网，建设通信网络等，这将有利于降低原材料和商品的运输成本，优化投资环境，从而吸引到更多的FDI，以促进本地区的技术进步与经济发展。

（三）吸引跨国公司在本国设立R&D机构

面对跨国公司R&D全球化的趋势，发展中国家和地区应通过改善国内技术创新的宏观环境和基础设施条件，同时推动市场需求的稳步增长，并积极引导市场需求向国际化、高科技市场发展等措施来吸引跨国公司在本国设立R&D机构。较落后发展中国家和地区由于缺乏较完整的科研开发体系而无法吸引到跨国公司的研发投资，该措施主要是针对

新兴工业化国家和地区及转型经济国家而言。新兴工业化国家和地区的厂商已经具备了一定的技术创新能力，应加大与跨国公司研发机构的技术合作。跨国公司的研发机构有助于新兴工业化国家和地区技术创新思路的开阔，并可为后者提供快速提升技术创新水平的途径。而对于转型经济国家而言，跨国公司设立研发机构导致技术本土化的趋势日益明显，本土厂商为了生存不得不加大技术创新的投入力度，提高自身的技术能力和研发管理水平。这种竞争效应可以引起本土科研体系的改革和发展，为转型经济国家加入全球技术创新动态循环、实现科技跨越式发展提供了可能性。为进一步扩大外国 R&D 机构对本国的技术扩散和溢出效应，发展中国家和地区应加强对跨国公司研发活动的政策引导：在结构上，将外国的 R&D 活动引导到经济技术发展的优先部门或领域；鼓励跨国公司采取与当地科研机构或企业合资或合作的方式开展 R&D 活动；在人员安排上，要求或鼓励其雇员特别是管理与技术人员的当地化，加强对当地雇员的职业技术培训甚至海外学习，以提高本地区的知识存量水平和产生技术溢出的可能性。

（四）加强国内高校与跨国公司的合作

积极引导国内高校与跨国公司加强合作，使其成为我国开发人力资源的重要方式之一。高校与跨国公司的合作具有委托合同、人才培养等多种模式。通过跨国公司研发机构与高校签订协议，跨国公司提供研究经费和相关设备，高校负责具体实施研究，并向跨国公司提供科研成果。一方面，这种合作模式可以有效地缓解资金不足和技术设备老化的问题；另一方面，高校可以打破自身的封闭，了解世界技术发展的最新趋势和动向，提升自己的科研水平和技术吸收能力。而人才培养模式则是跨国公司在高校研发机构内设立专门的人员培训机构，对其内部人员进行技术培训。这种模式有助于我国培养大批高素质技术人员，提升整体研发人员的技术水平。

（五）设立外资进入的环境标准，促进经济的可持续发展

实现经济长期可持续发展的基本前提是经济与环境相互协调，引进FDI的最终目的是利用其带来的先进技术、管理经验等促进地方发展，但不能为了眼前的经济利益而牺牲赖以生存的自然和社会资源。因此，在引进FDI时需注重环境保护，坚决摒弃以污染环境和破坏生态为代价的开发模式。为此，应严格制定外资进入的资源消耗和环境标准，达不到要求的企业不允许进入，同时积极采取措施鼓励外资向资源消耗低、环保节能型的产业发展，在保护中实施开发，在开发中实现更好保护。

二、国际贸易技术溢出的利用

国际贸易是国际技术溢出的重要渠道，物化在进口商品中的国际研发对进口国尤其是发展中进口国的技术进步有非常重要的意义。中国与美国、日本、欧盟等技术先进国的贸易关系日益紧密，为技术的溢出提供了更多的机会，进口商品结构的改善进一步促进了进口贸易的研发溢出。第二部分第五章的实证结果显示，进口的研发溢出在当期没有促进我国创新能力的提升，甚至有抑制作用，滞后期的溢出对我国创新能力的影响也不显著；但进口的研发溢出显著地促进了我国全要素生产率的提升。这说明内含物化技术的进口商品可在短期内促进我国全要素生产率的提升，但短期内会对国内创新形成挤出，长期内促进创新能力提升。因此，充分利用国际贸易渠道的研发溢出对促进我国创新能力的提升与技术进步具有重要的意义。

（一）注重地区差异，引进适宜技术

进口商品中的物化技术对于一个地区的技术进步具有重要作用，但并不是越先进的技术越好。由于中国存在着明显的区域差异，各地区应根据自身的经济发展水平、研发能力、技术水平以及吸收能力选择本地区的适宜技术。东部地区经济发展水平相对较高，应注意进口贸易结构

的优化，加大对技术含量较高的国外高新产品的引进力度；对较落后的西部地区而言，应给予良好的政策环境从而保证进口溢出的实现；中部地区在政策方面获得的优势不及西部，可通过合理增加国内研发、提升人力资本储备和积累等优化技术溢出的吸收环境。技术引进之后，一方面要加强对于引进技术的吸收，避免对进口技术的依赖；另一面也应该加强中国国内各个地区之间的技术扩散与技术学习，以避免重复的技术进口，浪费研发资源。

（二）鼓励并引导企业对进口产品进行逆向工程和模仿

进口技术只有吸收之后才能转化为创新能力，否则会形成对进口的依赖。而逆向工程是新型工业国一条行之有效的成长路径，日本和韩国的经验表明，可通过对引进技术进行改进和革新提高原有技术的效率。中国目前正处于产业升级和结构调整的关键时期，对先进技术需求量很大，通过实施逆向工程从发达国家的领先企业获取技术，最终实现赶超是提高我国产品技术含量、增强竞争力的有效途径。

（三）适度保护下的自由贸易政策

在对我国幼稚产业和关系国家安全的相关产业进行适度保护的情况下，实行自由贸易保护政策以获得国外先进的资本品和中间投入品，进一步调整、优化进口关税结构，鼓励企业及时合理增加国外先进适用技术、关键设备的进口，从而保证进口贸易技术溢出效应的发挥。同时，继续完善市场运行机制，强化知识产权保护意识，为国际技术扩散提供必要的市场和政策保证。

（四）规范加工贸易的发展

中国的加工贸易在开拓国际市场、利用海外需求带动国内经济增长以及推进工业化进程中做出了巨大贡献，但值得注意的是，中国加工贸易相当大一部分仍处于简单加工和装配性发展阶段，技术含量不高、产业链条短，具有一定的“出口飞地”性质。因而，应从外溢效应的角度规范加工贸易的发展，具体而言：一是提升加工贸易技术含量，促进加工贸易转型升级，提高加工贸易型FDI进入中国的门限；二是国内企业加大技术投入，加快技术进步，提高人力资本素质；三是加强加工制造的价值增值，关注国际外包业务的发展趋势，拓展自己的业务范围，提高工人收入并以此来带动内需的扩大，督促企业进行技术创新；四是政府也应突出从事加工贸易的发展重点，延长加工贸易在国内的制造环节，积极引入研发设计、服务等高附加值的上游产业环节，从而充分发挥加工贸易企业的关联效应，促进产业结构调整、优化。

三、国外专利申请和专利引用技术溢出的利用

在全球化的市场经济竞争中，制订和实施国家知识产权战略，通过建立和完善现代知识产权制度来促进自主创新，才有可能在未来的国际竞争中争取主动。随着国外对华专利申请数量的大幅增加，国内企业应有效利用国外专利申请中的技术信息以掌握技术发展趋势，这既可以避免重复研发，又可以利用现有的先进专利技术加快二次创新。因此，应建立与技术能力相符合的知识产权保护体系，提升知识产权保护力度，为技术创新提供有效的制度保障。

（一）利用强制授权措施破除专利技术垄断，促进专利技术的转移和应用

随着中国入世和知识产权保护的加强，发达国家企业加紧在中国申请专利以迅速、合法、有效地占领和垄断技术和市场，这使国内企业处于极其不利的技术劣势。我国企业可根据TRIPS对基本专利强制许可的若干规定，重点加强在技术应用方面的研究力度，这既可以降低技术创新的成本和风险，提高技术创新的成功率，又可以从应用技术的实施中迅速获得较好的经济回报，从而继续进行下一轮技术创新，形成技术创新的良性循环。而从中国企业的研发投入来看，应用技术的研发支出占

研发经费的比重过低，大型企业和小型企业的应用技术研究支出占各自研发支出的比重分别为 5.9% 和 3.3%，远远低于发达国家企业应用技术研究经费占总支出的 20% 的比重。加大企业对应用技术的研发支出是今后中国通过模仿创新突破国外专利垄断并形成技术创新能力的关键所在。

（二）加强反垄断法规的建设，为自主创新提供有效制度保障

随着高新技术的迅速发展，技术创新成为推动我国经济增长的强劲动力。同时，随着我国经济全球化进程的不断深入，许多与技术创新相关的反垄断问题已经浮现出来。例如，微软公司以保护知识产权为名对其在中国销售的软件产品实施歧视性定价，利乐公司将其在牛奶无菌保障设备市场的支配地位延伸到无菌包装纸品市场，思科公司通过对通信标准的垄断来排挤华为公司在美国市场的竞争，这些案例都要求我们重视基于技术创新的反垄断立法。与传统的反垄断思想不同，基于技术创新的反垄断法必须坚持动态竞争的基本思想，从创新要素投入的角度考察企业的市场势力，准确把握反垄断与保护知识产权的均衡关系，从而尽快建立起控制知识产权滥用的反垄断法律制度，为我国企业自主创新的顺利进行提供一个公平竞争的市场环境。

（三）形成自主的创新能力，降低利用专利申请和专利利用的相对成本

拥有自主的专利既可以破除技术垄断，又可以通过增加来自自主专利的收益来降低利用专利申请和引用的成本。新兴工业化国家由于具有高新技术优势，应该通过追踪国外先进技术，把握高新技术的动态趋势，较落后的地区应重点加强应用技术的研究与开发力度，达到既降低技术创新成本，提高创新的成功率，又解决后续研发资金不足的难题，形成技术创新良性循环。

四、创造宽松的人才环境，吸引人才回流

海外回流人才既是国际技术扩散的载体，同时又是一国自主技术进步的核心力量。海外留学生在海外学习期间会积累大量的知识，具有较高的知识结构和技术修养，能够把握国际新技术动态。目前我国正面临人才大量流失的困境——大量留学海外学子侨居异国，给国家的发展带来了难以估量的损失，使我国长期以来缺乏经济发展和自主创新所需要的专门人才。我国应充分利用人才回流，加快国内技术人员的培训，提升其技术水平，尽快带动国内的技术开发与创新。

首先，确保政策制定的各部门职责明确，将人才回流政策细化并注重落实。虽然国家和各地区各部门在近年来针对留学人才回流方面相继出台了一系列政策，对人才回流工作的开展确实起到了很大的促进作用，然而某些政策在实际工作中无法落实，打击了留学人员的积极性，也引发了各个部门的矛盾。其次，完善留学人员创业融资担保机构，鼓励政府和民间建立一些专门针对海归创业的担保公司，解决海归企业融资难问题。随着人才回流工作的深入，应该将有关政策进一步具体化，协调各相关部门就某些问题达成共识，在此基础上共同探讨引进留学人才措施。

五、大力加强技术基础设施建设，发挥国际文献知识溢出效应

随着知识经济时代的到来，知识在一国技术创新及经济增长中的作用日益凸显。文献作为人类知识系统的记录，其在国际知识扩散中的作用日益凸显。随着世界各国互联网技术及大型网络数据库的应用和完善，发展中国家借助文献获取世界前沿知识的便利性大大增强。各创新主体获取世界前沿文献的能力，由文献知识的公开性及基础性决定。发展中国家在国际文献知识的利用过程中，应加大自身吸收能力的建设：首先，增加图书馆及网络数据库等知识基础设施的建设，

为各创新主体获取文献知识提供便利。其次，鉴于文献知识扩散的专业属性及语言依赖属性，发展中国家应积极提高自身的人力资本水平，特别是培养国际化的高水平和专业化人才，为国际文献的合理利用提供人力资本支撑。再次，作为基础研究的主要成果形式，文献知识大部分不能直接用于生产实践，但基础研究的特点决定，文献记载的人类重大理论成果一旦用于生产，将产生持续的带动效应。因此，东道国应加大自身的研发投入，将文献知识快速应用于实践，以更好的发挥自身的后发优势。

此外，鉴于文献知识的公共性特征，东道国在利用国际文献知识扩散的过程中，应加强各创新主体之间的互动。东道国政府应加强自身的科技基础设施建设，为各创新主体接受外部知识提升自身创新能力提供必要的平台。对于各创新主体而言，企业作为国家创新体系的主体，应加大自身研发投入，以积极利用国际文献知识扩散，提升自身原始创新能力及消化吸收能力。公共研发机构作为一国技术创新的重要载体，在积极利用国际文献知识扩散的同时，加大对企业的知识扩散力度，促进一国创新体系中各创新主体间的良性互动。

六、提升人力资本水平，增强技术吸收能力

人力资本是技术吸收能力的主要指标，技术吸收能力不足会阻碍我国利用国内外 R&D 资本增加本国技术存量的进程，可见人力资本对国外技术扩散以及本国研发投入均产生影响，因此提高人力资本水平是增强技术吸收能力的重中之重，也是进行自主创新能力提升的关键所在。全球化背景下，发展中国家的后发优势在于能否有效地利用世界已有的知识和技术存量，这取决于高素质的决策者、技术人才和劳动者，人才的培养离不开教育。因此，我国必须进一步加强教育建设，借鉴发达国家和地区的经验对现行教育体制进行改革。

首先，进一步加大政府教育经费投入。以我国台湾为例，在其经济发展之际，GDP 的 12%—22% 都投入了教育，而目前大陆的教育投入

却始终没有超出 GDP 的 3.5%。我国要尽快提升自主创新水平，就必须进一步加大政府的教育投入力度，切实把教育放在优先发展的战略地位。积极加大研发投入与教育投入力度的同时对各类技术人员进行进一步的培训以及有效的管理以提高其研发效率，充分发挥研发人员在技术创新活动中应起到的重要作用。

其次，取消对私人投资的限制，以借助各种渠道筹措教育经费。政府并不是教育资源投入的唯一途径，教育的各个领域应引入各种形式的资金进入竞争。依靠私人部门的融资将在很大程度上提高人力资本形成的未来收益，这既能解决国家教育资金不足的难题，又能促进教育基础设施和教育水平的提高。

再次，大力发展职业技术教育。优化教育结构，发展职业技术教育、协调学校与社会需求的关系。随着经济社会发展步伐的加快，社会对人才的需求将呈多样化，这就要求学校要及时根据市场、社会的需求调整专业及办学方向。职业技术教育是目前我国教育事业中的薄弱环节。发展多种形式的职业技术教育、培养高质量的劳动技工是优化教育结构的重要一环。

第二节　内生需求因素刺激自主创新能力提升的政策建议

中国巨大的市场为国内企业创新提供了动力，同时也诱使外资企业及其本国的出口企业进行创新；工资上涨成为 R&D 投入的动因，通过产品和要素市场需求创新；同时，收入分配的不均对一国创新能力的提升也具有一定影响。本部分拟从以上几个方面探讨如何有效利用内生需求因素激励创新，对中国自主创新战略的实施具有重要启示。

一、有效利用市场需求引致技术创新的途径

“需求引致创新”理论（Schmookler，1962）指出创新来源于客户的需求，本书系统阐述了市场需求对技术创新的影响机制，实证检验结果表明市场需求具有引致创新的作用。本书对于如何增强中国的自主创新能力，为实施科技创新战略和建设创新型国家提供理论和实证支持，提出如下政策建议：

（一）加强基础设施建设

交通、通信等基础设施建设对自主创新活动具有重要影响，基础设施改善会加快人员和货物流动，有利于自主创新产生的技术和产品的扩散。因此，进一步加强能源、通信、城市公用设施等基础设施建设，有利于自主创新以及对产业结构升级的拉动作用。

（二）积极扩大就业

针对就业中存在的问题，进一步挖掘、扩大企业就业潜力。只有经济发展才是解决就业问题的根本出路。因此，应把扩大就业作为经济发展的主要目标，实行有利于扩大就业的经济政策，发展多种类型的经济，实现发展经济与扩大就业的良性互动。要促使经济增长与就业之间形成良性的互动关系，加强基础设施建设、提高企业经济效益、大力发展非公有制经济、大力发展劳动密集型企业。

（三）适时出台鼓励消费的政策

对不同的收入群体，实施不同的消费保障和引导政策，提高消费率。一方面需增加居民消费能力，另一方面则应调整居民收入预期，具体措施包括提高个人所得税起征点等，针对不同层次的收入群体采取不同的方式鼓励消费：对低收入群体而言，从提高他们的购买力水平入手，包括加强城镇社会保障体系建设，加大扶贫力度，通过家电下乡、

汽车下乡等方式拓展农村低收入群体的消费。对于中等收入的消费群体，他们的消费处于由数量型向质量型的转型期，因而对技术创新和经济发展有重要作用，应保护中等收入群体的有效需求，释放其购买力，可用消费信贷等方式对这一群体进行消费引导，促进消费层次的升级。

（四）重视政府采购的作用

发达国家中大多科技工作由私人部门承担，政府主要从事耗资巨大、外部性较强的研究项目。经济转型国家的科学技术研发，政府则扮演着重要的角色。政府需求作为需求的一部分，对技术创新产生重要影响，适当的政府采购政策将为扩大国内需求和技术创新活动提供市场保证。

二、调解工资现状的对策探析

工资作为联结消费者和生产者的中介，工资上涨既可以通过产品市场需求又可以通过要素市场需求促进一国技术进步。在实证检验部分中，我们发现中国的总体工资水平较低，且尚未跨越创新工资门限，不利于中国的技术创新以及技术进步水平的提高。对此，接下来本书提以下几点政策启示：

（一）提高农民的收入水平

由于农业始终是中国的弱势产业，农民也处在相对弱势的地位，通过市场规律的作用和力量来改变这种状况，将是一个漫长的过程。政府采取减免税收和给予更多财政补贴的双重政策，能够在短时期内收到良好的效果。

（二）充分发挥政府监控和政策引导、干预作用

政府应加大对企业工资增长的调控力度，构建企业职工工资保障和增长机制，从而矫正市场机制调节作用失灵的问题，加快建立企业职工

工资介入、调节机制。一要进一步完善、细化工资指导线；二要结合社会平均工资情况，增加发布工资价位的数量，准确、合理地指导劳动者和企业明确各类人员的工资；三要进一步完善人工成本信息指导制度，引导企业合理调控人工成本并及时提高职工工资。

（三）提高工会组织权利

工会应广泛联系职工群众，及时掌握工资分配方面存在的问题，积极参与并推动收入分配制度改革；就行业或企业最低工资、劳动标准调整和工资增长问题促进企业、职工、工会三方达成共识，维护职工利益；关注普通职工、低收入群体的工资增长，协调好普通职工与高中层人员的薪酬分配关系。

三、收入不平等下促进自主创新的对策分析

收入差距的扩大是影响社会和谐的突出矛盾，本书的研究指出在需求规模效应的主导作用下，收入分配不均不利于研发创新投入的增加，阻碍了技术进步；过大的收入差距阻碍了外来技术的进入，进而不利于内资行业的技术进步。从社会层面来看，收入差距的拉大主要受到制度因素、市场因素和政策因素三个方面的影响，提升技术创新能力、实现经济利益关系的和谐，应着力于收入差距的调整，可从分配政策（包括初次分配政策和再分配政策）以及政府支出结构调整方面加强：

（一）从初次分配调整来看，主要是深化市场体制改革

初次分配是市场机制配置资源的基本渠道和激励机制，重视市场在资源配置中的基础地位就应尽可能地发挥市场的调节作用，创造公平竞争的市场环境，通过完善市场体系来改善初次分配格局。

首先，完善要素分配制度，一方面，应在不损害市场效率的前提下减少企业营业盈余和政府生产税净额，提高劳动者报酬在初次分配中的比重，调整不同部门和不同产业间不合理的劳动报酬。提高劳动报酬在

初次分配中的比重，通过科学合理地制定最低工资制度和建立工资指导线制度，既确保劳动者的合法权益，又为企业制定各类人员工资标准提供市场基础。

其次，健全就业机制，拓宽城镇居民的就业渠道并积极开展农民就业保障工作。实现城镇居民充分就业，是解决当前中国城镇失业型贫困的重要任务之一。积极提供职业技能培训，提高农民工再就业能力。根据企业用工需求和农民工的培训意愿开展送培训下乡活动，依托农村远程教育网络、农村党员培训基地等多渠道培训农民工。

再者，加强对垄断行业工资的监控。行业间收入差距是城镇居民收入差距的一个重要组成部分，垄断行业收入偏高是突出现象，要改变这一现状需改革经济管制制度，一方面，应在垄断行业内引入竞争机制，取消或降低行业进入门限，消除垄断行业职工不合理的高收入，保证行业差距的相对合理，使市场在收入分配中充分发挥作用；另一方面，应加强对垄断行业职工工资收入的宏观调控。

（二）从再分配调整来看，关键在于健全和规范收入分配调节制度

二次分配旨在弥补市场失灵，维护社会公平，增加社会发展的凝聚力。中国当前收入差距过大，很大程度上与收入分配调节的制度建设滞后有关，基本保障体系不健全、覆盖面窄，税收制度不完善，收入调节功能不健全等问题影响了经济的发展：

首先，继续大力推动社会保障事业，保证城镇低收入群体的基本生活水平。中央和各级财政适当增加社会保障支出比例，同时通过多种途径开辟新的筹资渠道补充社会保障基金，建立全国统筹的城镇基础养老金制度和医疗保险制度，为全体城镇劳动者提供统一而公平的参保平台。继续扩大新型农村医疗保险制度设点范围，扩大社会保障的覆盖面，拓展人民的保险范围等。逐步建立农村社会养老保险制度，解决农民看病难、因病致贫的问题。

其次，完善税制，通过改革税收制度等措施加大二次分配的调整力度。实行综合与分类相结合的个人所得税制度；完善企业所得税制度，对有利于就业的中小企业给予税收优惠，将减税负与促就业有机结合起来；适时开征不动产税，将目前的房产税、城市房地产税和城镇土地使用税三税合一，采取累进税率；条件具备时开征遗产税、赠与税和特别消费税，加大对高收入群体的税收调节力度，即对个人收入差距进行大范围、多渠道、多环节的调节，实现收入由高收入群体向低收入群体的横向转移；适当增加政府货币转移支付，并且更多地向低收入群体倾斜。

（三）从政府支出来看，重点是政府职能的转变

收入分配的公平正义和关注民生是构建和谐社会和社会主义公共财政模式的内在要求，优化财政支出结构也应基于构建和谐社会和关注民生的要求。当前的重中之重在于如何做到公平正义和关注民生，缓解地区、城乡以及行业之间在教育、公共卫生、医疗、养老和失业保障、公共交通诸方面消费待遇的差距。公共服务为居民特别是低收入人群提供最基本的保障，是政府通过食物转移方式调节收入分配的有效手段。改善政府支出结构，优化收入分配结构，应切实提高“两个比重”：一是大幅度提高政府公共服务支出占政府总支出的比重，二是适当提高政府消费占 GDP 的比重。此外，还要为经济主体提供平等的市场环境，包括深化金融改革、完善金融结构等。

四、进一步加大自主研发投入的建议

中国经济增长方式正处于粗放型向集约型转化的阶段，R&D 及其对经济增长的贡献度备受关注，虽然政府和企业的研发投入不断增加，但其利用效率不一定与投入的增加成比例。研发资源在自主研发和溢出技术的消化吸收之间的合理调配对其利用效率是至关重要的。

（一）适当提高科研经费投入比重，优化科研经费的投入结构

科技投入的力度直接制约着科技发展战略的执行，政府应尽快建立政府科研预算制度，加大政府的科研经费投入，明确政府科研经费投资规模和投资目标，使重点领域的各项科学技术活动的经费相对充足。要加大对农村的科技投入，降低农业生产成本，从而使得我国农产品能有效参与国际竞争。在不断增加政府科技投入额度的同时，还应按照公共财政的原则重新调整投入配置。建立和完善对科研人员的绩效考核体系，优化人员配置，提高研发效率，促进自主创新的发展。

（二）确立企业在自主创新中的主体地位，鼓励建立和完善大型企业的技术研发中心

企业是自主创新成果的主要应用者，也是创新风险与收益承担者，应重视其在自主创新中的主体地位。企业要提高自身技术创新能力，就必须加快技术开发中心的建设，加大研究开发活动的投入，发展具有自主知识产权的关键技术。

另外，应坚持产学研结合，开展协作创新。建立企业为主体并充分发挥高等学校和科研院所的智力作用，形成优势互补、风险共担、利益共享的产学研相结合的技术创新研发机构，及时将科研成果进行转化，为企业产品更新和技术水平提升提供技术保障。通过产学研一体化的互动机制，把企业的主体作用、高校的生力军作用和科研机构的引领作用，整合为集成优势。

（三）鼓励企业合并与兼并，实现 R&D 的规模经济

以市场需求和产业政策为导向，按照“政府引导、企业主体、平等互利、优化配置”的原则，积极鼓励和引导企业通过市场机制，运用资本平台进行联合、兼并重组，实现资源优化配置，加快产业结构转型升级，促进经济又好又快发展。建立以企业为主体、产学研相结合的技术

创新体系，以提高科研成果的商品转化率和实现 R&D 的规模经济。同时，鼓励外资以并购方式参与国内企业改组改造和兼并重组。

（四）中小企业是促进科技创新的重要力量，应建立和完善中小企业技术创新政策扶持体系

一方面，应增加中小型企业技术创新基金，用于支持中小企业的创新和成果转化；另一方面，要改善中小企业融资环境，大力支持中小企业信用担保机构发展，为中小企业创新提供市场环境。

总之，在经济全球化背景下，一个国家和地区的经济增长从基于自然资源的消耗逐渐向更多地依靠自主创新转变，随着全球贸易和全球生产体系的迅速发展及 FDI 的不断扩张，中国经济面临更激烈的外部竞争压力，外商的控股和技术垄断对中国产业结构的优化升级构成威胁，因此中国经济的持续发展应逐步实现经济增长方式的转变，必须依靠科技进步，提升自主创新能力。综上所述，本书对于中国自主创新战略的实施具有重要启示：

第一，要注重不同国际技术扩散路径对中国各种技术层次自主创新影响的差异，趋利避害，有效利用全球技术资源提升自主创新能力，重视进口贸易和国外专利申请对我国自主创新能力影响的同时，避免形成对技术领先国的技术依赖。加大知识产权保护，为自主创新提供有效制度保障，为企业开发新技术提供进一步的经济激励。

第二，积极刺激有效需求。国家在激励企业自主创新过程中，不仅依赖外来技术溢出，还应将注意力更多地放在需求引致创新上，如通过采取积极措施，在完善社会保障体系、改善低收入者民生状况缓解收入差距的同时，积极采取措施逐步缓解城乡收入差距，会对中国内资行业的技术进步起到一定的需求推动作用。

第三，把高素质人才培育放在创新的基础层面来建设。高素质的人才是进行自主创新的关键，通过加强科技教育、发展教育事业等加速人力资本积累是实施创新型国家战略全面提升国际竞争力的重要举措。

第四，充分发挥政府的主导作用和企业的主体地位。政府需从国家战略的高度出发或者依据国家利益，积极鼓励和引导企业、高校等社会组织的创新活动，主要表现在促进自主创新相关法规的制定和完善，加大科技投入力度，保护知识产权，积极给予创新的金融支持并实施政府采购等。

党的十七大报告提出，提高自主创新能力，建设创新型国家是国家发展战略的核心，是提高综合国力的关键。中国加快经济发展方式的转变中，自主创新发挥着至关重要的作用。此外，自主创新也是立足于当前经济形势下的必要举措。值得强调的是，伴随环境问题的备受关注，技术创新更应引起足够的重视，应重视技术创新的生态化转向，使技术创新向有利于经济持续发展的方向发展。在实践过程中，建立或开发生态化的技术，推广绿色技术创新，这有利于推动经济朝着良性循环方向发展。

参考文献

1. 波特：《国家竞争优势》，载巴特利特、戈歇尔主编：《跨国管理》（赵曙明译），东北财经大学出版社1990年版，第186—215页。
2. 程华等：《政府科技投入与企业R&D：实证研究与政策选择》，科学出版社2009年版。
3. 道格·汉顿：《硅谷演变结构概貌》，载李钟文等主编：《硅谷优势》，人民出版社2002年版，第51—65页。
4. 范红忠：《有效需求规模假说，研发投入与国家自主创新能力》，载《经济研究》2007年第3期，第33—44页。
5. 方希桦、包群、赖明勇：《技术溢出：基于进口传导机制的实证研究》，载《中国软科学》2004年第7期，第58—63页。
6. 韩玉雄、李怀祖：《关于中国知识产权保护水平的定量分析》，载《科学学研究》2005年第3期，第377—381页。
7. 何枫：《经济开放度对我国技术效率影响的实证分析》，载《中国软科学》2004年第1期，第48—52页。
8. 何洁：《外国直接投资对中国工业部门外溢效应的进一步精确量化》，载《世界经济》2000年第12期，第29—36页。
9. 胡明勇、周寄中：《政府资助对技术创新的作用：理论分析与政策工具选择》，载《科研管理》2001年第1期，第31—37页。
10. 加里·S. 贝克尔：《人力资本》（梁小民译），北京大学出版社1987年版。
11. 姜百臣等：《技术创新的市场需求导向——来自消费者选择偏好的

问卷分析》，载《科学与管理》2009 年第 1 期，第 20—25 页。
12. 蒋殿春、张宇：《经济转型与外商直接投资技术溢出效应》，载《经济研究》2008 年第 7 期，第 26—38 页。
13. 姜奇平：《以“市场换技术”战略彻底失败?》，载《互联网周刊》2004 年第 14 期，第 68—69 页。
14. 解维敏、唐清泉、陆姗姗：《政府 R&D 资助、企业 R&D 支出与自主创新——来自中国上市公司的经验证据》，载《金融研究》2009 年第 6 期，第 86—98 页。
15. 来兴显：《技术创新与社会主义市场经济》，载《中国科技论坛》1995 年第 1 期，第 39—41 页。
16. 李国民、王秋石：《地区间接融资的金融市场和外商直接投资的正溢出效应》，载《经济理论与经济管理》2007 年第 6 期，第 70—75 页。
17. 李军：《收入差距对消费需求影响的定量分析》，载《数量经济技术经济研究》2003 年第 9 期，第 5—11 页。
18. 李平：《论国际贸易与技术创新的关系》，载《世界经济研究》2002 年第 5 期，第 79—83 页。
19. 李平、崔喜君：《知识产权保护对国际技术扩散的影响及对中国的对策分析》，载《工业技术经济》2005 年第 10 期，第 67—69 页。
20. 李平：《国际技术扩散的路径和方式》，载《世界经济》2006 年第 9 期，第 85—91 页。
21. 李平：《国际技术扩散对发展中国家技术进步的影响：机制、效果及对策分析》，三联书店 2007 年版。
22. 李平、张庆昌：《中国在世界创新体系中的定位——兼论创新策略的选择》，载《山东理工大学学报》2008 年第 3 期，第 6—19 页。
23. 李平、张庆昌：《技术创新与市场结构：最优化分析》，载《科技进步与对策》2008 年第 11 期，第 26—29 页。
24. 李平、张庆昌：《工资上涨、出口增加与全要素生产率的相对下降》，山东理工大学世界经济研究中心工作论文，2009 年。
25. 刘冰：《技术创新的消费推动论》，载《科学管理研究》2007 年第 1 期，第 9—12 页。
26. 鲁志国：《R&D 投资作用于技术创新的传导机制分析》，载《深圳大学学报》2005 年第 5 期，第 25—28 页。
27. 潘文卿：《外商投资对中国工业部门的外溢效应：基于面板数据的分析》，载《世界经济》2003 年第 6 期，第 29—36 页。
28. 丘斌、杨帅、辛培江：《FDI 技术溢出渠道与中国制造业生产率增长研究：基于面板数据的分析》，载《世界经济》2008 年第 8 期，第 20—31 页。
29. 沈凌、田国强：《贫富差别、城市化与经济增长：一个基于需求因素的经济学分析》，载《经济研究》2009 年第 1 期，第 17—29 页。
30. 孙军、梁东黎：《收入差距、市场规模及我国产业升级困境的摆脱》，载《湖北社会科学》2009 年第 7 期，第 91—94 页。
31. 佟家栋、蔡伟雄：《金融发展、中间产品市场厚度与 FDI 引进》，载《世界经济研究》2009 年第 5 期，第 65—70 页。
32. 王红领、李稻葵、冯俊新：《FDI 与自主研发：基于行业数据的经验研究》，载《经济研究》2006 年第 2 期，第 44—56 页。
33. 汪同三、蔡跃洲：《改革开放以来收入分配对资本积累及投资结构的影响》，载《中国社会科学》2006 年第 1 期，第 4—14 页。
34. 王洪庆：《我国加工贸易的技术溢出效应研究》，载《世界经济研究》2006 年第 7 期，第 35—39 页。
35. 王辉耀：《海归时代》，中央编译出版社 2005 年版。
36. 王俊、刘东：《中国收入差距与需求推动下的技术创新》，载《中国人口科学》2009 年第 5 期，第 58—67 页。
37. 王小鲁、樊纲：《中国经济增长的可持续性——跨世纪的回顾与展望》，经济科学出版社 2000 年版。
38. 王永齐：《融资效率、劳动力流动与技术扩散：一个分析框架及基于中国的经验检验》，载《世界经济》2007 年第 1 期，第 69—79 页。

39. 许和连、栾永玉：《出口贸易的技术外溢效应：基于三部门模型的实证研究》，载《数量经济技术经济研究》2005 年第 9 期，第 103—111 页。

40. 姚林如、杨海军、罗明：《我国资本与劳动力匹配状况的实证分析：1978—2005》，载《财经论丛》2008 年第 5 期，第 1—7 页。

41. 张国华：《论收入差距对消费需求的影响及对策》，载《财经研究》1999 年第 5 期，第 49—52 页。

42. 张海洋：《R&D 两面性、外资活动与中国工业生产率增长》，载《经济研究》2005 年第 5 期，第 107—117 页。

43. 张婧：《我国加工贸易的技术溢出效应研究》，载《科技与管理》2004 年第 4 期，第 59—61 页。

44. 张军、吴桂英、张吉鹏：《中国省际物质资本存量估算：1952—2000》，载《经济研究》2004 年第 10 期，第 35—44 页。

45. 张爽：《非线性模型中多个交互项的估计》，载《世界经济文汇》2006 年第 3 期，第 52—55 页。

46. 张宇：《FDI 技术外溢的地区差异与吸收能力的门限特征——基于中国省际面板数据的门限回归分析》，载《数量经济技术经济研究》2008 年第 1 期，第 28—39 页。

47. 张宇、蒋殿春：《经济转型与外商直接投资技术溢出效应》，载《经济研究》2008 年第 7 期，第 26—38 页。

48. 赵东安：《从消费需求论我国的技术创新》，载《中国国情国力》2008 年第 5 期，第 28—30 页。

49. 赵敏：《国际人口迁移理论评述》，载《上海社会科学院学术季刊》1997 年第 4 期，第 127—135 页。

50. 赵晓晨：《利用加工贸易技术扩散优化出口商品结构研究》，载《财贸研究》2006 年第 4 期，第 49—56 页。

51. 赵勇、白永秀：《知识溢出：一个文献综述》，载《经济研究》2009 年第 1 期，第 49—56 页。
52. 中国海洋大学课题组：《我国海外人才回流的动因分析》，载《软科学》2004 年第 5 期，第 58—60 页。
53. 中华人民共和国科学技术部：《国际科学技术发展报告》，科学出版社 2009 年版。
54. 周怀峰：《国内市场需求对技术创新的影响》，载《中南财经政法大学研究生学报》2008 年第 5 期，第 75—79 页。
55. 周寄中：《科技转化工程论》，陕西人民教育出版社 2001 年版。
56. 朱平芳、徐伟民：《政府的科技激励政策对大中型工业企业 R&D 投入及其专利产出的影响：上海市的实证研究》，载《经济研究》2003 年第 6 期，第 45—53 页。
57. 邹武鹰、亓朋、许和连：《出口贸易对我国技术创新影响效应研究》，载《湖南大学学报》2008 年第 4 期，第 57—63 页。
58. Acemoglu, D., 1997a, "Technology, Unemployment and Efficiency", *European Economic Review*, Vol. 41(3-5), 525-533.
59. Acemoglu, D., 1997b, "Training and Innovation in an Imperfect Labour Market", *Review of Economic Studies*, Vol. 64(3), 445-464.
60. Acemoglu, D., 2002, "Technical Change, Inequality, and the Labor Market", *Journal of Economic Literature*, Vol. 40(1), 7-72.
61. Acemoglu, D., 2003, "Labour and Captial Augmenting Technical Change", *Journal of the European Economic Association*, Vol. 1(1), 1-37.
62. Acharyya, R. and Alonso, M. G., 2006, "Self-interested Motives for Income Redistribution and Access to Health Acre Innovation", *European Journal of Political Economy*, Vol. 22(2), 322-336.
63. Aghion, P. and Howitt, P., 1998, *Endogenous Growth Theory*, MIT Press, Cambridge, MA.
64. Aghion, P. and Howitt, P., 1992, "A Model of Growth through Creative

Destruction" ,*Econometrica*,Vol. 60(2) ,323-351.

65. Akerlof,G. A. ,1982,"Labour Contracts as Partial Gift Exchange" ,*Quarterly Journal of Economics*,Vol. 97(6) ,543-569.

66. Albornoz, F. and Ercolani, M. , 2007, "Learning by Exporting: Do Firm Characteristics Matter? Evidence from Argentina Panel Data" , Discussion Papers of University of Birmingham, No. 7-17.

67. Alfaro, L. , Chanda, A. , Kalemli-Ozcan, S. and Sayek, S. , 2003, "FDI Spillovers, Financial Markets, and Economic Development" , IMF Working Papers, No. 3/186.

68. Alfaro, L. , Chanda, A. , Kalemli-Ozcan, S. and Sayek, S. , 2006, "How Does Foreign Direct Investment Promote Economic Growth? Exploring the Effects of Financial Markets on Linkages", NBER Working Paper, No. 12522.

69. Anderson, J. and Van Wincoop, E. ,2001, "Gravity with Gravitas: A Solution to the Border Puzzle", *American Economic Review*, Vol. 93 (1), 170-192.

70. Andrés, R. C. , 1996, "Multinationals, Linkages, and Economic Development" , *The American Economic Review*, Vol. 86(4) ,852-873.

71. Appelbaum, E. , Bailey, T. , Berg, P. and Kalleberg, A. L. ,2000, *Manufacturing Advantage: Why High Performance Work Systems Pay Off*, Cornell University Press, Ithaca, NY.

72. Arellano, M. and Bond, S. , 1991, "Some Tests of Specification for Panel Data: Monte Carlo Evidence and an Application to Employment Equations" , *Review of Economic Studies*, Vol. 58(2) ,277-297.

73. Arellano, M. and Bover, O. ,1995, "Another Look at the Instrumental Variables Estimation of Error Components Models" , *Journal of Econometrics*, Vol. 68(1) ,29-51.

74. Aschhoff, B. and Schmidt, T. ,2008, "Empirical Evidence on the Success

of R&D Cooperation-Happy Together?" *Review of Industrial Organization*, Vol. 33(1), 41-62.

75. Bai, J., 1997, "Estimating Multiple Breaks One at a Time", *Econometric Theory*, Vol. 13(3), 315-352.

76. Barrios, S. and Strobl, E., 2002, "Foreign Direct Investment and Productivity Spillovers: Evidence from the Spanish Experience", *Review of World Economics*, Vol. 138(3), 459-481.

77. Beata, S. J., 2004, "Does Foreign Direct Investment Increase the Productivity of Domestic Firms? In Search of Spillovers through Backward Linkages", *The American Economic Review*, Vol. 94(3), 605-627.

78. Belderbos, R., Carree, M. and Lokshin, B., 2004, "Cooperative R&D and Firm Performance", *Research Policy*, Vol. 33(10), 1477-1492.

79. Benabou, R., 1996, "Equity and Efficiency in Human Capital Investment: The Local Connection", *Review of Economic Studies*, Vol. 63(2), 237-264.

80. Benabou, R., 1996, "Inequality and Growth", *NBER Macroeconomics Annual*, Vol. 11, 11-74.

81. Bencivenga, V. R. and Smith, B. D., 1991, "Financial Intermediation and Endogenous Growth", *The Review of Economic Studies*, Vol. 58 (2), 195-209.

82. Benhabib, J. and Spiegel, M. M., 1994, "The Role of Human Capital in Economic Development: Evidence from Aggregate Cross-Country Data", *Journal of Monetary Economics*, Vol. 34(2), 143-173.

83. Bernard, A. B. and Jensen, J. B., 1999, "Exporting and Productivity", NBER Working Papers, No. 7153.

84. Bernard, A. B., and Jensen, J. B., 1999, "Exceptional Exporter, Performance: Cause, Effect or Both?" *Journal of International Economics*, Vol. 47 (1), 1-25.

85. Bester, H. and Petrakis, E., 2003, "Wages and Productivity Growth in a

Competitive Industry", *Journal of Economics Theory*, Vol. 109(1), 52-69.

86. Bester, H. and Petrakis, E., 2004, "Wages and Productivity Growth in a Dynamic Monopoly", *International Journal of Industrial Organization*, Vol. 22(1), 83-100.

87. Bigsten, A. et al., 1999, "Exports of African Manufactures: Macro Policy and Firm Behaviour", *Journal of International Trade and Economic Development*, Vol. 8(1), 53-71.

88. Bitzera, J. and Kerekesb, M., 2008, "Does Foreign Direct Investment Transfer Technology Across Borders? New Evidence", *Economics Letters*, Vol. 100(3), 355-358.

89. Blalock, G. and Gertler, P., 2004, "Learning from Exporting Revised in a Less Developed Country Setting", *Journal of Development Economics*, Vol. 75(2), 397-416.

90. Blinder, A. S., 1975, "Distribution Effects and the Aggregate Consumption Function", *Journal of Political Economy*, Vol. 83(3), 447-476.

91. Blomstrom, M. and Kokko, A., 1998, "Multinational Corporations and Spillovers", *Journal of Economic Surveys*, Vol. 12(3), 247-277.

92. Blomstrom, M. and Persson, H., 1983, "Foreign Investment and Spillovers Efficiency in an Underdevelopment Economy: Evidence from the Mexican Manufacturing Industry", *World Development*, Vol. 11(6), 493-501.

93. Blomstrom, M. and Wolff, E. N., 1994, "Multinational Corporations and Productivity Convergence in Mexico", NBER Working Papers, No. 3141.

94. Blundell, R. and Bond, S., 1998, "Initial Conditions and Moment Restrictions in Dynamic Panel Data Models", *Journal of Econometrics*, Vol. 87 (1), 115-143.

95. Bond, S., 2002, "Dynamic Panel Data Models, A Guide to Micro Data Methods and Practice", *Portuguese Economic Journal*, Vol. 1 (2), 141-162.

96. Borensztein, E., Gregorio, J. D. and Lee J. W., 1998, "How does Foreign Direct Investment Affect Economic Growth?" *Journal of International Economics*, Vol. 45(1), 115-135.

97. Bottazzi, L. and Peri, G., 1999, "Innovation, Demand and Knowledge Spillovers: Theory and Evidence from European Regions", Bocconi University Working Papers, No. 153.

98. Brambor, T., 2006, "Understanding Interaction Models: Improving Empirical Analyses", *Political Analysis*, Vol. 14(1), 63-82.

99. Branstetter, L., 2006, "Is FDI a Channel of Knowledge Spillovers: Evidence from Japanese FDI in the United States", *Journal of International Economics*, Vol. 68(2), 325-344.

100. Bresman, H., Birkinshaw, J. and Nobel, R., 1999, "Knowledge Transfer in International Acquisitions", *Journal of International Business Studies*, Vol. 30(3), 439-462.

101. Braga, C. A. P. and Fink, C., 1998, "The Relationship Between Intellectual Property Rights and Foreign Direct Investment", *DUKE J. COMP. and INT'L L.*, No. 163.

102. Burgleman, R. A. and Maidique, M. A., 1988, *Strategic Management of Technology and Innovation*, Hoomwood, IL: Irwin.

103. Caselli, F. and Coleman, W. J., 2001, "Cross-Country Technology Diffusion: The Case of Computers", *The American Economic Review*, Vol. 91(2), 328-335.

104. Caves, R., 1974, "Multinational Firms, Competition and Productivity in Host-country Markets", *Economica*, Vol. 41(162), 176-193.

105. Chakrabarti, P. K. and Choudhary, J., 2004, "Wage-Productivity Relationship in Coal India Limited", *Journal of Social Science*, Vol. 8(1), 29-43.

106. Chen, C. and Hicks, D., 2004, "Tracing Knowledge Diffusion", *Sciento-*

metrics, Vol. 59(2), 199-211.

107. Chin, J. C. and Grossman, G., 1990, "Intellectual Property Rights and North-South Trade", NBER Working Paper, No. 2769.

108. Clark, G., 1987, "Why isn't the Whole World Developed? Lessons from the Cotton Mills", *Journal of Economic History*, Vol. 47(1), 141-173.

109. Clarkson, K. W. and Miller, R. L., 1989, *Industrial Organization: Theory, Evidence and Policy*, New York, McGraw Hill.

110. Coe, D. T. and Helpman, E., 1995, "International R&D Spillovers", *European Economic Review*, Vol. 39(5), 859-887.

111. Coe, D. T., Helpman, E. and Alexander, W. H., 1997, "North-South R&D Spillovers", *The Economic Journal*, Vol. 107(1), 134-149.

112. Cohen, W. M., 1995, "Empirical Studies of Innovative Activity", In P. Stoneham, Ed., *Handbook of The Economics of Innovation and Technological Change*, Oxford: Blackwell, 182-264.

113. Cohen, W. M. and Levinthal, D. A., 1989, "Innovation and Learning: The Two Faces of R&D", *Economic Journal*, Vol. 99(397), 569-596.

114. Commander, S., Kangasniemi, M. and Winters, L. A., 2004, "The Brain Drain: Curse or Boon? A Survey of the Literature", in *Challenges to Globalization: Analyzing the Economics*, Robert E. Baldwin and L. Alan Winters, eds., University of Chicago Press, 235-278.

115. Crespi, F. and Pianta, M., 2005, "Innovation and Demand in European Industries", Paper for the 4th European Meeting on Applied Evolutionary Economics, De Uithof, Utrecht, The Netherlands.

116. Crespo, J., Martin, C. and Velazquez, F. J., 2002, "International Technology Diffusion through Imports and its Impact on Economic Growth", European Economy Group Working Paper, No. 12.

117. Crespo, N. and Fontoura, M. P., 2007, "Determinant Factors of FDI Spillovers—What Do We Really Know?" *World Development*, Vol. 35 (3),

410-425.

118. Criscuoloa, P. and Verspagen, B., 2008, "Does it Matter Where Patent Citations Come from? Inventor vs Examiner Citations in European Patents", *Research Policy*, Vol. 37, 1892-1908.

119. Croix, D. and Doepke, M., 2004, "Public Versus Private Education when Differential Fertility Matters", *Journal of Development Economics*, Vol. 73 (2), 607-629.

120. Cyert, R. M. and March, J. G., 1992, *A Behavioral Theory of the Firm*, Englewood Cliffs, NJ, Prentice Hall.

121. Czarnitzki, D. and Hussinger, K., 2004, "The Link Between R&D Subsidies, R&D Input and Technological Performance", ZEW Discussion Paper, Mannheim, 4-56.

122. Czarnitzki, D. and Licht, G., 2006, "Additionality of Public R&D Grants in a Transition Economy: The Case of Eastern Germany", *Economics of Transition*, Vol. 14(1), 101-131.

123. Damijan, J. P., Knell, M. S., Majcen, B. and Rojec, M., 2003, "Technology Transfer Through FDI in Top-10 Transition Countries: How Important Are Direct Effects, Horizontal And Vertical Spillovers?" Working Paper, William Davidson Institute, University of Michigan, No. 549.

124. Daron, A., 2002, "Technical Change, Inequality, and the Labor Market", *Journal of Economic Literature*, Vol. 40(1), 7-72.

125. David, P. A., Hall, B. H. and Toole, A. A., 2000, "Is Public R&D a Complement or Substitute for Private R&D? A Review of the Econometric Evidence", *Research Policy*, Vol. 29(4-5), 497-529.

126. Deardorff, A. V., 1992, "Welfare Effects of Global Patent Protection", *Economica*, Vol. 59(223), 35-51.

127. Delaney, J. T. and Huselid, M. A., 1996, "The Impact of Human Resource Management Practices on Perceptions of Organizational Perform-

ance", *The Academy of Management Journal*, Vol. 39(4), 949-969.

128. Dixit, A. K. and Stiglitz, J. E., 1977, "Monopolistic Competition and Optimum Product Diversity", *American Economic Review*, Vol. 67 (3), 297-308.

129. Docquier, F. and Lodigiani, E., 2009, "Skilled Migration and Business Networks", *Open Economies Review*, Vol. 21(4), 565-588.

130. Dornbusch, R., Fischer, S. and Samuelson, P. A., 1977, "Comparative Advantage, Trade, and Payments in a Ricardian Model with a Continuum of Goods", *American Economic Review*, Vol. 67(5), 823-839.

131. Downing, P. B. and White, L. J., 1986, "Innovation in Pollution Control", *Journal of Environmental Economics and Management*, Vol. 13(1), 225-271.

132. Eaton, J. and Kortum, S., 1996, "Trade in Ideas: Patenting and Productivity in the OECD", *Journal of International Economics*, Vol. 40(3/4), 251-278.

133. Eaton, J. and Kortum, S., 1999, "International Technology Diffusion: Theory and Measurement", *International Economic Review*, Vol. 40(3), 537-570.

134. Eaton, J. and Samuel, K., 2002, "Technology, Geography and Trade", *Econometrica*, Vol. 70(5), 1741-1780.

135. Edler, J. and Georghiou, L., 2007, "Public Procurement and Innovation—Resurrecting the Demand Side", *Research Policy*, Vol. 36 (7), 949-963.

136. Evenson, R. E. and Westphal, L. E., 1995, "Technology Change and Technology Strategy", *Handbook of Development Economics*, Vol. 3, Elsevier Science BV.

137. Fare, R., Grosskopf, S., Norris, M. and Zhang, Z., 1994, "Productivity Growth, Technical Progress and Efficiency Changes in Industrialized

Countries", *American Economic Review*, Vol. 84(1), 66-83.

138. Feder, G., 1982, "On Export and Economic Growth", *Journal of Development Economics*, Vol. 12(1-2), 59-73.

139. Feinberg, S. and Majumdar, S., 2001, "Technology Spillovers from FDI in the Indian Pharmaceutical Industry", *Journal of International Business Studies*, Vol. 32(3), 421-438.

140. Feldman, M., 1994, "Knowledge Complementarity and Innovation", *Small Business Economics*, Vol. 6(3), 363-372.

141. Feldstein, M., 2008, "Did Wages Reflect Growth in Productivity?" NBER Working Paper, No. 13953.

142. Fernie, S. and Metcalf, D., 1995, "Participation, Contingent Pay, Representation and Workplace Performance: Evidence from Great Britain", *British Journal of Industrial Relations*, Vol. 33(3), 379-415.

143. Ferrantino, M. J., 1993, "The Effect of Intellectual Property Rights on International Trade and Investment", *Review of World Economics*, Vol. 129(2), 300-331.

144. Foellmi, R. and Zweimüller, J., 2006, "Income Distribution and Demand-Induced Innovations", *Review of Economic Studies*, Vol. 73(4), 941-960.

145. Fontana, R., Geuna, A. and Matt, M., 2006, "Factors Affecting University-Industry R&D Projects: The Importance of Searching, Screening and Signalling", *Research Policy*, Vol. 35(2), 309-323.

146. Frédéric, D. and Hillel, R., 2003, "Brain Drain and Human Capital Formation in Developing Countries: Winners and Losers", *The Economic Journal*, Vol. 118(528), 631-652.

147. Galor, O. and Tsiddon, D., 1997, "The Distribution of Human Capital and Economic Growth", *Journal of Economic Growth*, Vol. 2(1), 93-124.

148. Galor, O. and Zeira, J., 1993, "Income Distribution and Macroeconomics", *Review of Economic Studies*, Vol. 60(1), 35-52.

149. Gentleman, A., 2008, "Brain Gain for India as Elite Return", *The Observer.*

150. Geroski, P. A., 1990, "Innovation, Technological Opportunity, and Market Structure", *Oxford Economic Papers*, Vol. 42(3), 586-602.

151. Geroski, P. A., Van Reenen, J. M. and Walters, C. F., 1996, "Innovation, Patents and Cash Flow", CEPR Discussion Paper Series, No. 1432.

152. Gerschenkron, A., 1962, *Economic Backwardness in Historical Perspective*, Belknap Press, Cambridge MA.

153. Ginarte, J. C. and Walter, G. P., 1997, "Determinants of Patent Rights: A Cross-National Study", *Research Policy*, Vol. 26(3), 283-301.

154. Globerman, S., 1979, "Foreign Direct Investment and 'Spillover' Efficiency Benefits in Canadian Manufacturing Industries", *Canadian Journal of Economics*, Vol. 12(1), 42-56.

155. Goldsmith, R. W., 1951, *A Perpetual Inventory of National Wealth*, NBER Books.

156. Goolsbee, A., 1998, "Does Government R&D Policy Mainly Benefit Scientists and Engineers?" *American Economic Review*, Vol. 88 (2), 298-302.

157. Gordon, R. J., 2004, "Why Was Europe Left at the Station When America's Productivity Loco-motive Departed?", NBER Working Paper, No. 10661.

158. Görg, H. and Greenaway, D., 2004, "Much Ado about Nothing? Do Domestic Firms Really Benefit from Foreign Direct Investment", *World Bank Research Observer*, Vol. 19(20), 171-197.

159. Gould, D. M. and Gruben, W. C., 1996, "The Role of Intellectual Property Rights in Economic Growth", *Journal of Economic Development*, Vol. 48(2), 323-350.

160. Greenway, D. and Kneller, R. A., 2004, "Exporting and Productivity in

the United Kingdom", *Oxford Review of Economic Policy*, Vol. 20(3), 358-371.

161. Greenwood, J. and Jovanovic, B., 1990, "Financial Development, Growth, and the Distribution of Income", *The Journal of Political Economy*, Vol. 98(5), 1076-1107.

162. Greenwood, J. and Mukoyama, T., 2001, "The Effect of Income Distribution on the Timing of New Product Introductions", Mimeo, University of Rochester.

163. Gregorio, J. D., 1995, "Equity and Growth in Developing Countries: Old and New Perspectives on the Policy Issues", Policy Research Working Paper, No. 1518, NY: World Bank.

164. Gregorio, J. D., 1995, Comment, in Dornbusch. R. and S. Edwards (eds.), *Stabilization, Economic Reform and Growth*, Chicago: The University of Chicago Press.

165. Grieco, D., 2006, "Degree of Innovativeness and Market Structure: A Model", CESPRI Working Paper, No. 178.

166. Griffith, R., Redding, S. and Reenen, J. R., 2000, "Mapping Two Faces of R&D: Productivity Growth in A Panel of OECD Industries", *The Review of Economics and Statistics*, Vol. 86(4), 883-895.

167. Griliches, Z., 1980, "R&D and the Productivity Slowdown", *The American Economic Review*, Vol. 70(2), 343-348.

168. Grossman, G. M. and Helpman, E., 1991, *Innovation and Growth in the Global Economy*, Cambridge, Massachusetts: MIT Press.

169. Grossman, G. M. and Helpman, E., 1991, "Trade, Knowledge Spillover and Growth", *European Economic Review*, Vol. 35, 517-526.

170. Guellec, D. and Pottelsberghe, B. V., 2001, "R&D and Productivity Growth: Panel Data Analysis of 16 OECD Countries", *OECD Economic Studies*, No. 33.

171. Guellec, D. and Van Pottelsberghe, B. , 2003, "The Impact of Public R&D Expenditure on Business R&D", *Economics of Innovation and New Technology*, Vol. 12(3), 225-243.

172. Habakkuk, H. J. , 1962, *American and British Technology in the Nineteenth Century: The Search for Labour-Saving Inventions*, Cambridge University Press.

173. Hakura, D. and Jaumotte, F. , 1999, "The Role of Inter-and Intraindustry Trade in Technology Diffusion", IMF Working Papers, No. 99/58.

174. Hansen, B. E. , 1999, "Threshold Effects in Non-Dynamic Panels: Estimation, Testing, and Inference", *Journal of Econometrics*, Vol. 93 (2), 345-368.

175. Hansen, B. E. , 2000, "Sample Splitting and Threshold Estimation", *Econometrica*, Vol. 68(3), 575-604.

176. Hatipoglu, O. , 2008, "An Empirical Analysis of the Relationship Between Inequality and Innovation in a Schumpeterian Framework", MPRA Paper, No. 7856, University Library of Munich, Germany.

177. Haucap, J. and Wey, C. , 2004, "Unionization Structures and Innovation Incentives", *The Economic Journal*, Vol. 114(494), 149-156.

178. Hejazi, W. and Safarian, E. , 1999, "Trade, Foreign Direct Investment, and R&D Spillovers", *Journal of International Business Studies*, Vol. 30 (3), 491-511.

179. Helpman, E. , 1993, "Innovation, Imitation, and Intellectual Property Rights", *Econometrica*, Vol. 61(6), 1247-1280.

180. Hicks, J. , 1968, *A Theory of Economic History*, Oxford: Clarendon Press.

181. Hicks, J. R. , 1932, *The Theory of Wages*, London: MacMillan Press.

182. Hinloopen, J. , 1997, "Subsidizing Cooperative and Noncooperative R&D in Duopoly with Spillovers", *Journal of Economics*, Vol. 66(2), 151-175.

183. Hipp, C. and Grupp, H. , 2005, "Innovation in the Service Sector: the De-

mand for Service Specific Innovation Measurement Concepts and Typologies", *Research Policy*, Vol. 34(4), 517-535.

184. Hippel, 1986, "Lead Users: A Source of Novel Product Concepts", *Management Science*, Vol. 32(7), 791-805.

185. Hirsch, B., 1991, *Labour Unions and the Performance of Firms*, Kalamazoo, MI: W. E. Upjohn Institute.

186. Horiuchi, E. and Ishikawa, J., 2009, "Tariffs and Technology Transfer through an Intermediate Product", *Review of International Economics*, Vol. 17(2), 310-326.

187. Huizinga, F. and Broer, P., 2004, "Wage Moderation and Labour Productivity", CBP Discussion Papers, No. 28.

188. Huselid, M. A., 1996, "The Impact of Human Resource Management Practices on Turnover, Productivity, and Corporate Financial Performance", *Academy of Management Journal*, Vol. 38(3), 635-672.

189. Hutchens, R. M., 1989, "Seniority, Wages and Productivity: A Turbulent Decade", *Journal of Economic Perspectives*, Vol. 2(4), 49-64.

190. Jacobs, B. and Webbink, D., 2007, "Scarcity of Science and Engineering Students in the Netherlands", CBP Discussion Papers, No. 92.

191. Jaffe, A. B. and Trajtenberg, M., 1998, "International Knowledge Flows: Evidence From Patent Citations", *Economics of Innovation and New Technology*, Vol. (8), 105-136.

192. Jaffe, A. B., Trajtenberg, M. and FogartyM. S., 2000, "Knowledge Spillovers and Patent Citations: Evidence from a Survey of Inventors", *American Economic Review*, Vol. 90(2), 215-218.

193. Jakob, B. M., 2007, "Technology Spillover through Trade and TFP Convergence: 135 Years of Evidence for the OECD Countries", *Journal of International Economics*, Vol. 72(2), 464-480

194. James, R. M. and Anthony, J. V., 1999, "Foreign Direct Investment as A

Catalyst for Industrial Development", *European Economic Review*, Vol. 43 (2), 335-356.

195. Javorcik, B. S., 2004, "The Composition of Foreign Direct Investment and Protection of Intellectual Property Rights: Evidence from Transition Economies", *European Economic Review*, Vol. 48 (1), 39-62.

196. Javorcik, B. S., Özden, C., Spatareanu, M. and Neagu, C., 2006, "Migrant Networks and Foreign Direct Investment", World Bank Policy Research Working Paper, No. 4046.

197. Johansen, S. and Juselius, K., 1990, "Maximum Likelihood Estimation and Inference on Cointegration—With Applications to the Demand for Money", *Oxford Bulletin of Economics and Statistics*, Vol. 52 (2), 169-210.

198. Jonathan, E. and Kortum, S., 1996, "Trade in Ideas: Patenting and Productivity in the OECD", *Journal of International Economics*, Vol. 40 (3-4), 251-278.

199. Jovanovic, B. and Rob, R., 1987, "Demand-Driven Innovation and Spatial Competition Over Time", *Review of Economic Studies*, Vol. 54 (1), 63-72.

200. Judd, K. L., 1985, "On the Performance of Patents, Econometrica", *Econometric Society*, Vol. 53 (3), 567-585.

201. Kahyarara, G., 2003, "Estimates of the Productivity Effect of Higher Education on Tanzanian Labor Market", *American Economic Review*, Vol. 7, 606-620.

202. Kelette, T. J., Moen, J. and Griliches, Z., 2000, "Do Subsidies to Commercial R&D Reduce Market Failures?" *Microeconomic Evaluation Studies*, *Research Policy*, Vol. 29 (4-5), 471-495.

203. Keller, W., 2002, "Trade and the Transmission of Technology", *Journal of Economic Growth*, Vol. 7 (1), 5-24.

204. Keller, W., 2004, "International Technology Diffusion", *Journal of Economic Literature*, Vol. 42(3), 752-782.

205. Keller, W. and Yeaple, S. R., 2009, "Multinational Enterprises, International Trade, and Productivity Growth: Firm-Level Evidence from the United States", *The Review of Economics and Statistics*, Vol. 91 (4), 821-831.

206. Kleinknecht, A., 1998, "Is Labour Market Flexibility Harmful to Innovation", *Cambridge Journal of Economics*, Vol. 22(3), 387-396.

207. Kleinknecht, A. and Naastepad, C. W. M., 2001, "How the Netherlands Achieved Full Employment?" Contribution to the 7th Workshop on Alternative Economic Policy in Europe, Brussels.

208. Kleinknecht, A. and Naastepad, C. W. M., 2002, "Labour Market Flexibility and Innovation Performance: A Great Trade-off", Contribution to the EPOC Workshop at Bremen, 22-23.

209. Kleinknecht, A. and Naastepad, C. W. M., 2005, "The Netherlands: Failure of a Neo-Classical Policy Agenda", *European Planning Studies*, Vol. 13(8), 1193-1203.

210. Kokko, A., 1994, "Technology, Market Characteristics and Spillovers", *Journal of Development Economics*, Vol. 43(2), 279-293.

211. Kokko, A., 1996, "Productivity Spillovers from Competition Between Local Firms and Foreign Affiliates", *Journal of International Development*, Vol. 8(4), 517-530.

212. Krugman, P., 1979, "A Model of Innovation, Technology Transfer, and the World Distribution of Income", *Journal of Political Economy*, Vol. 87 (2), 253-266.

213. Krugman, P., 1991, "Increasing Returens and Economic Geography", *Journal of Political Economy*, Vol. 99(8), 483-499.

214. Krugman, R., 1979, "Increasing Returns, Monopolistic Competition and

International Trade", *Journal of International Economics*, Vol. 9(4), 469-479.

215. Kugler, M. and Rapoport, H., 2007, "International Labor and Capital Flows: Complements of Substitutes?" *Economics Letters*, Vol. 94(2), 155-162.

216. Kuznets, S. S., 1962, "How to Judge Quality", New Public, Oct. 20, 29-32.

217. Lake, A. W., 1979, "Technology Creation and Technology Transfer by Multinational Firms", In R. G. Hawkins, Ed., *Research in International Business and Finance*, Vol. 1: *The Economic Effects of Multinational Corporations*, Greenwich; JAI Press.

218. Lall, S., 1980, "Vertical Inter-firm Linkage in LDCs: An Empirical Study", *Oxford Bulletin of Economics and Statistics*, Vol. 42(8), 203-226.

219. Laursen, K. and Foss, N. J., 2003, "New Human Resource Management Practices, Complementarities, and Their Impact on Innovation Performance", *Cambridge Journal of Economics*, Vol. 27(2), 243-263.

220. Lee, B. and Yoshiaki, O., 2005, "Is Academic Science Driving a Surge in Industrial Innovation? Evidence from Patent Citations", NBER Working Paper, No. 11561.

221. Lee, D. H., 1991, "The Impact of Research Sponsorship upon Research Effectiveness", *Technovation*, Vol. 11(1), 39-57.

222. Lee, J-Y. and Mansfield, E., 1996, "Intellectual Property Protection and U. S. Foreign Direct Investment", *The Review of Economics and Statistics*, Vol. 78(2), 181-186.

223. Leeuwen, T. V. and Tijssen, R., 2000, "Interdisciplinary Dynamics of Modern Science: Analysis of Cross-disciplinary Citation Flows" *Research Evaluation*, Vol. 9(3), 183-187.

224. Leonard, T., 1987, "Carrots and Sticks: Pay, Supervision and Turnover",

Journal of Labour Economics, Vol. 5(4), 136-152.

225. Lichtenberg, F. and Van Pottelsberghe, B., 1996, "International R&D Spillovers: A Re-examination", NBER Working Paper, No. 5668.

226. Ling, P. and Kamal, S., 2004, *Muitinational Firms, Exclusivity, and the Degree of Backward Linkages*, Ling Nan University and Southern Methodist University, Photocopy.

227. Link, A. N., 1982, "An Analysis of the Composition of R&D Spending", *Southern Economic Journal*, Vol. 39(2), 342-349.

228. Lööf, H. and Broström, A., 2008, "Does Knowledge Diffusion Between University and Industry Increase Innovativeness?" *The Journal of Technology Transfer*, Vol. 33(1), 73-90.

229. Lorenz, E. H., 1999, "Trust, Contract and Economic Cooperation", *Cambridge Journal of Economics*, Vol. 23(3), 301-316.

230. Lorenz, E. H., 2008, "Trust and the Flexible Firm: International Comparisons", *Industrial Relations*, Vol. 31(3), 455-472.

231. Madhok, A. and Osegowitsch, T., 2000, "The International Biotechnology Industry: A Dynamic Capabilities Perspective", *Journal of International Business Studies*, Vol. 31(2), 325-335.

232. Madsen, J. and Damania, R., 2001, "Labour Demand and Wage-Induced Innovations: Evidence from the OECD Countries", *International Review of Applied Economics*, Vol. 15(3), 323-334.

233. Malmberg, A. and Power, D., 2005, "(How) Do (Firms in) Clusters Create Knowledge?" *Industry & Innovation*, Vol. 12(4), 409-431.

234. Malonely, W. F., 2002, "Innovation and Growth in Resource Rich Countries", Central Bank of Chile Working Paper, No. 148.

235. Mansfield, E., Teece, D. J. and Romeo, A., 1979, "Overseas Research and Development by US-Based Firms", *Economica*, Vol. 46(182), 187-196.

236. Marquetti, A., 2004, "Do Rising Real Wages Increase the Rate of Labor-saving Technical Change? Some Econometric Evidence", *Metroeconomica*, Vol. 15 (4), 432-441.

237. Martin, F., 2004, "What Drives Business R&D Intensity across OECD Countries?" WIFO Working Papers, No. 236.

238. Maskus, K. E. and Penubarti, M., 1995, "How Trade-Related are Intellectual Property Rights?" *Journal of International Economics*, Vol. 39 (3-4), 227-248.

239. McCalman, P., 2001, "Reaping What You Sow: An Empirical Analysis of International Patent Harmonization", *Journal of International Economics*, Vol. 55 (1), 161-186.

240. McCallum, P. and McCallum, J., 1995, "National Borders Matter: Canada-U. S. Regional Trade Patterns", *American Economic Review*, Vol. 85 (3), 615-623.

241. Menchik, P. L. and Martin, D., 1983, "Income Distribution, Lifetime Savings, and Bequests", *American Economic Review*, Vol. 73 (4), 672-690.

242. Michael, H., Richard, K. and Chris, M., 2009, "Trade, Technology Transfer and National Efficiency in Developing Countries", *European Economic Review*, Vol. 53 (2), 237-254.

243. Michel, J, and Bettels, B., 2001, "Patent Citation Analysis: A Closer Look at the Basic Input Data From Patent Search Reports", *Scientometrics*, Vol. 51 (1), 185-201.

244. Michael, W. and Nicholson, M. W., 2002, "Intellectual Property Rights and International Technology Diffusion", Paper Prepared for "Responding To Globalization" Conference, March.

245. Millman, S. R. and Prince, R., 1989, "Firm Incentive to Promote Technological Change in Pollutioncontrol", *Journal of Environmental Economics and Management*, Vol. 17 (3), 247-265.

246. Miotti, L. and Sachwald, F., 2003, "Co-Operative R&D: Why and with Whom? An Integrated Framework of Analysis", *Research Policy*, Vol. 32 (8), 1481-1499.

247. Moses, A., 1986, "Catching Up, Forging Ahead, and Falling Behind", *The Journal of Economic History*, Vol. 46(2), 385-406.

248. Mukherjee, A. and Pennings, E., 2005, "Unionization Structure, Licensing and Innovation", Tinbergen Institute Discussion Papers, No. 5-109/4.

249. Murphy, K. M., Shleifer, A. and Vishny, R. W., 1989, "Building Blocks of Market Clearing Business Cycle Models", NBER Working Papers, No. 3004.

250. Mountford, A., 1997, "Can a Brain Drain be Good for Growth in the Source Economy?" *Journal of Development Economics*, Vol. 53 (2), 287-303.

251. Myers, S. and Marquis, G. G., 1969, *Successful Industrial Innovation: A Study of Factors Underlying Innovation in Selected Firms*, National Science Foundation (U. S.).

252. Nelson, R. R. and Phelps, E. S., 1966, "Investment in Humans: Technological Diffusion and Economic Growth", *American Economic Review*, Vol. 56(1-2), 69-75.

253. Nelson, R. R. and Winter, S. G., 1982, *An Evolutionary Theory or Economic Change*, Harvard University Press.

254. Nonaka, I., 1994, "A Dynamic Theory of Organizational Knowledge Creation", *Organization Science*, Vol. 5(1), 14-37.

255. Noorbakhsh, F., Paloni, A. and Youssef, A., 2001, "Human Capital and FDI Inflows to Developing Countries: New Empirical Evidence", *World Development*, Vol. 29(9), 1593-1610.

256. Nunnenkamp, P. and Julius, S., 2002, "Determinants of FDI in Develo-

ping Countries: Has Globalization Changed the Rules of the Game?" *Transnational Corporations*, Vol. 11(2), 1-34.

257. Nunnenkamp, P. and Spatz, J., 2004, "Intellectual Property Rights and Foreign Direct Investment: A Disaggregated Analysis", *Review of World Economics*, Vol. 140(3), 393-414.

258. Oded, G. and Joseph, Z., 1993, "Income Distribution and Macroeconomics", *The Review of Economic Studies*, Vol. 60(1), 35-52.

259. Olarreaga, M. and Schiff, M., 2005, "On 'Indirect' Trade-Related R&D Spillovers", *European Economic Review*, Vol. 49(7), 1785-1798.

260. Oostendorp, R. and Pradhan, M. P., 2006, "Flexible Labour, Firm Performance and the Dutch Job Creation Miracle", *International Review of Applied Economics*, Vol. 20(2), 171-187.

261. Park, W. G. and Lippoldt, D. C., 2008, "Technology Transfer and the Economic Implications of the Strengthening of Intellectual Property Rights in Developing Countries", OECD Trade Policy Working Papers, No. 62.

262. Paul, A., Bronwyn, D., Hall, H. and Andrew, A. T., 2000, "Is Public R&D a Complement or Substitute for Private R&D? A Review of the Econometric Evidence", *Research Policy*, Vol. 29(4-5), 497-529.

263. Pavitt, K., 1991, "What Makes Basic Research Economically Useful?" *Research Policy*, Vol. 20(2), 109-119.

264. Peri, G., 2003, *Knowledge Flows, R&D Spillovers, and Innovation*, University of California at Davis, Manuscript.

265. Perkmann, M. and Walsh, K., 2007, "University Industry Relationships and Open Innovation: Towards a Research Agenda", *International Journal of Management Reviews*, Vol. 9(4), 259-280.

266. Perotti, R., 1994, "Income Distribution and Investment", *European Economic Review*, Vol. 38 (3-4), 827-835.

267. Pieroni, L. and Pompei, F., 2008, "Evaluating Innovation and Labour

Market Relationships: The Case of Italy", *Cambridge Journal of Economics*, Vol. 32(2), 325-347.

268. Piketty, T., 1997, "The Dynamics of the Wealth Distribution and Interest Rates with Credit Rationing", *Review of Economic Studies*, Vol. 64(2), 173-189.

269. Polanyi, M., 1966, *The Tacit Dimension*, New York: Doubleday & Co.

270. Rafael, L. P., Florencio Lopez-de-Silanes, Shleifer, A. and Vishny, R. W., 1997, "Legal Determinants of External Finance", *Journal of Finance*, Vol. 52(3), 1131-1150.

271. Rauch, J. E. and Trindade, V., 2002, "Ethnic Chinese Networks in International Trade", *Review of Economics and Statistics*, Vol. 84(1), 116-130.

272. Reto, F. and Josef, Z., 2006, "Income Distribution and Demand-Induced Innovations", *The Review of Economic Studies*, Vol. 73(4), 941-960.

273. Rhee, Y. W., Ross-Larson, B. and Pursell, G., 1984, *Korea's Competitive Edge: Managing the Entry into World Markets*, Johns Hopkins University Press, Baltimore, MD.

274. Riedel, J., 1975, "The Nature and Determinants of Export-Oriented Direct Foreign Investment in a Developing Country: A Case Study of Taiwan", *Review of World Economics*, Vol. 111(3), 505-528.

275. Rinia, E. J., Van Leeuwen, T. N., Bruins, E. E. W., Van Vuren, H. G. and Van Raan, A. F. J., 2001, "Citation Delay in Interdisciplinary Knowledge Exchange", *Scientometrics*, Vol. 51(1), 293-309.

276. Rinia, E. J., Van Leeuwen, T. N., Bruins, E. E. W., Van Vuren, H. G. and Van Raan, A. F. J., 2002a, "Measuring Knowledge Transfer between Fields of Science", *Scientometrics*, Vol. 54(3), 347-362.

277. Rinia, E. J., Van Leeuwen, T. N. and Van Raan, A. F. J., 2002b, "Impact Measures of Interdisciplinary Research in Physics", *Scientometrics*,

Vol. 53(2),241-248.

278. Rioja, F. K. and Valev, N. T., 2004, "Finance and the Sources of Growth at Various Stages of Economic Development", *Economic Inquiry*, Vol. 42(1),127-140.

279. Rivera, B. L. and Romer, P., 1991, "Economic Integration and Endogenous Growth", *Quarterly Journal of Economics*, Vol. 106(2),531-555.

280. Romer, P. M., 1987, "Crazy Explanations for the Productivity Slowdown", *NBER Macroeconomic Annual*, Vol. 2,163-201.

281. Romer, P. M., 1987, "Growth Based on Increasing Returns Due to Specialization", *American Economic Review*, Vol. 77(2),56-62.

282. Romer, P. M., 1990, "Endogenous Technological Change", *Journal of Political Economy*, Vol. 98(5),71-102.

283. Romer, P. M., 1994, "The Origins of Endogenous Growth", *Journal of Economic Perspectives*, Vol. 8(1),3-22.

284. Rosenberg, 1982, *Inside the Black Box: Technology and Economics*, New York: Cambridge University Press.

285. Ross, L., 1997, "Financial Development and Economic Growth: Views and Agenda", *Journal of Economic Literature*, Vol. 35(2),688-726.

286. Rothwell, R., 1985, *Reindustrialization and Technology*, London: Longman Group Limited.

287. Rothwell, R. and Zegveld, W., 1981, *Industrial Innovation and Public Policy: Preparing for the 1980s and the 1990s*, Greenwood Press, Westport, CT.

288. Salomon, R. M. and Shaver, J. M., 2005, "Learning by Exporting: New Insights from Examining Firm Innovation", *Journal of Economics and Management Strategy*, Vol. 14(2),431-460.

289. Sandra, G. and Norbert, J., 2006, "Innovation Dynamics and Endogenous Market Structure", ZEW Discussion Papers, No. 1-39.

290. Schartinger, D. , Rammer, C. and Fischer, M. M, 2002, "Knowledge Interactions Between Universities and Industry in Austria: Sectoral Patterns and Determinants", *Research Policy*, Vol. 31(3), 303-328.

291. Scherer, F. M. , 1980, *Industrial Market Structure and Economic Performance*, 2nd. edn, Rand McNally, Chicago.

292. Schifff, M. , Yanling, W. and Olarreaga, M. , 2002, "Trade-Related Technology Diffusion and the Dynamics of North-South and South-South Integration", World Bank Policy Research Working Paper, No. 2861.

293. Schmookler, J. , 1962, "Economic Sources of Inventive Activity", *Journal of Economic History*, Vol. 22(1), 1-10.

294. Schmookler, J. , 1966, *Invention and Economic Growth*, Cambridge: Harvard University Press.

295. Shapiro, C. and Stiglitz, J. E. , 1984, "Equilibrium Unemployment as A Worker Discipline Device", *American Economic Review*, Vol. 74(3), 433-444.

296. Sherwood, R. , 1990, *Intellectual Property and Economic Development*, Boulder: Westview Press.

297. Siebert, H. , 1997, "Labor Market Rigidities: At the Root of Unemployment in Europe", *Journal of Economic Perspectives*, Vol. 11(3), 37-54.

298. Sofronis, K. C. , Saul, L. and James, R. T. , 1998, "Is Learning by Exporting Important? Micro-dynamic Evidence from Colombia, Mexico and Morocco", *Journal of Economics*, Vol. 113(3), 903-947.

299. Soren Johansen, 1988, "Statistical Analysis of Cointegration Vectors", *Journal of Economic Dynamics and Control*, Vol. 12(2-3), 231-254.

300. Spence, M. , 1984, "Cost Reduction, Competition and Industry Performance", *Econometric*, Vol. 52(1), 101-121.

301. Steele, T. W. and Stier, J. C. , 2000, "The Impact of Interdisciplinary Research in the Environmental Sciences: A forestry case study", *Journal of*

the American Society for Information Science, Vol. 51(5), 476-484.

302. Stiglitz, J. E., 1989, "Markets, Market Failures, and Development", *The American Economic Review*, Vol. 79(2), 197-203.

303. Swan, P. L., 1973, "The International Diffusion of an Innovation", *Journal of Industrial Economics*, Vol. 22(1), 61-69.

304. Tellis, G. and Chandy, R., 2000, "The Incumbent's Curse? Incumbency, Size, and Radical Product Innovation", *Journal of Marketing*, Vol. 64(3), 1-17.

305. Tidd, J., Bessant, J. and Pavitt, K., 1997, *Management Innovation: Integrating Technological, Market and Organizational Change*, NY: John Wiley & Sons.

306. Tilton, J. E., 1971, *The International Diffusion of Technology: The Case of Semiconductors*, Washington: Brookings Institution.

307. Trajtenberg, M., 1990, "Product Innovations, Price Indices and the Measurement of Economic Performance", NBER Working Paper, No. 3261.

308. Urata, H., 1990, "Information Flows among Academic Disciplines in Japan", *Scientometrics*, Vol. 8(3-4), 161-176.

309. Veblen, T., 1912, *The Theory of the Leisure Class: An Economic Study of Institutions*, BW Huebsch.

310. Vergeer, R., Kleinknecht A., 2007, "Jobs versus Productivity? The Causal Link from Wages to Labour Productivity Growth", TU Delft Innovation Systems Discussion Papers, IS 2007-01.

311. Verspagen, B., 1991, "A New Empirical Approach to Catching Up or Falling Behind", *Structual Change and Economis Dynamics*, Vol. 2(2), 359-380.

312. Wagner, D., Head, K. and Ries, J., 2002, "Immigration and the Trade of Provinces, Scottish", *Journal of Political Economy*, Vol. 49(5), 507-525.

313. Walz, U., 1997, "Innovation, Foreign Direct Investment and Growth",

Economic, Vol. 64(253), 63-79.

314. Wang, J. Y. and Blomström, M., 1992, "Foreign Investment and Technology Transfer: A Simple Model", *European Economic Review*, Vol. 36(1), 137-155.

315. Weinstok, M., 1977, *Encyclopedia of Library and Information Science*, Philadelphia: ISI Press.

316. Wesley, C. and Steven, K., 1996, "Firm Size and the Nature of Innovation Within Industries: The Case of Process and Product R&D", *Review of Economics and Statistics*, Vol. 78(2), 232-243.

317. Westphal, L., 2002, "Technology Strategies for Economic Development in a Fast Changing Global Economy", *Economics of Innovation and New Technology*, Vol. 11(4-5), 275-320.

318. Wooldbridge, J. M., 2002, *Econometrics Analysis of Cross Section and Panel Data*, Cambridge, Massachusetts: MIT Press.

319. Xu, B., 2000, "Multinational Enterprises, Technology Diffusion and Host Country Productivity Growth", *Journal of Development Economics*, Vol. 62(2), 477-493.

320. Xu, B. and Chiang, E. P., 2005, "Trade, Patents and International Technology Diffusion", *Journal of International Trade and Economic Development*, Vol. 14(1), 115-135.

321. Xu, B. and Wang, J., 1999, "Capital Goods Trade and R&D Spillovers in the OECD", *Canadian Journal of Economics*, Vol. 32(5), 1258-1274.

322. Xu, C. S., Wang, J. J. and Wang, H., 2008, "Demand-Oriented Innovation of Firms in China: An Empeirical Study", *Frontiers of Economics in China*, Vol. 3(4), 548-559.

323. Yang, G. and Maskus, K. E., 2003, "Intellectual Property Rights, Licensing, and Innovation", Policy Research Working Paper, No. 2973.

324. Zasossi, H. D. Iarossi, G. and Sokoloff, K. L., 2002, "Exports and Manu-

facturing Productivity in East Asia: A Comparative Analysis with Firm-Level Data", NBER Working Paper, No. 3894.

325. Zweimuller, J., 2000, "Inequality, Redistribution, and Economic Growth", *Empirica*, Vol. 27(1), 1-20.

326. Zweimüller, J., 2000, "Schumpeterian Entrepreneurs Meet Engel's Law: The Impact of Inequality on Innovation-Driven Growth", *Journal of Economic Growth*, Vol. 5(2), 185-206.

附　表

表 1　各发达国家或地区国内研发支出（本币当年价）

单位：十亿

年份	澳大利亚	加拿大	法国	德国	意大利	日本	英国	美国	中国香港	新加坡
1985	2.797	6.897	16.142	27.742	4.726	8898.930	7.945	115.156	0.161	0.352
1986	3.294	7.483	17.251	29.565	5.273	9180.635	8.613	120.433	0.185	0.353
1987	3.603	7.881	18.509	31.634	6.028	9836.265	9.179	126.957	0.228	0.396
1988	4.152	8.461	19.955	33.239	6.872	10619.471	10.007	134.193	0.274	0.460
1989	4.734	9.537	21.866	35.268	7.672	11804.561	11.038	142.028	0.311	0.552
1990	5.092	10.267	23.966	36.966	8.767	13066.988	11.907	152.566	0.359	0.569
1991	5.611	10.760	24.824	37.905	9.113	13762.046	12.103	161.756	0.380	0.754
1992	6.304	11.348	25.812	38.696	9.265	13931.495	12.362	165.972	0.403	0.950
1993	6.923	12.217	26.530	38.632	9.127	13703.399	13.188	165.768	0.696	0.999
1994	7.445	13.336	26.790	38.821	8.953	13574.801	13.638	169.122	1.047	1.176
1995	8.135	13.777	27.356	40.481	9.189	14412.770	13.987	183.558	2.165	1.368
1996	8.786	13.808	27.859	41.088	9.937	14169.762	14.316	197.162	3.541	1.801
1997	8.892	14.653	27.757	42.909	10.802	14787.646	14.693	212.048	4.900	2.121
1998	8.934	16.104	28.326	44.614	11.459	15145.290	15.472	226.060	5.559	2.496

续表 1

年份	澳大利亚	加拿大	法国	德国	意大利	日本	英国	美国	中国香港	新加坡
1999	9.611	17.684	29.548	48.288	11.496	15028.396	16.903	243.308	5.827	2.660
2000	10.408	20.563	30.989	50.531	12.506	15290.896	17.675	264.626	6.193	3.021
2001	11.771	23.158	32.938	51.984	13.610	15528.864	18.291	274.064	7.146	3.223
2002	13.210	23.519	34.533	53.365	14.636	15574.590	19.253	272.941	7.536	3.401
2003	14.597	24.749	34.607	54.528	14.822	15689.408	19.946	284.699	8.520	3.459
2004	15.978	26.722	35.694	55.051	15.307	15796.998	20.290	295.425	9.560	4.171
2005	18.575	28.139	36.247	55.856	15.581	16657.569	21.668	317.757	10.922	4.630
2006	21.541	28.575	37.935	58.734	16.785	17250.410	23.265	342.341	11.955	5.108
2007	25.134	29.177	38.651	61.299	18.230	17743.692	25.490	365.527	12.445	6.567

资料来源：International Monetary Fund, World Economic Outlook Database, September 2009。

表 2　各发达国家或地区的国内研发资本存量（1985 年价）

单位：十亿人民币

年份	澳大利亚	加拿大	法国	德国	意大利	日本	英国	美国	中国香港	新加坡
1985	0.594	2.816	72.610	35.990	4545.192	4328.708	8.059	84.192	1.013	7.731
1986	5.105	12.624	96.234	80.094	4331.379	4184.406	34.478	275.008	1.023	7.795
1987	9.438	21.988	119.793	124.202	4129.261	4052.072	59.838	460.918	1.041	7.907
1988	13.758	31.036	143.175	167.205	3938.074	3930.873	84.289	639.535	1.065	8.054
1989	18.176	40.455	167.198	209.993	3757.264	3823.004	108.286	813.745	1.088	8.276
1990	22.513	49.895	192.193	251.562	3586.402	3727.866	131.224	986.663	1.115	8.483
1991	26.901	58.771	215.420	289.888	3423.106	3637.236	151.002	1150.649	1.137	8.823

续表 2

年份	澳大利亚	加拿大	法国	德国	意大利	日本	英国	美国	中国香港	新加坡
1992	31.257	66.908	235.975	321.749	3266.542	3544.638	167.661	1293.337	1.150	9.265
1993	35.376	74.369	253.301	346.660	3115.927	3447.666	182.400	1408.288	1.195	9.623
1994	40.237	83.397	272.362	373.281	2973.286	3362.704	198.991	1533.952	1.293	10.169
1995	45.872	93.051	293.014	402.947	2838.447	3294.756	216.611	1681.224	1.565	10.913
1996	51.855	102.350	313.561	432.706	2711.058	3231.402	233.719	1838.795	2.019	12.033
1997	57.511	111.841	332.531	462.912	2590.888	3174.818	249.832	2002.017	2.614	13.377
1998	62.828	122.259	350.710	492.981	2477.149	3122.840	265.651	2169.131	3.261	15.022
1999	68.376	133.286	369.185	525.201	2368.808	3073.113	282.366	2341.775	3.945	16.854
2000	74.088	145.938	388.274	559.334	2267.063	3030.682	299.525	2526.724	4.690	18.866
2001	80.480	160.507	408.647	593.827	2171.662	2995.398	316.729	2710.913	5.582	21.070
2002	87.549	174.535	429.103	627.590	2081.839	2964.488	333.847	2880.437	6.539	23.386
2003	95.065	188.362	448.024	660.511	1996.238	2938.457	350.418	3049.309	7.706	25.685
2004	102.982	202.865	467.097	692.709	1915.219	2917.528	366.479	3217.107	9.082	28.485
2005	112.301	217.781	486.199	725.696	1838.709	2910.659	384.251	3399.784	10.704	31.700
2006	123.003	232.185	505.977	761.360	1767.502	2912.946	403.419	3594.643	12.486	35.291
2007	135.081	245.497	524.430	796.701	1701.034	2919.831	423.901	3792.679	14.196	39.893

资料来源：International Monetary Fund, World Economic Outlook Database, September 2009。

表 3　各个发达国家或地区的 GDP（当年价）

单位：十亿美元

年份	澳大利亚	加拿大	法国	德国	中国香港	意大利	日本	韩国	新加坡	英国	美国
1985	173. 60	355. 71	543. 07	708. 87	35. 53	435. 69	1346. 80	100. 72	17. 69	463. 44	4187. 50
1986	182. 00	368. 87	759. 91	1012. 52	40. 91	616. 97	1995. 53	116. 03	18. 03	568. 69	4427. 70
1987	217. 49	421. 53	922. 34	1256. 28	50. 47	776. 34	2420. 15	145. 95	20. 69	697. 70	4702. 10
1988	274. 88	498. 16	1003. 37	1355. 93	59. 60	859. 01	2938. 53	195. 41	25. 66	847. 69	5063. 90
1989	304. 35	555. 52	1008. 11	1353. 87	68. 75	894. 72	2940. 29	240. 26	30. 43	855. 94	5441. 70
1990	310. 53	582. 74	1244. 42	1714. 44	76. 89	1133. 47	3018. 27	274. 98	36. 90	1006. 80	5757. 20
1991	316. 71	598. 20	1244. 01	1808. 58	88. 83	1195. 22	3451. 46	321. 27	43. 19	1051. 49	5946. 90
1992	312. 82	579. 52	1372. 69	2062. 25	104. 01	1265. 83	3767. 08	343. 89	49. 86	1090. 25	6286. 80
1993	312. 79	563. 68	1291. 13	2004. 39	119. 97	1020. 95	4324. 02	377. 51	58. 36	979. 17	6604. 30
1994	355. 75	564. 48	1364. 28	2146. 24	135. 54	1053. 98	4760. 42	441. 42	70. 61	1059. 48	7017. 50
1995	384. 09	590. 50	1569. 89	2522. 62	144. 23	1126. 08	5247. 61	539. 07	83. 93	1155. 63	7342. 30
1996	427. 04	613. 78	1573. 69	2438. 57	158. 97	1259. 66	4635. 65	581. 32	92. 55	1220. 52	7762. 30
1997	428. 52	637. 53	1424. 40	2160. 57	176. 31	1192. 36	4258. 58	538. 21	95. 87	1358. 95	8250. 90
1998	381. 80	616. 78	1471. 74	2184. 48	166. 91	1217. 12	3856. 55	360. 10	82. 40	1455. 89	8694. 60
1999	416. 18	661. 25	1457. 42	2143. 56	163. 28	1200. 79	4368. 74	464. 31	82. 61	1502. 66	9216. 20
2000	399. 61	724. 92	1327. 96	1900. 22	169. 12	1097. 35	4667. 45	533. 39	92. 72	1477. 51	9764. 80
2001	380. 52	715. 44	1339. 76	1890. 95	166. 59	1117. 35	4095. 49	504. 58	85. 66	1470. 99	10075. 90
2002	424. 69	734. 66	1457. 40	2017. 01	163. 78	1218. 98	3918. 33	575. 93	88. 33	1612. 00	10417. 60
2003	545. 65	865. 91	1799. 94	2442. 12	158. 57	1507. 11	4229. 10	643. 76	93. 21	1860. 89	10908. 00
2004	660. 15	992. 23	2061. 41	2745. 22	165. 89	1727. 83	4605. 94	721. 98	109. 67	2198. 17	11630. 90

续表3

年份	澳大利亚	加拿大	法国	德国	中国香港	意大利	日本	韩国	新加坡	英国	美国
2005	738.81	1132.75	2146.53	2789.63	177.77	1777.70	4552.19	844.87	120.95	2277.29	12364.10
2006	787.42	1278.68	2266.14	2912.28	190.00	1863.39	4362.58	951.77	139.18	2432.19	13116.50
2007	947.37	1429.71	2593.15	3316.15	207.17	2114.48	4380.38	1049.24	166.95	2802.33	13741.60

资料来源：International Monetary Fund, World Economic Outlook Database, September 2009。

表4　各发达国家专利申请总数

单位：件

年份	美国	日本	英国	德国	法国	加拿大	澳大利亚	意大利
1985	115235	305395	70182	44382	18520	27574	7852	9851
1986	120916	316162	31103	43114	18524	27757	8323	9889
1987	131837	336884	30364	41530	18570	29125	8822	10087
1988	143836	335759	30471	41244	17631	31641	9351	10289
1989	158707	345140	29369	40339	17578	35091	9912	7589
1990	171163	360704	28238	39329	16638	26924	10507	7741
1991	172115	361590	27587	40040	16505	23279	11138	7896
1992	183347	362197	26687	41323	16086	25757	11806	8054
1993	184196	355500	26649	41747	16040	26930	12514	7976
1994	202755	341201	26465	43976	16039	16350	13265	8311
1995	228142	368831	27521	46158	15896	26592	14061	8505
1996	211946	376674	28005	51833	16400	27570	15018	8675
1997	220496	401618	28109	55729	16889	28582	17158	7164

续表 4

年份	美国	日本	英国	德国	法国	加拿大	澳大利亚	意大利
1998	236979	402095	29613	57366	16795	33972	17925	7307
1999	265763	404457	31732	59531	16874	37250	19818	7453
2000	295895	419543	32747	62142	17353	39622	22001	9273
2001	326471	440248	32081	60475	17104	39716	22735	8991
2002	334445	421805	31531	58187	16908	39741	22545	9171
2003	342441	413093	31624	58481	16850	37228	21594	9354
2004	356943	423081	29954	59234	17290	38201	22833	9541
2005	390733	427078	27988	60222	17275	39888	23857	9732
2006	425966	408674	25745	60585	17249	42038	26003	9926
2007	456154	396291	24999	60992	17109	40131	26840	10125

资料来源：International Monetary Fund, World Economic Outlook Database, September 2009。

表 5　各国向中国的专利申请数

单位：件

年份	美国	日本	英国	德国	法国	加拿大	澳大利亚	意大利
1985	1235	1729	210	515	154	53	90	86
1986	1507	1327	231	417	202	77	92	96
1987	1295	1082	219	442	251	62	101	87
1988	1555	1143	246	492	275	92	87	94
1989	1754	1281	228	486	304	78	88	112
1990	1727	915	223	497	241	61	56	99

续表 5

年份	美国	日本	英国	德国	法国	加拿大	澳大利亚	意大利
1991	1620	956	207	355	217	57	59	81
1992	1699	1071	237	433	236	72	92	115
1993	2634	2007	373	842	330	110	148	169
1994	2178	3461	189	878	450	48	74	198
1995	2971	5135	353	1277	640	82	111	225
1996	4601	7137	564	1777	866	117	184	279
1997	5919	8395	702	2228	1016	190	182	385
1998	6396	9398	776	2489	993	187	168	375
1999	6936	7806	285	2353	1012	195	155	373
2000	8418	9888	802	2787	1387	235	232	382
2001	8994	13736	913	3454	1521	308	308	495
2002	10012	18275	1025	4015	1932	356	477	627
2003	12221	24241	1314	4522	1941	407	450	765
2004	16187	30444	1401	5917	2465	607	637	1167
2005	20395	36221	1613	7502	3190	724	707	1632
2006	23494	37848	1813	8676	3614	821	753	1699
2007	25908	38188	2012	9388	3697	953	816	1852

资料来源：《新中国五十五年统计资料汇编》、历年《中国统计年鉴》。

表 6　各国在中国的专利溢出

单位：十亿人民币

年份	美国	日本	英国	德国	法国	加拿大	澳大利亚	意大利
1985	0.0418	0.0055	0.0017	0.0177	0.0222	0.0001	0.0001	0.0012
1986	0.1118	0.0121	0.0086	0.0259	0.0337	0.0006	0.0007	0.0027
1987	0.1360	0.0160	0.0118	0.0422	0.0489	0.0007	0.0013	0.0039
1988	0.1974	0.0240	0.0170	0.0608	0.0636	0.0013	0.0015	0.0057
1989	0.2483	0.0352	0.0202	0.0746	0.0802	0.0013	0.0020	0.0117
1990	0.2757	0.0308	0.0241	0.0888	0.0776	0.0017	0.0016	0.0127
1991	0.3054	0.0377	0.0251	0.0671	0.0770	0.0023	0.0020	0.0111
1992	0.3262	0.0472	0.0319	0.0831	0.0926	0.0031	0.0036	0.0166
1993	0.5192	0.0964	0.0550	0.1663	0.1403	0.0052	0.0063	0.0254
1994	0.4065	0.1859	0.0296	0.1687	0.1979	0.0043	0.0035	0.0284
1995	0.5586	0.2944	0.0558	0.2524	0.2978	0.0049	0.0057	0.032
1996	1.0320	0.4202	0.090	0.3346	0.4101	0.0072	0.0103	0.0423
1997	1.4026	0.5128	0.1148	0.4255	0.4738	0.0124	0.0094	0.0784
1998	1.5429	0.6442	0.1269	0.497	0.4763	0.0119	0.0087	0.0811
1999	1.6328	0.5708	0.0476	0.5087	0.5099	0.0126	0.0080	0.0809
2000	1.9686	0.7462	0.1365	0.6261	0.7072	0.0166	0.0118	0.0723
2001	2.0504	1.0764	0.1655	0.8484	0.8427	0.0261	0.0175	0.1061
2002	2.2781	1.6059	0.1987	1.0946	1.1468	0.0320	0.0313	0.1442
2003	2.8616	2.3154	0.2601	1.3046	1.1697	0.0421	0.0344	0.1778
2004	3.7307	2.9593	0.2952	1.7443	1.4898	0.0669	0.0512	0.2756

续表 6

年份	美国	日本	英国	德国	法国	加拿大	澳大利亚	意大利
2005	4. 5884	3. 8618	0. 3897	2. 2762	1. 9551	0. 0812	0. 0640	0. 3909
2006	5. 2029	4. 5681	0. 5077	2. 7864	2. 3014	0. 0895	0. 0734	0. 4330
2007	5. 7581	5. 0742	0. 6296	3. 1311	2. 3833	0. 1109	0. 0912	0. 5064

资料来源：《新中国五十五年统计资料汇编》、历年《中国统计年鉴》。

表 7　从各国回来的海归数

单位：人

年份	美国	日本	英国	德国	法国	加拿大	澳大利亚	意大利
1985	155	427	23	63	19	28	27	24
1986	140	318	45	84	19	24	31	28
1987	160	315	27	82	26	34	32	34
1988	331	552	45	140	43	64	44	66
1989	191	294	27	77	60	23	30	39
1990	164	229	27	67	48	26	25	26
1991	215	307	21	82	34	33	31	14
1992	368	533	40	134	47	54	48	59
1993	683	927	88	231	71	62	72	95
1994	593	782	76	190	56	244	65	76
1995	793	1094	103	255	86	81	80	98
1996	917	1263	126	271	91	90	105	104
1997	1005	1254	147	263	116	82	108	94

续表 7

年份	美国	日本	英国	德国	法国	加拿大	澳大利亚	意大利
1998	1175	1225	155	302	135	94	106	102
1999	1267	1336	172	338	147	98	127	112
2000	1079	1583	204	255	99	71	78	129
2001	1273	2102	278	580	192	193	255	194
2002	2734	2827	327	417	237	227	288	248
2003	2908	3088	337	949	312	236	315	268
2004	3531	3526	417	1123	371	328	428	325
2005	5065	4507	601	1529	502	463	653	447
2006	6789	5120	896	2040	737	635	869	694
2007	6348	4964	874	2061	726	648	949	728

资料来源：《新中国五十五年统计资料汇编》、历年《中国统计年鉴》、《中国教育年鉴》。

表 8 从各国回来的海归溢出（1985 年价）

单位：十亿人民币

年份	美国	日本	英国	德国	法国	加拿大	澳大利亚	意大利
1985	0.0024	0.0012	0.0005	0.0014	0.0026	0.0001	0.0000	0.0003
1986	0.0046	0.0027	0.0016	0.0032	0.0024	0.0004	0.0002	0.0008
1987	0.0070	0.0046	0.0013	0.0039	0.0031	0.0008	0.0003	0.0013
1988	0.0180	0.0103	0.0026	0.0077	0.0055	0.0021	0.0005	0.0031
1989	0.0153	0.0060	0.0016	0.0069	0.0125	0.0013	0.0007	0.0020
1990	0.0133	0.0044	0.0014	0.0031	0.0058	0.0007	0.0002	0.0010

续表 8

年份	美国	日本	英国	德国	法国	加拿大	澳大利亚	意大利
1991	0. 0094	0. 0052	0. 0010	0. 0060	0. 0036	0. 0009	0. 0003	0. 0005
1992	0. 0169	0. 0094	0. 0022	0. 0048	0. 0041	0. 0016	0. 0005	0. 0022
1993	0. 0280	0. 0158	0. 0041	0. 0074	0. 0055	0. 0014	0. 0006	0. 0032
1994	0. 0184	0. 0114	0. 0027	0. 0048	0. 0034	0. 0044	0. 0004	0. 0020
1995	0. 0200	0. 0155	0. 0026	0. 0052	0. 0038	0. 0012	0. 0004	0. 0018
1996	0. 1323	0. 2606	0. 0035	0. 0059	0. 0043	0. 0064	0. 0006	0. 0019
1997	0. 1545	0. 2774	0. 0191	0. 0100	0. 0091	0. 0082	0. 0012	0. 0030
1998	0. 1914	0. 2885	0. 0209	0. 0345	0. 0260	0. 0098	0. 0084	0. 0091
1999	0. 2180	0. 3320	0. 0241	0. 0408	0. 0287	0. 0108	0. 0103	0. 0099
2000	0. 2086	0. 4140	0. 0311	0. 0324	0. 0202	0. 0086	0. 0068	0. 0122
2001	0. 2562	0. 5852	0. 0437	0. 0775	0. 0406	0. 0252	0. 0237	0. 0190
2002	0. 4985	0. 8332	0. 0499	0. 0579	0. 0526	0. 0317	0. 0250	0. 0250
2003	0. 5378	0. 9557	0. 0527	0. 1364	0. 0689	0. 0344	0. 0298	0. 0275
2004	0. 6767	0. 1140	0. 0694	0. 1661	0. 0834	0. 0503	0. 0440	0. 0335
2005	1. 0030	1. 5305	0. 1027	0. 2331	0. 1157	0. 0732	0. 0716	0. 0474
2006	1. 4032	1. 8183	0. 1571	0. 3221	0. 1751	0. 0892	0. 1029	0. 0766
2007	1. 3623	1. 8842	0. 1591	0. 3376	0. 1801	0. 0926	0. 1183	0. 0840

资料来源：OECD,factbook,2010。

表9　各个发达国家或地区流入中国的 FDI 占其 GDP 的比例

年份	澳大利亚	加拿大	法国	德国	意大利	日本	英国	美国	中国香港	新加坡
1985	0. 000083	0. 000026	0. 000060	0. 000034	0. 000045	0. 000234	0. 000154	0. 000084	0. 026896	0. 000573
1986	0. 000331	0. 000024	0. 000016	0. 000019	0. 000038	0. 000101	0. 000047	0. 000071	0. 027680	0. 000721
1987	0. 000023	0. 000024	0. 000017	0. 000003	0. 000021	0. 000091	0. 000007	0. 000056	0. 031466	0. 001046
1988	0. 000015	0. 000012	0. 000023	0. 000011	0. 000036	0. 000175	0. 000040	0. 000047	0. 034691	0. 000051
1989	0. 000146	0. 000031	0. 000005	0. 000060	0. 000034	0. 000121	0. 000033	0. 000052	0. 029626	0. 002765
1990	0. 000080	0. 000014	0. 000017	0. 000038	0. 000004	0. 000167	0. 000013	0. 000079	0. 024451	0. 001367
1991	0. 000047	0. 000018	0. 000008	0. 000089	0. 000024	0. 000154	0. 000034	0. 000054	0. 027991	0. 001348
1992	0. 000112	0. 000100	0. 000033	0. 000043	0. 000016	0. 000188	0. 000035	0. 000081	0. 072178	0. 002453
1993	0. 000352	0. 000243	0. 000110	0. 000028	0. 000098	0. 000306	0. 000225	0. 000312	0. 143999	0. 008398
1994	0. 000529	0. 000383	0. 000142	0. 000123	0. 000196	0. 000438	0. 000650	0. 000355	0. 146255	0. 016706
1995	0. 000607	0. 000435	0. 000183	0. 000153	0. 000234	0. 000592	0. 000791	0. 000420	0. 139086	0. 021818
1996	0. 000454	0. 000551	0. 000269	0. 000213	0. 000133	0. 000794	0. 001066	0. 000444	0. 130074	0. 024241
1997	0. 000732	0. 000540	0. 000333	0. 000459	0. 000180	0. 001016	0. 001367	0. 000393	0. 117020	0. 027188
1998	0. 000712	0. 000513	0. 000486	0. 000337	0. 000226	0. 000882	0. 000807	0. 000448	0. 110889	0. 041311
1999	0. 000633	0. 000475	0. 000607	0. 000641	0. 000156	0. 000681	0. 000695	0. 000448	0. 100213	0. 031987
2000	0. 000773	0. 000386	0. 000642	0. 000548	0. 000191	0. 000625	0. 000788	0. 000449	0. 091650	0. 023428
2001	0. 000882	0. 000617	0. 000397	0. 000641	0. 000197	0. 001062	0. 000715	0. 000440	0. 100348	0. 025026
2002	0. 000896	0. 000800	0. 000395	0. 000460	0. 000145	0. 001069	0. 000556	0. 000521	0. 109054	0. 025328
2003	0. 001086	0. 000651	0. 000336	0. 000351	0. 000210	0. 001195	0. 000399	0. 000385	0. 111622	0. 022084
2004	0. 001004	0. 000619	0. 000319	0. 000386	0. 000163	0. 001184	0. 000361	0. 000339	0. 114526	0. 018311
2005	0. 000543	0. 000401	0. 000287	0. 000548	0. 000181	0. 001434	0. 000424	0. 000248	0. 100965	0. 018225

续表 9

年份	澳大利亚	加拿大	法国	德国	意大利	日本	英国	美国	中国香港	新加坡
2006	0. 000539	0. 000432	0. 000169	0. 000679	0. 000188	0. 001054	0. 000299	0. 000218	0. 106487	0. 016242
2007	0. 000419	0. 000248	0. 000176	0. 000221	0. 000165	0. 000819	0. 000297	0. 000190	0. 133723	0. 019075

资料来源：按“International Monetary Fund, World Economic Outlook Database, September 2009”相关数据计算。

表 10　FDI 技术溢出（1985 年价）

单位：十亿人民币

年份	澳大利亚	加拿大	法国	德国	意大利	日本	英国	美国	中国香港	新加坡
1985	0. 0001	0. 0001	0. 0074	0. 0020	0. 0006	0. 0082	0. 0041	0. 0119	0. 0105	0. 0056
1986	0. 0018	0. 0003	0. 0023	0. 0019	0. 0010	0. 0107	0. 0024	0. 0235	0. 0119	0. 0071
1987	0. 0002	0. 0006	0. 0028	0. 0004	0. 0008	0. 0161	0. 0005	0. 0287	0. 0151	0. 0103
1988	0. 0002	0. 0004	0. 0042	0. 0021	0. 0018	0. 0437	0. 0040	0. 0321	0. 0184	0. 0005
1989	0. 0027	0. 0013	0. 0009	0. 0137	0. 0022	0. 0395	0. 0041	0. 0450	0. 0172	0. 0277
1990	0. 0018	0. 0007	0. 0039	0. 0101	0. 0003	0. 0676	0. 0019	0. 0817	0. 0155	0. 0138
1991	0. 0013	0. 0011	0. 0020	0. 0273	0. 0022	0. 0742	0. 0055	0. 0648	0. 0190	0. 0140
1992	0. 0035	0. 0068	0. 0089	0. 0145	0. 0017	0. 1029	0. 0063	0. 1084	0. 0516	0. 0264
1993	0. 0125	0. 0182	0. 0314	0. 0102	0. 0107	0. 1835	0. 0438	0. 4519	0. 1125	0. 0927
1994	0. 0214	0. 0322	0. 0431	0. 0477	0. 0228	0. 2878	0. 1369	0. 5573	0. 1317	0. 1923
1995	0. 0279	0. 0408	0. 0591	0. 0638	0. 0291	0. 4289	0. 1800	0. 7204	0. 1657	0. 2660
1996	0. 0236	0. 0567	0. 0921	0. 0947	0. 0176	0. 6264	0. 2602	0. 8302	0. 2165	0. 3211
1997	0. 0422	0. 0607	0. 1198	0. 2183	0. 0256	0. 8684	0. 3550	0. 7982	0. 2665	0. 3950
1998	0. 0449	0. 0630	0. 1829	0. 1702	0. 0339	0. 8101	0. 2220	0. 9858	0. 3262	0. 6658

续表 10

年份	澳大利亚	加拿大	法国	德国	意大利	日本	英国	美国	中国香港	新加坡
1999	0.0433	0.0636	0.2388	0.3436	0.0247	0.6664	0.2025	1.0609	0.3649	0.5724
2000	0.0574	0.0565	0.2644	0.3123	0.0319	0.6507	0.2427	1.1463	0.4034	0.4651
2001	0.0711	0.0993	0.1712	0.3873	0.0348	1.1740	0.2322	1.2039	0.5327	0.5508
2002	0.0786	0.1401	0.1778	0.2931	0.0271	1.2504	0.1898	1.5122	0.6847	0.6149
2003	0.1034	0.1229	0.1571	0.2349	0.0412	1.4736	0.1427	1.1825	0.8326	0.5859
2004	0.1035	0.1258	0.1548	0.2704	0.0333	1.5355	0.1347	1.0974	1.0132	0.5363
2005	0.0610	0.0875	0.1445	0.4025	0.0387	1.9673	0.1656	0.8469	1.0582	0.5917
2006	0.0663	0.1004	0.0883	0.5225	0.0421	1.5290	0.1223	0.7895	1.3070	0.5850
2007	0.0566	0.0609	0.0951	0.1780	0.0386	1.2543	0.1275	0.7256	1.8714	0.7741

表 11　十个发达国家或地区对中国出口占其 GDP 的比例

年份	澳大利亚	加拿大	法国	德国	中国香港	意大利	日本	韩国	新加坡	美国
1985	0.0068	0.0033	0.0013	0.0042	0.1370	0.0021	0.0111	0.0026	0.0136	0.0012
1986	0.0081	0.0027	0.0010	0.0042	0.1394	0.0019	0.0062	0.0024	0.0307	0.0011
1987	0.0065	0.0033	0.0010	0.0030	0.1703	0.0016	0.0041	0.0017	0.0300	0.0010
1988	0.0032	0.0029	0.0008	0.0023	0.1573	0.0011	0.0025	0.0013	0.0167	0.0010
1989	0.0050	0.0019	0.0014	0.0028	0.1856	0.0021	0.0036	0.0008	0.0497	0.0014
1990	0.0044	0.0025	0.0014	0.0019	0.1890	0.0010	0.0025	0.0026	0.0231	0.0011
1991	0.0050	0.0028	0.0013	0.0017	0.2004	0.0013	0.0029	0.0034	0.0246	0.0013
1992	0.0055	0.0033	0.0011	0.0020	0.2009	0.0014	0.0036	0.0079	0.0249	0.0014
1993	0.0066	0.0024	0.0013	0.0031	0.0888	0.0028	0.0053	0.0147	0.0454	0.0016

续表 11

年份	澳大利亚	加拿大	法国	德国	中国香港	意大利	日本	韩国	新加坡	美国
1994	0. 0073	0. 0032	0. 0014	0. 0034	0. 0710	0. 0030	0. 0055	0. 0172	0. 0352	0. 0020
1995	0. 0072	0. 0045	0. 0017	0. 0033	0. 0606	0. 0028	0. 0055	0. 0199	0. 0405	0. 0022
1996	0. 0085	0. 0042	0. 0014	0. 0031	0. 0500	0. 0026	0. 0062	0. 0224	0. 0391	0. 0021
1997	0. 0080	0. 0031	0. 0023	0. 0029	0. 0403	0. 0021	0. 0067	0. 0289	0. 0468	0. 0020
1998	0. 0074	0. 0036	0. 0022	0. 0033	0. 0403	0. 0019	0. 0072	0. 0434	0. 0516	0. 0019
1999	0. 0092	0. 0035	0. 0026	0. 0039	0. 0429	0. 0023	0. 0076	0. 0387	0. 0493	0. 0021
2000	0. 0132	0. 0052	0. 0030	0. 0056	0. 0570	0. 0029	0. 0087	0. 0454	0. 0546	0. 0023
2001	0. 0151	0. 0056	0. 0031	0. 0074	0. 0579	0. 0035	0. 0103	0. 0485	0. 0598	0. 0026
2002	0. 0146	0. 0049	0. 0029	0. 0083	0. 0671	0. 0036	0. 0134	0. 0522	0. 0798	0. 0026
2003	0. 0144	0. 0050	0. 0035	0. 0101	0. 0710	0. 0035	0. 0173	0. 0712	0. 1148	0. 0031
2004	0. 0192	0. 0076	0. 0038	0. 0114	0. 0719	0. 0039	0. 0204	0. 0933	0. 1351	0. 0038
2005	0. 0264	0. 0073	0. 0044	0. 0113	0. 0708	0. 0041	0. 0215	0. 1076	0. 1493	0. 0039
2006	0. 0044	0. 0060	0. 0050	0. 0129	0. 0568	0. 0046	0. 0265	0. 0943	0. 1270	0. 0044
2007	0. 0049	0. 0077	0. 0051	0. 0136	0. 0619	0. 0048	0. 0306	0. 0989	0. 1049	0. 0049

资料来源：International Monetary Fund，World Economic Outlook Database，September 2009。

表 12　十个发达国家或地区进口渠道对中国的研发溢出存量（当年价）

单位：十亿人民币

年份	澳大利亚	加拿大	法国	德国	中国香港	意大利	日本	韩国	新加坡	美国
1985	0.0058	0.0128	0.1612	0.1992	0.0526	0.0265	0.3928	0.0000	0.1352	0.1723
1986	0.0415	0.0375	0.1386	0.3569	0.0592	0.0470	0.6580	0.0000	0.3012	0.3512
1987	0.0590	0.0763	0.1609	0.3606	0.0801	0.0616	0.7375	0.0000	0.2936	0.5269
1988	0.0564	0.1192	0.1831	0.4726	0.1066	0.0938	0.9396	0.0000	0.3921	0.9021
1989	0.0891	0.0802	0.6974	0.5702	0.1059	0.1344	1.1676	0.0000	0.4932	1.2437
1990	0.0991	0.1288	0.5451	0.4610	0.1175	0.0748	1.0197	0.0000	0.2355	1.1801
1991	0.1332	0.1640	0.3188	0.5168	0.1335	0.0011	1.3983	0.3587	0.2556	1.6064
1992	0.1681	0.2250	0.2952	0.6573	0.1412	0.1399	1.9843	0.8554	0.2666	1.888
1993	0.2216	0.1832	0.3652	1.0899	0.0682	0.2922	3.2226	1.6561	0.5004	2.3409
1994	0.2786	2.0813	0.4320	1.2888	0.0628	0.3396	3.6310	2.0551	0.4047	3.1260
1995	0.3098	0.4255	0.5449	1.3272	0.0710	0.3448	4.0021	2.5482	0.4935	3.7664
1996	0.4183	0.4316	0.4869	1.3384	0.0820	0.3426	4.9682	3.1007	0.5154	3.8951
1997	0.4371	0.3540	0.8188	1.3591	0.0903	0.2912	5.8194	4.3275	0.6766	4.0161
1998	0.4434	0.4455	0.8198	1.6218	0.1173	0.2817	6.7363	6.8658	0.8284	4.2891
1999	0.5939	0.4724	1.0223	2.0853	0.822	0.3535	7.5682	6.4401	0.8796	5.0087
2000	0.0933	0.0758	0.3225	1.0773	0.2454	0.469	9.2628	8.0453	1.0834	0.5848
2001	1.1494	0.9064	1.3197	4.3977	0.3002	0.5987	11.5518	9.1933	1.3177	7.1150
2002	1.2078	0.8639	1.3135	1.0537	0.4112	0.6616	15.9549	10.5359	1.9367	7.5941
2003	1.2734	0.9538	1.5855	6.6598	0.5230	0.6602	21.6181	15.2465	2.9846	9.5382
2004	1.8041	1.5065	1.8032	7.7545	0.6292	0.7649	26.5689	21.1796	3.7376	12.4354

续表 12

年份	澳大利亚	加拿大	法国	德国	中国香港	意大利	日本	韩国	新加坡	美国
2005	2.4638	1.4467	2.1155	8.0818	0.7207	0.8331	30.2510	24.2318	4.4326	13.4508
2006	3.0209	1.3936	2.6034	10.0033	0.6963	1.0334	38.4659	27.4776	4.5734	16.3156
2007	3.6870	1.8880	2.7815	11.0036	0.8650	1.1329	46.8064	31.7001	4.2597	19.2459

资料来源：International Monetary Fund, World Economic Outlook Database, September 2009。

表 13　中国历年专利、TFP 以及研发存量数据

单位：十亿人民币

年份	专利总数	发明专利	实用新型	外观设计	TFP	研发存量
1985	436	145	281	10	1	215.060
1986	933	192	703	38	1.037	117.301
1987	1286	176	1014	96	1.057	134.764
1988	1804	297	1387	120	1.013	159.829
1989	1745	282	1312	151	0.957	197.335
1990	2553	365	1906	282	1.122	194.933
1991	3348	447	2396	505	1.061	193.031
1992	4445	680	3120	645	1.087	191.496
1993	4691	808	3260	623	1.064	190.320
1994	5092	716	3451	925	0.992	189.258
1995	4624	642	2915	1067	1.005	188.330
1996	6125	733	3779	1613	1.016	187.353
1997	6523	788	3889	1846	1.019	186.705

续表 13

年份	专利总数	发明专利	实用新型	外观设计	TFP	研发存量
1998	7597	890	4270	2437	1. 024	186. 153
1999	8589	990	4874	2752	1. 01	185. 781
2000	10019	1245	5731	3043	1. 033	185. 550
2001	11170	1373	6484	3313	1. 014	185. 485
2002	12856	1682	7884	3290	1. 025	185. 532
2003	15794	2596	9186	4012	1. 038	185. 717
2004	18388	3230	9385	5773	1. 049	186. 098
2005	28835	4801	13100	10934	1. 043	186. 613
2006	38284	7237	15583	15464	1. 044	187. 551
2007	46849	8795	19106	18948	1. 006	188. 727

资料来源：《新中国五十五年统计资料汇编》、历年《中国统计年鉴》、中宏数据库。

表 14　四大渠道历年技术溢出

单位：十亿人民币

年份	海归技术溢出	FDI 技术溢出	专利溢出	进口溢出
1985	0. 0085	0. 0504	0. 0903	1. 1584
1986	0. 0158	0. 0629	0. 1960	1. 9911
1987	0. 0224	0. 0753	0. 2608	2. 3565
1988	0. 0497	0. 1075	0. 3711	3. 2657
1989	0. 0464	0. 1543	0. 4735	4. 5816
1990	0. 0300	0. 1974	0. 5130	3. 8615

续表 14

年份	海归技术溢出	FDI 技术溢出	专利溢出	进口溢出
1991	0.0270	0.2114	0.5276	4.8865
1992	0.0416	0.3310	0.6044	6.6210
1993	0.0659	0.9674	1.0142	9.9404
1994	0.0475	1.4732	1.0246	13.7000
1995	0.0505	1.9817	1.5015	13.8335
1996	0.4154	2.5392	2.3466	15.5791
1997	0.4824	3.1497	3.0298	18.1900
1998	0.5886	3.5048	3.3890	22.4491
1999	0.6746	3.5812	3.3713	25.2460
2000	0.7338	3.6307	4.2854	21.2596
2001	1.0710	4.4572	5.1329	37.8498
2002	1.5738	4.9685	6.5317	41.5332
2003	1.8433	4.8767	8.1657	61.0432
2004	1.2374	5.0050	10.6129	78.1839
2005	3.1773	5.3638	13.6072	88.0279
2006	4.1444	5.1524	15.9625	105.5833
2007	4.2182	5.182	17.6849	123.3702

表 15 中国各省区市历年 GDP（当年价）

单位：亿元

年份	北京	天津	河北	山西	内蒙古	辽宁	吉林	黑龙江	上海	江苏
1985	257.12	175.71	396.75	107.10	163.83	518.59	796.70	355.00	466.75	651.82
1986	284.86	194.67	436.65	106.50	181.58	605.33	854.70	400.80	490.83	744.94
1987	326.82	220.00	521.92	105.20	212.27	719.12	1015.50	454.60	545.46	922.33
1988	410.20	259.64	654.23	296.43	234.83	839.99	347.80	515.00	670.83	1132.01
1989	455.80	283.34	748.99	350.08	257.09	922.10	361.33	582.57	696.54	1228.49
1990	500.82	310.95	896.33	429.27	319.31	1062.74	425.28	715.23	756.45	1416.5
1991	598.90	342.75	1072.07	468.51	359.66	1200.10	463.47	824.23	893.77	1601.38
1992	709.10	411.24	1278.5	570.12	421.68	1472.95	558.06	964.04	1114.32	2136.02
1993	863.54	536.10	1690.84	704.70	532.71	2010.82	717.95	1203.22	1511.61	2998.16
1994	1145.31	732.89	2187.49	826.66	695.06	2461.80	937.73	1604.90	1990.86	4057.39
1995	1507.69	931.97	2849.52	1076.03	857.06	2793.40	1137.23	1991.40	2499.43	5155.25
1996	1789.20	1121.93	3452.97	1292.11	1023.09	3157.70	1346.79	2370.50	2957.55	6004.21
1997	2075.63	1264.63	3953.78	1476.00	1153.51	3582.50	1464.34	2667.50	3438.79	6680.34
1998	2375.97	1374.60	4256.01	1611.08	1262.54	3881.70	1577.05	2774.40	3801.09	7199.95
1999	2677.59	1500.95	4514.19	1667.10	1379.31	4171.70	1672.96	2866.30	4188.73	7697.82
2000	3161.00	1701.88	5043.96	1845.72	1539.12	4669.10	1951.51	3151.40	4771.17	8553.69
2001	3710.52	1919.09	5516.76	2029.53	1713.81	5033.08	2120.35	3390.13	5210.12	9456.84
2002	4330.40	2150.76	6018.28	2324.80	1940.94	5458.22	2348.54	3637.20	5741.03	10606.85
2003	5023.77	2578.03	6921.29	2855.23	2388.38	6002.54	2662.08	4057.40	6694.23	12442.87
2004	6060.28	3110.97	8477.63	3571.37	3041.07	6672.00	3122.01	4750.60	8072.83	15003.6

续表 15

年份	北京	天津	河北	山西	内蒙古	辽宁	吉林	黑龙江	上海	江苏
2005	6886.31	3697.62	10096.11	4179.52	3895.55	8009.01	3620.27	5511.50	9154.18	18305.66
2006	7870.28	4359.15	11660.43	4752.54	4791.48	9251.15	4275.12	6188.90	10366.37	21645.08
2007	9353.32	5050.4	13709.5	5733.35	6091.12	11023.49	5284.69	7065.00	12188.85	25741.15
年份	浙江	安徽	福建	江西	山东	河南	湖北	湖南	广东	广西
1985	427.50	331.24	200.48	207.89	680.46	451.74	396.26	349.95	577.38	180.97
1986	500.06	382.76	222.54	230.82	742.05	502.91	442.04	397.68	667.53	205.46
1987	603.71	442.35	279.24	262.90	892.29	609.60	517.77	469.44	846.69	241.56
1988	721.73	512.53	364.09	321.36	1050.79	737.52	625.10	584.07	1098.61	300.33
1989	789.66	572.13	416.65	363.47	1200.71	826.01	700.83	640.80	1311.67	349.44
1990	897.99	658.02	523.30	419.54	1511.19	934.65	824.38	744.44	1471.84	449.06
1991	1081.75	663.60	622.02	465.10	1810.54	1045.73	913.38	833.30	1780.56	518.59
1992	1365.06	801.16	787.71	559.52	2196.53	1279.75	1088.39	997.70	2293.54	646.60
1993	1909.49	1069.84	1133.49	701.91	2779.49	1662.76	1424.38	1278.28	3225.30	893.58
1994	2689.28	1320.43	1644.39	948.16	3844.50	2216.83	1700.92	1650.02	4619.02	1198.29
1995	3557.55	1810.66	2094.90	1169.73	4953.35	2988.37	2109.38	2132.13	5933.05	1497.56
1996	4188.53	2093.30	2484.25	1409.74	5883.80	3634.69	2499.77	2540.13	6834.97	1697.90
1997	4686.11	2347.32	2870.90	1605.77	6537.07	4041.09	2856.47	2849.27	7774.53	1817.25
1998	5052.62	2542.96	3159.91	1719.87	7021.35	4308.24	3114.02	3025.53	8530.88	1911.30
1999	5443.92	2712.34	3414.19	1853.65	7493.84	4517.94	3229.29	3214.54	9250.68	1971.41
2000	6141.03	2902.09	3764.54	2003.07	8337.47	5052.99	3545.39	3551.49	10741.25	2080.04
2001	6898.34	3246.71	4072.85	2175.68	9195.04	5533.01	3880.53	3831.90	12039.25	2279.34

续表 15

年份	浙江	安徽	福建	江西	山东	河南	湖北	湖南	广东	广西
2002	8003. 67	3519. 72	4467. 55	2450. 48	10275. 50	6035. 48	4212. 82	4151. 54	13502. 42	2523. 73
2003	9705. 02	3923. 1	4983. 67	2807. 41	12078. 15	6867. 70	4757. 45	4659. 99	15844. 64	2821. 11
2004	11648. 7	4759. 32	5763. 35	3456. 7	15021. 84	8553. 79	5633. 24	5641. 94	18864. 62	3433. 50
2005	13437. 85	5375. 12	6568. 93	4056. 76	18516. 87	10587. 42	6520. 14	6511. 34	22366. 54	4075. 75
2006	15742. 51	6148. 73	7614. 55	4670. 53	22077. 36	12495. 97	7581. 32	7568. 89	26204. 47	4828. 51
2007	18780. 44	7364. 18	9249. 13	5500. 25	25965. 91	15012. 46	9230. 68	9200. 00	31084. 40	5955. 65
年份	海南	四川	贵州	云南	西藏	陕西	甘肃	青海	宁夏	新疆
1985	31. 12	311. 00	123. 92	164. 96	17. 76	180. 87	123. 39	33. 01	30. 27	112. 24
1986	37. 18	358. 06	139. 57	182. 28	16. 93	208. 31	140. 74	38. 44	34. 54	129. 04
1987	43. 26	421. 15	165. 50	229. 03	17. 71	244. 96	159. 52	43. 38	39. 63	148. 51
1988	74. 75	924. 97	211. 37	268. 31	20. 25	302. 00	191. 84	54. 96	47. 60	188. 87
1989	86. 87	998. 49	235. 54	315. 45	21. 86	339. 84	216. 84	60. 37	55. 76	247. 42
1990	102. 49	1186. 22	260. 14	451. 67	24. 45	404. 30	242. 81	69. 94	64. 84	274. 00
1991	120. 51	1382. 96	295. 90	517. 41	30. 53	466. 84	271. 39	75. 10	71. 78	335. 92
1992	181. 71	1624. 51	339. 91	618. 69	33. 29	538. 43	317. 79	87. 52	83. 14	402. 31
1993	258. 08	2096. 48	416. 07	779. 21	37. 28	661. 42	372. 24	109. 62	103. 82	505. 63
1994	331. 98	2757. 37	524. 46	983. 78	45. 99	839. 03	453. 61	138. 40	136. 26	662. 32
1995	363. 25	3459. 46	636. 21	1222. 15	56. 11	1036. 85	557. 76	167. 80	175. 19	814. 85
1996	389. 68	4059. 12	723. 18	1517. 69	64. 98	1215. 84	722. 52	184. 17	202. 9	900. 93
1997	411. 16	4601. 71	805. 79	1676. 17	77. 24	1363. 60	793. 57	202. 79	224. 59	1039. 85
1998	442. 13	4914. 65	858. 39	1831. 33	91. 50	1458. 4	887. 67	220. 92	245. 44	1106. 95

续表 15

年份	海南	四川	贵州	云南	西藏	陕西	甘肃	青海	宁夏	新疆
1999	476.67	5141.11	937.50	1899.82	105.98	1592.64	956.32	239.38	264.58	1163.17
2000	526.82	5531.36	1029.92	2011.19	117.80	1804.00	1052.88	263.68	295.02	1363.56
2001	558.41	6059.17	1133.27	2138.31	139.16	2010.62	1125.37	300.13	337.44	1491.60
2002	621.97	6715.02	1243.43	2312.82	166.56	2253.39	1232.03	340.65	377.16	1612.65
2003	693.20	7605.91	1426.34	2556.02	189.09	2587.72	1399.83	390.2	445.36	1886.35
2004	798.90	9072.44	1677.80	3081.91	220.34	3175.58	1688.49	466.10	537.16	2209.09
2005	894.57	10455.6	1979.06	3472.89	251.21	3675.66	1933.98	543.32	606.10	2604.19
2006	1052.85	12129.38	2282.00	4006.72	291.01	4523.74	2276.7	641.58	710.76	3045.26
2007	1223.28	14627.81	2741.9	4741.31	342.19	5465.79	2702.40	783.61	889.20	3523.16

资料来源:《新中国五十五年统计资料汇编》、历年《中国统计年鉴》。

表 16　中国各省区市历年消费者价格指数

年份	北京	天津	河北	山西	内蒙古	辽宁	吉林	黑龙江	上海	江苏
1985	117.6	113.1	106.8	108.5	109.3	110.7	110.3	111.8	115.2	109.5
1986	106.8	106.8	105.7	105.6	105.2	106.7	106	106.2	106.3	107.1
1987	108.6	106.8	107.8	107.4	107.8	108.6	107.6	109.4	108.1	109.2
1988	120.4	116.9	118.0	120.9	116.3	119.3	120.3	118.0	120.1	121.9
1989	117.2	114.7	118.7	119.5	115.3	118.2	117.2	114.6	115.9	117.1
1990	105.4	103	100.6	102.2	120.3	103.3	104.9	105.7	106.3	103.2
1991	111.9	110.2	103.4	104.8	104.6	105.6	106.8	107.4	110.5	104.9
1992	109.9	111.4	106.1	107.3	107.4	106.7	108	109.2	110	106.6

续表 16

年份	北京	天津	河北	山西	内蒙古	辽宁	吉林	黑龙江	上海	江苏
1993	119	117.6	113.8	115.1	114.1	115.2	112.6	114.8	120.2	118.2
1994	124.9	124	122.6	125.2	122.9	124.3	120.6	121.9	123.9	123.2
1995	117.3	115.3	115.2	116.9	117.5	116.1	115.2	116.1	118.7	115.8
1996	111.6	109	107.1	107.9	107.6	107.9	107.2	107.1	109.2	109.3
1997	105.3	103.1	103.5	103.1	104.5	103.1	103.7	104.4	102.8	101.7
1998	102.4	99.5	98.4	98.6	99.3	99.3	99.2	100.4	100	99.4
1999	100.6	98.9	98.1	99.6	99.8	98.6	98	96.8	101.5	98.7
2000	103.5	99.6	99.7	103.9	101.3	99.9	98.6	98.3	102.5	100.1
2001	103.1	101.2	100.5	99.8	100.6	100	101.3	100.8	100	100.8
2002	98.2	99.6	99	98.4	102.3	98.9	99.5	99.3	100.5	99.2
2003	100.2	101.0	102.2	101.8	102.2	101.7	101.2	100.9	100.1	101
2004	101.0	102.3	104.3	104.1	102.9	103.5	104.1	103.8	102.2	104.1
2005	101.5	101.5	101.8	102.3	102.4	101.4	101.5	101.2	101.0	102.1
2006	100.9	101.5	101.7	102	101.5	101.2	101.4	101.9	101.2	101.6
2007	102.4	104.2	104.7	104.6	104.6	105.1	104.8	105.4	103.2	104.3

年份	浙江	安徽	福建	江西	山东	河南	湖北	湖南	广东	广西
1985	114.8	107.1	111.3	109.0	108.7	104.6	108.4	110.9	114.8	113.0
1986	106.2	106.2	106.5	106.6	104.5	105.5	105.5	105.3	104.9	106.2
1987	108.8	109.1	109.4	106.6	108.2	106.3	107.5	109.8	111.2	108.2
1988	121.5	120.9	126.5	121.8	118.7	119.4	119	125.6	129.4	120.8
1989	118.2	117.2	118.9	118.5	117.3	118.7	116.3	118.2	122.1	121.1

续表 16

年份	浙江	安徽	福建	江西	山东	河南	湖北	湖南	广东	广西
1990	102. 1	102. 7	99. 3	102. 1	103. 4	100. 7	104. 2	100. 4	97. 5	101. 1
1991	103. 5	106. 1	103. 5	102. 8	104. 9	102. 3	104. 9	104. 4	101. 2	102. 8
1992	107. 5	108. 2	105. 9	105. 7	106. 8	105. 4	109. 6	110. 7	107. 3	105. 9
1993	119. 8	114. 7	115. 4	114. 6	112. 7	110. 4	118. 4	116. 8	121. 6	122
1994	124. 8	126. 9	125. 3	126. 9	123. 4	125. 2	125. 3	125. 3	121. 7	126
1995	116. 6	114. 8	115. 2	116. 9	117. 6	116. 5	120. 0	119. 0	114. 0	118. 4
1996	107. 9	109. 9	105. 9	108. 4	109. 6	110. 5	109. 4	107. 7	107. 0	106. 5
1997	102. 8	101. 3	101. 7	102. 0	102. 8	103. 5	103. 2	102. 8	101. 9	100. 8
1998	99. 7	100. 0	99. 7	101. 0	99. 4	97. 5	98. 4	100. 2	98. 2	97. 0
1999	98. 8	97. 8	99. 1	98. 6	99. 3	96. 9	97. 8	100. 5	98. 2	97. 7
2000	101. 0	100. 7	102. 1	100. 3	100. 2	99. 2	99. 0	101. 4	101. 4	99. 7
2001	99. 8	100. 5	98. 7	99. 5	101. 8	100. 7	100. 3	99. 1	99. 3	100. 6
2002	99. 1	99. 0	99. 5	100. 1	99. 3	100. 1	99. 6	99. 5	98. 6	99. 1
2003	101. 9	101. 7	100. 8	100. 8	101. 1	101. 6	102. 2	102. 4	100. 6	101. 1
2004	103. 9	104. 5	104. 0	103. 5	103. 6	105. 4	104. 9	105. 1	103. 0	104. 4
2005	101. 3	101. 4	102. 2	101. 7	101. 7	102. 1	102. 9	102. 3	102. 3	102. 4
2006	101. 1	101. 2	100. 8	101. 2	101. 0	101. 3	101. 6	101. 4	101. 8	101. 3
2007	104. 2	105. 3	105. 2	104. 8	104. 4	105. 4	104. 8	105. 6	103. 7	106. 1
年份	海南	四川	贵州	云南	西藏	陕西	甘肃	青海	宁夏	新疆
1985	113. 1	107. 6	107. 7	108. 2	105. 0	107. 0	109. 2	111. 8	108. 6	107. 8
1986	104. 1	104. 8	105. 4	106. 1	105. 0	106. 0	106. 6	106. 4	105. 8	107. 3

续表 16

年份	海南	四川	贵州	云南	西藏	陕西	甘肃	青海	宁夏	新疆
1987	109.8	107.6	107.1	107.0	105.0	108.6	107.6	107.8	107.3	107.2
1988	128.1	119.9	119.8	119.8	105.0	119.1	119.1	118.6	117.1	114.7
1989	128.4	119.8	118.3	118.6	105.0	118.3	117.9	117.3	117.2	116
1990	102.1	103.8	101.8	102.8	105.0	101.3	103.2	104.7	107.1	105
1991	103.9	103	104.4	103.1	109.2	106	104.9	108.7	106.3	108.6
1992	108.7	107.4	107.8	108.9	108.8	109.7	107.2	108.6	108.3	108.6
1993	123.3	116.8	116	121.3	113.4	111.8	115.4	114.0	114.3	113
1994	126.7	124.6	122.8	119.2	128.3	126.7	123.7	123.2	123.1	126.7
1995	113.5	118.5	121.4	121.3	119.4	119	119.8	119.7	117.1	119.7
1996	104.3	109.3	109.1	108.7	107.8	109.7	110.2	111.4	106.8	110.5
1997	100.8	105.1	103.4	104.3	105	104.8	102.9	104.8	103.8	103.7
1998	97.3	99.6	100.1	101.7	100.7	98.4	99.0	100.7	100.0	100.2
1999	98.3	98.5	99.2	99.7	100.0	97.8	97.6	99.5	98.7	97.4
2000	101.1	100.1	99.5	97.9	99.9	99.5	99.5	99.5	99.6	99.4
2001	98.5	102.1	101.8	99.1	100.2	101.0	104.0	102.6	101.6	104
2002	99.5	99.7	99	99.8	100.4	98.9	100.0	102.3	99.4	99.4
2003	100.1	101.7	101.2	101.2	100.9	101.7	101.1	102	101.7	100.4
2004	104.4	104.9	104	106	102.7	103.1	102.3	103.2	103.7	102.7
2005	101.5	101.7	101.0	101.4	101.5	101.2	101.7	100.8	101.5	100.7
2006	101.5	102.3	101.7	101.9	102	101.5	101.3	101.6	101.9	101.3
2007	105.0	105.9	106.4	105.9	103.4	105.1	105.5	106.6	105.4	105.5

资料来源：《新中国五十五年统计资料汇编》、历年《中国统计年鉴》。

表 17　中国各省区市历年固定资产形成额（当年价）

单位：亿元

年份	北京	天津	河北	山西	内蒙古	辽宁	吉林	黑龙江	上海	江苏
1985	94.00	65.90	110.70	91.70	52.40	142.20	62.20	111.80	118.56	191.90
1986	106.20	71.91	131.30	97.00	47.60	178.20	63.40	123.60	146.93	241.20
1987	136.20	76.44	152.00	106.20	53.30	220.10	77.00	140.30	186.30	317.10
1988	163.00	82.61	210.90	107.70	72.10	269.80	93.00	160.60	245.27	371.90
1989	139.50	83.88	193.00	108.00	70.70	253.50	80.10	158.00	214.76	320.20
1990	179.20	87.69	177.20	123.40	70.80	262.90	93.50	162.90	227.08	356.30
1991	203.65	129.63	246.70	145.35	90.72	315.37	113.99	189.70	258.30	450.39
1992	263.38	174.41	322.19	162.79	138.55	431.04	151.3	244.29	356.39	740.32
1993	418.81	225.66	452.44	234.95	206.63	710.92	248.29	330.55	642.38	1117.16
1994	656.01	317.35	662.34	270.83	226.82	866.49	288.61	404.94	1086.24	1330.74
1995	864.85	396.55	907.75	270.64	251.32	865.49	320.27	517.62	1597.89	1764.76
1996	889.66	438.51	1182.59	311.77	262.05	881.67	362.99	568.64	1996.88	1963.06
1997	989.71	500.67	1425.98	376.74	278.65	986.62	361.17	669.86	1981.48	2174.97
1998	1124.62	571.05	1591.76	454.93	316.76	1057.7	431.78	770.05	1966.38	2450.37
1999	1171.16	576.45	1770.47	477.57	348.22	1119.47	500.02	751.66	1855.76	2441.88
2000	1280.46	610.94	1816.79	548.16	423.64	1267.68	603.51	832.64	1869.38	2569.97
2001	1513.32	705.00	1912.53	663.58	503.63	1421.19	701.7	963.58	2004.64	2823.20
2002	1796.14	807.51	2020.38	813.36	707.91	1605.55	834.23	1046.17	2213.72	3450.12
2003	2169.26	1039.39	2477.98	1100.86	1174.66	2076.36	969.03	1166.18	2499.14	5233.00
2004	2528.21	1245.66	3218.76	1443.88	1787.95	2979.59	1169.10	1430.82	3050.26	6557.05

续表 17

年份	北京	天津	河北	山西	内蒙古	辽宁	吉林	黑龙江	上海	江苏
2005	2827. 20	1495. 10	4139. 70	1826. 60	2643. 60	4200. 40	1741. 10	1737. 30	3509. 70	8165. 40
2006	3296. 40	1820. 50	5470. 20	2255. 70	3363. 20	5689. 60	2594. 30	2236. 00	3900. 00	10069. 20
2007	3907. 20	2353. 10	6884. 70	2861. 50	4372. 90	7435. 20	3651. 40	2833. 5	4420. 40	12268. 10
年份	浙江	安徽	福建	江西	山东	河南	湖北	湖南	广东	广西
1985	102. 20	80. 70	55. 62	44. 03	194. 3	126. 95	102. 91	83. 50	184. 59	42. 20
1986	127. 40	103. 5	64. 46	53. 35	223. 10	144. 94	111. 44	99. 30	216. 50	55. 20
1987	156. 20	117. 2	81. 60	58. 77	297. 80	160. 42	140. 08	116. 40	251. 01	63. 30
1988	189. 00	137. 80	100. 29	78. 17	369. 80	204. 05	160. 46	140. 00	353. 59	75. 60
1989	179. 50	114. 40	101. 65	73. 28	305. 50	187. 68	123. 70	114. 40	347. 34	71. 90
1990	187. 00	123. 00	115. 41	70. 65	335. 70	206. 12	144. 44	124. 20	381. 47	68. 60
1991	324. 97	135. 09	132. 49	91. 08	439. 80	256. 41	154. 85	157. 10	506. 61	89. 65
1992	443. 80	189. 01	194. 7	123. 92	601. 50	310. 32	245. 17	233. 40	938. 51	140. 22
1993	782. 14	290. 52	370. 96	196. 25	892. 50	464. 17	388. 21	320. 20	1637. 33	272. 24
1994	1054. 42	363. 89	537. 41	237. 44	1108. 00	615. 81	582. 34	420. 90	2182. 51	366. 90
1995	1482. 62	476. 10	683. 02	282. 54	1321. 00	783. 14	785. 09	524. 00	2315. 83	403. 15
1996	1611. 44	609. 79	779. 76	317. 32	1558. 00	1039. 41	935. 22	678. 30	2363. 18	476. 42
1997	1608. 56	677. 85	880. 88	329. 45	1792. 20	1209. 50	1023. 5	700. 70	2291. 05	479. 8
1998	1801. 74	722. 61	1053. 01	400. 6	2057. 00	1289. 70	1156. 76	848. 60	2644. 13	562. 32
1999	1958. 05	703. 45	1084. 66	454. 44	2222. 20	1206. 83	1239. 14	943. 30	2937. 02	578. 76
2000	2349. 95	803. 97	1112. 2	516. 08	2542. 70	1377. 74	1339. 2	1066. 30	3145. 13	583. 34
2001	2834. 94	893. 37	1172. 91	631. 84	2807. 80	1544. 06	1486. 55	1210. 60	3484. 43	655. 63

续表 17

年份	浙江	安徽	福建	江西	山东	河南	湖北	湖南	广东	广西
2002	3477. 47	1074. 46	1253. 08	889. 04	3509. 30	1725. 93	1605. 06	1355. 90	3850. 78	750. 33
2003	4740. 27	1418. 69	1496. 37	1303. 22	5328. 40	2262. 97	1809. 45	1557. 00	4813. 20	921. 30
2004	5781. 35	1935. 25	1892. 92	1713. 20	7629. 00	3099. 38	2264. 81	1981. 30	5870. 02	1236. 51
2005	6520. 10	2525. 10	2316. 7	2176. 60	9307. 30	4311. 60	2676. 60	2629. 10	6977. 90	1661. 20
2006	7590. 20	3533. 60	2981. 80	2683. 60	11111. 40	5904. 70	3343. 5	3175. 5	7973. 40	2198. 70
2007	8420. 40	5087. 50	4287. 80	3301. 90	12537. 70	8010. 10	4330. 4	4154. 8	9294. 30	2939. 70
年份	海南	四川	贵州	云南	西藏	陕西	甘肃	青海	宁夏	新疆
1985	15. 30	109. 70	33. 14	46. 28	7. 494	58	33. 9	17. 2	13. 6346	44. 48
1986	16. 00	112. 80	35. 99	49. 92	5. 3492	63. 5	40. 4	17. 8	17. 3469	48. 47
1987	16. 00	140. 20	42. 97	54. 38	5. 3	80. 9	47. 9	22	19. 3748	51. 25
1988	20. 10	158. 50	45. 42	67. 77	5. 8087	94. 7	59. 5	25. 7	18. 7891	68. 41
1989	28. 80	152. 40	44. 08	67. 80	6. 6942	95. 2	51. 2	21. 5	17. 5757	75. 07
1990	35. 60	162. 70	51. 51	75. 74	7. 6105	103. 7	59. 3	22. 3	21. 9603	88. 78
1991	44. 27	291. 48	52. 40	106. 98	14. 72	118. 64	65. 16	23. 94	25. 5	109. 73
1992	87. 04	401. 94	68. 53	148. 28	14. 63	133. 16	83. 85	30. 56	33. 6	171. 77
1993	166. 66	580. 57	102. 48	262. 42	18. 26	215. 11	97. 49	46. 08	44. 14	254. 33
1994	213. 90	745. 23	130. 23	317. 52	20. 27	246. 23	127. 98	46. 6	51. 72	285. 06
1995	182. 08	901. 42	161. 79	390. 45	35. 13	310. 18	145. 76	53. 11	62. 17	331. 97
1996	181. 01	1113. 17	193. 55	456. 27	29. 43	343. 71	206. 95	77. 67	72. 1	388. 67
1997	161. 48	1301. 91	222. 30	538. 60	34. 5	393. 16	242. 08	88. 44	85. 84	446. 99
1998	173. 37	1638. 30	278. 41	660. 43	41. 26	517. 57	301. 45	108. 78	106. 75	514. 77

续表 17

年份	海南	四川	贵州	云南	西藏	陕西	甘肃	青海	宁夏	新疆
1999	194.78	1749.66	311.93	663.97	53.56	587.79	355.51	117.15	128.1	526.65
2000	198.87	1990.63	396.98	683.96	64.05	653.67	395.4	151.14	157.52	610.39
2001	213.32	2314.55	536.01	738.45	83.26	773.43	460.37	196.35	191.08	706.00
2002	225.41	2801.98	632.97	814.61	106.58	915.35	526.21	232.35	226.98	800.09
2003	280.02	3497.85	748.12	1000.12	133.96	1200.68	619.82	255.62	317.99	973.39
2004	317.05	4355.47	865.23	1291.54	162.36	1508.89	733.94	289.18	376.2	1147.15
2005	367.20	5518.40	998.30	1777.60	181.40	1882.20	870.40	329.80	443.30	1339.10
2006	423.90	6820.30	1197.40	2208.60	231.10	2480.70	1022.60	408.50	498.70	1567.10
2007	502.40	8767.50	1488.80	2759.00	270.3	3415	1304.2	482.8	599.8	1850.8

资料来源：《新中国五十五年统计资料汇编》、历年《中国统计年鉴》。

表 18　中国各省区市历年固定资产投资价格指数

年份	北京	天津	河北	山西	内蒙古	辽宁	吉林	黑龙江	上海	江苏
1985	118.6	113.9	106.8	107.6	108.5	110.0	109.7	111.7	116.4	109.5
1986	106.7	107.2	105.2	105.3	105.0	106.0	105.4	105.9	106.7	107.1
1987	108.7	106.9	108.3	107.5	108.1	109	107.5	109.6	108.8	109.3
1988	121.9	117.7	118.1	121.0	116.3	119.3	119.9	117.8	121.3	122.3
1989	118.5	115.1	118.4	119.1	115.9	118.4	116.9	114	116.7	116.8
1990	104.1	102.7	99.9	102.1	102.9	102.7	103.9	104.9	104.8	102.3
1991	108.5	108	102.8	103.9	104.5	104.1	105.1	106.5	109.5	104.8
1992	112.2	119.4	129.3	116.8	109.3	120.9	116.4	113.5	112.9	112.1

续表 18

年份	北京	天津	河北	山西	内蒙古	辽宁	吉林	黑龙江	上海	江苏
1993	126.6	122.9	124.8	124.8	124.5	136.4	128.8	127.9	131.4	138.8
1994	116.2	111.9	110	108.3	106.7	117.4	107.3	109.0	108.8	114.6
1995	113.9	107.6	106.9	106.8	103.9	104.9	109.6	106.5	103.1	107.4
1996	108.2	102.5	103.9	104.9	105.3	102.2	102.9	103.4	106.9	103.2
1997	102.7	100.8	101.5	101.5	99.7	102.3	104.4	102.7	100.5	99.2
1998	100.8	98.9	97.8	98.8	101.7	99.8	100.8	100.8	98.4	98.4
1999	99.9	99.2	99.4	99.7	101.9	100	102.2	99.7	98.1	98.3
2000	101.0	99.9	101.1	101.8	101.9	101.1	102.0	101.5	100.0	101.1
2001	100.6	99.7	99.9	101.7	100.8	100.4	101.1	100.1	100.7	100.8
2002	100.4	99.5	99.5	100.5	101.0	100.7	101.2	100.2	100.3	101.7
2003	102.2	102.59	102.26	102.92	102.6	102.53	101.09	102.3	102.4	104.2
2004	104.2	107.3	107.0	105.2	105.0	104.8	104.1	104.9	106.7	109.3
2005	100.7	101.1	101.8	102.9	103.6	102.7	101.9	102.2	100.8	100.8
2006	100.4	100.7	101.7	101.5	103.3	102.1	102.2	102.1	100.1	101.2
2007	102.8	102.6	103.8	104.1	103.8	104.3	103.9	104.5	103.5	104.9
年份	浙江	安徽	福建	江西	山东	河南	湖北	湖南	广东	广西
1985	114.0	106.4	111.4	108.3	108.5	105.4	107.5	111.1	113.6	111.2
1986	106.0	105.2	106.3	105.8	104.5	105	104.2	104.8	104.8	105.1
1987	109.5	109.7	109.7	106.9	108.3	106.3	107.6	110.6	111.7	108
1988	122.1	121.8	127.4	121.8	119	119.7	119.5	125.9	130.2	121
1989	117.8	117.1	118.6	118.6	116.9	118.7	117.0	118.1	121	121.3

续表 18

年份	浙江	安徽	福建	江西	山东	河南	湖北	湖南	广东	广西
1990	101.6	101.9	98.6	101.3	101.6	100.1	102.9	99.4	95.6	100.1
1991	103.0	105.7	103.3	102.4	104.9	102	104.3	104.1	100.6	102.5
1992	112.1	119.8	114.9	110.1	119.4	119.8	107	116.4	124.6	117.9
1993	138.8	123.0	134.1	129.8	122.1	126.7	127.4	129.5	174.6	131.2
1994	112.4	120.1	107.3	114.6	115.8	106	107.9	113.5	112.3	112.3
1995	107.2	106.5	104.8	107.2	106.6	105.9	105	109.5	109.5	103.4
1996	101.3	103.4	104.7	105.8	103.1	103.9	104	104.9	104.9	103.6
1997	99.5	101.3	101.1	101.4	100.4	102.9	102.1	101.8	101.7	100.3
1998	97.6	100.0	98.0	102.1	99.2	98.7	100.5	102.7	99.8	99.9
1999	98.2	99.3	98.5	98.6	99.6	98	99.5	100.5	99.6	96.1
2000	100.3	101.6	100.2	101.4	102.4	102.9	101.7	102.3	101.1	101.4
2001	100.4	99.5	99.5	98.9	101.4	100.4	100.1	101.3	100.2	102
2002	100.5	101.1	99.7	100.0	101.1	98.7	99.8	100.3	99.7	100.3
2003	103.4	103.5	101.4	105.0	102.9	103.8	103.3	102.7	102.2	101.7
2004	105.9	106.0	103.3	107.3	107.4	110.1	105.9	105.5	106.4	104.6
2005	100.3	101.0	100.7	100.51	102.8	101.4	102.1	103.6	101.5	101.3
2006	101.5	101.9	102	103.2	101.8	101.6	101.8	103.1	100.7	101.2
2007	104.4	105.4	105.9	105.4	104	104.6	104.1	105.8	102.4	102.3
年份	海南	四川	贵州	云南	西藏	陕西	甘肃	青海	宁夏	新疆
1985	112.8	106.8	107.7	108	106.6	106.5	108.5	110.7	107.8	108.1
1986	103.8	103.9	105.3	105	106.6	105.2	106	106.1	104.9	106.7

续表 18

年份	海南	四川	贵州	云南	西藏	陕西	甘肃	青海	宁夏	新疆
1987	109.4	107.5	107.3	106.6	106.6	108.6	107.4	107.3	108	107.1
1988	127.8	120.0	120.2	119.6	106.6	119	118.6	118.3	117.5	114.6
1989	126.8	118.3	117.4	119.3	106.6	118.8	116.4	117.7	117.8	116.7
1990	100.6	103.1	101.4	102.1	104.5	101.6	103.4	104.5	104.2	104.1
1991	103.1	102.3	103.3	103.7	108.7	105.8	104.6	106.3	105.9	108
1992	108.7	113.9	120.2	117.6	108.3	119.1	117.4	115.1	117.3	116.9
1993	123.9	133.2	126.9	135.4	111.9	129.5	126.2	125.9	123	126.5
1994	107.3	107.3	113.1	113.6	111.7	111.7	112.6	108.4	112.6	112.3
1995	103.4	101.2	107.6	104	105.3	107.9	109.4	105.3	109.3	106.2
1996	103.6	104.8	105.4	104.3	104.3	107.8	104.9	103.5	107.4	105.6
1997	101.7	102.2	101.4	105.4	101.7	105.3	102.7	103	102.2	103.2
1998	99.8	97.5	100	101.8	99.8	101.8	100.3	98.5	102.1	102
1999	99.6	100.5	99.4	100.7	99.6	101.2	101	100.1	99.7	99.0
2000	101.8	100.9	102.2	101.6	101.1	103.6	103.3	101.6	104.5	103.6
2001	100.3	101.5	100.4	101	100.4	103.6	102	100.3	101.5	102.5
2002	98.2	100.5	100.2	100	100.2	102	100.2	103.2	100.7	100.2
2003	103.2	102.2	102.2	102.2	102.1	101.6	101.7	102.0	102.2	103.4
2004	105.5	106.7	104.8	107.9	105.5	104.4	105.4	102.8	104.9	104.5
2005	101.2	103.8	101.3	104.5	101.6	103.72	102.16	102.1	102.0	102.7
2006	101.0	102.9	101.1	101.8	101.5	102.6	104.1	102.4	101.3	102.2
2007	106.1	104.7	103.5	104.2	103.9	104	102.8	104.2	103.2	104.4

资料来源：《新中国五十五年统计资料汇编》、历年《中国统计年鉴》。

表 19　中国各省区市历年就业人口数

单位：万人

年份	北京	天津	河北	山西	内蒙古	辽宁	吉林	黑龙江	上海	江苏
1985	574. 7	455. 9	2555. 4	1154. 1	856. 6	1769. 1	930. 2	1289. 6	775. 5	3262. 9
1986	590. 0	466. 9	2626. 4	1189. 4	875. 4	1799. 2	987. 95	1324. 2	782. 9	3350. 0
1987	598. 1	470. 9	2725. 7	1223. 0	891	1835. 4	1032. 7	1333. 3	788. 1	3429. 6
1988	584. 0	465. 15	2808. 3	1257. 0	909. 7	1858. 6	1106. 2	1358. 6	792. 1	3502. 6
1989	593. 9	469. 7	2857. 9	1281. 6	910. 3	1874. 8	1142. 1	1395. 0	784. 9	3519. 8
1990	627. 1	470. 0	2955. 5	1304. 0	924. 6	1897. 3	1169. 4	1436. 2	787. 7	3569. 1
1991	659. 3	471. 6	3109. 8	1373. 7	963. 0	1932. 6	1185. 9	1476. 1	773. 0	3720. 0
1992	668. 6	472. 1	3179. 3	1402. 7	979. 4	1954. 1	1224. 5	1477. 1	764. 1	3729. 4
1993	659. 0.	478. 0	3241. 0	1414. 0	999. 0	1952. 0	1230. 0	1492. 0	740. 0	3743. 0
1994	681. 7	490. 5	3303. 7	1447. 9	1012. 1	2009. 2	1250. 2	1524. 3	763. 2	3756. 4
1995	669. 5	489. 7	3367. 3	1460. 4	1024. 5	2034	1254. 5	1552. 4	768	3765. 4
1996	660. 9	484. 9	3391. 2	1478	1042. 8	2030. 9	1257. 5	1567. 4	764. 3	3747. 7
1997	660. 8	491. 6	3415	1483. 2	1050. 3	2063. 3	1237. 3	1658. 6	770. 2	3745. 5
1998	624. 3	427	3382. 9	1429	1006. 8	1818. 2	1127. 4	1723	670. 0	3635. 0
1999	621. 9	421. 1	3399. 9	1434. 3	1017	1796. 4	1102. 8	1679. 9	677. 3	3595. 8
2000	622. 1	406. 7	3441. 2	1419. 1	1016. 6	1812. 6	1078. 9	1635. 0	673. 1	3558. 8
2001	629. 5	410. 5	3379. 6	1412. 9	1013. 3	1833. 4	1057. 2	1631. 0	692. 4	3565. 4
2002	799. 0	403. 0	3386. 0	1417. 0	1010. 0	1842. 0	1095. 0	1626. 0	743. 0	3506. 0
2003	737. 0	420. 0	3389. 0	1469. 0	1005. 0	1861. 0	1045. 0	1622. 0	772. 0	3610. 0
2004	895. 0	422. 0	3416. 4	1474. 6	1019. 1	1951. 6	1115. 6	1623. 3	812. 3	3719. 7

续表 19

年份	北京	天津	河北	山西	内蒙古	辽宁	吉林	黑龙江	上海	江苏
2005	920.4	426.9	3467.3	1476.4	1041.1	1978.6	1099.4	1625.8	855.9	3877.7
2006	920.0	427.0	3467.0	1476.0	1041.0	1979.0	1099.0	1626.0	856.0	3878.0
2007	1111.0	433.0	3567.0	1550.0	1082.0	2071.0	1096.0	1660.0	877.0	4193.0
年份	浙江	安徽	福建	江西	山东	河南	湖北	湖南	广东	广西
1985	651.8	2420.6	1152.0	1584.8	3561.0	3520.0	2238.1	2728.7	2731.1	1831.0
1986	744.9	2495.9	1188.9	1281.0	3651.0	3598.0	2292.9	2808.8	2811.9	1896.0
1987	922.3	2563.3	1237.7	1668.4	3766.0	3782.0	2345.5	2904.1	2910.9	1961.0
1988	1208.8	2665.9	1281.0	1723	3887.0	3916.0	2400.1	2998.6	2994.7	2012.0
1989	1321.8	2723.9	1301.8	1760.4	3940.3	3943.0	2432.8	3091.3	3041.2	2046.0
1990	2554.5	2807.6	1348.4	1816.5	4043.2	4086	2478.8	3159.4	3118.1	2109.0
1991	2595.9	2891.2	1436.5	1844.9	4310.1	4274.2	2556.8	3251.5	3324.9	2170.8
1992	2625.2	2982.7	1489.9	1870.3	4405.1	4386.6	2567.0	3308.8	3397.0	2217.4
1993	2659.0	3049.0	1521.0	1893.0	4473.0	4481.0	2607.0	3361.0	3480.0	2277.0
1994	2694.0	3119.4	1551.6	2008.4	4546.3	4608.9	2672.8	3440.2	3569.1	2336.4
1995	2700.7	3206.8	1567.0	2059.2	4625.4	4696.7	2707.0	3506.1	3656.8	2382.5
1996	2701.9	3246.1	1593.5	2064.4	4649.7	4829.2	2692.3	3547.4	3690.7	2416.8
1997	2700.3	3321.7	1613.4	2077.7	4707.0	5017.0	2708.7	3590.7	3784.3	2452.4
1998	2651.1	3311.0	1621.9	1971.3	4657.2	4999.6	2616.3	3498.5	3737.4	2470.9
1999	2660.9	3312.5	1630.9	1961.3	4698.6	5205.0	2572.4	3496.1	3760.5	2481.5
2000	2700.5	3372.9	1660.2	1935.3	4661.8	5571.7	2507.8	3462.1	3861	2530.4
2001	2772.0	3389.7	1677.8	1933.1	4671.6	5516.6	2452.5	3438.8	3962.9	2543.4

续表 19

年份	浙江	安徽	福建	江西	山东	河南	湖北	湖南	广东	广西
2002	2835.0	3404.0	1711.0	1955.0	4752.0	5522.0	2467.0	3469.0	3967	2571.0
2003	2962.0	3416.0	1757.0	1972.0	4851.0	5536.0	2537.0	3516.0	4120.0	2601.0
2004	3092.0	3453.2	1817.5	2039.8	4939.7	5587.4	2588.6	3599.6	4316.0	2649.1
2005	3202.9	3484.7	1868.5	2107.5	5110.8	5662.4	2676.3	3658.3	4702.1	2703.1
2006	3203.0	3485.0	1868.0	2107.0	5111.0	5662.0	2676.0	3658.0	4702.0	2703.0
2007	3615.0	3598.0	1999.0	2196.0	5262.0	5773.0	2763.0	3749.0	5293.0	2760.0
年份	海南	四川	贵州	云南	西藏	陕西	甘肃	青海	宁夏	新疆
1985	268.4	5116.2	1335.1	1672.3	105.7	1375	1081.4	182.7	177.3	565.8
1986	275.6	5310.7	1383.1	1731.4	107.3	1409.0	1098.9	189.2	183.0	574.6
1987	280.7	5422.3	1435.8	1777.5	107.7	1449.0	1139.7	193.6	190.8	584.9
1988	291.9	5586.5	1501.3	1826.9	107.2	1494.0	1178.8	197.8	197.4	593.7
1989	298.3	5764.6	1570.8	1880.7	107.5	1529.0	1214.0	200.8	203.5	599.5
1990	304.6	4304.3	1651.8	1922.7	107.8	1576.0	1292.4	206.31	211.17	617.7
1991	316.1	6075.4	1701.4	2021.2	109.7	1668.7	1091.7	211.6	218.7	624.2
1992	321.2	6202.5	1741.8	2065.2	111.0	1699.6	1112.7	216.0	224.4	625.7
1993	320.0	6221.0	1770.0	2106.0	113.0	1718.0	1131.0	217.0	230.0	646.0
1994	335.5	6256.8	1825.6	2147.3	112.7	1746.7	1151	222.9	235.5	649.7
1995	335.3	6335.3	1857.1	2186.3	113.7	1774.4	1159.4	226	243.6	662.2
1996	335	6295.2	1892.1	2213.8	117.7	1797.8	1175.1	231.9	250.1	671.6
1997	330.9	2300.3	1927.1	2247.6	120.3	1811.9	1185.9	235.4	260.4	690.7
1998	320.8	2287.6	1946.3	2270.3	118.4	1802	1175.6	230.4	259.5	678.3

续表 19

年份	海南	四川	贵州	云南	西藏	陕西	甘肃	青海	宁夏	新疆
1999	326.2	2134.2	1975.9	2273.4	122.2	1780.9	1185.6	241.2	270.8	669.6
2000	333.7	2119.8	2045.9	2295.4	123.4	1812.8	1182.1	238.6	274.4	672.5
2001	339.7	2095.5	2068.2	2322.5	124.6	1784.6	1187.2	240.3	278.0	685.4
2002	342.0	2070.5	2081.0	2341.0	129.0	1873.0	1255.0	247.0	282.0	701.0
2003	354.0	2105.0	2118.0	2350.0	131.0	1911.0	1304.0	254.0	291.0	721.0
2004	366.5	2050.0	2168.8	2401.4	134.8	1884.7	1321.7	263.1	298.1	744.5
2005	377.7	2134.7	2215.8	2461.3	140.4	1882.9	1347.6	267.6	299.6	764.3
2006	378.0	2140.5	2216.0	2461.0	140.0	1883.0	1348.0	268.0	300.0	764.0
2007	415.0	2140.0	2283.0	2601.0	154.0	1922.0	1374.0	276.0	309.0	801.0

资料来源：《新中国五十五年统计资料汇编》、历年《中国统计年鉴》。

表 20　DEA 计算的中国各省区市历年 TFP

年份	北京	天津	河北	山西	内蒙古	辽宁	吉林	黑龙江	上海	江苏
1985	1.000	1.000	1.000	1.000	1.000	1.000	1.000	1.000	1.000	1.000
1986	1.011	1.013	1.024	0.914	1.064	1.076	0.982	1.035	0.980	1.045
1987	1.042	1.049	1.084	0.895	1.090	1.072	1.073	1.030	1.021	1.088
1988	1.062	1.018	1.023	2.301	0.94	0.959	0.279	0.947	1.003	0.978
1989	0.931	0.965	0.955	1.001	0.954	0.924	0.889	0.987	0.899	0.929
1990	1.031	1.072	1.177	1.205	1.033	1.109	1.117	1.16	1.018	1.047
1991	1.048	0.984	1.116	1.023	1.052	1.049	1.009	1.063	1.078	1.058
1992	1.052	1.050	1.095	1.128	1.053	1.122	1.085	1.062	1.128	1.197

续表 20

年份	北京	天津	河北	山西	内蒙古	辽宁	吉林	黑龙江	上海	江苏
1993	0.986	1.077	1.120	1.064	1.057	1.147	1.110	1.071	1.121	1.139
1994	0.985	1.049	0.980	0.918	1.023	0.945	1.047	1.066	0.992	1.061
1995	1.060	1.056	1.019	1.105	1.009	0.955	1.016	1.032	0.993	1.042
1996	1.025	1.068	0.995	1.096	1.06	1.037	1.049	1.077	1.03	1.069
1997	1.058	1.043	0.967	1.071	1.023	1.075	1.007	1.013	1.079	1.052
1998	1.099	1.121	0.957	1.047	1.036	1.172	1.025	0.965	1.173	1.07
1999	1.078	1.067	0.948	0.982	1.026	1.083	1.010	1.012	1.049	1.063
2000	1.096	1.114	1.006	0.997	1.014	1.095	1.086	1.072	1.091	1.092
2001	1.080	1.061	0.987	1.013	1.004	1.049	0.984	1.034	1.048	1.070
2002	0.997	1.083	1.006	1.049	0.979	1.071	1.019	1.05	1.021	1.112
2003	1.147	1.098	1.014	1.051	1.099	1.044	1.083	1.082	1.110	1.087
2004	1.021	1.112	1.066	1.030	1.130	0.996	1.040	1.100	1.112	1.081
2005	1.044	1.092	1.102	1.038	1.104	1.103	1.094	1.109	1.06	1.096
2006	1.065	1.098	1.074	1.044	1.079	1.054	1.077	1.056	1.114	1.087
2007	0.992	1.042	1.04	1.053	1.056	1.012	1.075	1.019	1.102	1.017
年份	浙江	安徽	福建	江西	山东	河南	湖北	湖南	广东	广西
1985	1.000	1.000	1.000	1.000	1.000	1.000	1.000	1.000	1.000	1.000
1986	1.078	1.061	1.029	1.023	1.029	1.042	1.049	1.061	1.072	1.039
1987	1.074	1.032	1.116	1.048	1.071	1.123	1.064	1.052	1.102	1.052
1988	0.958	0.936	1.008	0.976	0.956	0.99	0.997	0.973	0.976	1.002
1989	0.922	0.952	0.956	0.951	0.973	0.945	0.975	0.926	0.974	0.963

续表 20

年份	浙江	安徽	福建	江西	山东	河南	湖北	湖南	广东	广西
1990	1.106	1.111	1.236	1.129	1.204	1.105	1.129	1.152	1.131	1.279
1991	1.112	0.944	1.101	1.059	1.095	1.061	1.053	1.059	1.134	1.101
1992	1.113	1.100	1.138	1.098	1.100	1.135	1.055	1.049	1.118	1.123
1993	1.093	1.126	1.148	1.032	1.079	1.134	1.045	1.059	1.090	1.026
1994	1.056	0.939	1.037	0.999	1.08	0.998	0.859	0.978	1.104	0.943
1995	1.044	1.126	0.989	0.984	1.037	1.063	0.904	1.019	1.069	0.945
1996	1.004	0.968	1.001	1.039	1.007	0.983	0.947	1.014	1.039	0.949
1997	1.03	1.018	1.020	1.050	0.988	0.959	0.983	1.013	1.075	0.968
1998	1.053	1.001	0.969	0.984	0.979	0.984	0.985	0.972	1.08	0.978
1999	1.049	1.022	1.001	1.000	0.975	0.998	0.949	0.964	1.055	0.956
2000	1.062	0.987	1.031	0.981	1.005	1.036	1.014	0.992	1.088	0.976
2001	1.058	1.028	1.059	0.972	0.983	0.995	1.057	0.988	1.069	1.002
2002	1.100	0.995	1.061	0.955	1.021	0.991	1.057	0.986	1.084	1.019
2003	1.09	0.968	1.056	0.925	1.056	0.992	1.056	0.99	1.082	0.991
2004	1.058	0.998	1.048	0.969	1.119	1.026	1.08	1.024	1.064	1.016
2005	1.047	0.935	1.048	0.933	1.111	1.011	1.061	0.976	1.045	0.978
2006	1.086	0.915	1.09	0.928	1.103	0.943	1.097	0.989	1.067	0.963
2007	1.009	0.896	1.032	0.928	1.04	0.91	1.081	0.979	1.016	0.939
年份	海南	四川	贵州	云南	西藏	陕西	甘肃	青海	宁夏	新疆
1985	1.000	1.000	1.000	1.000	1.000	1.000	1.000	1.000	1.000	1.000
1986	1.142	1.095	1.061	1.035	0.894	1.078	1.053	1.057	1.045	1.055

续表 20

年份	海南	四川	贵州	云南	西藏	陕西	甘肃	青海	宁夏	新疆
1987	1.064	1.074	1.088	1.165	0.993	1.056	1.027	1.023	1.026	1.055
1988	1.347	1.806	1.063	0.967	1.104	1.013	0.980	1.049	1.004	1.090
1989	0.895	0.904	0.956	0.998	1.043	0.943	0.950	0.948	1.005	1.117
1990	1.126	1.145	1.086	1.390	1.073	1.155	1.051	1.067	1.075	1.028
1991	1.082	1.023	1.087	1.069	1.098	1.06	1.123	0.993	1.023	1.097
1992	1.267	1.019	1.057	1.048	0.977	1.042	1.072	1.071	1.046	1.049
1993	1.020	1.021	1.031	0.959	0.955	1.067	1.006	1.083	1.065	1.039
1994	0.889	0.958	0.992	0.975	0.945	0.972	0.962	1.014	1.04	0.989
1995	0.915	0.946	0.951	0.928	0.96	0.991	1.000	0.999	1.061	0.981
1996	0.995	0.950	0.981	1.033	1.024	1.023	1.104	0.942	1.044	0.961
1997	1.036	0.953	1.005	0.958	1.067	1.02	0.994	0.992	1.008	1.06
1998	1.106	0.925	0.967	0.957	1.097	1.005	1.028	0.994	1.012	1.041
1999	1.061	0.930	0.996	0.945	1.049	1.024	0.991	1.002	0.992	1.057
2000	1.057	0.944	0.976	0.996	1.049	1.047	0.999	0.99	1.004	1.141
2001	1.044	0.941	0.921	0.991	1.120	1.006	0.923	0.963	0.996	1.007
2002	1.095	0.964	0.943	0.998	1.106	1.023	0.979	0.985	0.986	1.038
2003	1.062	0.953	0.968	0.988	1.053	0.989	0.998	1.039	0.991	1.103
2004	1.053	0.974	0.979	1.014	1.051	1.031	1.048	1.118	1.054	10.75
2005	1.052	0.961	1.014	0.958	1.033	0.982	0.994	1.188	1.058	1.102
2006	1.123	0.957	0.978	0.965	1.06	1.018	1.027	1.109	1.097	1.101
2007	1.006	0.953	0.967	0.948	1.007	0.939	0.975	1.073	1.109	1.016

资料来源：《新中国五十五年统计资料汇编》、历年《中国统计年鉴》。

表 21　中国历年其他数据

年份	高校在校生数（万人）	进口总值（亿美元）	科研支出总额（亿元）	FDI（亿美元）
1985	170. 3	1257. 8	30. 5	47. 60
1986	188. 0	1498. 3	43. 5	76. 28
1987	195. 9	1614. 2	63. 1	84. 52
1988	206. 6	2055. 1	93. 7	102. 26
1989	208. 2	2199. 9	149. 0	100. 60
1990	206. 3	2574. 3	169. 2	102. 89
1991	204. 4	3398. 7	201. 4	115. 54
1992	218. 4	4443. 3	247. 2	192. 03
1993	253. 6	5986. 2	325. 0	389. 60
1994	279. 9	9960. 1	132. 4	432. 13
1995	290. 6	11048. 1	172. 6	481. 33
1996	302. 1	11557. 4	153. 9	548. 05
1997	317. 4	11806. 5	919. 7	644. 08
1998	340. 9	11626. 1	1057. 7	585. 57
1999	413. 4	13736. 4	585. 4	526. 59
2000	556. 1	18638. 8	895. 9	593. 56
2001	719. 1	20159. 2	1043. 5	496. 72
2002	903. 4	24430. 3	1296. 9	550. 11
2003	1108. 6	34195. 6	1562. 5	561. 40
2004	1333. 5	46435. 8	1966. 4	640. 72
2005	1561. 8	54273. 7	2450. 0	638. 05

续表 21

年份	高校在校生数（万人）	进口总值（亿美元）	科研支出总额（亿元）	FDI（亿美元）
2006	1738.8	63376.9	3002.8	670.76
2007	1884.9	73284.6	3710.3	783.39

资料来源：历年《中国科技统计资料汇编》、《新中国五十五年统计资料汇编》、历年《中国统计年鉴》。

表 22　中国各省区市历年高校在校生数

单位：万人

年份	北京	天津	河北	山西	内蒙古	辽宁	吉林	黑龙江	上海	江苏
1985	15.88	5.95	10.08	5.99	3.60	15.08	8.55	9.56	13.12	17.70
1986	15.91	5.96	10.13	6.01	3.61	15.14	8.57	9.58	13.14	17.76
1987	15.72	5.88	9.88	5.92	3.57	14.85	8.44	9.42	13.04	17.45
1988	16.02	6.00	10.24	6.04	3.62	15.25	8.63	9.67	13.20	17.90
1989	15.99	6.01	10.28	6.08	3.65	15.32	8.63	9.65	13.18	17.92
1990	14.00	5.10	7.60	5.10	3.20	12.30	7.30	8.00	12.10	14.70
1991	16.87	6.40	11.39	6.46	3.82	16.52	9.19	10.38	13.66	19.28
1992	17.21	6.50	11.70	6.53	3.80	16.88	9.41	10.63	13.85	19.68
1993	15.89	6.03	10.43	6.22	3.77	15.56	8.63	9.60	13.10	18.02
1994	17.52	6.67	12.03	6.64	3.90	17.13	9.52	10.90	14.04	20.15
1995	18.22	6.81	12.63	6.74	3.72	17.94	10.08	11.40	14.41	20.86
1996	19.00	7.14	12.66	6.88	3.89	18.27	10.50	11.60	14.79	22.06
1997	19.58	7.36	13.60	7.11	4.02	18.82	11.02	11.60	15.38	23.90
1998	21.30	7.87	14.44	7.61	4.36	19.92	11.79	12.50	16.51	27.32

续表 22

年份	北京	天津	河北	山西	内蒙古	辽宁	吉林	黑龙江	上海	江苏
1999	23.40	9.05	18.10	9.70	5.00	23.60	14.00	15.70	18.63	35.90
2000	28.26	11.77	24.40	12.60	7.20	29.80	17.50	20.00	22.68	45.20
2001	34.03	15.40	35.10	16.50	10.00	37.20	21.80	27.10	28.00	58.60
2002	39.10	19.69	47.30	20.80	12.10	45.10	26.50	33.50	33.16	70.00
2003	45.08	24.52	55.30	27.40	15.80	51.40	32.00	39.20	37.85	86.00
2004	50.02	28.61	69.70	34.50	19.90	58.30	36.20	46.60	41.57	99.50
2005	54.83	33.16	77.40	40.70	23.09	65.94	40.73	54.09	44.26	115.98
2006	56.58	35.74	86.26	44.64	25.29	72.06	43.51	59.20	46.63	130.62
2007	57.82	37.11	93.05	48.45	28.41	77.78	47.02	63.49	48.49	147.23
年份	浙江	安徽	福建	江西	山东	河南	湖北	湖南	广东	广西
1985	7.45	7.69	6.34	6.93	13.83	10.10	15.34	10.81	11.85	4.92
1986	7.47	7.72	6.35	6.96	13.93	10.15	15.39	10.86	11.88	4.94
1987	7.32	7.57	6.28	6.83	13.57	9.93	15.14	10.64	11.65	4.83
1988	7.55	7.77	6.39	7.01	13.99	10.24	15.50	10.95	12.03	4.99
1989	7.53	7.83	6.39	7.03	14.22	10.28	15.52	10.98	11.96	5.01
1990	6.00	6.20	5.60	5.70	10.60	8.00	13.00	8.80	9.60	3.80
1991	8.21	8.48	6.73	7.57	15.49	11.20	16.52	11.85	13.00	5.51
1992	8.48	8.56	6.84	7.75	15.63	11.46	16.96	12.15	13.54	5.63
1993	7.41	8.10	6.41	7.10	15.18	10.44	15.60	11.10	11.70	5.10
1994	8.74	8.77	6.93	7.86	15.66	11.71	17.01	12.31	13.75	5.79
1995	9.29	8.80	7.17	8.28	16.04	12.24	18.27	13.04	15.18	6.00

续表 22

年份	浙江	安徽	福建	江西	山东	河南	湖北	湖南	广东	广西
1996	9. 65	8. 94	7. 34	8. 55	16. 92	12. 79	18. 99	13. 57	16. 40	6. 35
1997	10. 23	9. 60	7. 81	8. 91	17. 59	13. 60	19. 68	14. 37	17. 47	7. 06
1998	11. 35	10. 49	8. 51	9. 41	18. 75	14. 64	21. 01	15. 67	18. 50	7. 75
1999	15. 88	13. 30	10. 30	11. 09	21. 40	18. 60	25. 94	19. 40	22. 96	9. 03
2000	22. 23	18. 20	13. 10	14. 43	30. 40	26. 20	34. 66	25. 30	29. 95	11. 79
2001	30. 63	25. 20	16. 70	19. 65	44. 90	36. 90	45. 33	33. 10	38. 19	15. 16
2002	40. 94	33. 00	19. 70	26. 63	58. 40	46. 80	58. 50	41. 90	46. 78	18. 63
2003	50. 39	41. 00	25. 70	36. 43	76. 10	55. 70	72. 15	53. 70	58. 78	22. 73
2004	59. 48	50. 10	32. 60	48. 99	94. 60	70. 30	89. 20	62. 60	72. 69	28. 10
2005	65. 13	58. 91	40. 70	64. 61	117. 13	85. 19	101. 27	75. 49	87. 47	33. 83
2006	71. 99	66. 37	46. 13	77. 05	133. 81	97. 41	109. 23	83. 02	100. 86	38. 75
2007	77. 80	73. 06	50. 95	78. 17	144. 04	109. 52	116. 37	89. 86	111. 97	43. 44
年份	海南	四川	贵州	云南	西藏	陕西	甘肃	青海	宁夏	新疆
1985	1. 00	13. 63	2. 98	4. 83	0. 28	11. 32	3. 96	0. 67	0. 94	3. 82
1986	1. 00	13. 50	2. 98	4. 84	0. 28	11. 36	3. 97	0. 67	0. 94	3. 83
1987	0. 98	13. 87	2. 96	4. 80	0. 27	11. 17	3. 91	0. 67	0. 93	3. 76
1988	1. 01	13. 53	3. 01	4. 85	0. 28	11. 42	4. 00	0. 68	0. 95	3. 86
1989	1. 01	13. 10	2. 99	4. 87	0. 28	11. 48	4. 01	0. 68	0. 95	3. 88
1990	0. 80	16. 80	2. 70	4. 40	0. 20	9. 50	3. 30	0. 60	0. 80	3. 10
1991	1. 11	12. 04	3. 12	5. 06	0. 31	12. 28	4. 31	0. 71	1. 01	4. 19
1992	1. 13	12. 19	3. 21	5. 08	0. 33	12. 42	4. 37	0. 71	1. 03	4. 27

续表 22

年份	海南	四川	贵州	云南	西藏	陕西	甘肃	青海	宁夏	新疆
1993	1.02	11.35	2.93	4.96	0.28	11.73	4.05	0.69	0.96	3.94
1994	1.17	12.59	3.23	5.13	0.33	12.69	4.52	0.72	1.05	4.37
1995	1.20	12.63	3.47	5.14	0.39	12.83	4.55	0.73	1.07	4.49
1996	1.25	21.14	3.57	5.40	0.34	13.56	4.76	0.78	1.05	4.49
1997	1.28	22.11	3.85	5.74	0.32	14.10	5.07	0.82	1.11	4.63
1998	1.35	23.51	4.26	6.24	0.35	15.09	5.40	0.87	1.15	4.75
1999	1.46	28.20	5.70	7.39	0.40	18.20	6.26	0.70	1.31	5.50
2000	1.85	36.80	7.60	9.04	0.55	24.20	8.17	1.30	1.72	7.29
2001	2.61	48.70	10.80	11.90	0.68	31.70	11.09	1.80	2.32	10.98
2002	3.47	62.30	12.30	14.34	0.84	41.20	14.30	2.20	2.93	13.48
2003	4.35	76.80	14.90	17.53	1.04	50.00	17.30	2.60	3.51	15.13
2004	5.80	94.10	18.00	20.06	1.47	58.40	20.00	2.90	4.15	16.82
2005	7.00	110.90	20.68	25.47	1.90	66.69	22.95	3.28	4.87	18.18
2006	9.01	123.68	22.16	28.42	2.33	72.62	26.37	3.60	5.59	19.93
2007	10.83	133.21	24.17	31.11	2.68	77.65	29.60	3.77	6.24	21.64

资料来源：《新中国五十五年统计资料汇编》、历年《中国统计年鉴》。

表 23 中国各省区市历年进口额（当年价）

单位：亿元

年份	北京	天津	河北	山西	内蒙古	辽宁	吉林	黑龙江	上海	江苏
1985	35285	33329	11755	11373	4740	34780	12360	9716	181300	40107
1986	101595	40911	7822	8625	6833	34886	19201	19545	162200	54241
1987	76231	49569	11099	7129	7744	46142	17180	15039	183600	75608
1988	99725	59578	23206	5261	8575	57584	19943	30257	264000	104062
1989	102826	52817	22990	39183	9682	88813	26908	38541	281600	130704
1990	102931	42424	21490	6301	15974	71220	31807	40589	211000	119528
1991	134645	41377	27200	8096	18099	395843	36491	64056	230400	206518
1992	167616	62343	33392	12356	34668	147852	85860	104972	320200	296037
1993	282973	83432	35989	22707	55405	225305	130073	116916	545000	447665
1994	273403	91254	38948	17740	46563	292854	119861	125599	679000	507280
1995	303898	355715	91023	21300	51470	273484	151031	133407	1786800	649637
1996	330577	424830	103575	25300	56391	291084	113177	170632	902500	908691
1997	331073	399532	93261	31268	57508	406688	92149	158065	1004000	953158
1998	367640	480826	111256	24774	56238	559821	90378	177802	971800	1077502
1999	1208651	703633	186847	80158	58130	500161	133619	148521	1976191	1427971
2000	3765376	2001	152862	2002	165188	2003	131359	2004	2935569	2005
2001	1972456	940072	234504	68422	128830	1029053	197263	192627	3384170	1509084
2002	3989143	1117971	207114	64993	162735	937309	193399	236250	4058972	3182342
2003	5161335	1499304	305071	81811	167333	1192982	396613	245514	6388659	5450438
2004	7400647	2117685	418659	134802	236724	1549736	507570	310831	8650467	8335478

续表 23

年份	北京	天津	河北	山西	内蒙古	辽宁	吉林	黑龙江	上海	江苏
2005	9464052	2589592	514605	201716	310263	1757494	406157	349658	9561922	10495605
2006	12008265	3097116	569688	248747	382032	2007083	491739	442060	11393493	12356876
2007	14407337	3337568	852300	504699	479149	2415026	644095	503947	13900777	14586201

年份	浙江	安徽	福建	江西	山东	河南	湖北	湖南	广东	广西
1985	18554	12320	3	6130	39703	8281	15958	12943	242622	15105
1986	13365	12222	7	6889	40776	5408	13612	12072	255754	11492
1987	21347	10307	9	8178	50690	9298	16019	12697	1089681	24820
1988	39955	15000	14	10912	59103	9909	29166	19543	1620228	26380
1989	45012	13118	16	7149	96527	16642	18558	18638	1746475	17005
1990	29081	8259	19	6971	69490	13696	11789	13609	1967661	16853
1991	53503	14965	26	9567	80783	17192	21028	126860	2544834	19103
1992	95318	30920	37	12723	115235	34562	39764	66655	3229027	53019
1993	169023	32377	49	77241	158800	55877	85780	73600	4095030	75269
1994	213884	57235	58	31546	202019	60951	75130	76100	4645179	85761
1995	308066	73046	65	23313	318987	87159	136942	82056	4738022	96526
1996	411812	99735	71	26702	404771	72854	97401	99389	5061397	191512
1997	440541	111066	79	22522	435112	61036	75165	95401	12265574	68555
1998	368904	110481	72	22885	627003	54521	68723	87441	6261962	56561
1999	660860	117582	778030	58276	857903	116385	153940	83557	6463120	64852
2000	838987	2006	831439	2007	946092	2008	128731	2009	7818118	2010
2001	1265327	147552	959621	71128	1385178	158310	236801	118170	8418454	73099

续表 23

年份	浙江	安徽	福建	江西	山东	河南	湖北	湖南	广东	广西
2002	1254508	172784	1102674	64249	1282665	108454	185488	108056	10263357	92303
2003	1981584	288418	1419380	102316	1807976	173288	245393	158651	13067654	121683
2004	2706634	327474	1813226	153319	2481370	244491	338362	233708	16555958	189164
2005	3058721	393088	1956932	162527	3061298	263739	462607	225305	18980614	230487
2006	3825105	540739	2139789	244185	3661548	316016	550157	226043	22525267	307459
2007	4858340	711855	2450981	400395	4736434	441021	669602	317046	26486987	414984
年份	海南	四川	贵州	云南	西藏	陕西	甘肃	青海	宁夏	新疆
1985	25602	11321	4710	10381	1106	5353	2906	1288	2010	11177
1986	22144	12018	2244	12790	717	6294	3541	1677	2127	7877
1987	17696	15813	3192	14341	1484	8103	3244	1127	2400	9244
1988	36966	18029	3941	20313	1331	13291	1419	827	2503	10888
1989	73538	21060	5359	26347	2346	14866	3336	639	1600	12545
1990	46559	12470	6444	18873	1813	11669	1647	222	812	7495
1991	67912	24758	5656	23214	2082	20857	2365	239	1257	9616
1992	81330	44318	11484	31677	3860	35354	6413	1356	1618	29653
1993	166709	72920	11979	43925	6159	50252	20088	2268	3226	42701
1994	171021	87300	16249	55029	18773	38446	13617	1981	3187	46441
1995	143744	97515	25121	79005	4231	45062	14975	2419	3798	65918
1996	144535	105961	20686	91697	6283	51484	13058	9017	3207	85392
1997	105935	107111	19421	79686	7100	50293	14543	4036	5100	78120
1998	102450	118423	26623	77199	6782	87480	12022	969	5079	72425

续表 23

年份	海南	四川	贵州	云南	西藏	陕西	甘肃	青海	宁夏	新疆
1999	48874	235736	26098	80035	8268	105826	18577	6866	11802	99015
2000	48497	2011	23942	2012	1697	2013	15458	2014	11555	2015
2001	99374	264132	35388	100353	2416	123087	43724	8557	23970	170227
2002	104750	626160	24964	79705	4925	84800	32849	4564	11473	138320
2003	140872	-219894	39635	99254	3860	104848	44994	6525	14128	222931
2004	230915	465369	64712	150256	6967	124581	76677	12075	26195	258825
2005	151979	497262	54463	210172	4009	149998	153928	9011	27915	290157
2006	147059	651536	57928	283334	10616	173068	231533	11752	49450	196404
2007	214995	870290	80483	402529	6710	221209	386501	22616	49584	221366

资料来源：《新中国五十五年统计资料汇编》、历年《中国统计年鉴》。

表 24　中国各省区市历年科研经费投入（当年价）

单位：亿元

年份	北京	天津	河北	山西	内蒙古	辽宁	吉林	黑龙江	上海	江苏
1985	3.47	1.47	0.72	0.52	0.48	3.29	1.49	0.85	4.21	1.26
1986	6.18	1.97	0.99	0.76	0.62	4.59	1.87	1.15	5.81	1.94
1987	10.99	2.63	1.37	1.10	0.79	6.39	2.35	1.56	8.02	2.97
1988	19.56	3.52	1.88	1.60	1.02	8.91	2.94	2.13	11.06	4.55
1989	34.82	4.70	2.58	2.32	1.31	12.41	3.69	2.89	15.26	6.98
1990	43.88	5.41	3.07	2.64	1.53	9.18	4.02	3.63	17.30	8.50
1991	50.03	6.04	3.97	3.02	1.77	11.03	4.82	3.58	23.03	12.56

续表 24

年份	北京	天津	河北	山西	内蒙古	辽宁	吉林	黑龙江	上海	江苏
1992	62.87	6.63	5.34	3.60	1.99	14.74	6.09	4.23	27.34	12.75
1993	74.31	8.93	6.52	4.46	2.71	18.52	7.66	4.86	34.92	19.65
1994	11.09	4.63	3.11	2.96	2.04	7.76	3.52	3.20	17.17	9.11
1995	11.20	5.26	3.55	0.60	1.10	11.90	4.73	3.19	18.61	26.20
1996	11.31	5.88	4.00	3.53	1.81	8.04	5.93	3.18	20.05	11.75
1997	163.75	27.88	21.37	10.91	6.08	55.15	18.94	19.06	123.64	79.53
1998	171.11	28.19	21.96	15.13	4.64	51.20	18.84	24.12	120.76	91.05
1999	120.40	12.50	13.60	7.50	1.80	29.40	7.40	14.40	49.70	43.70
2000	155.70	24.70	26.30	9.90	3.30	41.70	13.40	14.90	73.80	73.10
2001	171.17	25.16	25.75	10.82	3.88	53.90	16.54	20.14	88.08	92.27
2002	219.50	31.20	33.60	14.40	4.80	71.60	26.40	23.30	110.30	117.30
2003	256.30	40.40	38.10	15.80	6.40	83.00	27.80	32.70	128.90	150.50
2004	317.30	53.80	43.80	23.40	7.80	106.90	35.50	35.40	171.10	214.00
2005	382.10	72.60	58.90	26.30	11.70	124.70	39.30	48.90	208.40	269.80
2006	433.00	95.20	76.70	36.30	16.50	135.80	40.90	57.00	258.80	346.10
2007	505.40	114.70	90.00	49.30	24.20	165.40	50.90	66.00	307.50	430.20
年份	浙江	安徽	福建	江西	山东	河南	湖北	湖南	广东	广西
1985	0.41	0.45	0.23	0.59	0.28	0.83	0.91	1.17	1.79	0.51
1986	0.62	0.68	0.33	0.74	0.56	1.22	1.44	1.51	2.42	0.68
1987	0.95	1.03	0.48	0.94	1.11	1.77	2.28	1.94	3.27	0.90
1988	1.46	1.56	0.69	1.20	2.20	2.58	3.61	2.50	4.43	1.19

续表 24

年份	浙江	安徽	福建	江西	山东	河南	湖北	湖南	广东	广西
1989	2.23	2.35	1.00	1.52	4.35	3.76	5.71	3.23	5.99	1.58
1990	2.89	2.67	1.24	1.44	5.04	4.29	6.46	6.05	6.35	1.64
1991	3.73	3.28	1.38	1.75	0.60	5.57	7.66	4.64	8.36	2.09
1992	4.40	3.69	1.71	2.35	8.00	6.47	10.33	6.81	11.14	2.81
1993	5.30	5.07	2.14	3.21	10.49	7.22	13.49	9.74	17.12	4.37
1994	3.74	1.96	1.83	3.00	8.60	2.79	3.24	4.09	14.10	3.02
1995	9.14	2.70	3.02	2.86	9.48	4.10	3.78	5.12	14.64	3.15
1996	4.78	2.33	2.14	2.72	10.36	3.63	4.32	6.15	15.18	3.28
1997	25.88	19.41	12.36	8.62	55.53	26.14	44.44	21.17	66.94	8.72
1998	29.10	19.06	14.35	9.86	63.92	28.83	48.75	20.12	81.61	9.13
1999	11.20	10.60	9.20	6.10	31.50	13.40	26.80	11.90	64.00	2.00
2000	33.40	20.00	21.20	8.20	52.00	24.80	34.80	19.20	107.10	8.40
2001	41.41	21.05	22.62	7.76	60.93	28.31	36.85	23.98	137.43	8.00
2002	54.30	25.70	24.40	11.70	88.20	29.30	47.90	26.20	156.40	9.00
2003	75.20	32.40	37.50	17.00	103.80	34.20	54.80	30.10	179.80	11.20
2004	115.50	37.90	45.90	21.50	142.10	42.40	56.60	37.00	211.20	11.90
2005	163.30	45.90	53.60	28.50	195.10	55.60	75.00	44.50	243.80	14.60
2006	224.00	59.30	67.40	37.80	234.10	79.80	94.40	53.60	313.00	18.20
2007	281.60	71.80	82.20	48.80	312.30	101.10	111.30	73.60	404.30	22.00

续表 24

年份	海南	四川	贵州	云南	西藏	陕西	甘肃	青海	宁夏	新疆
1985	0. 03	3. 63	0. 32	0. 98	0. 00	0. 00	0. 07	0. 02	0. 16	0. 37
1986	0. 05	4. 96	0. 40	1. 18	0. 00	0. 01	0. 16	0. 04	0. 20	0. 46
1987	0. 10	6. 77	0. 51	1. 42	0. 01	0. 13	0. 40	0. 10	0. 25	0. 58
1988	0. 18	9. 25	0. 64	1. 71	0. 02	1. 15	0. 97	0. 23	0. 32	0. 73
1989	0. 34	12. 64	0. 80	2. 05	0. 07	10. 22	2. 39	0. 53	0. 41	0. 91
1990	0. 37	11. 13	0. 95	2. 38	0. 11	12. 06	2. 98	0. 62	0. 50	0. 97
1991	0. 44	18. 00	1. 05	2. 70	0. 14	14. 50	3. 61	0. 50	0. 53	1. 11
1992	0. 84	23. 65	1. 16	3. 10	0. 15	8. 13	3. 97	0. 74	0. 65	1. 61
1993	0. 65	30. 92	1. 49	4. 81	0. 14	18. 46	4. 86	0. 63	0. 75	1. 64
1994	0. 68	8. 66	1. 36	3. 12	0. 17	3. 45	1. 34	0. 47	0. 67	1. 52
1995	0. 65	8. 92	1. 45	3. 53	0. 20	3. 30	5. 90	0. 51	0. 66	3. 20
1996	0. 61	9. 18	1. 53	3. 93	0. 23	3. 15	1. 71	0. 55	0. 66	1. 96
1997	1. 15	12. 82	5. 97	5. 18	11. 45	0. 32	43. 88	14. 15	2. 24	7. 13
1998	17. 71	76. 06	5. 83	12. 49	0. 32	48. 60	13. 99	2. 61	2. 73	5. 67
1999	1. 30	45. 50	2. 90	5. 70	0. 10	31. 20	7. 40	0. 80	0. 90	2. 50
2000	0. 80	55. 00	4. 20	6. 80	0. 20	49. 50	7. 30	1. 30	1. 70	3. 20
2001	0. 85	67. 46	5. 35	7. 70	0. 20	51. 69	8. 38	1. 17	1. 53	3. 21
2002	1. 20	74. 50	6. 10	9. 80	0. 50	60. 70	11. 00	2. 10	2. 00	3. 50
2003	1. 20	96. 80	7. 90	11. 00	0. 30	68. 00	12. 80	2. 40	2. 40	3. 80
2004	2. 10	101. 70	8. 70	12. 50	0. 40	83. 50	14. 40	3. 00	3. 10	6. 00
2005	1. 60	128. 60	11. 00	21. 30	0. 30	92. 40	19. 60	3. 00	3. 20	6. 40

续表 24

年份	海南	四川	贵州	云南	西藏	陕西	甘肃	青海	宁夏	新疆
2006	2.10	144.70	14.50	20.90	0.50	101.40	24.00	3.30	5.00	8.50
2007	2.60	186.10	13.70	25.90	0.70	121.70	25.70	3.80	7.50	10.00

资料来源：《新中国五十五年统计资料汇编》、历年《中国统计年鉴》、中国科技统计信息网。

表 25　中国各省区市历年利用外资额（当年价）

单位：亿元

年份	北京	天津	河北	山西	内蒙古	辽宁	吉林	黑龙江	上海	江苏
1985	13292.0	7558.0	1423.0	176.0	100.0	4192.0	488.0	1747.0	11523.0	9326.0
1986	20266.0	15771.0	1127.0	630.0	136.0	9003.0	2577.0	4987.0	26129.0	18250.0
1987	17725.0	24610.0	1032.0	511.0	109.0	55338.0	3933.0	4558.0	70033.0	21423.0
1988	61943.0	48352.0	1910.0	1449.0	337.0	55011.0	5118.0	9860.0	132178.0	26476.0
1989	49506.0	43699.0	4373.0	1629.0	42.0	58900.0	3366.0	15347.0	118954.0	38272.0
1990	40641.0	33467.0	4447.0	3763.0	1064.0	78725.0	6069.0	11777.0	77970.0	43861.0
1991	36798.0	48144.0	18967.0	9825.0	110.0	97157.0	16155.0	6462.0	86595.0	47498.0
1992	52711.0	83122.0	28682.0	18095.0	610.0	85931.0	18776.0	10516.0	223790.0	172226.0
1993	97619.0	93502.0	48447.0	11507.0	8094.0	169055.0	34909.0	29969.0	317500.0	328735.0
1994	194740.0	177642.0	73742.0	9138.0	11602.0	198135.0	80852.0	49054.0	398897.0	446822.0
1995	197654.0	211010.0	108620.0	16085.0	10605.0	190691.0	90202.0	74994.0	529807.0	528701.0
1996	225842.0	298358.0	160062.0	21784.0	5424.0	237915.0	100298.0	78725.0	750995.0	550292.0
1997	259161.0	342301.0	213649.0	45432.0	8433.0	305876.0	100015.0	103537.0	634508.0	678529.0
1998	286973.0	305787.0	210348.0	59205.0	5638.0	314104.0	57836.0	87009.0	481550.0	695662.0

续表 25

年份	北京	天津	河北	山西	内蒙古	辽宁	吉林	黑龙江	上海	江苏
1999	472284. 0	264744. 0	796232. 0	294050. 2	243288. 6	735822. 3	295083. 9	505570. 3	738826. 2	1357774. 0
2000	569980. 0	306876. 0	909508. 0	332813. 5	277528. 5	841915. 1	351889. 2	568249. 0	860320. 0	1542370. 0
2001	495274. 0	256157. 0	736368. 0	270898. 5	228756. 7	671807. 7	283021. 0	452509. 3	695438. 7	1262284. 0
2002	547632. 0	271990. 0	761085. 0	293999. 7	245455. 9	690259. 4	297001. 9	459968. 9	726024. 2	1341367. 0
2003	507561. 0	260463. 0	699271. 0	288469. 3	241302. 6	606448. 0	268955. 0	409926. 8	676330. 8	1257127. 0
2004	550948. 0	282822. 0	770713. 3	324678. 3	276468. 0	606560. 9	283826. 3	431883. 8	733912. 4	1363998. 0
2005	494945. 0	265762. 0	725646. 2	300398. 2	279988. 2	575638. 3	260202. 7	396132. 7	657946. 1	1315698. 0
2006	479923. 0	265817. 0	711043. 5	289806. 0	292180. 5	564127. 5	260693. 3	377394. 0	632132. 7	1319899. 0
2007	533584. 0	288113. 0	782094. 0	327073. 8	347483. 7	628863. 6	301478. 8	403041. 2	695344. 5	1468471. 0
年份	浙江	安徽	福建	江西	山东	河南	湖北	湖南	广东	广西
1985	6452. 0	1870. 0	17711. 0	1021. 0	6375. 0	1208. 0	5400. 0	4012. 0	91910. 0	4493. 0
1986	4891. 0	6575. 0	16660. 0	1611. 0	11743. 0	737. 0	5845. 0	1399. 0	142829. 0	7982. 0
1987	11360. 0	4521. 0	14718. 0	3093. 0	10219. 0	2868. 0	10089. 0	2890. 0	121671. 0	9233. 0
1988	18798. 0	10040. 0	28892. 0	3692. 0	14231. 0	6486. 0	15992. 0	1249. 0	243965. 0	18157. 0
1989	26856. 0	6424. 0	39110. 0	3864. 0	31498. 0	11336. 0	16504. 0	12238. 0	239915. 0	7425. 0
1990	16235. 0	5027. 0	37968. 0	5141. 0	31123. 0	1136. 0	16967. 0	24010. 0	202347. 0	6031. 0
1991	17186. 0	4442. 0	72375. 0	9676. 0	46789. 0	14425. 0	26534. 0	28129. 0	258250. 0	6636. 0
1992	40971. 0	14153. 0	146560. 0	19957. 0	137684. 0	26510. 0	41657. 0	32898. 0	486147. 0	23741. 0
1993	121991. 0	37106. 0	290599. 0	34346. 0	226068. 0	56745. 0	60572. 0	69716. 0	965225. 0	92415. 0
1994	137073. 0	91877. 0	376418. 0	45213. 0	340137. 0	90487. 0	93436. 0	59666. 0	1144664. 0	104724. 0
1995	153965. 0	76749. 0	413996. 0	45356. 0	326698. 0	102842. 0	110941. 0	87104. 0	1210037. 0	96395. 0

续表25

年份	浙江	安徽	福建	江西	山东	河南	湖北	湖南	广东	广西
1996	238313.0	86654.0	421343.0	47136.0	339426.0	120563.0	131053.0	112530.0	1389943.0	102010.0
1997	306641.0	84246.0	437223.0	65348.0	358447.0	132235.0	142908.0	135777.0	1420519.0	126991.0
1998	241656.0	73805.0	410828.0	70865.0	360461.0	118263.0	194400.0	125966.0	1509945.0	128254.0
1999	960222.0	478414.2	602209.5	326954.7	1321796.0	796893.6	569596.0	566994.3	1631675.0	347725.7
2000	1107328.0	523294.3	678808.2	361186.3	1503382.0	911136.8	639291.8	640391.8	1936823.0	375065.3
2001	920779.7	433365.8	543637.7	290406.4	1227340.0	738537.6	517967.1	511476.0	1606980.0	304242.8
2002	1012163.0	445112.1	564976.9	309893.5	1299464.0	763261.0	532763.2	525013.5	1707548.0	319156.9
2003	980516.6	396358.2	503509.6	283638.0	1220278.0	693856.8	480654.2	470807.6	1600814.0	285022.1
2004	1059000.0	432676.5	523954.3	314253.5	1365657.0	777637.1	512125.8	512916.7	1715009.0	312144.3
2005	965830.0	386330.5	472134.3	291574.9	1330879.0	760958.6	468627.5	467995.0	1607569.0	292939.8
2006	959965.3	374944.5	464329.0	284805.1	1346259.0	761994.0	462302.7	461544.7	1597927.0	294438.6
2007	1071379.0	420108.7	527640.6	313776.0	1481293.0	856424.7	526588.1	524837.8	1773290.0	339755.5
年份	海南	四川	贵州	云南	西藏	陕西	甘肃	青海	宁夏	新疆
1985	2643.0	950.0	286.0	163.0	98.0	1374.0	444.0	100.0	293.0	518.0
1986	3259.0	989.0	1276.0	579.0	102.0	7606.0	585.0	103.0	168.0	2822.0
1987	911.0	1028.0	376.0	633.0	302.0	9442.0	523.0	436.0	2416.0	3617.0
1988	12771.0	1067.0	1408.0	827.0	489.0	15864.0	1687.0	410.0	492.0	2805.0
1989	16097.0	1106.0	2102.0	787.0	676.0	15834.0	17.0	285.0	1334.0	7796.0
1990	18982.0	1029.0	2983.0	1096.0	863.0	5268.0	480.0	255.0	1077.0	7629.0
1991	22232.0	1633.0	2845.0	4922.0	1050.0	10928.0	93.0	339.0	1292.0	12193.0
1992	53160.0	8403.0	3574.0	5005.0	1237.0	11412.0	4740.0	470.0	906.0	65684.0

续表 25

年份	海南	四川	贵州	云南	西藏	陕西	甘肃	青海	宁夏	新疆
1993	128584.0	37361.0	4922.0	18795.0	1424.0	39151.0	5610.0	1759.0	2533.0	13051.0
1994	126441.0	51554.0	8363.0	31414.0	1611.0	44419.0	2878.0	513.0	6900.0	14543.0
1995	145501.0	28255.0	9637.0	34479.0	1798.0	54487.0	7387.0	2442.0	6715.0	54699.0
1996	118960.0	66670.0	10628.0	33800.0	1985.0	47467.0	9002.0	598.0	5173.0	26568.0
1997	112134.0	123054.0	13834.0	31334.0	2172.0	88028.0	4144.0	1471.0	4795.0	8691.0
1998	109715.0	105563.0	18107.0	29786.0	2359.0	67815.0	3864.0	1037.0	5674.0	16225.0
1999	84077.1	906811.0	165360.3	335098.4	2546.0	280916.7	168679.8	42222.9	46667.8	205164.9
2000	94994.3	997394.7	185711.4	362650.5	2733.0	325290.7	189851.5	47545.8	53196.9	245872.2
2001	74535.7	808768.6	151267.1	285418.3	2920.0	268374.4	150212.6	40060.9	45041.0	199096.4
2002	78655.8	849197.3	157247.1	292484.7	3107.0	284969.0	155805.4	43079.4	47696.5	203939.5
2003	70035.3	768439.5	144105.8	258239.5	3294.0	261442.3	141427.5	39422.7	44995.6	190581.5
2004	72629.1	824788.3	152531.2	280180.8	3481.0	288696.5	153503.0	42373.8	48834.0	200831.5
2005	64296.2	751484.2	142242.7	249610.0	3668.0	264183.8	139002.6	39050.5	43562.7	187173.1
2006	64201.9	739639.6	139154.5	244326.5	3855.0	275854.0	138831.3	39123.0	43341.6	185697.5
2007	69785.2	834481.3	156418.8	270480.3	4042.0	311810.2	154165.4	44703.1	50726.7	200987.8

资料来源：《新中国五十五年统计资料汇编》、历年《中国统计年鉴》。

表 26　中国吸收能力所用各指标

年份	中等教育在校生数（万人）	15—19 岁人数（万人）	中学入学率	GDP（亿元）	M2（亿元）	P 值
1985	5092.60	8355.88	0.61	9040.74	5896.27	0.19
1986	5321.60	8486.60	0.63	10274.38	7134.48	0.28
1987	5403.10	8628.14	0.63	12050.62	8632.73	0.31
1988	5246.10	8764.39	0.60	15036.82	10445.60	0.36
1989	5054.00	8896.85	0.57	17000.92	12639.17	0.40
1990	5105.40	9025.45	0.57	18718.32	15293.40	0.44
1991	5226.80	9143.07	0.57	21826.20	19349.90	0.48
1992	5354.40	9249.48	0.58	26937.28	25402.20	0.52
1993	5383.70	9355.73	0.58	35260.02	34879.80	1.09
1994	5707.10	9460.96	0.60	48108.46	46923.50	1.36
1995	6191.50	9127.34	0.68	59810.53	60750.50	1.49
1996	6635.70	9661.39	0.69	70142.49	76094.90	1.59
1997	6995.20	9759.04	0.72	78060.83	90995.30	1.67
1998	7340.70	9848.63	0.75	83024.28	104498.50	1.73
1999	8002.70	9929.55	0.81	88479.15	119897.90	1.79
2000	8518.46	10303.12	0.83	98000.45	134610.40	2.06
2001	8901.38	9312.60	0.96	108068.22	158301.90	2.22
2002	9255.70	10140.08	0.91	119095.69	185007.00	2.68
2003	9613.80	10471.60	0.92	135173.98	221222.80	2.73
2004	10225.28	10925.90	0.94	159586.75	254107.00	2.82

续表 26

年份	中等教育在校生数（万人）	15—19 岁人数（万人）	中学入学率	GDP（亿元）	M2（亿元）	P 值
2005	10297.15	14434.84	0.71	184088.60	298755.70	2.89
2006	10350.24	11579.16	0.89	213131.70	345603.60	2.94
2007	10321.60	10990.67	0.94	259258.90	403442.20	2.97

资料来源：《新中国五十五年统计资料汇编》、历年《中国统计年鉴》。

表 27　中国各省区市专利申请受理数

单位：件

	1999 年	2000 年	2001 年	2002 年	2003 年	2004 年	2005 年	2006 年	2007 年
全国	109958	140339	165773	205544	251238	278943	383157	470342	586498
北京	7723	10344	12174	13842	17003	18402	22572	26555	31680
天津	2016	2789	3081	5360	6812	8406	11657	13299	15744
河北	3330	3848	4695	5390	5623	5647	6401	7220	7853
山西	1140	1475	1473	1630	1743	1949	1985	2824	3333
内蒙古	971	1138	1087	1202	1393	1457	1455	1946	2015
辽宁	6065	7151	7514	9851	13545	14695	15672	17052	19518
吉林	2111	2501	2627	3413	4267	3657	4101	4578	5251
黑龙江	2987	3106	3670	4392	4972	4919	6050	6535	7242
上海	4605	11337	12777	19970	22374	20471	32741	36042	47205
江苏	7091	8211	10352	13075	18393	23532	34811	53267	88950
浙江	8177	10316	12828	17265	21463	25294	43221	52980	68933

续表 27

	1999 年	2000 年	2001 年	2002 年	2003 年	2004 年	2005 年	2006 年	2007 年
安徽	1721	1877	2045	2312	2676	2943	3516	4679	6070
福建	3381	4211	4971	6522	7236	7498	9460	10351	11341
江西	1387	1557	1778	2037	2434	2685	2815	3171	3548
山东	8589	10019	11170	12856	15794	18388	28835	38284	46849
河南	3452	3823	4093	4441	5261	6318	8981	11538	14916
湖北	2963	3486	4322	4960	6635	7960	11534	14576	17376
湖南	3403	4117	4292	4859	6054	7693	8763	10249	11233
广东	16802	21123	27596	34352	43186	52201	72220	90886	102449
广西	1604	1762	1838	1927	2250	2202	2379	2784	3480
海南	373	502	390	546	445	375	498	538	632
重庆	1274	1780	2047	3142	4589	5171	-6260	6471	6715
四川	3676	4496	5039	5997	7443	7260	10567	13109	19165
贵州	789	986	950	1260	1242	1486	2226	2674	2759
云南	1246	1710	1793	1780	1966	2132	2556	3085	3108
陕西	1685	2080	2326	2530	3421	3217	4166	5717	8499
甘肃	583	798	734	781	961	910	1759	1460	1608
青海	172	174	162	151	173	124	216	325	387
宁夏	262	341	412	503	441	399	516	671	838
新疆	876	1088	1086	1239	1473	1492	1851	2256	2270

资料来源：历年《中国科技统计年鉴》。

表 28 中国各省区市研究与试验发展人员全时当量

单位：人

	1999 年	2000 年	2001 年	2002 年	2003 年	2004 年	2005 年	2006 年	2007 年
全国	714911	922131	956482	1035133	1094831	1152605	1364799	1502472	1736154
北京	84731	98753	95255	114919	109947	151542	171045	168398	187578
天津	19172	23237	23893	26216	28808	29553	33441	37164	44854
河北	19933	28842	28222	32899	34438	34823	41703	43740	45334
山西	14327	14333	16152	17183	18483	18504	27438	38767	36864
内蒙古	7309	8465	7997	8679	8686	11417	13504	14751	15373
辽宁	43296	48545	52784	64703	56031	59967	66104	69048	77157
吉林	20524	24051	17913	19580	19480	22156	25642	28456	32509
黑龙江	21510	25634	32219	34198	34635	39223	44203	45068	48205
上海	39469	59501	51965	54749	56211	59089	67048	80201	90145
江苏	55465	71057	78839	90574	98054	103295	128028	138876	160482
浙江	14898	24991	35919	39973	46580	63100	80120	102761	129393
安徽	17463	25355	24403	23748	25107	24113	28405	29875	36163
福建	12773	22485	24810	22448	26614	31792	35716	40238	47593
江西	13901	17966	15149	15335	16999	19225	22064	25797	27123
山东	45699	48185	46804	72630	78260	72255	91142	96637	116470
河南	27097	34629	36138	41492	40742	42126	51181	59692	64879
湖北	32910	44544	44167	55509	51901	50311	61226	62100	67403
湖南	19484	28909	28672	29228	26988	31334	38044	39752	44942
广东	44125	71107	79052	86881	93812	93051	119359	147233	199464

续表 28

	1999 年	2000 年	2001 年	2002 年	2003 年	2004 年	2005 年	2006 年	2007 年
广西	7390	13015	9532	12085	13188	14801	17947	18940	20141
海南	978	1150	927	848	1040	1409	1225	1209	1262
重庆	12504	16174	16491	17572	17744	20739	24619	26826	31563
四川	49818	60223	48180	61312	57867	60117	66382	68584	78849
贵州	5685	813	9488	8960	8623	7793	9779	10737	11365
云南	9229	11114	11703	13938	12943	14695	14798	16027	17819
陕西	49948	64127	57275	60533	54239	49020	53656	59458	65072
甘肃	14906	18429	17291	14693	16888	14420	16795	16696	18769
青海	1521	2173	2005	2037	2265	2649	2590	2610	2915
宁夏	1467	2598	2821	2975	2718	3515	4046	4412	5565
新疆	7175	4156	4551	5317	5335	6141	6986	7408	8863

资料来源：历年《中国科技统计年鉴》。

表 29　中国各省区市科技活动内部支出

单位：亿元

	1999 年	2000 年	2001 年	2002 年	2003 年	2004 年	2005 年	2006 年	2007 年
全国	1041. 80	1131. 69	2050. 25	2312. 55	2671. 54	3121. 57	4004. 43	4836. 22	5757. 27
北京	171. 12	185. 35	305. 11	343. 16	393. 18	436. 57	518. 39	633. 81	736. 78
天津	28. 19	26. 81	50. 58	61. 71	65. 05	83. 72	116. 78	143. 40	185. 81
河北	21. 96	26. 31	51. 33	49. 11	61. 35	74. 29	86. 03	110. 90	133. 98
山西	15. 13	15. 47	29. 59	32. 12	41. 15	444. 69	62. 75	76. 95	121. 12

续表 29

	1999 年	2000 年	2001 年	2002 年	2003 年	2004 年	2005 年	2006 年	2007 年
内蒙古	4.64	5.38	9.29	11.89	14.68	18.33	26.13	33.56	42.30
辽宁	51.20	53.14	89.36	98.69	144.24	145.24	177.94	203.14	223.34
吉林	18.84	19.72	32.03	37.42	57.42	51.31	63.88	90.10	92.62
黑龙江	24.12	23.11	39.71	46.03	50.42	60.09	66.20	77.38	88.48
上海	120.76	119.21	192.00	222.47	253.32	288.44	351.89	408.81	436.44
江苏	91.05	100.83	193.00	224.70	272.30	338.02	481.67	571.24	691.62
浙江	29.10	30.90	92.91	110.48	135.60	176.67	243.85	321.42	407.85
安徽	19.06	23.10	42.69	52.72	65.55	83.47	103.57	128.12	161.27
福建	14.35	17.05	43.88	48.55	47.96	69.23	88.59	108.12	141.32
江西	9.86	11.58	17.65	17.40	22.74	32.43	38.93	48.07	62.31
山东	63.92	83.94	145.78	170.12	196.54	222.49	298.79	374.96	458.23
河南	28.82	29.66	58.12	61.64	64.50	75.03	114.83	125.12	178.65
湖北	48.75	55.49	88.19	85.42	97.49	108.13	124.00	151.42	180.32
湖南	20.12	24.36	55.30	61.81	65.93	71.55	91.02	104.02	125.27
广东	81.61	93.46	214.65	257.37	291.30	332.40	390.22	447.86	541.92
广西	9.13	8.71	21.99	22.85	26.04	34.81	41.12	51.80	45.77
海南	1.77	2.60	2.68	2.42	2.89	3.26	4.86	8.64	10.02
重庆	14.21	15.48	30.20	3.33	36.32	44.48	57.65	70.12	82.46
四川	61.86	63.53	92.68	112.84	132.21	154.31	173.97	237.56	250.37
贵州	5.83	7.21	10.11	12.42	14.31	15.48	20.45	23.66	30.48
云南	12.50	11.29	20.97	21.30	25.22	25.58	33.92	44.51	49.64

续表 29

	1999 年	2000 年	2001 年	2002 年	2003 年	2004 年	2005 年	2006 年	2007 年
陕西	48.60	49.59	76.19	91.53	96.37	114.14	152.70	160.48	175.93
甘肃	13.99	14.41	19.92	21.38	23.66	26.56	32.32	37.41	49.18
青海	2.61	2.69	4.74	5.40	6.33	6.69	7.47	8.64	10.04
宁夏	2.73	3.35	5.17	5.57	6.25	6.31	7.68	9.40	14.01
新疆	5.67	7.69	13.55	14.08	1.49	17.40	25.47	23.66	28.18

资料来源：历年《中国科技统计年鉴》。

表 30　中国各省区市国内研发存量（1997 年不变价）

单位：亿元

	1999 年	2000 年	2001 年	2002 年	2003 年	2004 年	2005 年	2006 年	2007 年
全国	13678	15034	16574	18388	20491	23140	26349	30153	34723
北京	2235	2424	2638	2889	3160	3475	3877	4348	4856
天津	302	338	384	432	494	579	682	818	985
河北	235	275	311	359	415	475	553	646	756
山西	96	120	146	179	591	618	655	726	821
内蒙古	50	56	65	75	88	106	129	157	186
辽宁	681	736	796	898	992	1105	1230	1362	1535
吉林	209	229	253	294	326	367	426	484	548
黑龙江	221	249	282	317	358	401	449	504	568
上海	1688	1802	1941	2104	2288	2503	2759	3027	3350
江苏	943	1093	1266	1475	1724	2059	2452	2922	3511

续表 30

	1999 年	2000 年	2001 年	2002 年	2003 年	2004 年	2005 年	2006 年	2007 年
浙江	255	339	436	554	703	897	1153	1472	1849
安徽	200	232	273	324	387	461	552	665	793
福建	119	158	201	241	300	373	461	575	704
江西	83	96	109	126	150	177	210	252	303
山东	657	768	896	1041	1197	1398	1646	1945	2330
河南	287	331	377	423	475	553	635	757	901
湖北	564	622	675	737	803	875	964	1072	1198
湖南	228	269	314	359	406	464	527	602	684
广东	801	975	1182	1413	1666	1940	2247	2620	3087
广西	81	100	118	138	165	196	234	265	311
海南	6	9	11	13	15	19	26	34	41
重庆	77	103	101	131	167	210	261	319	389
四川	770	825	897	983	1083	1187	1336	1482	1643
贵州	48	56	65	76	87	101	118	139	162
云南	120	134	148	165	180	200	227	256	290
陕西	556	599	652	705	769	858	945	1036	1142
甘肃	162	173	184	197	211	229	250	277	312
青海	17	21	25	30	35	40	46	52	59
宁夏	17	21	25	29	34	39	44	54	67
新疆	23	35	46	45	59	78	94	112	132

表 31 中国各省区市最终消费（当年价）

单位：亿元

	1999 年	2000 年	2001 年	2002 年	2003 年	2004 年	2005 年	2006 年	2007 年
全国	46797.2	52418.2	58041.8	64180	71790	82746.9	98869	113638	133474.4
北京	954.1	1221.3	1467.7	1699.8	1967.9	2264.6	3539.5	4205.2	5082.8
天津	716.8	804.7	901.9	990.2	1134.7	1272.6	1506.9	1763.1	2064.4
河北	1983.8	2240.7	2509.3	2819.6	3259.5	3743.1	4315.2	4987.3	5915.2
山西	857.1	946	1046.4	1184	1374.2	1581.6	1955.2	2251.9	2586.6
内蒙古	724.5	787.2	936.2	1092.5	1218.2	1411.6	1713.9	2096.2	2631.5
辽宁	2330.5	2587.5	2828.1	3031.5	3102.5	3287.3	3823	4126.5	4583.2
吉林	1030.4	1174.9	1331.3	1444.7	1678.6	1868.6	1906.2	2137.6	2588.4
黑龙江	1730.8	1871.5	2110.5	2287.8	2465.3	2793.5	2660.8	2961.2	3514.3
上海	1719.5	1947.1	2149.1	2455.7	2769.7	3261.4	4419	5079.8	6016.3
江苏	3339.8	3710.7	4296	4801.9	5484	6667.6	7538	9005.6	10817.1
浙江	2355.4	2774.7	3306.1	3741.7	4368.5	4723.3	6373.2	7435.9	8652.3
安徽	1861.2	1947.8	2108.1	2263	2520.3	2835.4	3020.7	3384.9	3981.5
福建	1830.6	2052.4	2225.2	2434.1	2682.8	3019.1	3295.6	3765.9	4269.4
江西	1171.6	1269.6	1357.5	1459.7	1515.6	1822.1	2117.3	2372.9	2793.5
山东	3809.1	4099.7	4582.6	5021.2	5787.8	6810.2	7954.5	9515.7	11239.1
河南	2358.3	2758.6	3114.1	3441.7	3975.5	4673.6	5353.7	6209.9	6831.3
湖北	1983.1	2146.5	2408.8	2669.7	3042.3	3564.1	3645.7	4297.7	4999.7
湖南	2212.5	2383.3	2553.1	2763	2886	3315.5	4036.7	4613	5334
广东	4511.6	5336.2	5841.3	6701.2	7566.1	8774.8	11533.4	12892.8	15166.7

续表 31

	1999 年	2000 年	2001 年	2002 年	2003 年	2004 年	2005 年	2006 年	2007 年
广西	1342.9	1443.2	1597.1	1698.5	1850.8	2079.3	2477.1	2803.2	3283.2
海南	258.5	284.5	299.9	331.2	355.2	401.9	468.7	547.3	653.7
重庆	924.1	994.4	1078.1	1228.9	1415.3	1579.2	1803.4	2047	2460.5
四川	2247.2	2522.9	2691.5	2894.1	3155.9	3824.9	4357.7	4824.9	5671.6
贵州	725.8	775.3	833.9	890.3	943	1086.5	1627.3	1824.8	2134.4
云南	1256.5	1481.8	1430.4	1526.3	1597.6	1889.2	2321.8	2615.8	2908.1
陕西	903.8	956.5	1004.5	1109.1	1188.4	1336.4	1684.1	1871.5	2471.2
甘肃	547.8	579.2	674.4	679.3	750.5	901.1	1217.6	1387.9	1615.4
青海	151.5	167.3	197.8	221.5	251	301.7	360.7	423.5	509.5
宁夏	154	186.6	223.5	249.3	277.1	318.8	390.9	454.6	527.9
新疆	745.2	899.9	854.6	948.9	1037.6	1150.8	1266.5	1584.5	1930.8

资料来源：历年《中国统计年鉴》。

表 32　中国各省区市按经营单位所在地分货物出口额（当年价）

单位：亿美元

	1999 年	2000 年	2001 年	2002 年	2003 年	2004 年	2005 年	2006 年	2007 年
全国	1949.3	2492.0	2661.5	3256.0	4382.3	5933.3	7619.5	9689.4	12200.0
北京	99.0	119.7	117.9	126.1	168.9	205.7	308.7	379.5	489.3
天津	63.3	86.3	94.9	116.3	143.5	208.5	273.8	334.9	380.7
河北	31.2	37.1	39.6	45.9	59.3	93.4	109.2	128.3	170.0
山西	8.4	12.4	14.7	16.6	22.7	40.3	35.3	41.4	65.3

续表 32

	1999年	2000年	2001年	2002年	2003年	2004年	2005年	2006年	2007年
内蒙古	5.3	9.7	6.3	8.1	11.6	13.5	17.7	21.4	29.4
辽宁	82.0	108.6	110.1	123.7	145.8	189.1	234.4	283.2	353.2
吉林	10.2	12.6	14.6	17.7	21.8	17.1	24.7	30.0	38.6
黑龙江	9.6	14.5	16.1	19.9	28.7	36.8	60.7	84.4	122.6
上海	188.0	253.5	276.2	320.4	484.5	735.1	907.2	1135.9	1438.5
江苏	183.1	257.7	288.7	384.7	591.1	874.9	1229.7	1604.1	2036.1
浙江	128.7	194.4	229.8	294.1	415.9	581.4	768.0	1008.9	1282.6
安徽	16.8	21.7	22.8	24.5	30.6	39.4	51.9	68.4	88.1
福建	103.5	129.1	139.3	173.7	211.3	293.9	348.4	412.6	499.4
江西	9.1	12.0	10.4	10.5	15.0	19.9	24.4	37.5	54.4
山东	115.8	155.3	181.2	211.1	265.6	358.4	461.2	586.0	751.1
河南	11.3	15.0	17.0	21.2	29.8	41.7	50.9	66.3	83.7
湖北	15.1	19.4	18.0	21.0	26.6	33.8	44.3	62.6	81.7
湖南	12.8	16.5	17.5	18.0	21.5	31.1	37.5	50.9	65.2
广东	776.9	919.2	954.3	1184.6	1528.5	1915.7	2381.6	3019.5	3693.2
广西	12.5	14.9	12.4	15.1	19.7	23.9	28.8	35.9	51.1
海南	7.5	8.0	8.0	8.2	8.7	10.9	10.2	13.8	13.6
重庆	4.9	10.0	11.0	10.9	15.8	20.9	25.2	33.5	45.1
四川	11.4	13.9	15.8	27.1	32.1	39.8	47.0	66.2	86.1
贵州	3.6	4.2	4.2	4.4	5.9	8.7	8.6	10.4	14.7
云南	10.3	11.8	12.4	14.3	16.8	22.4	26.4	33.9	47.7

续表 32

	1999 年	2000 年	2001 年	2002 年	2003 年	2004 年	2005 年	2006 年	2007 年
陕西	11.5	13.1	1.2	13.8	17.3	24.0	30.8	36.3	46.8
甘肃	3.2	4.1	4.8	5.5	8.8	10.0	10.9	15.1	16.6
青海	0.9	1.1	1.5	1.5	2.7	4.5	3.2	5.3	3.9
宁夏	3.6	4.2	4.2	4.4	5.9	8.7	8.6	10.4	14.7
新疆	10.3	11.8	12.4	14.3	16.8	22.4	26.4	33.9	47.7

资料来源：历年《中国统计年鉴》。

表 33　中国各省区市按经营单位所在地分货物进出口总额（当年价）

单位：亿美元

	1999 年	2000 年	2001 年	2002 年	2003 年	2004 年	2005 年	2006 年	2007 年
北京	343.6	496.2	515.4	525.1	685.0	945.8	1255.1	1580.4	1930.0
天津	126.0	171.5	181.7	228.1	293.4	420.3	532.8	644.6	714.5
河北	45.8	52.4	57.4	66.7	89.8	135.3	160.7	185.3	255.2
山西	12.9	17.6	19.4	23.1	30.9	53.8	55.5	66.3	115.8
内蒙古	12.9	26.2	20.3	24.3	28.3	37.2	48.8	59.6	77.4
辽宁	137.2	190.3	198.1	217.4	265.1	344.1	410.1	483.9	594.7
吉林	22.1	25.7	32.1	37.0	61.5	67.9	65.3	79.1	103.0
黑龙江	22.0	29.9	33.8	43.5	53.3	67.9	95.7	128.6	173.0
上海	386.2	547.1	608.9	726.3	1123.4	1600.1	1863.4	2275.2	2828.5
江苏	312.6	456.4	513.5	702.9	1136.2	1708.5	2279.2	2839.8	3494.7
浙江	183.1	278.3	328.0	419.6	614.1	852.0	1073.9	1391.4	1768.5

续表 33

	1999 年	2000 年	2001 年	2002 年	2003 年	2004 年	2005 年	2006 年	2007 年
安徽	26. 5	33. 5	36. 2	41. 8	59. 5	72. 1	91. 2	122. 5	159. 3
福建	176. 2	212. 2	226. 3	284. 0	353. 3	475. 3	544. 1	626. 6	744. 5
江西	13. 1	16. 2	15. 3	16. 9	25. 3	35. 3	40. 6	61. 9	94. 5
山东	182. 7	249. 9	289. 5	339. 3	446. 4	606. 6	767. 4	952. 1	1224. 7
河南	17. 5	22. 8	27. 8	32. 0	47. 1	66. 2	77. 2	97. 9	127. 9
湖北	26. 8	32. 2	35. 8	39. 5	51. 1	67. 7	90. 5	117. 6	148. 7
湖南	19. 6	25. 1	27. 6	28. 8	37. 3	54. 4	60. 0	73. 5	96. 9
广东	1403. 4	1701. 0	1764. 9	2211. 0	2835. 2	3571. 3	4279. 6	5272. 0	6341. 9
广西	17. 5	20. 3	18. 0	24. 3	31. 9	42. 8	51. 8	66. 7	92. 6
海南	12. 2	12. 9	17. 5	18. 7	22. 7	34. 0	25. 4	28. 5	35. 1
重庆	12. 1	17. 9	18. 3	17. 9	25. 9	38. 6	42. 9	54. 7	74. 4
四川	24. 7	25. 5	31. 0	44. 7	56. 3	68. 7	79. 0	110. 2	143. 8
贵州	5. 5	6. 6	6. 5	6. 9	9. 8	15. 1	14. 0	16. 2	22. 7
云南	16. 6	18. 1	19. 9	22. 3	26. 7	37. 4	47. 4	62. 2	87. 9
陕西	20. 1	21. 4	20. 6	22. 2	27. 8	36. 4	45. 8	53. 6	68. 9
甘肃	4. 1	5. 7	7. 8	8. 8	13. 3	17. 6	26. 3	38. 2	55. 2
青海	1. 1	1. 6	2. 0	2. 0	3. 4	5. 8	4. 1	6. 5	6. 1
宁夏	3. 2	4. 4	5. 3	4. 4	6. 5	9. 1	9. 7	14. 4	15. 8
新疆	17. 7	22. 6	17. 7	26. 9	47. 7	56. 3	79. 4	91. 0	137. 2

资料来源：历年《中国统计年鉴》。

表 34 中国各省区市商品零售价格指数

单位：亿元

	1999 年	2000 年	2001 年	2002 年	2003 年	2004 年	2005 年	2006 年	2007 年
全国	97.0	98.5	99.2	98.7	99.9	102.8	100.8	101.0	103.8
北京	98.8	98.9	98.8	98.4	98.2	99.3	99.7	100.2	100.8
天津	97.5	98.6	98.6	97.2	97.4	100.8	99.9	100.4	103.2
河北	97.8	99.1	99.8	99.2	100.2	103.2	101.1	101.5	104.1
山西	96.8	97.1	99.0	98.6	100.4	103.1	100.3	101.2	104.2
内蒙古	97.7	98.8	100.0	99.4	99.6	102.7	101.5	101.4	103.6
辽宁	96.1	98.4	99.4	97.4	98.9	101.9	100.1	101.3	104.5
吉林	96.7	98.0	100.9	99.0	100.5	103.5	101.1	101.5	103.3
黑龙江	96.1	97.8	100.4	98.5	99.7	102.8	100.4	101.5	105.7
上海	97.3	96.4	98.6	98.7	99.0	100.9	99.4	100.2	102.4
江苏	96.9	98.6	98.9	98.4	99.8	102.3	100.3	100.8	102.9
浙江	97.7	99.0	98.1	98.7	99.6	102.7	100.9	100.8	103.8
安徽	96.6	98.0	99.6	99.2	101.3	102.8	100.6	100.9	104.5
福建	96.5	98.9	98.0	98.3	99.1	102.7	100.6	100.5	104.3
江西	96.8	98.5	98.4	100.2	100.1	103.0	100.9	101.2	104.0
山东	97.1	98.6	100.0	98.8	100.2	102.9	100.6	100.6	103.6
河南	96.2	98.5	99.8	99.2	101.3	105.7	101.7	100.9	104.4
湖北	95.9	97.8	97.4	98.8	101.2	104.1	102.1	101.2	104.2
湖南	97.6	99.3	98.8	99.2	100.6	103.9	102.3	101.3	104.3
广东	96.7	99.9	98.7	98.5	100.0	102.9	101.8	101.5	103.4

续表 34

	1999 年	2000 年	2001 年	2002 年	2003 年	2004 年	2005 年	2006 年	2007 年
广西	97.2	98.6	97.8	98.1	100.2	103.9	101.1	100.3	104.8
海南	96.6	99.9	97.7	98.4	100.4	103.4	100.9	101.3	103.8
重庆	96.5	95.5	99.0	98.9	99.5	101.4	98.7	101.6	103.7
四川	97.3	97.7	100.8	99.4	100.1	103.8	100.6	101.7	105.4
贵州	97.9	97.3	98.4	99.3	100.0	103.2	101.3	100.9	104.2
云南	98.3	97.6	98.4	98.1	99.9	104.7	100.1	100.8	104.4
陕西	97.5	98.3	99.1	98.6	100.5	102.5	100.1	101.8	105.0
甘肃	97.2	99.1	99.6	98.9	100.2	102.1	99.9	101.2	104.4
青海	98.5	99.0	99.9	99.3	100.8	102.6	100.7	102.0	106.0
宁夏	97.9	97.6	100.0	98.6	99.5	102.8	100.4	101.4	104.1
新疆	96.2	98.3	102.5	97.9	99.2	100.8	99.4	101.8	105.1

资料来源：历年《中国统计年鉴》。

表 35 中国各省区市人均生产总值（当年价）

单位：亿元

	1999 年	2000 年	2001 年	2002 年	2003 年	2004 年	2005 年	2006 年	2007 年
全国	2174.5	2478.8	2845.7	3663.1	3663.1	4283.3	6886.3	7870.3	9353.3
北京	1450.1	1639.4	1840.1	2447.7	2447.7	2931.9	3697.6	4359.2	5050.4
天津	4569.2	5089	5577.8	7098.6	7098.6	8768.8	10096.1	11660.4	13709.5
河北	1506.8	1643.8	1780	2456.6	2456.6	3042.4	4179.5	4752.5	5733.4
山西	1268.2	1401	1545.8	2150.4	2150.4	2712.1	3895.6	4791.5	6091.1

续表 35

	1999年	2000年	2001年	2002年	2003年	2004年	2005年	2006年	2007年
内蒙古	4171.7	4669.1	5033.1	6002.5	6002.5	6872.7	8009	9251.2	11023.5
辽宁	1669.6	1821.2	2032.5	2522.6	2522.6	2958.2	3620.3	4275.1	5284.7
吉林	2897.4	3253	3561	4430	4430	5303	5511.5	6188.9	7065
黑龙江	4035	4551.2	4950.8	6250.8	6250.8	7450.3	9154.2	10366.4	12188.9
上海	7697.8	8582.7	9511.9	12460.8	12460.8	15403.2	18305.7	21645.1	25741.2
江苏	5364.9	6036.3	6748.2	9395	9395	11243	13437.9	15742.5	18780.4
浙江	2908.6	3038.2	3290.1	3972.4	3972.4	4812.7	5375.1	6148.7	7364.2
安徽	3550.2	3920.1	4253.7	5232.2	5232.2	6053.1	6568.9	7614.6	9249.1
福建	1963	2003.1	2175.7	2830.5	2830.5	3495.9	4056.8	4670.5	5500.3
江西	7662.1	8542.4	9438.3	12435.9	12435.9	15490.7	18516.9	22077.4	25965.9
山东	98	102.9	100.4	98.7	103.8	110.1	101.4	101.6	104.6
河南	99.5	101.7	100.1	99.8	103.3	106	102.2	101.8	104.1
湖北	100.5	102.3	101.3	100.3	102.8	105.5	103.6	103.1	105.8
湖南	99.6	101.1	100.2	99.7	102.2	106.4	101.6	100.7	102.4
广东	96.1	101.4	102	100.3	101.8	104.6	101.4	101.2	102.3
广西	99.6	101.8	100.3	98.2	103.2	105.6	101.2	101	106.1
海南	100.5	102.5	100.8	100.7	102.9	105.1	102.3	101.7	105.5
重庆	100.5	100.9	101.5	100.5	102.2	106.8	103.9	102.9	104.7
四川	911.9	993.5	1084.9	1356.1	1356.1	1591.9	1979.1	2282	2741.9
贵州	1855.7	1955.1	2074.7	2465.3	2465.3	2959.5	3472.9	4006.7	4741.3
云南	1487.6	1660.9	1844.3	2398.6	2398.6	2883.5	3675.7	4523.7	5465.8

续表 35

	1999 年	2000 年	2001 年	2002 年	2003 年	2004 年	2005 年	2006 年	2007 年
陕西	932	983.4	1072.5	1304.6	1304.6	1558.9	1934	2276.7	2702.4
甘肃	238.4	263.6	301	390.2	390.2	465.7	543.3	641.6	783.6
青海	241.5	265.6	298.4	385.3	385.3	460.4	606.1	710.8	889.2
宁夏	1168.6	1364.4	1485.5	1877.6	1877.6	2200.2	2604.2	3045.3	3523.2
新疆	2174.5	2478.8	2845.7	3663.1	3663.1	4283.3	6886.3	7870.3	9353.3

资料来源：历年《中国统计年鉴》。

表 36　中国各省区市职工工资（当年价）

单位：亿元

	1999 年	2000 年	2001 年	2002 年	2003 年	2004 年	2005 年	2006 年	2007 年
北京	577.33	663.93	777.26	950.90	1098.94	1315.10	1520.05	1805.49	2194.27
天津	225.43	244.47	266.73	290.70	325.41	377.74	419.80	487.46	602.65
河北	397.94	427.18	458.09	504.00	548.20	625.51	716.07	809.58	973.21
山西	229.05	256.15	294.13	329.00	371.51	453.93	548.06	646.46	784.96
内蒙古	177.97	185.96	210.53	237.50	272.33	323.09	387.73	446.95	536.59
辽宁	507.63	525.11	563.75	603.90	648.51	726.66	827.46	935.88	1102.80
吉林	253.28	264.96	277.54	300.60	321.55	350.07	377.40	431.09	528.70
黑龙江	406.94	421.53	455.36	489.40	535.37	592.26	654.62	753.15	884.11
上海	560.54	587.66	649.19	701.10	768.65	806.29	911.88	1092.40	1437.22
江苏	666.28	705.36	758.55	813.10	917.33	1050.35	1252.06	1520.39	1806.65
浙江	446.05	490.55	578.71	652.10	784.82	1003.08	1298.35	1578.52	1924.22

续表 36

	1999 年	2000 年	2001 年	2002 年	2003 年	2004 年	2005 年	2006 年	2007 年
安徽	267.11	275.53	295.70	337.10	361.00	421.45	484.13	571.04	708.91
福建	301.59	334.62	376.23	409.20	468.89	559.85	648.14	783.40	948.13
江西	205.78	204.74	225.54	243.80	271.09	305.45	358.31	417.07	499.42
山东	620.08	695.13	773.88	868.40	954.75	1107.54	1440.26	1664.50	1992.64
河南	445.61	495.66	553.40	622.40	720.52	801.95	949.97	1152.05	1431.35
湖北	399.99	405.34	438.30	470.60	520.09	579.56	652.42	793.93	871.28
湖南	333.19	358.06	382.07	432.10	464.99	513.19	591.49	687.61	870.82
广东	959.56	1038.38	1146.11	1306.30	1515.58	1771.05	2085.64	2413.63	2854.99
广西	199.83	216.66	248.88	280.40	305.29	352.24	410.12	477.52	587.22
海南	55.28	57.50	62.36	68.90	75.45	91.32	104.19	116.84	144.01
重庆	160.70	173.20	194.20	219.60	254.00	294.00	345.80	403.40	499.90
四川	398.57	436.95	490.26	539.10	604.51	673.93	773.35	885.36	1091.60
贵州	129.72	144.56	169.65	184.30	209.33	236.60	284.16	350.16	439.25
云南	235.93	254.46	275.98	300.90	314.98	344.52	377.16	458.62	566.49
陕西	231.73	257.28	296.35	333.20	366.28	416.18	477.97	546.92	698.61
甘肃	153.56	172.99	193.28	210.50	230.90	249.55	279.98	325.94	388.14
青海	48.60	49.76	57.36	61.40	63.47	69.71	78.03	93.05	112.06
宁夏	48.11	54.81	64.24	70.70	79.42	87.15	101.55	121.61	150.02
新疆	211.86	234.47	267.74	291.50	331.54	356.33	387.41	443.00	533.24

资料来源：历年《中国统计年鉴》。

表 37　中国大陆各省区市国有控股企业的工业总产值（当年价）

单位：亿元

	1999 年	2000 年	2001 年	2002 年	2003 年	2004 年	2005 年	2006 年	2007 年
北京	1465.6	1742.7	1893.8	1846.6	2051.8	3232.0	3538.2	3725.0	4467.2
天津	732.1	856.9	974.4	1078.3	1456.5	2045.1	2628.8	3415.8	3844.9
河北	1618.7	1797.4	1880.7	1950.7	2360.4	3359.5	4023.7	4308.7	5246.2
山西	733.2	837.8	954.3	1075.9	1381.8	1950.5	2534.6	3048.3	4040.5
内蒙古	543.7	598.1	633.3	716.3	798.5	1110.2	1570.2	1842.4	2327.3
辽宁	2208.8	2827.9	2929.0	3051.6	3552.3	4881.7	5771.2	6449.8	8058.8
吉林	1118.6	1377.4	1505.0	1691.6	2017.7	2337.4	2533.5	2932.2	3657.3
黑龙江	1560.8	2071.1	1957.2	1980.0	2311.9	2881.8	3607.2	4204.6	4460.8
上海	2817.4	3205.1	3409.7	3548.4	4466.4	5395.4	6018.9	6929.4	7913.0
江苏	2817.6	3067.9	3111.6	3160.2	3422.4	3951.0	5048.6	5931.9	6615.8
浙江	1183.6	1292.7	1194.7	1331.2	1687.0	2803.5	3401.2	4024.8	4637.2
安徽	996.2	1044.5	1113.2	1209.3	1438.9	1922.7	2418.4	2835.1	3448.0
福建	759.1	855.0	873.9	963.9	1125.7	1329.7	1532.9	1711.3	1860.7
江西	691.6	737.4	768.5	867.9	946.6	1278.9	1531.6	1969.8	2330.5
山东	2871.6	3486.5	3645.1	4201.1	5148.7	6111.3	7401.0	9229.2	10631.9
河南	1689.8	1881.0	2037.3	2212.2	2719.0	3226.2	4042.1	4421.1	6700.4
湖北	1749.6	1929.0	2038.5	2168.3	2287.5	2643.3	3161.9	3540.2	4712.9
湖南	948.9	1077.5	1135.6	1234.7	1391.7	1883.5	2104.6	2628.9	3349.7
广东	3025.7	3126.1	3236.7	3159.7	3949.0	6038.5	6375.5	7388.4	8603.9
广西	636.8	664.4	648.6	708.7	798.0	1099.5	1226.9	1498.0	1877.3

续表 37

	1999 年	2000 年	2001 年	2002 年	2003 年	2004 年	2005 年	2006 年	2007 年
海南	134. 1	136. 9	144. 0	162. 5	213. 6	209. 2	238. 2	274. 8	316. 2
重庆	611. 6	653. 6	654. 6	742. 9	852. 7	1178. 2	1299. 1	1665. 4	2138. 1
四川	1200. 7	1249. 6	1338. 0	1466. 8	1609. 8	1916. 1	2488. 5	3126. 3	3849. 1
贵州	453. 5	500. 8	536. 0	587. 6	667. 8	950. 8	1154. 5	1360. 0	1607. 2
云南	801. 3	854. 9	929. 8	1041. 1	1145. 9	1434. 8	1672. 3	2100. 3	2604. 1
陕西	801. 9	927. 1	1038. 4	1155. 4	1392. 1	1927. 7	2332. 5	3165. 2	4010. 5
甘肃	525. 2	642. 2	710. 9	740. 2	880. 8	1248. 1	1573. 6	1980. 0	2591. 2
青海	143. 4	174. 7	169. 2	170. 9	195. 0	303. 7	395. 6	511. 0	610. 7
宁夏	151. 1	174. 6	192. 7	178. 0	211. 7	308. 3	372. 0	437. 5	518. 5
新疆	567. 9	751. 2	741. 1	762. 9	910. 0	1253. 5	1734. 6	2237. 2	2637. 8

资料来源：历年《中国工业经济统计年鉴》。

表 38　中国大陆各省区市国有控股企业的工业增加值（当年价）

单位：亿元

	1999 年	2000 年	2001 年	2002 年	2003 年	2004 年	2005 年	2006 年	2007 年
北京	426. 4	483. 6	482. 7	475. 9	548. 5	750. 3	952. 2	954. 8	1158. 0
天津	223. 7	274. 7	304. 0	322. 4	470. 2	667. 5	864. 8	1177. 7	1318. 6
河北	580. 7	668. 3	690. 4	739. 0	850. 6	1036. 6	1222. 6	1292. 7	1545. 7
山西	274. 3	306. 7	358. 5	418. 5	558. 8	754. 3	949. 9	1186. 7	1518. 5
内蒙古	203. 8	225. 4	233. 3	271. 3	307. 6	494. 9	682. 1	840. 6	1102. 1
辽宁	635. 4	817. 9	850. 7	888. 1	1038. 5	1349. 1	1659. 7	1884. 6	2315. 5

续表 38

	1999 年	2000 年	2001 年	2002 年	2003 年	2004 年	2005 年	2006 年	2007 年
吉林	329.1	392.3	455.5	508.8	610.4	678.7	746.9	897.4	1108.5
黑龙江	851.2	1102.5	1090.0	1106.6	1181.7	1494.4	1807.1	2174.8	2325.2
上海	896.5	1002.1	1055.1	1139.4	1468.6	1576.8	1685.1	1742.1	2167.1
江苏	802.6	841.1	872.6	918.3	999.4	1114.2	1229.1	1601.5	1749.6
浙江	380.5	407.3	395.9	501.6	604.9	725.1	845.3	962.1	1135.0
安徽	343.9	340.4	375.6	429.5	533.0	684.2	835.3	973.5	1211.2
福建	274.9	292.3	333.2	383.4	413.4	428.0	442.6	468.1	553.8
江西	204.4	214.8	237.8	270.3	283.5	350.1	416.7	532.6	623.3
山东	1017.5	1262.6	1342.6	1477.9	1799.2	2253.5	2707.9	3038.4	3359.9
河南	576.2	594.3	697.3	781.4	946.5	1117.9	1289.4	1420.8	2525.9
湖北	599.0	655.9	691.6	709.8	807.8	929.8	1051.8	1118.9	1590.6
湖南	336.5	374.9	416.9	458.3	523.6	652.5	781.3	961.9	1204.4
广东	930.7	1035.5	1058.8	1133.6	14140.7	7915.4	1690.0	2482.6	2825.9
广西	203.0	226.1	216.9	231.3	268.6	328.4	388.2	459.0	606.5
海南	39.7	41.1	42.0	53.8	63.8	74.1	84.4	99.0	110.8
重庆	176.5	199.3	205.4	236.4	272.4	304.7	337.1	500.5	704.7
四川	427.0	405.4	500.6	562.1	592.0	747.5	903.0	1133.2	1424.1
贵州	164.2	175.8	189.0	217.7	256.4	338.6	420.9	518.3	602.5
云南	436.9	468.5	512.1	575.8	620.3	684.4	748.6	887.5	1073.4
陕西	275.0	326.9	357.4	414.0	508.8	732.7	956.5	1368.1	1751.3
甘肃	175.9	194.0	225.1	250.6	305.6	355.5	405.3	524.1	688.5

续表 38

	1999 年	2000 年	2001 年	2002 年	2003 年	2004 年	2005 年	2006 年	2007 年
青海	53.4	58.4	65.9	68.5	76.9	115.1	153.3	206.8	254.2
宁夏	47.4	53.4	60.5	54.2	69.3	97.2	125.1	138.8	202.1
新疆	240.1	329.0	326.5	328.9	407.2	595.8	784.3	1031.9	1202.4

资料来源：历年《中国工业经济统计年鉴》。

表 39　中国大陆各省区市国有控股企业固定资产净值（当年价）

单位：亿元

	1999 年	2000 年	2001 年	2002 年	2003 年	2004 年	2005 年	2006 年	2007 年
北京	1240.2	1316.7	1344.5	1307.2	1253.9	1979.9	2195.1	2268.4	2728.1
天津	1038.6	1092.7	1182.4	1211.6	1192.5	1264.2	1378.5	1464.4	1712.0
河北	1764.7	1911.6	1936.5	2078.3	2206.8	2354.1	2515.9	2703.3	3140.3
山西	1186.9	1208.2	1477.7	1565.6	1629.5	1768.9	2050.6	2455.0	2785.0
内蒙古	922.8	885.4	861.3	973.3	997.2	1128.7	1493.9	1822.3	2376.5
辽宁	2781.4	2906.9	3201.9	3288.6	3197.7	3356.2	3436.9	3629.0	3962.1
吉林	1190.9	1119.9	1252.7	1296.3	1288.0	1388.7	1490.7	1651.1	1649.4
黑龙江	1357.8	1894.3	1903.0	2029.1	2059.1	2092.7	2060.2	2264.8	2602.0
上海	2151.6	2416.1	2467.0	2364.9	2332.4	2762.0	3206.6	3362.0	3562.2
江苏	1847.4	2007.7	1928.8	2005.4	2025.5	2055.2	2443.2	3090.3	3469.5
浙江	1035.3	1081.0	1107.4	1130.8	1262.6	1827.1	1977.1	2398.8	2397.4
安徽	984.3	1019.6	1043.2	1024.8	1142.4	1247.7	1373.1	1609.9	2123.0
福建	715.5	723.8	802.4	819.5	835.1	863.8	899.6	1020.7	1195.7

续表 39

	1999 年	2000 年	2001 年	2002 年	2003 年	2004 年	2005 年	2006 年	2007 年
江西	702.9	652.7	722.1	730.0	754.7	769.9	798.4	922.6	1003.2
山东	2447.0	2756.2	2824.9	2937.8	3275.3	3345.7	3651.1	4636.5	5110.0
河南	1569.6	1569.9	1866.9	1991.2	2185.7	2387.9	2523.6	2920.4	3338.4
湖北	1710.8	1735.8	1715.1	1722.7	2787.9	2653.5	2799.1	2934.3	3767.3
湖南	1035.3	1087.2	1102.7	1144.9	1208.7	1286.3	1299.8	1598.6	1822.1
广东	2501.0	2442.6	2617.6	2604.6	2975.7	3120.2	3147.5	4219.9	4345.5
广西	698.9	737.7	719.9	717.3	731.3	814.9	888.0	917.3	1341.7
海南	150.0	149.0	141.3	151.1	156.1	185.3	203.4	245.9	246.5
重庆	656.1	667.1	658.7	675.8	663.0	700.6	745.6	932.4	1106.1
四川	1665.7	1579.9	1653.0	1648.6	1715.2	1779.7	1982.8	2155.1	2716.6
贵州	474.0	572.5	626.9	661.2	718.2	874.9	991.0	1184.5	1246.5
云南	788.6	845.4	885.5	902.6	962.3	960.3	947.5	1156.1	1341.0
陕西	997.1	1060.3	1219.4	1314.0	1401.6	1652.6	1750.7	2183.8	2612.7
甘肃	677.9	710.9	720.6	762.3	885.9	995.7	850.5	1161.8	1212.3
青海	357.1	375.7	377.8	379.1	392.8	468.4	515.8	605.8	702.8
宁夏	223.5	209.3	235.2	230.9	272.2	269.1	318.3	422.1	489.3
新疆	835.7	856.6	942.2	1047.7	1113.5	1237.7	1377.2	1533.4	1892.0

资料来源：历年《中国工业经济统计年鉴》。

表 40 中国大陆各省区市国有控股企业的从业人员

单位：万人

	1999 年	2000 年	2001 年	2002 年	2003 年	2004 年	2005 年	2006 年	2007 年
北京	90.1	77.4	70.6	61.2	51.9	54.6	53.0	47.3	47.6
天津	65.7	57.3	55.9	49.8	45.2	43.9	40.7	38.2	39.1
河北	182.8	166.0	151.4	137.3	130.2	117.1	108.4	102.4	94.9
山西	138.0	134.0	128.4	119.9	111.7	119.0	119.8	118.0	108.0
内蒙古	77.8	67.1	61.9	59.1	45.2	42.5	41.7	42.1	39.7
辽宁	216.4	196.3	168.7	147.2	128.6	122.9	117.0	113.0	111.8
吉林	118.8	107.4	94.8	84.0	71.1	66.7	60.8	54.1	50.8
黑龙江	189.1	164.6	147.3	136.0	96.5	99.3	91.2	91.7	89.7
上海	113.3	101.9	88.3	81.2	70.9	67.4	61.1	57.4	51.7
江苏	216.3	175.0	149.0	131.2	104.9	82.6	77.0	74.4	65.0
浙江	75.5	57.7	45.3	39.9	38.1	33.1	34.3	32.7	32.0
安徽	111.9	101.4	87.9	82.3	76.0	77.1	71.0	68.6	67.9
福建	51.4	43.8	39.6	34.3	29.6	29.2	28.8	26.6	24.8
江西	102.2	89.0	75.9	66.1	56.5	49.9	47.1	46.1	42.4
山东	268.0	244.7	221.1	204.6	201.3	166.5	149.0	148.6	144.0
河南	221.9	207.3	197.4	182.4	174.1	144.5	146.0	136.6	128.8
湖北	174.0	153.8	139.9	117.1	103.2	78.7	76.9	71.0	70.1
湖南	130.3	117.1	100.8	90.6	81.3	71.0	61.5	61.7	60.4
广东	128.2	104.4	91.8	83.0	75.2	72.4	69.4	60.8	60.9
广西	74.4	65.3	57.9	51.8	44.3	39.6	37.2	32.3	30.5

续表 40

	1999 年	2000 年	2001 年	2002 年	2003 年	2004 年	2005 年	2006 年	2007 年
海南	10.0	9.3	8.6	9.5	7.8	5.8	5.9	5.5	4.5
重庆	74.9	63.2	53.3	48.7	43.6	43.0	40.4	39.4	10.2
四川	159.8	132.1	117.6	101.8	93.7	79.1	80.2	82.4	83.9
贵州	60.4	56.9	53.1	49.8	47.0	44.7	44.2	40.8	38.9
云南	61.3	59.1	53.4	49.7	41.8	35.5	33.2	32.9	37.4
陕西	116.4	105.0	93.8	89.4	83.9	82.4	77.9	77.5	76.3
甘肃	72.1	66.0	57.9	55.9	53.5	48.9	45.0	45.3	41.7
青海	16.6	14.2	12.0	10.6	10.4	9.7	9.0	9.1	9.4
宁夏	19.9	16.5	15.6	15.2	14.9	14.4	13.9	12.1	12.2
新疆	55.2	39.1	33.5	32.3	28.5	30.1	31.6	34.1	37.6

资料来源：历年《中国劳动统计年鉴》。

表 41　中国大陆各省区市国有控股企业的平均工资水平（当年价）

单位：元

	1999 年	2000 年	2001 年	2002 年	2003 年	2004 年	2005 年	2006 年	2007 年
北京	14162	16431	24160	23754	28464	34009	39067	43298	50524
天津	11082	12721	10550	17059	19352	23086	26685	31240	37654
河北	7354	8146	40590	10578	11783	13576	15291	17152	20900
山西	6310	7249	26740	9931	11213	13353	16027	18719	22309
内蒙古	6580	7261	18690	10287	11929	14209	16598	19386	22822
辽宁	8370	9221	37860	12239	13603	15715	18360	20681	24748

续表 41

	1999 年	2000 年	2001 年	2002 年	2003 年	2004 年	2005 年	2006 年	2007 年
吉林	7368	8121	23250	10369	11124	12540	14566	17118	21688
黑龙江	7435	7792	37000	9921	11034	12675	14424	16374	19635
上海	16852	18865	16910	24719	28406	31507	36077	44097	55547
江苏	9855	11109	38600	15030	17502	20876	24659	28722	33411
浙江	12232	14465	17740	22808	27293	33426	39048	42962	48857
安徽	7092	7471	25410	9961	11220	13522	15450	17755	22428
福建	9867	11170	15940	15026	16460	18529	20897	23926	28011
江西	6930	7249	22340	9607	10918	12291	14276	16491	19624
山东	8389	9656	52200	12778	13975	16031	19823	22804	27290
河南	6594	7453	44550	9864	11397	12701	14877	17886	22345
湖北	7381	7989	38540	10403	11806	13096	15585	18064	21971
湖南	7522	8401	31610	11378	12604	14469	16649	18862	23336
广东	12624	14387	39560	19696	22944	25979	28835	31352	36396
广西	6805	7663	21860	11086	12331	14141	16113	18972	23369
海南	6586	7146	6240	9368	10305	12664	14427	15398	18937
重庆	7541	8390	13770	11745	13586	15847	18614	21402	25365
四川	7771	8909	35470	12388	13923	15818	17898	20230	24365
贵州	6695	7594	14840	10150	11390	12870	14681	17638	22106
云南	8449	9422	20710	12429	13471	15320	16900	20017	22884
陕西	7162	8043	25870	10700	11833	13333	15223	17139	21653
甘肃	7806	8916	15930	11791	12929	14358	15840	18108	22314

续表 41

	1999 年	2000 年	2001 年	2002 年	2003 年	2004 年	2005 年	2006 年	2007 年
青海	9664	10744	3690	15816	16692	18686	21158	24984	29683
宁夏	7654	8913	4820	12366	13721	15212	17634	21370	26687
新疆	7614	8731	20620	11435	13199	14477	15364	17704	21369

资料来源：历年《中国工业经济统计年鉴》。

表 42　中国大陆各省区市外商直接投资企业的工业总产值（当年价）

单位：亿元

	2001 年	2002 年	2004 年	2005 年	2006 年	2007 年
北京	1217. 4	895. 3	1865. 5	2596. 4	3208. 0	3692. 8
天津	1449. 2	1364. 8	2319. 2	3004. 4	3945. 4	4284. 0
河北	189. 6	294. 6	708. 7	1026. 2	1399. 0	1794. 7
山西	29. 2	63. 8	120. 6	150. 6	183. 5	306. 5
内蒙古	31. 0	53. 7	162. 8	231. 1	297. 4	498. 2
辽宁	618. 1	775. 1	1526. 8	1895. 0	2536. 6	3359. 3
吉林	353. 5	432. 6	792. 3	848. 0	1160. 9	1661. 6
黑龙江	61. 9	106. 1	223. 8	317. 7	486. 8	538. 5
上海	3513. 3	3420. 0	6112. 9	7182. 7	9218. 3	12011. 6
江苏	2094. 3	2843. 5	6720. 0	9389. 5	12289. 1	15592. 2
浙江	909. 9	1022. 7	2265. 1	3147. 6	4347. 0	5421. 4
安徽	154. 4	222. 7	408. 3	517. 3	707. 6	925. 3
福建	628. 3	892. 5	1703. 4	2175. 0	2619. 9	3308. 3

续表 42

	2001 年	2002 年	2004 年	2005 年	2006 年	2007 年
江西	74.5	90.9	189.9	254.5	383.4	554.2
山东	964.2	1306.8	3128.1	4393.5	5891.3	7958.2
河南	85.9	135.8	244.4	318.5	486.5	731.3
湖北	285.2	279.6	756.0	1110.9	1296.3	1664.5
湖南	106.7	103.4	161.8	182.8	226.4	323.8
广东	3741.0	3838.1	8569.7	11167.5	13342.5	17042.1
广西	83.0	182.7	334.8	438.4	560.9	723.9
海南	18.5	38.1	62.9	85.0	200.8	472.1
重庆	114.2	115.6	249.1	321.8	474.9	815.7
四川	129.0	129.2	277.3	367.8	465.7	698.7
贵州	14.2	17.8	35.2	38.0	48.4	51.3
云南	30.0	42.5	81.1	106.4	144.9	186.6
陕西	78.7	77.9	128.6	154.4	241.8	395.4
甘肃	8.4	13.1	22.6	31.5	37.1	44.7
青海	0.5	0.7	3.7	5.5	7.6	14.4
宁夏	15.8	21.9	42.9	59.8	75.3	91.4
新疆	6.0	8.9	21.7	28.5	30.4	45.5

资料来源：历年《中国工业经济统计年鉴》。

表 43　中国大陆各省区市港澳台企业的工业总产值（当年价）

单位：亿元

	2001 年	2002 年	2004 年	2005 年	2006 年	2007 年
北京	350.7	475.6	809.7	484.9	591.0	665.7
天津	210.7	236.5	974.4	314.9	425.1	700.4
河北	215.7	233.9	540.2	689.1	945.6	1240.8
山西	35.9	50.9	86.5	82.3	104.0	166.5
内蒙古	23.0	42.0	96.8	99.3	151.6	180.5
辽宁	211.5	252.0	796.0	433.3	564.9	752.2
吉林	60.4	73.1	395.7	54.8	90.1	133.8
黑龙江	47.0	55.3	88.3	46.7	53.5	65.0
上海	1068.8	1152.7	3824.5	2606.0	2475.4	2637.2
江苏	1013.2	1285.3	3962.4	3874.4	4722.4	6707.3
浙江	72.9	899.3	1939.7	2496.7	3254.0	4188.5
安徽	91.3	111.7	262.9	226.5	264.6	285.2
福建	1189.7	1416.2	1905.0	2578.2	3075.3	3539.8
江西	31.2	39.4	159.2	193.0	237.5	353.2
山东	414.2	464.0	1435.3	1007.9	1317.8	1737.3
河南	159.6	159.0	231.3	292.4	375.5	544.1
湖北	124.3	159.1	331.8	262.5	428.6	542.8
湖南	57.6	69.6	171.7	202.6	250.1	336.0
广东	5470.8	6217.4	8840.0	11708.0	13625.8	16693.9
广西	51.5	57.8	183.5	135.8	213.9	287.9

续表 43

	2001 年	2002 年	2004 年	2005 年	2006 年	2007 年
海南	16. 7	16. 6	32. 5	24. 2	23. 4	25. 8
重庆	75. 3	75. 9	162. 3	148. 3	174. 3	118. 6
四川	70. 4	85. 6	153. 5	120. 2	179. 9	244. 1
贵州	6. 8	7. 6	23. 1	13. 7	21. 2	28. 1
云南	34. 3	37. 7	59. 0	62. 3	72. 9	92. 6
陕西	54. 5	68. 0	88. 0	73. 0	78. 7	93. 0
甘肃	25. 0	24. 9	18. 2	22. 6	22. 5	30. 3
青海	5. 0	4. 4	22. 0	42. 0	5. 6	7. 7
宁夏	4. 3	2. 8	14. 3	2. 4	0. 8	3. 5
新疆	6. 0	7. 4	14. 4	13. 9	13. 5	16. 4

资料来源：历年《中国工业经济统计年鉴》。

表 44　中国大陆各省区市外商直接投资企业的工业增加值（当年价）

单位：亿元

	2001 年	2002 年	2004 年	2005 年	2006 年	2007 年
北京	213. 4	205. 1	413. 3	516. 5	558. 6	628. 6
天津	280. 2	348. 5	516. 6	676. 6	923. 2	1088. 7
河北	58. 7	89. 6	228. 8	326. 9	426. 2	517. 5
山西	16. 0	28. 6	47. 8	55. 6	81. 1	124. 0
内蒙古	14. 9	17. 9	58. 0	85. 3	111. 0	207. 4
辽宁	172. 3	194. 1	401. 1	506. 5	707. 1	957. 1

续表 44

	2001 年	2002 年	2004 年	2005 年	2006 年	2007 年
吉林	99.0	115.0	223.4	242.3	349.1	543.7
黑龙江	20.9	36.4	75.3	107.7	143.6	153.5
上海	749.1	850.0	1498.8	1758.7	2249.2	2543.5
江苏	561.3	727.9	1682.4	2299.7	2950.8	3627.5
浙江	202.1	266.5	492.1	631.2	804.7	1102.5
安徽	48.0	69.0	120.7	155.2	206.8	286.1
福建	171.1	257.5	470.6	592.3	754.1	909.4
江西	20.2	22.9	52.2	70.1	117.3	174.2
山东	305.6	384.5	941.8	1341.4	1772.4	2357.4
河南	27.6	34.3	66.5	85.9	147.2	252.4
湖北	95.4	93.3	250.0	359.2	373.4	531.0
湖南	27.5	29.3	48.8	59.7	69.7	100.2
广东	699.4	855.3	2004.5	2659.8	3196.3	3678.2
广西	30.3	52.2	85.4	110.1	145.9	212.3
海南	5.0	8.4	16.4	24.3	47.6	107.2
重庆	30.8	35.5	66.6	85.0	139.1	252.6
四川	39.4	43.5	87.6	114.5	158.3	257.1
贵州	4.6	1.4	9.0	9.3	14.7	15.1
云南	12.8	14.0	24.2	31.1	43.9	56.4
陕西	31.0	33.3	49.8	54.9	87.1	141.6
甘肃	3.0	3.6	6.3	8.2	13.8	14.4

续表 44

	2001 年	2002 年	2004 年	2005 年	2006 年	2007 年
青海	1.1	0.2	1.6	2.5	3.6	6.1
宁夏	4.9	7.1	10.7	14.9	22.3	26.2
新疆	2.3	2.2	6.6	9.6	8.6	16.2

资料来源：历年《中国工业经济统计年鉴》。

表 45　中国大陆各省区市港澳台企业的工业增加值（当年价）

单位：亿元

	2001 年	2002 年	2004 年	2005 年	2006 年	2007 年
北京	82.1	78.0	212.1	114.0	131.3	171.6
天津	44.2	40.7	226.7	96.8	123.1	228.4
河北	63.6	68.6	157.4	184.1	155.0	324.5
山西	9.8	13.2	32.5	25.0	33.8	56.0
内蒙古	5.3	17.1	32.6	34.6	43.4	-13.8
辽宁	66.6	86.4	218.4	141.1	183.2	227.9
吉林	22.6	25.9	112.0	19.3	33.7	46.8
黑龙江	15.8	20.6	29.1	15.2	17.4	22.6
上海	275.3	286.5	902.7	566.4	561.8	601.8
江苏	162.6	338.9	1011.0	957.0	1179.3	1629.3
浙江	30.2	205.7	425.1	497.2	674.2	891.4
安徽	319.6	37.9	82.4	78.5	94.7	91.4
福建	9.2	437.3	509.7	670.5	811.1	960.6

续表 45

	2001 年	2002 年	2004 年	2005 年	2006 年	2007 年
江西	126.2	10.8	46.7	59.2	75.8	105.8
山东	59.1	139.0	413.0	283.8	376.9	493.7
河南	39.6	55.1	63.7	80.2	101.9	171.4
湖北	15.6	52.1	117.0	93.0	152.8	208.2
湖南	1453.8	21.7	55.2	72.5	86.1	117.1
广东	14.6	1689.5	2316.2	3283.1	3727.5	4579.1
广西	5.3	17.6	51.3	41.9	75.6	97.3
海南	25.7	4.4	8.7	9.0	7.1	9.8
重庆	20.7	22.3	41.3	34.3	45.2	36.7
四川	2.0	29.6	50.0	39.2	55.7	87.2
贵州	9.5	1.7	6.1	3.6	5.9	7.8
云南	10.3	11.6	18.2	18.9	22.0	30.3
陕西	7.3	21.6	39.2	33.8	33.8	39.3
甘肃	1.0	7.3	3.3	2.1	3.4	7.8
青海	1.6	1.4	6.9	13.0	2.7	4.2
宁夏	1.7	0.7	3.6	0.8	0.2	1.2
新疆	2.1	2.3	4.2	4.8	3.1	4.6

资料来源：历年《中国工业经济统计年鉴》。

表 46　中国大陆各省区市外商直接投资企业的固定资产净值（当年价）

单位：亿元

	2001 年	2002 年	2004 年	2005 年	2006 年	2007 年
北京	257.4	263.3	451.4	630.2	655.8	752.7
天津	420.4	414.1	505.8	604.4	653.9	775.3
河北	209.4	248.4	403.3	546.4	611.5	604.5
山西	106.4	134.8	142.0	152.2	152.0	196.2
内蒙古	22.2	26.5	68.4	107.0	101.1	224.9
辽宁	370.2	373.3	553.1	653.3	724.9	892.1
吉林	115.2	124.4	185.3	236.9	314.4	340.1
黑龙江	49.5	76.1	139.8	198.3	230.8	253.3
上海	1044.8	1166.5	1850.1	2344.5	2476.4	2605.1
江苏	1012.9	1126.9	2164.9	2995.4	3357.9	4201.8
浙江	290.1	332.2	669.1	960.2	1132.8	1393.8
安徽	135.7	137.9	177.8	210.1	255.8	268.7
福建	396.1	467.9	600.4	723.6	752.0	845.5
江西	42.6	42.3	93.3	135.8	169.2	193.3
山东	400.4	504.1	1089.8	1445.3	1654.4	1982.0
河南	59.9	65.6	104.5	143.6	242.8	267.6
湖北	176.3	162.6	297.8	425.2	347.3	478.6
湖南	65.9	72.1	104.3	122.2	119.4	106.8
广东	784.0	827.5	1565.6	2040.1	2549.1	3114.5
广西	103.8	106.5	127.9	147.3	150.5	185.5

续表 46

	2001 年	2002 年	2004 年	2005 年	2006 年	2007 年
海南	15.1	16.7	66.5	115.4	199.7	207.8
重庆	86.8	85.7	144.1	184.3	186.8	295.3
四川	71.2	71.7	118.4	149.6	168.9	232.1
贵州	8.5	9.4	19.6	23.5	22.3	22.9
云南	36.9	35.9	61.0	83.3	96.6	112.6
陕西	26.7	23.2	49.9	59.5	104.2	163.6
甘肃	5.5	8.1	14.1	22.4	19.1	43.2
青海	0.2	0.8	3.3	5.4	5.0	22.1
宁夏	9.7	16.3	25.4	34.8	32.8	40.1
新疆	2.7	4.4	10.0	12.5	13.3	29.2

资料来源：历年《中国工业经济统计年鉴》。

表 47　中国大陆各省区市外商港澳台企业的固定资产净值（当年价）

单位：亿元

	2001 年	2002 年	2004 年	2005 年	2006 年	2007 年
北京	69.8	65.3	91.1	115.3	127.2	138.8
天津	101.7	105.8	101.7	107.2	157.5	159.3
河北	107.5	113.3	171.8	209.4	254.8	321.5
山西	19.5	22.5	28.6	45.1	71.5	131.0
内蒙古	7.8	23.3	128.6	235.7	87.4	478.8
辽宁	172.1	200.6	197.9	198.7	204.5	234.3

续表 47

	2001 年	2002 年	2004 年	2005 年	2006 年	2007 年
吉林	31.9	32.7	42.6	50.7	40.4	49.9
黑龙江	36.5	36.5	30.6	23.8	34.6	43.6
上海	441.3	511.2	564.5	597.3	631.9	764.9
江苏	430.5	494.6	926.9	1224.1	1442.9	1729.4
浙江	263.5	297.5	566.2	738.4	927.2	1068.9
安徽	48.7	49.8	58.4	62.4	75.8	123.3
福建	465.5	428.1	540.3	551.9	630.4	709.2
江西	15.6	15.7	37.0	55.8	60.0	142.7
山东	160.1	166.2	234.4	261.3	346.9	427.5
河南	125.0	110.8	116.2	121.4	176.5	198.4
湖北	63.2	79.1	102.3	132.7	146.2	160.5
湖南	22.2	26.4	69.8	78.8	88.3	134.3
广东	2143.3	2248.6	2651.9	2951.2	3252.6	3657.2
广西	23.2	21.9	44.8	61.5	76.5	138.7
海南	8.8	8.0	6.4	6.9	7.8	16.0
重庆	39.9	44.3	51.0	51.7	79.5	43.7
四川	44.1	49.0	53.7	58.9	60.4	60.2
贵州	4.7	4.4	7.2	10.0	11.6	10.4
云南	23.9	25.4	26.4	28.1	28.5	43.2
陕西	57.4	52.3	33.5	34.7	24.8	24.3
甘肃	15.3	15.3	10.4	5.3	7.5	32.8

续表 47

	2001 年	2002 年	2004 年	2005 年	2006 年	2007 年
青海	4.0	3.8	13.8	22.7	2.0	1.7
宁夏	0.8	0.7	0.8	0.8	2.1	2.9
新疆	8.3	8.2	8.5	9.4	8.9	8.3

资料来源：历年《中国工业经济统计年鉴》。

表 48　中国大陆各省区市外商直接投资企业的就业人员数（当年值）

单位：万人

	2001 年	2002 年	2004 年	2005 年	2006 年	2007 年
北京	14.5	15.2	19.0	22.9	25.3	28.0
天津	23.7	24.9	30.3	34.6	37.1	38.6
河北	15.9	11.5	16.3	19.1	22.0	24.3
山西	1.7	2.3	2.8	3.2	4.0	5.2
内蒙古	2.1	2.1	3.4	4.0	4.5	6.3
辽宁	20.7	24.1	35.2	42.0	46.7	54.1
吉林	4.8	5.1	5.8	6.4	7.4	9.2
黑龙江	2.6	3.9	6.8	8.6	10.4	10.2
上海	52.1	58.3	82.6	97.6	105.7	119.4
江苏	53.7	61.8	114.5	149.9	186.6	222.7
浙江	29.6	37.3	65.2	85.2	98.9	115.2
安徽	5.6	5.8	8.3	9.8	12.3	13.1
福建	25.8	32.0	53.3	64.9	74.8	79.5

续表 48

	2001 年	2002 年	2004 年	2005 年	2006 年	2007 年
江西	3.0	3.7	6.0	7.4	8.5	10.8
山东	46.6	56.1	94.2	119.3	129.9	139.0
河南	4.3	4.8	5.9	6.8	8.7	9.9
湖北	7.5	5.6	11.1	14.8	15.6	17.7
湖南	3.1	3.6	4.7	5.3	5.9	7.0
广东	67.8	79.9	165.2	221.8	246.3	289.7
广西	3.3	3.9	6.1	7.6	8.6	9.8
海南	0.8	0.7	1.3	1.7	1.9	2.1
重庆	2.7	2.7	3.9	4.6	5.2	7.5
四川	3.6	4.2	6.9	8.1	9.6	11.9
贵州	1.1	1.2	1.6	1.7	1.4	1.4
云南	1.2	1.2	1.7	2.1	2.5	3.1
陕西	1.7	1.4	2.4	3.0	4.2	5.7
甘肃	0.4	0.4	0.6	0.8	0.8	0.7
青海	0.0	0.0	0.2	0.4	0.4	0.4
宁夏	0.9	1.0	1.1	1.2	1.2	1.3
新疆	0.2	0.3	0.5	0.6	0.5	0.6

资料来源：历年《中国劳动统计年鉴》。

表 49　中国大陆各省区市港澳台企业的就业人员数

单位：万人

	2001 年	2002 年	2004 年	2005 年	2006 年	2007 年
北京	7.7	7.7	11.3	14.7	8.8	8.9
天津	9.7	9.3	15.0	21.4	8.4	9.6
河北	8.2	8.7	43.5	77.3	13.2	14.0
山西	1.9	2.5	14.8	27.4	4.3	7.5
内蒙古	1.2	1.5	8.4	15.3	1.9	1.7
辽宁	8.2	9.5	34.9	59.3	12.7	14.2
吉林	2.8	1.6	7.6	13.7	2.0	2.2
黑龙江	2.2	2.6	8.0	13.5	2.0	2.6
上海	31.7	33.9	43.9	51.7	40.7	40.9
江苏	40.4	46.4	150.7	242.8	105.6	121.5
浙江	35.5	40.0	176.8	305.5	90.3	98.4
安徽	3.6	3.8	19.1	33.5	6.7	7.6
福建	62.1	67.9	75.0	61.8	113.4	122.6
江西	2.6	3.2	17.9	31.5	11.8	15.4
山东	21.1	22.2	105.7	186.3	30.9	32.7
河南	6.5	6.2	46.2	85.7	8.3	8.8
湖北	5.5	6.6	24.5	42.0	9.5	9.7
湖南	2.8	3.0	30.4	56.5	6.8	7.5
广东	267.8	306.4	269.2	183.3	534.7	561.5
广西	3.8	3.9	11.8	18.7	6.3	7.2

续表 49

	2001 年	2002 年	2004 年	2005 年	2006 年	2007 年
海南	0.9	1.0	1.3	1.4	0.9	1.0
重庆	2.6	2.5	16.5	30.2	2.9	2.3
四川	3.4	3.8	32.9	61.8	4.0	5.0
贵州	0.8	0.6	5.7	10.9	0.8	0.8
云南	1.4	1.3	8.9	16.6	1.7	2.0
陕西	1.7	1.6	5.6	9.8	1.9	2.0
甘肃	1.1	1.1	4.1	7.1	0.4	0.7
青海	0.1	0.1	1.0	2.0	0.2	0.2
宁夏	0.2	0.2	3.1	6.2	0.0	0.1
新疆	0.4	0.5	2.4	4.3	0.4	0.5

资料来源：历年《中国劳动统计年鉴》。

表 50 中国大陆各省区市外商直接投资工资总额

单位：亿元

	1999 年	2000 年	2001 年	2002 年	2003 年	2004 年	2005 年	2006 年	2007 年
北京	59.86	60.60	76.09	98.37	120.19	170.62	211.29	276.94	339.67
天津	32.16	34.11	39.57	48.09	58.31	73.69	84.12	101.56	130.88
河北	5.30	5.71	6.68	9.01	10.60	12.85	17.14	22.92	29.97
山西	0.86	0.79	0.88	1.24	1.38	2.00	3.45	3.00	6.64
内蒙古	1.40	1.38	1.34	1.56	2.06	2.86	4.01	5.17	6.27
辽宁	23.25	23.64	26.71	32.84	42.17	49.85	59.22	70.90	82.21

续表 50

	1999 年	2000 年	2001 年	2002 年	2003 年	2004 年	2005 年	2006 年	2007 年
吉林	6. 18	7. 07	8. 00	9. 73	10. 62	11. 87	13. 87	15. 75	21. 16
黑龙江	2. 60	2. 49	3. 04	3. 56	4. 01	5. 81	6. 61	8. 01	9. 35
上海	86. 51	75. 70	94. 94	119. 11	136. 21	140. 70	163. 58	210. 33	313. 70
江苏	37. 29	37. 70	46. 33	5. 49	77. 08	102. 47	144. 89	218. 17	281. 32
浙江	15. 21	16. 53	19. 10	22. 39	30. 91	51. 01	89. 70	138. 80	191. 09
安徽	3. 22	2. 90	4. 05	4. 57	5. 82	6. 76	9. 90	13. 00	15. 61
福建	35. 75	39. 76	37. 55	42. 04	55. 47	77. 43	91. 72	118. 33	141. 79
江西	1. 75	0. 95	1. 13	1. 84	2. 32	3. 40	3. 56	6. 91	8. 02
山东	28. 60	32. 67	38. 61	48. 58	58. 50	78. 14	133. 49	177. 11	213. 58
河南	4. 31	4. 27	4. 78	5. 06	7. 03	9. 17	11. 76	15. 10	21. 51
湖北	3. 36	4. 65	6. 11	6. 92	6. 88	20. 37	27. 20	33. 74	36. 86
湖南	2. 91	2. 69	2. 13	3. 17	4. 42	4. 96	9. 37	12. 67	17. 23
广东	62. 49	68. 57	83. 47	98. 63	126. 19	176. 43	228. 14	285. 57	362. 48
广西	3. 70	3. 52	3. 75	5. 42	6. 48	7. 80	11. 67	14. 04	16. 94
海南	1. 78	1. 68	1. 82	1. 48	2. 04	2. 75	2. 76	4. 01	5. 04
重庆	2. 83	3. 02	3. 39	3. 90	4. 61	6. 63	8. 51	10. 20	15. 63
四川	3. 41	3. 12	3. 09	5. 22	7. 63	9. 42	11. 30	14. 45	17. 43
贵州	1. 04	1. 00	0. 88	0. 95	1. 14	1. 57	2. 85	2. 07	2. 89
云南	1. 42	1. 49	1. 74	1. 75	1. 96	2. 31	2. 73	4. 12	5. 07
陕西	1. 69	1. 89	2. 92	3. 47	3. 48	3. 89	4. 40	2. 14	5. 00
甘肃	1. 00	1. 13	1. 71	1. 91	2. 33	2. 18	0. 70	1. 33	1. 59

续表 50

	1999 年	2000 年	2001 年	2002 年	2003 年	2004 年	2005 年	2006 年	2007 年
青海	0. 00	0. 01	0. 01	0. 01	0. 02	0. 03	0. 05	0. 05	0. 08
宁夏	0. 97	0. 93	0. 91	1. 05	1. 20	1. 65	2. 02	2. 17	2. 80
新疆	0. 47	0. 54	0. 57	0. 72	0. 98	1. 37	1. 62	2. 09	2. 60

资料来源：历年《中国工业经济统计年鉴》。

表 51　中国大陆各省区市港澳台工资总额

单位：万元

	1999 年	2000 年	2001 年	2002 年	2003 年	2004 年	2005 年	2006 年	2007 年
北京	27. 28	24. 82	27. 36	39. 60	42. 46	53. 78	78. 30	98. 87	158. 86
天津	12. 04	12. 68	14. 47	16. 73	16. 52	18. 67	19. 04	23. 02	29. 47
河北	4. 68	4. 34	5. 55	5. 97	7. 76	11. 15	12. 66	15. 53	18. 06
山西	1. 23	1. 28	1. 38	1. 31	1. 77	1. 79	1. 53	5. 45	6. 69
内蒙古	1. 02	1. 00	0. 88	1. 13	1. 08	1. 04	1. 34	2. 00	2. 50
辽宁	10. 61	10. 33	10. 24	11. 53	12. 20	14. 63	16. 10	17. 16	21. 42
吉林	2. 03	2. 16	2. 31	2. 38	2. 36	2. 65	2. 93	3. 36	3. 46
黑龙江	3. 75	3. 51	3. 70	3. 66	3. 98	4. 10	16. 88	19. 35	21. 45
上海	37. 03	33. 43	34. 99	43. 59	46. 58	47. 71	53. 41	60. 34	85. 52
江苏	19. 86	20. 72	23. 62	30. 12	43. 07	55. 83	77. 81	83. 52	111. 62
浙江	17. 22	18. 09	23. 40	26. 35	32. 41	45. 19	78. 13	110. 93	162. 04
安徽	1. 47	1. 44	1. 37	1. 70	2. 08	3. 03	4. 05	6. 02	9. 09
福建	46. 26	49. 80	62. 58	71. 47	87. 06	112. 83	132. 32	163. 64	190. 84

续表 51

	1999 年	2000 年	2001 年	2002 年	2003 年	2004 年	2005 年	2006 年	2007 年
江西	2.30	1.88	2.23	2.70	2.91	4.39	6.55	8.45	8.83
山东	7.76	8.45	10.12	13.29	15.60	19.37	33.77	41.10	48.84
河南	6.15	8.68	7.22	8.03	9.46	10.55	10.47	13.48	20.07
湖北	3.13	3.09	3.66	4.80	5.40	8.03	10.27	11.26	12.50
湖南	2.13	1.98	2.60	3.35	3.78	4.65	9.23	12.10	14.07
广东	126.57	133.26	144.13	169.46	209.24	251.59	319.96	383.86	464.21
广西	1.77	1.78	1.86	2.99	3.51	4.15	5.46	6.52	7.55
海南	1.67	1.52	1.50	1.89	1.81	1.96	2.00	2.39	2.91
重庆	1.88	1.84	2.23	2.53	3.06	3.10	3.27	3.71	5.21
四川	2.35	2.44	2.33	3.13	3.79	4.63	5.65	6.07	7.84
贵州	0.44	0.56	0.69	0.88	0.82	1.00	0.87	1.13	1.35
云南	1.92	1.61	1.78	2.01	2.40	2.82	2.17	2.84	3.95
陕西	0.94	1.03	1.34	1.32	1.63	2.08	2.48	2.33	5.22
甘肃	0.39	0.32	0.59	0.64	0.59	0.80	0.62	0.74	0.76
青海	0.16	0.11	0.02	0.11	0.19	0.19	0.25	0.31	0.15
宁夏	0.19	0.18	0.16	0.15	0.15	0.07	0.06	0.04	0.08
新疆	0.85	0.86	1.05	1.23	0.77	0.84	1.07	1.22	2.19

资料来源：历年《中国工业经济统计年鉴》。

表 52　中国大陆各省区市三资企业的工业总产值（当年价）

单位：亿元

	1999 年	2000 年	2001 年	2002 年	2003 年	2004 年	2005 年	2006 年	2007 年
北京	781.86	1150.32	1568.00	1370.90	1134.53	2675.20	3081.20	3799.00	4358.50
天津	978.13	1195.71	1659.90	1601.30	1634.00	3293.60	3319.20	4370.50	4984.40
河北	327.33	372.67	405.30	528.50	391.30	1248.90	1715.30	2344.60	3035.40
山西	46.35	60.77	65.10	114.70	90.70	207.10	233.00	287.50	473.00
内蒙古	44.49	54.56	53.90	95.70	94.40	259.60	330.50	449.00	678.80
辽宁	607.94	845.71	829.60	1027.10	1158.70	2322.80	2328.20	3101.50	4111.50
吉林	225.65	312.15	413.90	505.70	736.60	1188.00	902.90	1251.00	1795.40
黑龙江	112.14	129.17	108.90	161.40	129.90	312.10	364.40	540.30	603.50
上海	2826.95	3431.20	4582.10	4572.70	5043.00	9937.40	9788.70	11693.70	14648.80
江苏	2221.06	2896.95	3107.60	4128.90	4050.50	10682.40	13263.90	17011.50	22299.50
浙江	912.30	1232.40	982.70	1921.90	1382.60	4204.80	5644.40	7601.00	9609.90
安徽	150.18	213.23	245.60	334.40	299.20	671.10	743.80	972.20	1210.50
福建	1353.02	1605.23	1818.00	2308.70	1231.80	3608.40	4753.20	5695.20	6848.10
江西	82.05	96.86	105.80	130.30	125.40	349.10	447.50	620.90	907.40
山东	986.01	1173.34	1378.40	1770.80	1862.70	4563.40	5401.40	7209.10	9695.50
河南	231.00	257.71	245.40	294.80	170.30	475.70	610.90	862.00	1275.30
湖北	294.88	336.31	409.50	438.70	401.20	1087.90	1373.30	1724.90	2207.30
湖南	90.89	97.05	164.30	172.90	140.70	333.40	385.40	476.50	659.80
广东	6050.85	7274.35	9211.80	10055.50	5971.90	17409.70	22875.50	26968.30	33736.00
广西	99.38	114.53	134.50	240.50	231.20	518.30	574.20	774.80	1011.80

续表 52

	1999 年	2000 年	2001 年	2002 年	2003 年	2004 年	2005 年	2006 年	2007 年
海南	39.58	39.96	35.20	54.70	40.90	95.50	109.10	224.20	497.90
重庆	111.68	129.02	189.50	191.50	176.30	411.40	470.10	649.20	934.30
四川	126.09	167.09	199.40	214.90	186.90	430.80	488.00	645.60	942.80
贵州	14.55	18.55	21.00	25.50	32.40	58.30	51.70	69.60	79.40
云南	54.02	60.25	64.30	80.20	55.80	140.10	168.60	217.80	279.30
陕西	127.40	132.92	133.30	145.90	102.90	216.60	227.40	320.50	488.40
甘肃	23.06	29.91	33.40	38.00	13.70	40.80	54.20	59.60	75.00
青海	3.90	4.83	5.50	5.10	1.90	25.70	47.50	13.20	22.10
宁夏	15.13	18.05	20.10	24.70	26.10	57.20	62.20	76.10	94.90
新疆	16.29	13.69	12.00	16.30	14.90	36.00	42.30	43.90	61.80

资料来源：历年《中国工业经济统计年鉴》。

表 53　中国大陆各省区市三资企业的工业增加值（当年价）

单位：亿元

	1999 年	2000 年	2001 年	2002 年	2003 年	2004 年	2005 年	2006 年	2007 年
北京	218.0	285.8	295.5	283.1	310.2	625.4	630.5	689.9	800.2
天津	178.8	265.5	324.4	389.2	356.5	743.2	773.4	1046.4	1317.0
河北	89.5	101.1	122.4	158.2	130.8	386.3	511.0	581.2	842.0
山西	14.0	18.7	25.8	41.8	40.0	80.3	80.7	114.9	180.0
内蒙古	14.5	15.2	20.1	35.1	30.7	90.6	119.9	154.4	193.6
辽宁	153.1	239.9	238.9	280.5	295.7	619.5	647.5	890.3	1185.0

续表 53

	1999 年	2000 年	2001 年	2002 年	2003 年	2004 年	2005 年	2006 年	2007 年
吉林	72.7	83.9	121.6	140.9	204.6	335.4	261.6	382.8	590.5
黑龙江	35.1	41.3	36.7	57.0	42.9	104.3	122.9	161.0	176.1
上海	727.3	838.9	1024.4	1136.6	1239.0	2401.5	2325.1	2811.0	3145.3
江苏	544.1	709.8	723.9	1066.8	1065.1	2693.4	3256.6	4130.1	5256.8
浙江	217.4	279.8	232.3	472.2	353.0	917.1	1128.3	1478.9	1993.9
安徽	40.3	55.8	367.5	107.0	86.3	203.1	233.6	301.5	377.5
福建	369.9	462.1	180.4	694.7	349.0	980.3	1262.8	1565.2	1870.0
江西	19.1	22.8	146.4	33.7	34.3	98.9	129.2	193.1	280.0
山东	262.3	324.9	364.7	523.5	542.2	1354.7	1625.2	2149.3	2851.1
河南	75.2	113.7	67.2	89.4	47.2	130.2	166.1	249.0	423.8
湖北	102.0	105.5	111.0	145.3	140.9	367.0	452.2	526.2	739.2
湖南	26.3	30.6	1481.3	51.1	37.9	103.9	132.2	155.8	217.3
广东	1504.7	1867.0	714.0	2544.8	1349.3	4320.7	5942.9	6923.8	8257.3
广西	29.0	33.4	35.6	69.8	60.7	136.7	152.0	221.5	309.6
海南	11.1	10.1	30.7	12.8	8.5	25.1	33.2	54.7	117.0
重庆	30.7	39.2	51.5	57.8	48.2	107.8	119.3	184.3	289.3
四川	40.2	55.0	41.3	73.2	60.7	137.5	153.7	214.0	344.3
贵州	4.1	5.0	14.2	3.1	8.7	15.1	12.8	20.6	22.9
云南	18.7	20.0	23.1	25.6	17.4	42.4	50.0	65.9	86.6
陕西	35.8	46.3	38.3	54.9	44.6	89.0	88.7	120.9	180.9
甘肃	6.1	6.3	4.1	10.9	4.4	9.5	10.3	17.2	22.2

续表 53

	1999 年	2000 年	2001 年	2002 年	2003 年	2004 年	2005 年	2006 年	2007 年
青海	0.9	2.6	2.7	1.6	0.8	8.5	15.5	6.3	10.4
宁夏	5.1	6.8	6.7	7.8	6.6	14.4	15.7	22.5	27.4
新疆	5.3	3.5	4.4	4.5	3.6	10.8	14.4	11.8	20.7

资料来源：历年《中国工业经济统计年鉴》。

表 54　中国大陆各省区市三资企业的固定资产净值（当年价）

单位：亿元

	1999 年	2000 年	2001 年	2002 年	2003 年	2004 年	2005 年	2006 年	2007 年
北京	277.20	304.29	327.30	328.50	339.60	542.50	745.50	783.00	891.40
天津	411.05	447.26	522.10	519.90	503.40	607.50	711.60	811.40	934.60
河北	236.71	220.48	316.90	361.70	394.50	575.10	755.80	866.20	926.00
山西	31.58	32.58	125.90	157.30	143.90	170.60	197.30	223.40	327.20
内蒙古	23.75	22.07	30.00	49.80	51.30	197.00	342.80	188.60	703.70
辽宁	509.07	499.75	542.30	573.90	650.00	751.00	851.90	929.30	1126.30
吉林	145.92	146.76	147.20	157.10	168.30	227.90	287.50	354.80	390.00
黑龙江	88.67	93.43	86.00	112.60	118.80	170.50	222.20	265.40	296.90
上海	1271.74	1401.80	1486.10	1677.70	1887.50	2414.60	2941.80	3108.30	3369.90
江苏	1069.00	1220.57	1443.30	1621.50	1964.10	3091.80	4219.50	4800.70	5931.10
浙江	443.26	480.85	553.60	629.70	772.00	1235.30	1698.50	2059.90	2462.60
安徽	108.76	134.77	184.50	187.70	199.90	236.20	272.50	331.60	392.00
福建	630.72	760.47	861.50	896.00	1005.90	1140.80	1275.60	1382.50	1554.70

续表 54

	1999 年	2000 年	2001 年	2002 年	2003 年	2004 年	2005 年	2006 年	2007 年
江西	43.80	59.34	58.10	58.10	68.90	130.30	191.60	229.20	336.00
山东	459.55	475.12	560.50	670.30	941.80	1324.20	1706.60	2001.30	2409.50
河南	186.10	114.56	184.90	176.40	176.40	220.70	265.10	419.30	466.00
湖北	219.47	229.98	239.50	241.70	242.20	400.00	557.90	493.40	639.00
湖南	52.20	44.52	88.10	98.50	147.20	174.10	201.00	207.70	241.00
广东	2562.07	2701.66	2927.30	3076.10	3443.60	4217.50	4991.40	5801.70	6771.70
广西	73.45	123.65	127.00	128.40	136.60	172.70	208.80	227.00	324.30
海南	39.99	32.53	23.90	24.80	23.60	72.90	122.30	207.50	223.80
重庆	111.89	107.50	126.70	130.00	154.30	195.10	236.00	266.30	339.00
四川	83.88	102.27	115.30	120.70	135.60	172.10	208.60	229.30	292.30
贵州	9.29	9.33	13.10	13.80	20.10	26.80	33.40	34.00	33.30
云南	52.08	55.15	60.80	61.30	63.30	87.30	111.40	125.10	155.80
陕西	70.59	83.44	84.10	75.60	72.60	83.40	94.30	129.00	188.00
甘肃	17.21	17.10	20.80	23.40	21.40	24.50	27.70	26.60	76.00
青海	3.58	2.86	4.20	4.60	6.10	17.10	28.10	7.00	23.80
宁夏	9.44	10.46	10.50	17.00	16.80	26.20	35.70	34.90	42.90
新疆	13.69	11.02	11.00	12.60	15.00	18.40	21.90	22.20	37.40

资料来源：历年《中国工业经济统计年鉴》。

表 55　中国大陆各省区市三资企业的就业人员数

单位：万人

	1999 年	2000 年	2001 年	2002 年	2003 年	2004 年	2005 年	2006 年	2007 年
北京	25. 46	21. 77	22. 20	22. 90	23. 00	30. 30	37. 60	34. 10	36. 90
天津	28. 22	29. 89	33. 30	34. 20	34. 50	45. 30	56. 00	45. 50	48. 10
河北	15. 87	16. 38	24. 10	20. 20	23. 10	59. 80	96. 40	35. 20	38. 30
山西	3. 43	3. 24	3. 50	4. 80	4. 60	17. 60	30. 60	8. 30	12. 70
内蒙古	3. 45	3. 53	3. 20	3. 70	4. 50	11. 80	19. 20	6. 40	8. 00
辽宁	24. 34	29. 72	28. 90	33. 60	39. 00	70. 10	101. 20	59. 50	68. 30
吉林	6. 68	6. 70	7. 60	6. 70	6. 80	13. 40	20. 10	9. 40	11. 30
黑龙江	5. 61	6. 08	4. 90	6. 50	7. 50	14. 80	22. 10	12. 50	12. 70
上海	75. 54	79. 37	83. 80	92. 20	103. 80	126. 50	149. 30	146. 40	160. 30
江苏	78. 14	84. 70	94. 00	108. 10	137. 70	265. 20	392. 70	292. 20	344. 20
浙江	44. 18	51. 65	65. 10	77. 30	93. 40	242. 00	390. 60	189. 20	213. 60
安徽	7. 35	9. 11	9. 20	9. 50	11. 50	27. 40	43. 30	19. 00	20. 60
福建	72. 28	81. 28	87. 90	99. 90	130. 00	128. 30	126. 70	188. 20	202. 10
江西	5. 09	5. 78	5. 60	6. 90	8. 90	23. 90	38. 90	20. 20	26. 20
山东	53. 45	57. 09	67. 70	78. 30	94. 30	199. 90	305. 60	160. 80	171. 70
河南	10. 57	10. 35	10. 80	11. 00	11. 60	52. 00	92. 50	17. 10	18. 70
湖北	9. 90	10. 25	13. 00	12. 30	14. 40	35. 60	56. 80	25. 10	27. 40
湖南	5. 05	4. 47	5. 90	6. 60	8. 40	35. 10	61. 80	12. 70	14. 50
广东	289. 75	313. 32	335. 60	386. 30	463. 50	434. 30	405. 10	781. 00	851. 20
广西	5. 63	5. 99	7. 10	7. 90	9. 40	17. 90	26. 30	14. 80	17. 00

续表 55

	1999 年	2000 年	2001 年	2002 年	2003 年	2004 年	2005 年	2006 年	2007 年
海南	1.56	1.70	1.70	1.70	1.90	2.50	3.10	2.80	3.00
重庆	4.03	3.88	5.30	5.30	5.90	20.40	34.80	8.00	9.80
四川	6.00	6.67	7.00	8.00	9.70	39.70	69.80	13.60	16.90
贵州	1.46	1.47	1.90	1.80	2.00	7.30	12.60	2.30	2.20
云南	2.20	2.24	2.60	2.50	2.60	10.60	18.70	4.20	5.10
陕西	3.07	3.06	3.40	3.00	3.20	8.00	12.80	6.10	7.70
甘肃	1.46	1.44	1.50	1.50	1.50	4.70	7.90	1.20	1.40
青海	0.15	0.09	0.10	0.10	0.20	1.30	2.40	0.60	0.60
宁夏	1.15	1.10	1.10	1.10	1.10	4.20	7.40	1.30	1.40
新疆	0.73	0.57	0.60	0.70	0.90	2.90	4.90	0.90	1.20

资料来源：历年《中国劳动统计年鉴》。

表 56　中国 30 个省区市国有控股企业的工业总产值（当年价）

单位：亿元

	1999 年	2000 年	2001 年	2002 年	2003 年	2004 年	2005 年	2006 年	2007 年
北京	1465.6	1742.7	1893.8	1846.6	2051.8	3232.0	3538.2	3725.0	4467.2
天津	732.1	856.9	974.4	1078.3	1456.5	2045.1	2628.8	3415.8	3844.9
河北	1618.7	1797.4	1880.7	1950.7	2360.4	3359.5	4023.7	4308.7	5246.2
山西	733.2	837.8	954.3	1075.9	1381.8	1950.5	2534.6	3048.3	4040.5
内蒙古	543.7	598.1	633.3	716.3	798.5	1110.2	1570.2	1842.4	2327.3
辽宁	2208.8	2827.9	2929.0	3051.6	3552.3	4881.7	5771.2	6449.8	8058.8

续表 56

	1999 年	2000 年	2001 年	2002 年	2003 年	2004 年	2005 年	2006 年	2007 年
吉林	1118.6	1377.4	1505.0	1691.6	2017.7	2337.4	2533.5	2932.2	3657.3
黑龙江	1560.8	2071.1	1957.2	1980.0	2311.9	2881.8	3607.2	4204.6	4460.8
上海	2817.4	3205.1	3409.7	3548.4	4466.4	5395.4	6018.9	6929.4	7913.0
江苏	2817.6	3067.9	3111.6	3160.2	3422.4	3951.0	5048.6	5931.9	6615.8
浙江	1183.6	1292.7	1194.7	1331.2	1687.0	2803.5	3401.2	4024.8	4637.2
安徽	996.2	1044.5	1113.2	1209.3	1438.9	1922.7	2418.4	2835.1	3448.0
福建	759.1	855.0	873.9	963.9	1125.7	1329.7	1532.9	1711.3	1860.7
江西	691.6	737.4	768.5	867.9	946.6	1278.9	1531.6	1969.8	2330.5
山东	2871.6	3486.5	3645.1	4201.1	5148.7	6111.3	7401.0	9229.2	10631.9
河南	1689.8	1881.0	2037.3	2212.2	2719.0	3226.2	4042.1	4421.1	6700.4
湖北	1749.6	1929.0	2038.5	2168.3	2287.5	2643.3	3161.9	3540.2	4712.9
湖南	948.9	1077.5	1135.6	1234.7	1391.7	1883.5	2104.6	2628.9	3349.7
广东	3025.7	3126.1	3236.7	3159.7	3949.0	6038.5	6375.5	7388.4	8603.9
广西	636.8	664.4	648.6	708.7	798.0	1099.5	1226.9	1498.0	1877.3
海南	134.1	136.9	144.0	162.5	213.6	209.2	238.2	274.8	316.2
重庆	611.6	653.6	654.6	742.9	852.7	1178.2	1299.1	1665.4	2138.1
四川	1200.7	1249.6	1338.0	1466.8	1609.8	1916.1	2488.5	3126.3	3849.1
贵州	453.5	500.8	536.0	587.6	667.8	950.8	1154.5	1360.0	1607.2
云南	801.3	854.9	929.8	1041.1	1145.9	1434.8	1672.3	2100.3	2604.1
陕西	801.9	927.1	1038.4	1155.4	1392.1	1927.7	2332.5	3165.2	4010.5
甘肃	525.2	642.2	710.9	740.2	880.8	1248.1	1573.6	1980.0	2591.2

续表 56

	1999 年	2000 年	2001 年	2002 年	2003 年	2004 年	2005 年	2006 年	2007 年
青海	143. 4	174. 7	169. 2	170. 9	195. 0	303. 7	395. 6	511. 0	610. 7
宁夏	151. 1	174. 6	192. 7	178. 0	211. 7	308. 3	372. 0	437. 5	518. 5
新疆	567. 9	751. 2	741. 1	762. 9	910. 0	1253. 5	1734. 6	2237. 2	2637. 8

资料来源：历年《中国工业经济统计年鉴》。

表 57　中国 30 个省区市国有控股企业的工业总产值（当年价）

单位：亿元

	1999 年	2000 年	2001 年	2002 年	2003 年	2004 年	2005 年	2006 年	2007 年
北京	426. 4	483. 6	482. 7	475. 9	548. 5	750. 3	952. 2	954. 8	1158. 0
天津	223. 7	274. 7	304. 0	322. 4	470. 2	667. 5	864. 8	1177. 7	1318. 6
河北	580. 7	668. 3	690. 4	739. 0	850. 6	1036. 6	1222. 6	1292. 7	1545. 7
山西	274. 3	306. 7	358. 5	418. 5	558. 8	754. 3	949. 9	1186. 7	1518. 5
内蒙古	203. 8	225. 4	233. 3	271. 3	307. 6	494. 9	682. 1	840. 6	1102. 1
辽宁	635. 4	817. 9	850. 7	888. 1	1038. 5	1349. 1	1659. 7	1884. 6	2315. 5
吉林	329. 1	392. 3	455. 5	508. 8	610. 4	678. 7	746. 9	897. 4	1108. 5
黑龙江	851. 2	1102. 5	1090. 0	1106. 6	1181. 7	1494. 4	1807. 1	2174. 8	2325. 2
上海	896. 5	1002. 1	1055. 1	1139. 4	1468. 6	1576. 8	1685. 1	1742. 1	2167. 1
江苏	802. 6	841. 1	872. 6	918. 3	999. 4	1114. 2	1229. 1	1601. 5	1749. 6
浙江	380. 5	407. 3	395. 9	501. 6	604. 9	725. 1	845. 3	962. 1	1135. 0
安徽	343. 9	340. 4	375. 6	429. 5	533. 0	684. 2	835. 3	973. 5	1211. 2
福建	274. 9	292. 3	333. 2	383. 4	413. 4	428. 0	442. 6	468. 1	553. 8

续表 57

	1999 年	2000 年	2001 年	2002 年	2003 年	2004 年	2005 年	2006 年	2007 年
江西	204.4	214.8	237.8	270.3	283.5	350.1	416.7	532.6	623.3
山东	1017.5	1262.6	1342.6	1477.9	1799.2	2253.5	2707.9	3038.4	3359.9
河南	576.2	594.3	697.3	781.4	946.5	1117.9	1289.4	1420.8	2525.9
湖北	599.0	655.9	691.6	709.8	807.8	929.8	1051.8	1118.9	1590.6
湖南	336.5	374.9	416.9	458.3	523.6	652.5	781.3	961.9	1204.4
广东	930.7	1035.5	1058.8	1133.6	14140.7	7915.4	1690.0	2482.6	2825.9
广西	203.0	226.1	216.9	231.3	268.6	328.4	388.2	459.0	606.5
海南	39.7	41.1	42.0	53.8	63.8	74.1	84.4	99.0	110.8
重庆	176.5	199.3	205.4	236.4	272.4	304.7	337.1	500.5	704.7
四川	427.0	405.4	500.6	562.1	592.0	747.5	903.0	1133.2	1424.1
贵州	164.2	175.8	189.0	217.7	256.4	338.6	420.9	518.3	602.5
云南	436.9	468.5	512.1	575.8	620.3	684.4	748.6	887.5	1073.4
陕西	275.0	326.9	357.4	414.0	508.8	732.7	956.5	1368.1	1751.3
甘肃	175.9	194.0	225.1	250.6	305.6	355.5	405.3	524.1	688.5
青海	53.4	58.4	65.9	68.5	76.9	115.1	153.3	206.8	254.2
宁夏	47.4	53.4	60.5	54.2	69.3	97.2	125.1	138.8	202.1
新疆	240.1	329.0	326.5	328.9	407.2	595.8	784.3	1031.9	1202.4

资料来源：历年《中国工业经济统计年鉴》。

表58 中国30个省区市国有控股企业的固定资产净值（当年价）

单位：亿元

	1999年	2000年	2001年	2002年	2003年	2004年	2005年	2006年	2007年
北京	1240.2	1316.7	1344.5	1307.2	1253.9	1979.9	2195.1	2268.4	2728.1
天津	1038.6	1092.7	1182.4	1211.6	1192.5	1264.2	1378.5	1464.4	1712.0
河北	1764.7	1911.6	1936.5	2078.3	2206.8	2354.1	2515.9	2703.3	3140.3
山西	1186.9	1208.2	1477.7	1565.6	1629.5	1768.9	2050.6	2455.0	2785.0
内蒙古	922.8	885.4	861.3	973.3	997.2	1128.7	1493.9	1822.3	2376.5
辽宁	2781.4	2906.9	3201.9	3288.6	3197.7	3356.2	3436.9	3629.0	3962.1
吉林	1190.9	1119.9	1252.7	1296.3	1288.0	1388.7	1490.7	1651.1	1649.4
黑龙江	1357.8	1894.3	1903.0	2029.1	2059.1	2092.7	2060.2	2264.8	2602.0
上海	2151.6	2416.1	2467.0	2364.9	2332.4	2762.0	3206.6	3362.0	3562.2
江苏	1847.4	2007.7	1928.8	2005.4	2025.5	2055.2	2443.2	3090.3	3469.5
浙江	1035.3	1081.0	1107.4	1130.8	1262.6	1827.1	1977.1	2398.8	2397.4
安徽	984.3	1019.6	1043.2	1024.8	1142.4	1247.7	1373.1	1609.9	2123.0
福建	715.5	723.8	802.4	819.5	835.1	863.8	899.6	1020.7	1195.7
江西	702.9	652.7	722.1	730.0	754.7	769.9	798.4	922.6	1003.2
山东	2447.0	2756.2	2824.9	2937.8	3275.3	3345.7	3651.1	4636.5	5110.0
河南	1569.6	1569.9	1866.9	1991.2	2185.7	2387.9	2523.6	2920.4	3338.4
湖北	1710.8	1735.8	1715.1	1722.7	2787.9	2653.5	2799.1	2934.3	3767.3
湖南	1035.3	1087.2	1102.7	1144.9	1208.7	1286.3	1299.8	1598.6	1822.1
广东	2501.0	2442.6	2617.6	2604.6	2975.7	3120.2	3147.5	4219.9	4345.5
广西	698.9	737.7	719.9	717.3	731.3	814.9	888.0	917.3	1341.7

续表 58

	1999 年	2000 年	2001 年	2002 年	2003 年	2004 年	2005 年	2006 年	2007 年
海南	150.0	149.0	141.3	151.1	156.1	185.3	203.4	245.9	246.5
重庆	656.1	667.1	658.7	675.8	663.0	700.6	745.6	932.4	1106.1
四川	1665.7	1579.9	1653.0	1648.6	1715.2	1779.7	1982.8	2155.1	2716.6
贵州	474.0	572.5	626.9	661.2	718.2	874.9	991.0	1184.5	1246.5
云南	788.6	845.4	885.5	902.6	962.3	960.3	947.5	1156.1	1341.0
陕西	997.1	1060.3	1219.4	1314.0	1401.6	1652.6	1750.7	2183.8	2612.7
甘肃	677.9	710.9	720.6	762.3	885.9	995.7	850.5	1161.8	1212.3
青海	357.1	375.7	377.8	379.1	392.8	468.4	515.8	605.8	702.8
宁夏	223.5	209.3	235.2	230.9	272.2	269.1	318.3	422.1	489.3
新疆	835.7	856.6	942.2	1047.7	1113.5	1237.7	1377.2	1533.4	1892.0

资料来源：历年《中国工业经济统计年鉴》。

表 59　中国 30 个省区市国有控股企业的从业人员

单位：万人

	1999 年	2000 年	2001 年	2002 年	2003 年	2004 年	2005 年	2006 年	2007 年
北京	90.1	77.4	70.6	61.2	51.9	54.6	53.0	47.3	47.6
天津	65.7	57.3	55.9	49.8	45.2	43.9	40.7	38.2	39.1
河北	182.8	166.0	151.4	137.3	130.2	117.1	108.4	102.4	94.9
山西	138.0	134.0	128.4	119.9	111.7	119.0	119.8	118.0	108.0
内蒙古	77.8	67.1	61.9	59.1	45.2	42.5	41.7	42.1	39.7
辽宁	216.4	196.3	168.7	147.2	128.6	122.9	117.0	113.0	111.8

续表 59

	1999 年	2000 年	2001 年	2002 年	2003 年	2004 年	2005 年	2006 年	2007 年
吉林	118. 8	107. 4	94. 8	84. 0	71. 1	66. 7	60. 8	54. 1	50. 8
黑龙江	189. 1	164. 6	147. 3	136. 0	96. 5	99. 3	91. 2	91. 7	89. 7
上海	113. 3	101. 9	88. 3	81. 2	70. 9	67. 4	61. 1	57. 4	51. 7
江苏	216. 3	175. 0	149. 0	131. 2	104. 9	82. 6	77. 0	74. 4	65. 0
浙江	75. 5	57. 7	45. 3	39. 9	38. 1	33. 1	34. 3	32. 7	32. 0
安徽	111. 9	101. 4	87. 9	82. 3	76. 0	77. 1	71. 0	68. 6	67. 9
福建	51. 4	43. 8	39. 6	34. 3	29. 6	29. 2	28. 8	26. 6	24. 8
江西	102. 2	89. 0	75. 9	66. 1	56. 5	49. 9	47. 1	46. 1	42. 4
山东	268. 0	244. 7	221. 1	204. 6	201. 3	166. 5	149. 0	148. 6	144. 0
河南	221. 9	207. 3	197. 4	182. 4	174. 1	144. 5	146. 0	136. 6	128. 8
湖北	174. 0	153. 8	139. 9	117. 1	103. 2	78. 7	76. 9	71. 0	70. 1
湖南	130. 3	117. 1	100. 8	90. 6	81. 3	71. 0	61. 5	61. 7	60. 4
广东	128. 2	104. 4	91. 8	83. 0	75. 2	72. 4	69. 4	60. 8	60. 9
广西	74. 4	65. 3	57. 9	51. 8	44. 3	39. 6	37. 2	32. 3	30. 5
海南	10. 0	9. 3	8. 6	9. 5	7. 8	5. 8	5. 9	5. 5	4. 5
重庆	74. 9	63. 2	53. 3	48. 7	43. 6	43. 0	40. 4	39. 4	10. 2
四川	159. 8	132. 1	117. 6	101. 8	93. 7	79. 1	80. 2	82. 4	83. 9
贵州	60. 4	56. 9	53. 1	49. 8	47. 0	44. 7	44. 2	40. 8	38. 9
云南	61. 3	59. 1	53. 4	49. 7	41. 8	35. 5	33. 2	32. 9	37. 4
陕西	116. 4	105. 0	93. 8	89. 4	83. 9	82. 4	77. 9	77. 5	76. 3
甘肃	72. 1	66. 0	57. 9	55. 9	53. 5	48. 9	45. 0	45. 3	41. 7

续表 59

	1999 年	2000 年	2001 年	2002 年	2003 年	2004 年	2005 年	2006 年	2007 年
青海	16.6	14.2	12.0	10.6	10.4	9.7	9.0	9.1	9.4
宁夏	19.9	16.5	15.6	15.2	14.9	14.4	13.9	12.1	12.2
新疆	55.2	39.1	33.5	32.3	28.5	30.1	31.6	34.1	37.6

资料来源：历年《中国劳动统计年鉴》。

表 60　中国 30 个省区市国有控股企业的平均工资水平（当年价）

单位：元

	1999 年	2000 年	2001 年	2002 年	2003 年	2004 年	2005 年	2006 年	2007 年
北京	14162	16431	24160	23754	28464	34009	39067	43298	50524
天津	11082	12721	10550	17059	19352	23086	26685	31240	37654
河北	7354	8146	40590	10578	11783	13576	15291	17152	20900
山西	6310	7249	26740	9931	11213	13353	16027	18719	22309
内蒙古	6580	7261	18690	10287	11929	14209	16598	19386	22822
辽宁	8370	9221	37860	12239	13603	15715	18360	20681	24748
吉林	7368	8121	23250	10369	11124	12540	14566	17118	21688
黑龙江	7435	7792	37000	9921	11034	12675	14424	16374	19635
上海	16852	18865	16910	24719	28406	31507	36077	44097	55547
江苏	9855	11109	38600	15030	17502	20876	24659	28722	33411
浙江	12232	14465	17740	22808	27293	33426	39048	42962	48857
安徽	7092	7471	25410	9961	11220	13522	15450	17755	22428
福建	9867	11170	15940	15026	16460	18529	20897	23926	28011

续表 60

	1999 年	2000 年	2001 年	2002 年	2003 年	2004 年	2005 年	2006 年	2007 年
江西	6930	7249	22340	9607	10918	12291	14276	16491	19624
山东	8389	9656	52200	12778	13975	16031	19823	22804	27290
河南	6594	7453	44550	9864	11397	12701	14877	17886	22345
湖北	7381	7989	38540	10403	11806	13096	15585	18064	21971
湖南	7522	8401	31610	11378	12604	14469	16649	18862	23336
广东	12624	14387	39560	19696	22944	25979	28835	31352	36396
广西	6805	7663	21860	11086	12331	14141	16113	18972	23369
海南	6586	7146	6240	9368	10305	12664	14427	15398	18937
重庆	7541	8390	13770	11745	13586	15847	18614	21402	25365
四川	7771	8909	35470	12388	13923	15818	17898	20230	24365
贵州	6695	7594	14840	10150	11390	12870	14681	17638	22106
云南	8449	9422	20710	12429	13471	15320	16900	20017	22884
陕西	7162	8043	25870	10700	11833	13333	15223	17139	21653
甘肃	7806	8916	15930	11791	12929	14358	15840	18108	22314
青海	9664	10744	3690	15816	16692	18686	21158	24984	29683
宁夏	7654	8913	4820	12366	13721	15212	17634	21370	26687
新疆	7614	8731	20620	11435	13199	14477	15364	17704	21369

资料来源：历年《中国工业经济统计年鉴》。

表 61　中国基尼系数

年份	基尼系数	年份	基尼系数	年份	基尼系数
2008	0.465	2001	0.450	1994	0.433
2007	0.499	2000	0.418	1993	0.419
2006	0.495	1999	0.416	1992	0.389
2005	0.488	1998	0.403	1991	0.362
2004	0.470	1997	0.397	1990	0.348
2003	0.458	1996	0.398	1989	0.360
2002	0.451	1995	0.415		

资料来源：1989—2004 年数据来自世界银行发展报告，2005—2008 年数据是根据张焕波和王铮（2007）的预测方法计算所得。

表 62　中国全行业固定资本存量

单位：亿元

	1999 年	2000 年	2001 年	2002 年	2003 年	2004 年	2005 年	2006 年	2007 年
煤炭采选业	1641.21	1696.7	1748.05	1883.35	2037.28	2186.79	2400.67	2837.93	3221.69
黑色金属矿采选业	82.13	86.67	89.43	101.44	117.33	123.23	196.09	241.09	307.98
有色金属矿采选业	212.43	222.79	226.2	227.01	230.11	230.93	253.23	293.89	344.84
非金属矿采选业	211.93	254.75	257.71	261.22	254.1	264.92	222.37	256.32	274.91
食品加工和食品制造	1499.24	1508.5	1515.07	1585.55	1690.96	1855.85	2117.63	2385.67	2699.65
饮料制造业	806.83	817.99	826.14	844.77	868.45	897.22	926.12	992.76	1084.49
纺织业	2101.28	2070.05	2111.54	2186.07	2361.43	2524.09	2804.66	3035.96	3292.37
服装及其他纤维制品制造	384.41	395.91	414.26	442.06	474.47	529.95	585.09	659.86	759.43
皮革毛皮羽绒及其制品业	217.89	225.56	229.27	244.02	272.69	299.79	341.39	372.6	416

续表 62

	1999 年	2000 年	2001 年	2002 年	2003 年	2004 年	2005 年	2006 年	2007 年
木材加工及竹藤棕草制品	216. 8	233. 68	251. 01	259. 01	273. 68	298. 93	347. 25	389. 64	451. 7
家具制造业	86. 23	93. 8	97. 67	109. 48	130. 95	155. 96	189. 88	237. 26	286. 06
造纸及纸制品业	646. 92	772. 81	830. 81	879. 55	960. 74	1046. 19	1291. 69	1424. 59	1546. 2
印刷业记录媒介的复制	290. 8	299. 6	323. 95	340. 44	378. 33	413. 78	462. 39	492. 06	523. 46
文教体育用品制造业	112. 76	118. 04	121. 42	137. 01	146. 6	162. 23	190. 58	206. 8	229. 33
石油、煤气、炼焦	1472. 92	1635. 17	1724. 97	1719. 27	1754. 47	1855. 72	2148. 68	2391. 22	2607. 88
化学原料及制品制造业	2611. 54	2768. 58	2852. 89	2988. 5	3142. 69	3310. 5	3814. 95	4465. 46	5019. 83
医药制造业	512. 44	558. 29	609. 58	684. 4	781. 77	897. 91	1034. 25	1132. 73	1219. 87
化学纤维制造业	715. 18	708. 73	625. 81	633. 22	632. 61	695. 35	791. 57	832. 1	894. 06
橡胶制品业	287. 31	293. 2	324. 31	331. 23	341	374. 63	449. 59	507. 81	612. 19
塑料制品业	561. 64	591. 27	641. 46	670. 57	732. 99	814. 48	967. 39	1055. 32	1128. 17
非金属矿物制品业	2133. 98	2172. 05	2170. 99	2234. 72	2360. 28	2625. 89	2974. 62	3272. 09	3588. 22
黑色金属冶炼及压延加工	2906. 02	3065. 13	3105. 41	3232. 33	3515. 82	3849. 78	4488. 14	5363. 81	6207. 63
有色金属冶炼及压延加工	857. 4	883. 32	920. 97	970. 63	1051. 22	1214. 39	1470. 5	1689. 25	1995. 24
金属制品业	634. 92	654. 75	693. 13	709. 36	710. 29	792. 74	907. 32	1031	1193. 59
机械工业	1933. 66	1963. 06	1975. 76	2030. 74	2278. 01	2457. 56	2742. 38	3105. 76	3580. 54
交通运输设备制造业	1628. 49	1703. 97	1782. 95	1865. 14	2005. 9	2211. 41	2497. 44	2905. 76	3347. 92
电气机械及器材制造业	1036. 64	1067. 73	1104. 05	1141. 82	1215. 29	1347. 23	1548. 38	1731. 6	2001. 91
电子及通信设备制造业	1021. 73	1106. 87	1327. 17	1506. 53	1725. 49	2160. 01	2554. 26	2877. 49	3387. 04
仪器仪表文化办公用机械	203. 86	206. 83	212. 89	222. 86	265. 23	287. 6	335. 49	373. 03	411. 07
电力蒸汽热水生产供应业	6370. 32	7399. 01	8264. 75	9016. 13	10388. 06	11139	13420. 66	15523. 53	17832. 4

续表 62

	1999 年	2000 年	2001 年	2002 年	2003 年	2004 年	2005 年	2006 年	2007 年
自来水的生产和供应业	670. 34	630. 37	689. 55	750. 9	830. 72	884. 01	999. 39	1141. 24	1198. 8

资料来源：根据历年《中国统计年鉴》和《中国工业统计年鉴》相关数据计算所得。

表 63　中国全行业固定资产净值余额年平均值（当年价）

单位：亿元

	1999 年	2000 年	2001 年	2002 年	2003 年	2004 年	2005 年	2006 年	2007 年
煤炭采选业	1879	1979	2072	2318	2599	2878	3299	4174	4953
黑色金属矿采选业	97	106	111	132	161	172	316	406	542
有色金属矿采选业	228	247	253	255	260	262	306	387	491
非金属矿采选业	249	326	331	338	325	345	261	329	367
食品加工和食品制造	1864	1881	1892	2021	2213	2521	3036	3573	4210
饮料制造业	1037	1057	1072	1106	1149	1203	1260	1393	1580
纺织业	2375	2319	2394	2530	2850	3153	3705	4168	4689
服装及其他纤维制品制造	473	494	527	578	637	740	849	998	1201
皮革毛皮羽绒及其制品业	260	274	280	307	360	410	492	555	643
木材加工及竹藤棕草制品业	276	306	337	352	379	426	521	606	732
家具制造业	105	118	125	147	186	233	299	394	493
造纸及纸制品业	848	1073	1179	1267	1416	1575	2058	2324	2571
印刷业记录媒介的复制	368	384	428	458	527	593	689	748	812
文教体育用品制造业	142	152	158	186	204	233	289	321	367
石油、煤气、炼焦	2011	2302	2465	2455	2519	2708	3285	3770	4210

续表 63

	1999 年	2000 年	2001 年	2002 年	2003 年	2004 年	2005 年	2006 年	2007 年
化学原料及制品制造业	3451	3733	3886	4133	4414	4727	5720	7022	8148
医药制造业	667	749	842	978	1156	1373	1641	1838	2015
化学纤维制造业	911	900	750	763	762	879	1068	1149	1275
橡胶制品业	376	386	443	455	473	536	683	800	1012
塑料制品业	709	763	854	907	1020	1172	1474	1650	1797
非金属矿物制品业	2691	2759	2757	2873	3102	3598	4285	4880	5522
黑色金属冶炼及压延加工业	3700	3985	4058	4290	4807	5430	6687	8439	10153
有色金属冶炼及压延加工业	1156	1202	1270	1361	1508	1812	2317	2754	3376
金属制品业	800	835	905	934	936	1090	1316	1563	1893
机械工业	2317	2370	2393	2493	2944	3279	3840	4567	5531
交通运输设备制造业	2250	2386	2529	2679	2935	3319	3882	4699	5597
电气机械及器材制造业	1353	1409	1475	1543	1677	1924	2320	2686	3235
电子及通信设备制造业	1411	1564	1964	2290	2690	3500	4277	4923	5958
仪器仪表文化办公用机械	253	258	269	287	364	406	500	576	653
电力蒸汽热水生产供应业	8725	10570	12141	13509	16013	17413	21907	26114	30804
自来水的生产和供应业	951	879	986	1098	1244	1343	1570	1854	1971

资料来源：历年《中国统计年鉴》。

表 64　中国外资行业固定资产净值余额年平均值（当年价）

单位：亿元

	1999 年	2000 年	2001 年	2002 年	2003 年	2004 年	2005 年	2006 年	2007 年
煤炭采选业	1.7	1.4	10.2	10.1	3.7	3.6	24.7	43.7	74.0
黑色金属矿采选业	0.3	0.2	0.3	0.5	1.4	1.5	3.8	7.1	13.4
有色金属矿采选业	1.0	0.7	0.8	0.8	1.8	1.6	21.4	10.4	30.2
非金属矿采选业	7.4	6.9	7.1	8.1	8.3	9.8	21.2	30.1	34.6
食品加工和食品制造	533.2	532.3	569.6	606.7	686.5	532.3	532.3	1135.0	1328.3
饮料制造业	352.8	378.5	376.8	378.5	412.2	439.8	470.6	544.4	632.6
纺织业	489.2	507.8	540.6	595.1	698.8	810.5	1039.9	1151.0	1287.9
服装及其他纤维制品制造	223.9	233.8	238.5	261.8	287.6	343.0	403.9	485.4	586.3
皮革毛皮羽绒及其制品业	131.1	137.4	146.8	169.7	200.9	218.1	281.1	323.1	367.1
木材加工及竹藤棕草制品业	96.4	112.1	121.0	118.4	121.4	124.6	150.3	162.7	176.3
家具制造业	44.6	51.0	56.2	72.3	91.8	118.0	166.0	190.4	217.6
造纸及纸制品业	279.8	435.0	486.9	524.6	566.1	625.0	989.2	1149.7	1261.9
印刷业记录媒介的复制	103.4	109.2	133.3	150.2	176.7	194.9	214.2	231.0	250.8
文教体育用品制造业	92.7	95.4	100.2	119.7	134.5	148.2	186.9	206.7	237.8
石油、煤气、炼焦	113.3	112.1	211.8	253.4	281.5	313.0	420.7	604.6	917.7
化学原料及制品制造业	502.3	573.1	622.4	643.1	799.3	904.1	1517.2	2186.1	2550.6
医药制造业	142.3	154.5	174.0	216.5	238.2	257.7	375.4	420.4	477.7
化学纤维制造业	266.9	282.7	178.7	204.7	187.1	230.0	346.7	394.0	453.6
橡胶制品业	142.6	157.7	199.8	207.6	217.1	262.7	339.6	393.4	515.6
塑料制品业	339.7	377.5	419.2	448.5	512.8	571.1	765.0	834.9	870.6

续表 64

	1999 年	2000 年	2001 年	2002 年	2003 年	2004 年	2005 年	2006 年	2007 年
非金属矿物制品业	594.0	617.0	599.6	643.8	649.5	733.1	962.0	1158.8	1444.1
黑色金属冶炼及压延加工业	184.3	215.4	252.2	217.2	305.4	365.6	683.5	996.7	1130.5
有色金属冶炼及压延加工业	132.7	143.7	124.1	173.2	178.4	212.8	324.0	435.7	550.8
金属制品业	339.2	357.3	418.0	412.5	375.7	424.1	516.5	609.7	729.1
机械工业	385.9	418.3	453.2	516.1	626.5	729.8	1082.0	1351.8	1707.3
交通运输设备制造业	613.5	682.3	752.9	797.9	957.2	1151.2	1496.8	2076.3	2554.5
电气机械及器材制造业	472.0	500.0	556.6	572.9	652.7	743.2	957.8	1111.9	1354.9
电子及通信设备制造业	844.2	940.1	1286.5	1512.1	1909.1	2628.5	3323.6	3857.3	4851.0
仪器仪表文化办公用机械	88.8	92.2	90.7	111.2	182.6	212.5	256.6	312.1	338.6
电力蒸汽热水生产供应业	1391.7	1468.9	1798.6	1913.6	2026.2	2000.4	2740.3	2646.6	3403.2
自来水的生产和供应业	56.6	8.6	11.8	39.9	49.4	52.5	126.1	175.1	233.3

资料来源：历年《中国统计年鉴》。

表 65　中国全行业从业人员

单位：万人

	1999 年	2000 年	2001 年	2002 年	2003 年	2004 年	2005 年	2006 年	2007 年
煤炭采选业	426.91	399.27	375.31	379.71	376.6	388.19	435.81	463.66	463.69
黑色金属矿采选业	24.15	24.37	24.37	24.66	27.39	29.24	40.59	45.27	49.14
有色金属矿采选业	52.73	48.57	45.13	43.02	41.37	39.64	41.87	45.31	55.11
非金属矿采选业	60.15	55.16	51.64	48.71	45.61	45.48	42.96	44.2	46.62
食品加工和制造	457.85	427.57	423.87	445.52	464.39	488.7	566.12	605.33	399.83

续表 65

	1999 年	2000 年	2001 年	2002 年	2003 年	2004 年	2005 年	2006 年	2007 年
饮料制造业	106.27	102.22	94.98	91.01	89	89.06	89	92.26	101.02
纺织业	510.87	482.88	477.51	479.15	499.16	519.16	590.96	615.43	626.26
服装及其他纤维制品制造	202.68	215.63	237.07	265.75	289.19	320.26	346.06	377.57	414.19
皮革毛皮羽绒及其制品业	109.84	112.75	127.04	141.29	165.37	181.9	228.84	245.63	256.98
木材加工及竹藤棕草制品业	47.99	50.04	51.29	51.71	63.83	69.96	83.33	91.62	106.18
家具制造业	25.46	27.04	29.83	33.97	43.39	52.79	71.27	83.8	91.3
造纸及纸制品业	119.24	113.41	113.81	114.99	113.95	118.03	130.14	134.77	138.3
印刷业记录媒介的复制	60.4	55.82	54.67	55.46	59.41	61.82	66.9	68.97	72.38
文教体育用品制造业	64.68	65.26	66.91	75.56	87.14	93.79	109.8	114.38	119.32
石油、煤气、炼焦	87.58	79.64	73.91	70.56	74.33	77.22	89.24	91.33	96.52
化学原料及制品制造业	370.99	346.61	318.57	310.13	311.33	315.66	339.99	357.78	380.28
医药制造业	99.88	99.56	102.99	105.56	115.4	118.51	123.44	130.28	137.34
化学纤维制造业	40.24	42.94	40.27	37.73	34.22	38.67	42.63	43.4	45.3
橡胶制品业	71.26	66.57	61.6	62.08	62.24	64.74	79.64	82.14	87.51
塑料制品业	111.11	111.44	117.14	129.56	140.91	152.2	183.28	201.41	224.05
非金属矿物制品业	434	410.67	392.61	388.24	396.22	407.19	418.18	426.39	448.41
黑色金属冶炼及压延加工业	276.94	261.7	249.34	239.29	255.91	261.39	287.49	296.13	304.43
有色金属冶炼及压延加工业	108.32	165.71	109.29	102.34	106.6	115.58	130.74	136.82	156.27
金属制品业	166.04	162.44	165.16	174.02	171.24	191.59	223.23	248.26	273.48
机械工业	520.83	891.81	457.6	442.53	488.8	517.49	575.01	613.39	677.22
交通运输设备制造业	317.33	306.16	296.22	296.72	311.77	327.48	352.4	374.58	408.59

续表 65

	1999 年	2000 年	2001 年	2002 年	2003 年	2004 年	2005 年	2006 年	2007 年
电气机械及器材制造业	228.56	229.15	225.55	238.98	265.12	298.57	367.21	403.98	449.15
电子及通信设备制造业	186.21	196.31	205	229.41	273.46	333.4	439.64	505.07	587.92
仪器仪表文化办公用机械	57.84	56.24	55.45	57.21	71.96	78.33	88.68	98.8	106.97
电力蒸汽热水生产供应业	222.99	233.22	229.51	233.25	238.41	239.28	252.69	259.11	256.96

资料来源：历年《中国统计年鉴》。

表 66　中国三资行业从业人员

单位：万人

	1999 年	2000 年	2001 年	2002 年	2003 年	2004 年	2005 年	2006 年	2007 年
煤炭采选业	0.24	0.15	0.35	0.44	0.36	0.35	1	1.87	3.98
黑色金属矿采选业	0.06	0.07	0.07	0.2	0.2	0.27	0.44	0.86	0.92
有色金属矿采选业	0.13	0.11	0.17	0.17	0.25	0.29	1.34	0.9	1.28
非金属矿采选业	0.99	0.95	0.95	0.99	1.01	1.22	1.82	2.3	2.55
食品加工和制造	62.62	64.47	81.75	80.69	98.22	108.77	140.42	149.07	101.8
饮料制造业	15.03	16.81	16.26	16.38	16.83	18.21	19.58	22.65	25.63
纺织业	60.8	60.71	68.82	77.15	93.36	105.62	148.11	155.25	157.64
服装及其他纤维制品制造	95.02	102.88	111.29	126.04	144.83	161.71	178.77	194.37	218.58
皮革毛皮羽绒及其制品业	63.65	68.16	77.91	87.64	102.02	112.07	146.01	153.62	156.95
木材加工及竹藤棕草制品业	10.63	10.71	11.73	11.62	13.58	14.93	17.08	17.7	19.76
家具制造业	8.62	10.55	12.22	15.51	21.68	26.42	39.08	45.41	46.85
造纸及纸制品业	14.17	16.95	17.62	18.41	20.77	23.16	31.19	34.93	36.83

续表 66

	1999 年	2000 年	2001 年	2002 年	2003 年	2004 年	2005 年	2006 年	2007 年
印刷业记录媒介的复制	8.09	8.57	10.35	12.65	14.87	16.56	18.16	19.24	21.44
文教体育用品制造业	38.66	39.87	41.3	46.9	56.82	61.11	75.62	80	83.65
石油、煤气、炼焦	1.61	1.57	2.11	4.19	4.48	5.11	7.65	9.07	11.88
化学原料及制品制造业	27.11	23.48	25.77	27.73	29.87	32.5	42.38	48.08	55.99
医药制造业	11.45	11.6	12.4	13.25	16.92	16.63	22.62	25.29	27.4
化学纤维制造业	7.73	7.82	5.88	5.86	4.71	5.35	7.99	8.71	9.51
橡胶制品业	14.69	16.87	15.51	17.37	19.03	20.96	30.14	31.07	33.25
塑料制品业	37.13	39.57	44.39	51.08	58.84	64.27	82.11	88.8	98.6
非金属矿物制品业	32.73	35.17	38.28	39.3	41.64	46.14	57.56	63.85	71.65
黑色金属冶炼及压延加工业	6.8	6.65	8.33	8.23	10.84	13.49	19.43	22.62	25.18
有色金属冶炼及压延加工业	6.78	6.69	6.06	6.8	7.43	9.03	14.88	16.41	19
金属制品业	31.32	36.36	40.94	46.16	46.2	53.49	69.41	79.85	88.42
机械工业	35.38	37.76	42.28	45.22	56.75	70.11	107.2	122.74	145.64
交通运输设备制造业	30.82	31.69	33.35	38.72	50.43	60.48	78.11	95.05	111.47
电气机械及器材制造业	50.8	56.91	63.12	71.47	90.34	106.37	153.16	172.2	192.76
电子及通信设备制造业	83.55	99.23	112.12	132.28	177.56	228.04	318.49	374.72	442.72
仪器仪表文化办公用机械	14.28	15.81	16.67	20.33	31.99	37.17	45.56	53.46	58.26
电力蒸汽热水生产供应业	8.82	8.92	10.64	11.56	12.05	11.48	14.31	13.27	13.83
自来水的生产和供应业	0.33	0.2	0.24	0.47	0.53	0.62	1.3	1.45	2.18

资料来源：历年《中国统计年鉴》。

表 67　中国全行业工业增加值（当年价）

单位：亿元

	1999 年	2000 年	2001 年	2002 年	2003 年	2004 年	2005 年	2006 年	2007 年
煤炭采选业	565.02	583.09	698.65	919.06	1152.04	2020.15	2888.25	3587.27	4696.33
黑色金属矿采选业	53.04	62.31	72.28	86.25	146.19	286.35	426.5	588.1	928.78
有色金属矿采选业	126.05	139.77	141.78	150.8	177.65	302.63	427.6	677.57	973.32
非金属矿采选业	118.36	122.64	125.42	142.48	162.88	221.7	280.51	378.12	517.24
食品加工和食品制造	1106.41	1251.1	1396.57	1665.7	2133.51	3023.9	3914.28	4959.34	6504.01
饮料制造业	585.78	618.9	642.56	709.64	795.97	980.35	1164.73	1439.08	1883.66
纺织业	1117.12	1272.84	1387.52	1569.1	1906.7	2573.45	3240.19	3962.99	4913.92
服装及其他纤维制品制造	505.97	592.02	688.12	746.08	916.54	1168.2	1419.86	1833.71	2265.11
皮革毛皮羽绒及其制品业	283.61	323.62	391.76	457.96	591.35	767.87	944.38	1172.86	1480.39
木材加工及竹藤棕草制品业	132.89	157.53	192.91	213.92	265.72	388.29	510.86	685.57	1030.29
家具制造业	77.96	94.86	117.58	139.34	182.96	283.92	384.87	501.09	646.76
造纸及纸制品业	355.56	412.62	474.87	570.88	681.42	913.91	1146.4	1386.44	1743.05
印刷业记录媒介的复制	197.94	201.39	243.98	279.53	334.46	398.76	463.06	557.76	691.94
文教体育用品制造业	140.2	155.3	179.87	204.52	249.93	314.82	379.71	464.94	554.57
石油、煤气、炼焦	626.88	822.73	929.44	1057.02	1362.79	1739.48	2116.16	2505.94	3403.65
化学原料及制品制造业	1216.88	1415.81	1601.27	1862.64	2464.88	3428.4	4391.92	5398.79	7340.42
医药制造业	514.86	633.88	722.43	834.65	1024.74	1277.27	1529.8	1808.09	2286.6
化学纤维制造业	252.55	295.78	222.1	248.92	295.25	390.28	485.31	604.17	809.43
橡胶制品业	202.61	218.98	248.29	292.55	369.95	482.66	595.36	714.96	959
塑料制品业	387.8	464.43	545.02	646.84	763.2	1017.63	1272.05	1668.88	2137.14

续表67

	1999年	2000年	2001年	2002年	2003年	2004年	2005年	2006年	2007年
非金属矿物制品业	1004.6	1126.72	1211.88	1365.16	1749.08	2278.5	2807.92	3656.2	4849.19
黑色金属冶炼及压延加工业	1081.15	1299.29	1530.15	1799.49	2824.01	4300.46	5776.9	7004.45	9007.14
有色金属冶炼及压延加工业	405.04	512.69	591.18	626.14	902.13	1415.89	1929.65	3198	4477.61
金属制品业	540.72	609.46	713.28	841.23	971	1332.19	1693.38	2225.94	3010.41
机械工业	1259.34	1421.72	1608.51	1934.78	2598.58	3623.56	4648.52	6095.61	8174.9
交通运输设备制造业	1193.14	1323.61	1633.69	2177.17	2896.97	3363.75	3830.52	4933.41	6974.48
电气机械及器材制造业	1002.57	1231.5	1378.44	1584.73	2023.48	2798.81	3574.13	4617.96	6053.78
电子及通信设备制造业	1347.95	1824.31	2035.03	2520.92	3482.5	4602.31	5722.11	7084.3	7924.57
仪器仪表文化办公用机械	180.46	214.36	237.9	268.54	445.03	589.11	733.19	967.94	1163.25
电力蒸汽热水生产供应业	2161.82	2328.62	2696.3	3165.74	3606.13	4662.96	5719.79	6912.46	8828.89
自来水的生产和供应业	146.32	150.88	161.96	170.98	190.74	226.19	261.64	315.14	365.96

资料来源：历年《中国统计年鉴》。

表68　中国三资行业工业增加值（当年价）

单位：亿元

	1999年	2000年	2001年	2002年	2003年	2004年	2005年	2006年	2007年
煤炭采选业	1.12	0.88	4.42	8.17	2.08	14.88	27.68	40.39	72.14
黑色金属矿采选业	0.30	0.34	0.51	0.70	0.87	2.37	3.87	11.41	25.54
有色金属矿采选业	1.20	1.23	2.33	1.82	1.83	8.48	15.12	17.56	37.02
非金属矿采选业	3.99	5.06	4.43	4.98	6.28	12.28	18.27	24.63	42.74
食品加工和食品制造	306.70	347.19	405.23	501.80	661.91	948.78	1235.65	1509.97	1927.71

续表 68

	1999 年	2000 年	2001 年	2002 年	2003 年	2004 年	2005 年	2006 年	2007 年
饮料制造业	154. 76	172. 41	181. 02	209. 38	257. 33	330. 61	403. 89	543. 19	675. 17
纺织业	234. 07	263. 80	308. 21	349. 38	460. 74	648. 51	836. 28	984. 78	1185. 44
服装及其他纤维制品制造	245. 16	289. 07	319. 45	341. 45	431. 78	552. 44	673. 10	868. 95	1074. 89
皮革毛皮羽绒及其制品业	153. 78	176. 77	209. 91	243. 91	299. 91	402. 41	504. 90	610. 99	749. 54
木材加工及竹藤棕草制品业	39. 08	44. 10	52. 23	51. 21	69. 54	91. 83	114. 12	140. 64	186. 07
家具制造业	32. 20	41. 62	53. 98	67. 08	88. 94	149. 45	209. 96	245. 58	279. 40
造纸及纸制品业	94. 73	118. 71	147. 51	189. 61	215. 75	297. 75	379. 75	484. 88	584. 60
印刷业记录媒介的复制	58. 09	59. 13	80. 37	90. 70	107. 56	128. 51	149. 46	184. 91	218. 03
文教体育用品制造业	83. 92	92. 34	111. 22	121. 27	150. 73	192. 04	233. 35	284. 88	337. 60
石油、煤气、炼焦	34. 75	52. 26	99. 48	114. 06	161. 75	215. 60	269. 43	353. 69	589. 24
化学原料及制品制造业	229. 25	305. 00	375. 60	440. 24	617. 81	910. 38	1202. 94	1553. 08	2137. 06
医药制造业	122. 78	155. 71	172. 10	199. 15	244. 68	319. 30	393. 91	473. 23	624. 32
化学纤维制造业	99. 46	116. 17	58. 69	67. 09	67. 62	101. 17	134. 72	176. 94	253. 82
橡胶制品业	65. 29	77. 92	91. 93	112. 85	139. 98	190. 66	241. 34	272. 52	336. 12
塑料制品业	166. 47	205. 84	248. 12	282. 25	336. 70	445. 66	554. 61	703. 21	854. 32
非金属矿物制品业	152. 12	194. 88	234. 73	256. 91	295. 99	405. 66	515. 32	680. 16	904. 79
黑色金属冶炼及压延加工业	46. 64	61. 25	96. 37	112. 61	205. 29	394. 52	583. 75	796. 60	1071. 15
有色金属冶炼及压延加工业	42. 29	57. 18	53. 78	67. 65	103. 06	184. 54	266. 01	469. 79	659. 57
金属制品业	169. 29	212. 24	251. 23	292. 70	326. 35	461. 72	597. 09	742. 83	1001. 23
机械工业	225. 70	273. 16	343. 32	438. 22	648. 03	952. 83	1257. 62	1608. 80	2179. 83
交通运输设备制造业	363. 61	408. 25	536. 19	739. 54	1291. 03	1509. 18	1727. 33	2336. 13	3359. 09

续表 68

	1999 年	2000 年	2001 年	2002 年	2003 年	2004 年	2005 年	2006 年	2007 年
电气机械及器材制造业	294.03	421.69	457.28	531.40	713.12	1035.04	1356.96	1702.69	2182.98
电子及通信设备制造业	915.94	1192.97	1403.08	1731.99	2424.52	3490.09	4555.66	5475.48	6060.89
仪器仪表文化办公用机械	90.67	105.88	119.80	144.47	286.03	360.92	435.81	569.29	654.36
电力蒸汽热水生产供应业	320.13	359.88	458.82	586.00	685.41	755.49	825.57	770.82	853.61
自来水的生产和供应业	2.37	3.13	3.30	5.47	6.01	16.27	26.52	40.71	60.61

资料来源：历年《中国统计年鉴》。

表 69 中国内资行业科技经费总支出（当年价）

单位：亿元

	1999 年	2000 年	2001 年	2002 年	2003 年	2004 年	2005 年	2006 年	2007 年
煤炭采选业	21.23	34.82	41.25	72.04	99.91	155.09	172.40	222.11	292.71
黑色金属矿采选业	2.33	1.54	2.26	2.05	3.76	9.04	3.53	4.18	5.44
有色金属矿采选业	2.31	2.71	10.44	4.46	7.12	12.07	14.16	19.11	30.38
非金属矿采选业	2.97	3.04	5.15	3.36	8.63	11.99	6.96	8.92	18.66
食品加工和制造	16.98	36.94	40.16	43.49	45.55	86.00	68.76	75.22	89.53
饮料制造业	43.60	45.31	49.07	60.61	89.88	60.51	90.66	79.96	95.75
纺织业	49.53	69.57	80.19	106.09	147.30	146.46	108.06	115.11	141.00
服装及其他纤维制品制造	2.87	5.90	6.73	14.96	18.53	21.11	21.11	20.06	24.66
皮革毛皮羽绒及其制品业	1.75	1.58	2.51	4.71	7.59	10.18	5.53	8.29	12.42
木材加工及竹藤棕草制品业	1.40	1.78	3.02	2.83	6.24	13.87	12.52	9.08	14.16
家具制造业	1.24	0.52	0.97	2.16	3.10	4.13	2.65	4.23	3.92

续表 69

	1999 年	2000 年	2001 年	2002 年	2003 年	2004 年	2005 年	2006 年	2007 年
造纸及纸制品业	20. 72	38. 58	25. 02	53. 61	50. 93	46. 82	40. 73	53. 68	69. 57
印刷业记录媒介的复制	8. 41	8. 11	4. 17	9. 60	9. 98	18. 63	11. 70	11. 32	12. 99
文教体育用品制造业	2. 93	1. 34	1. 37	1. 49	3. 17	6. 46	4. 55	3. 88	4. 00
石油、炼焦、煤气	108. 20	133. 66	129. 33	97. 44	116. 61	213. 55	180. 58	265. 35	270. 38
化学原料及制品制造业	139. 25	174. 14	187. 35	218. 92	317. 22	478. 34	464. 94	487. 86	574. 82
医药制造业	31. 77	58. 37	63. 87	105. 27	104. 85	155. 44	100. 46	120. 15	134. 62
化学纤维制造业	25. 42	37. 99	60. 72	51. 55	71. 23	43. 76	46. 30	60. 95	83. 44
橡胶制品业	8. 67	9. 95	13. 18	20. 91	40. 76	40. 16	37. 45	48. 83	65. 66
塑料制品业	13. 60	17. 12	20. 55	18. 93	25. 59	46. 22	25. 72	34. 14	35. 14
非金属矿物制品业	49. 74	57. 77	72. 70	73. 86	99. 43	122. 09	82. 11	86. 48	105. 38
黑色金属冶炼及压延加工业	281. 17	325. 54	333. 63	459. 32	778. 32	1015. 16	1301. 96	1340. 08	1753. 44
有色金属冶炼及压延加工业	40. 46	77. 35	103. 58	96. 63	157. 14	205. 66	204. 61	300. 23	344. 92
金属制品业	9. 20	12. 29	24. 18	19. 98	35. 14	59. 83	50. 27	47. 90	70. 87
机械加工	107. 01	149. 83	145. 39	175. 13	270. 81	384. 02	368. 39	447. 32	591. 09
交通运输设备制造业	106. 83	136. 95	189. 15	277. 96	399. 69	395. 34	428. 56	502. 12	608. 62
电气机械及器材制造业	87. 93	124. 63	167. 44	197. 16	194. 72	278. 97	259. 81	315. 27	402. 33
电子及通信设备制造业	76. 19	141. 20	165. 68	177. 10	234. 82	262. 70	227. 05	267. 75	320. 80
仪器仪表文化办公用机械	9. 35	12. 35	14. 75	17. 39	25. 28	43. 45	31. 93	40. 18	50. 13
电力蒸汽热水生产供应业	85. 18	127. 33	143. 30	115. 07	112. 29	186. 42	165. 58	181. 83	225. 21
自来水的生产和供应业	4. 90	6. 02	4. 66	3. 08	6. 00	11. 17	13. 28	9. 15	21. 60

资料来源：历年《中国科技统计年鉴》。

表 70　中国内资行业主营业务收入（当年价）

单位：亿元

	1999 年	2000 年	2001 年	2002 年	2003 年	2004 年	2005 年	2006 年	2007 年
煤炭采选业	1122	1206	1486	1940	2467	4128	5825	7361	9421
黑色金属矿采选业	134	152	177	213	352	726	969	1344	2016
有色金属矿采选业	326	372	386	423	545	788	1062	1685	2184
非金属矿采选业	311	307	329	377	433	532	679	927	1192
食品加工和制造业	3179	3432	3767	4430	5544	7678	9667	11923	15790
饮料制造业	1131	1158	1199	1294	1445	1583	1951	2357	3077
纺织业	3265	3793	4074	4731	5746	7846	9258	11298	13848
服装及其他纤维制品制造	938	1087	1286	1486	1708	1949	2559	3229	4006
皮革毛皮羽绒及其制品业	458	529	651	786	1048	1388	1561	1886	2474
木材加工及竹藤棕草制品业	344	418	476	572	695	1019	1341	1847	2735
家具制造业	167	186	219	260	344	664	619	894	1250
造纸及纸制品业	879	1029	1130	1323	1637	2299	2594	3160	3978
印刷业记录媒介的复制	374	397	444	511	644	758	931	1126	1406
文教体育用品制造业	204	233	256	294	367	512	555	654	775
石油加工、炼焦、煤气	2746	4506	4416	4736	5982	8556	11230	14114	16014
化学原料及制品制造业	3690	4278	4725	5429	6902	9840	12003	14847	19110
医药制造业	1079	1262	1502	1785	2174	2396	3053	3532	4459
化学纤维制造业	629	769	756	811	1132	1515	1864	2223	2798
橡胶制品业	461	470	514	587	741	1122	1315	1707	2182
塑料制品业	881	1008	1143	1375	1676	2581	2825	3656	4765

续表 70

	1999 年	2000 年	2001 年	2002 年	2003 年	2004 年	2005 年	2006 年	2007 年
非金属矿物制品业	2556	2770	2962	3415	4393	5931	7206	9233	12169
黑色金属冶炼及压延加工业	3759	4557	5156	5983	9358	15548	18919	22185	30173
有色金属冶炼及压延加工业	1509	1805	1994	2227	3082	5229	6669	10797	15119
金属制品业	1306	1439	1664	1938	2369	3170	4035	5383	7240
机械加工	3494	3900	4246	5131	6937	10183	11703	15257	20228
交通运输设备制造业	3169	3616	4259	5414	6572	7943	8823	10695	14326
电气机械及器材制造业	2499	2994	3376	3819	4797	7215	8286	10998	14559
电子及通信设备制造业	1701	2046	2334	2858	3450	4985	4421	5928	6404
仪器仪表文化办公用机械	294	361	377	407	508	665	903	1199	1533
电力蒸汽热水生产供应业	4923	6143	6924	8002	9921	13734	16584	20214	23878
自来水的生产和供应业	294	301	316	339	389	464	490	582	635

资料来源：历年《中国科技统计年鉴》。

表 71　中国工业品出厂价格指数（1991 = 100）

单位：%

	1999 年	2000 年	2001 年	2002 年	2003 年	2004 年	2005 年	2006 年	2007 年
煤炭采选业	280.56	275.23	293.12	331.34	344.07	401.77	495.10	519.85	539.61
黑色金属矿采选业	196.48	202.96	200.12	202.08	223.14	324.15	364.09	352.43	388.74
有色金属矿采选业	196.48	202.96	200.12	201.68	216.26	254.26	304.07	375.22	422.50
非金属矿采选业	185.43	190.62	188.15	188.47	188.88	199.91	218.60	224.07	231.01
食品加工和食品制造	187.32	179.45	180.35	178.09	180.53	195.93	198.38	199.51	215.37

续表 71

	1999 年	2000 年	2001 年	2002 年	2003 年	2004 年	2005 年	2006 年	2007 年
饮料制造业	187.32	179.45	180.35	178.89	177.47	178.47	179.50	180.40	182.56
烟草加工业	187.32	179.45	180.35	186.57	187.63	189.62	191.29	192.25	193.02
纺织业	146.33	153.21	151.22	143.88	146.50	152.73	153.54	156.76	158.02
服装及其他纤维制品制造	146.33	153.21	151.22	149.83	149.59	150.63	150.38	151.73	152.79
皮革毛皮羽绒及其制品业	212.30	212.72	214.43	212.58	211.90	213.72	219.02	221.65	226.97
木材加工及竹藤棕草制品业	138.80	137.69	137.14	132.74	131.58	134.50	136.86	140.00	145.04
家具制造业	138.80	137.69	137.14	135.71	135.14	137.63	141.39	141.81	143.94
造纸及纸制品业	175.51	175.34	174.81	170.63	168.36	170.52	172.86	174.07	175.81
印刷业记录媒介的复制	185.43	190.62	188.15	182.46	178.03	174.70	174.00	173.65	174.52
文教体育用品制造业	130.48	129.44	126.72	123.99	124.20	126.91	129.45	131.26	133.23
石油加工及炼焦业	146.84	148.30	144.00	138.88	159.35	178.77	211.70	249.81	262.30
化学原料及制品制造业	146.84	148.30	144.00	142.36	147.17	162.21	175.97	176.67	183.39
医药制造业	146.84	148.30	144.00	141.57	139.88	136.79	138.91	136.97	139.85
化学纤维制造业	146.84	148.30	144.00	134.50	140.52	151.86	158.97	160.88	166.19
橡胶制品业	185.43	190.62	188.15	183.87	183.78	185.62	193.88	202.99	209.69
塑料制品业	146.84	148.30	144.00	138.47	138.24	147.24	155.31	156.86	160.00
非金属矿物制品业	185.43	190.62	188.15	183.80	182.99	189.10	190.29	193.15	195.66
黑色金属冶炼及压延加工业	196.48	202.96	200.12	197.12	217.01	258.02	270.02	259.22	279.70
有色金属冶炼及压延加工业	196.48	202.96	200.12	190.95	200.65	238.54	266.42	326.37	371.73
金属制品业	185.43	190.62	188.15	183.71	184.37	198.07	206.05	208.11	213.52
普通机械制造业	143.19	139.46	135.00	132.57	132.26	136.38	138.81	139.08	140.89

续表 71

	1999 年	2000 年	2001 年	2002 年	2003 年	2004 年	2005 年	2006 年	2007 年
专用设备制造业	143.19	139.46	135.00	133.45	132.90	135.35	137.71	139.37	141.46
交通运输设备制造业	143.19	139.46	135.00	130.61	127.92	125.63	124.19	123.57	123.69
电气机械及器材制造业	143.19	139.46	135.00	130.95	128.17	132.89	137.14	147.29	152.74
电子及通信设备制造业	143.19	139.46	135.00	130.32	122.07	116.11	110.59	106.83	104.16
仪器仪表文化办公用机械	143.19	139.46	135.00	125.66	122.26	120.42	118.88	117.93	116.63
电力蒸汽热水生产供应业	362.38	371.08	379.61	361.43	364.61	373.50	389.00	399.90	408.69
煤气的生产和供应业	185.43	190.62	188.15	190.67	196.86	201.80	212.24	226.67	237.55
自来水的生产和供应业	185.43	190.62	188.15	199.74	210.28	218.90	227.73	242.30	253.93

资料来源：历年《中国统计年鉴》。

表 72　环渤海各省市的专利申请授权数

单位：件

年份	北京	天津	河北	辽宁	山东
1993	5806	1698	2358	4302	4019
1994	3914	1064	1591	2715	2647
1995	4025	1034	1580	2745	2861
1996	3295	899	1526	2447	2630
1997	3327	940	1560	2624	2907
1998	3800	1042	2090	3162	4127
1999	5829	1508	3011	4906	6536
2000	5905	1611	2812	4842	6962

续表 72

年份	北京	天津	河北	辽宁	山东
2001	6246	1829	2791	4448	6725
2002	6345	1827	3353	4551	7293
2003	8248	2505	3572	5656	9067
2004	9005	2578	3407	5749	9733
2005	10100	3045	3585	6195	10743
2006	11238	4159	4131	7399	15937
2007	14954	5584	5358	9615	22821
2008	17747	6790	5496	10665	26688

资料来源：历年《中国科技统计年鉴》。

表 73　环渤海各省市的科技活动内部支出（当年价）

单位：亿元

年份	北京	天津	河北	辽宁	山东
1993	95. 21	15. 61	16. 08	42. 87	36. 39
1994	112. 39	17. 67	21. 68	43. 86	36. 50
1995	138. 76	24. 77	23. 49	49. 67	41. 80
1996	148. 72	25. 78	23. 95	54. 06	49. 08
1997	163. 75	27. 88	21. 37	55. 16	55. 53
1998	171. 12	28. 19	21. 96	51. 20	63. 92
1999	185. 35	26. 81	26. 31	53. 14	83. 94
2000	305. 11	50. 58	51. 33	89. 36	145. 78

续表 73

年份	北京	天津	河北	辽宁	山东
2001	343.16	61.71	49.11	98.69	170.12
2002	393.18	65.05	61.35	144.24	196.54
2003	436.57	83.72	74.29	145.24	222.49
2004	518.39	116.78	86.03	177.94	298.79
2005	633.81	143.40	110.90	203.14	374.96
2006	736.78	185.81	133.98	223.34	458.23
2007	825.42	232.17	163.04	288.87	602.16
2008	911.25	304.40	183.20	334.73	739.81

资料来源：历年《中国科技统计年鉴》。

表 74　环渤海各省市的科技活动人员数

单位：人

年份	北京	天津	河北	辽宁	山东
1993	245645	65815	73320	189276	120919
1994	225131	70383	76469	178868	135495
1995	185264	67972	79349	193666	155549
1996	216574	65142	75359	151839	140738
1997	215704	65503	69527	152250	166920
1998	185378	65022	69029	125813	164902
1999	173182	58538	70357	121396	188663
2000	248961	71049	106874	165029	230884

续表 74

年份	北京	天津	河北	辽宁	山东
2001	240609	70005	100797	166446	227874
2002	257326	71175	109451	197025	243299
2003	270921	78761	113510	159073	260161
2004	301981	83760	112556	165879	279156
2005	352588	90680	123146	183889	274058
2006	382757	99054	130502	186023	285381
2007	4015995	112650	136441	188663	330500
2008	419741	123965	142628	195465	363503

资料来源：历年《中国科技统计年鉴》。

表 75　环渤海各省市按登记注册类型分职工人数

单位：人

年份	北京	天津	河北	辽宁	山东
1993	4673000	2935000	7037000	10343000	8571000
1994	4718000	2919000	6993000	10313000	8723000
1995	4709000	2896000	6980000	10210000	9174000
1996	4606000	2840000	6962000	9977000	9307000
1997	4653000	2813000	6767000	9694000	9377000
1998	4501000	2097000	6570000	6898000	8368000
1999	4380000	2027000	6396000	6310000	8091000
2000	4342000	1933000	6220000	5870000	7901000

续表 75

年份	北京	天津	河北	辽宁	山东
2001	4351000	1840000	6039000	5453000	7705000
2002	4673000	1770000	5891000	5020000	7648000
2003	4688000	1749000	5766000	4835000	7623000
2004	4754000	1726000	5627000	4811000	7761000
2005	4483943	1699037	4836792	4765645	8711032
2006	4531000	1720000	4881000	4760000	8743000
2007	4789000	1760000	4862000	4730000	8797000
2008	5083000	1781000	4707000	4857000	8727000

资料来源：历年《中国统计年鉴》。

表 76　环渤海各省市最终消费（当年价）

单位：亿元

年份	北京	天津	河北	辽宁	山东
1993	260.74	208.21	764.89	835.51	1120.98
1994	266.63	222.02	730.58	865.69	1358.54
1995	290.56	230.17	839.16	903.37	1515.79
1996	317.58	270.04	902.65	963.70	1672.48
1997	343.30	293.41	976.74	1015.37	1787.55
1998	386.00	331.23	1037.69	1158.77	1929.07
1999	452.08	385.51	1153.50	1287.04	2094.31
2000	559.11	434.53	1306.79	1430.40	2249.59

续表 76

年份	北京	天津	河北	辽宁	山东
2001	651. 69	481. 21	1456. 17	1563. 38	2470. 08
2002	768. 59	530. 48	1652. 78	1694. 45	2725. 54
2003	888. 01	601. 86	1869. 51	1705. 17	3107. 48
2004	1011. 78	659. 83	2058. 33	1745. 62	3529. 38
2005	1558. 79	769. 40	2331. 03	2002. 91	4054. 43
2006	1835. 68	886. 82	2649. 24	2135. 84	4801. 68
2007	2166. 68	996. 34	3001. 68	2256. 64	5430. 25
2008	2448. 20	1152. 40	3234. 41	2601. 85	6184. 29

资料来源：历年《中国统计年鉴》。

表 77　环渤海各省市按经营单位所在地分货物出口额（当年价）

单位：万美元

年份	北京	天津	河北	辽宁	山东
1993	714118	205737	167916	516834	419987
1994	834377	269308	230306	604592	586529
1995	1024993	406407	286578	823040	816017
1996	813118	465174	308251	862507	918169
1997	961103	524387	323902	915645	1096569
1998	1051293	549874	311617	805499	1044385
1999	990352	633134	311914	819988	1157645
2000	1196813	862578	371000	1085632	1552884

续表 77

年份	北京	天津	河北	辽宁	山东
2001	1178687	949211	395559	1100845	1812067
2002	1261386	1163169	459411	1236656	2110783
2003	1688682	1434940	592754	1457935	2655706
2004	2056926	2085175	933925. 9	1891351	3584452
2005	3086590	2738088	1092430	2343832	4612289
2006	3795398	3349078	1283400	2831942	5859834
2007	4892639	3807405	1700041	3532409	7511011
2008	5749961	4210299	2400412	4206950	9319479

资料来源：历年《中国统计年鉴》。

表 78　环渤海各省市按经营单位所在地分货物出口额（当年价）

单位：亿元

年份	北京	天津	河北	辽宁	山东
1993	411. 47	118. 55	96. 75	297. 80	242. 00
1994	719. 12	232. 11	198. 49	521. 08	505. 51
1995	855. 97	339. 39	239. 32	687. 32	681. 46
1996	676. 04	386. 75	256. 29	717. 11	763. 38
1997	796. 74	434. 71	268. 51	759. 05	909. 03
1998	870. 38	455. 25	257. 99	666. 88	864. 66
1999	819. 84	524. 13	258. 21	678. 81	958. 33
2000	990. 77	714. 08	307. 13	898. 73	1285. 54

续表 78

年份	北京	天津	河北	辽宁	山东
2001	975.60	785.66	327.40	911.17	1499.85
2002	1044.05	962.75	380.25	1023.58	1747.10
2003	1397.72	1187.70	490.62	1206.73	2198.13
2004	1702.48	1725.86	772.99	1565.43	2966.78
2005	2528.44	2242.96	894.89	1920.00	3778.25
2006	3025.62	2669.82	1023.10	2257.57	4671.34
2007	3720.36	2895.15	1292.71	2686.04	5711.37
2008	3993.41	2924.09	1667.11	2921.77	6472.47

资料来源：历年《中国统计年鉴》。

表 79　环渤海各省市地区生产总值（当年价）

单位：亿元

年份	北京	天津	河北	辽宁	山东
1993	863.54	536.10	1690.84	2010.82	2779.49
1994	1084.00	725.10	2147.50	2584.20	3872.20
1995	1394.89	920.11	2849.52	2793.37	5002.34
1996	1615.73	1102.40	3452.97	3157.69	5960.42
1997	1810.09	1240.40	3953.78	3490.06	6650.02
1998	2011.31	1336.38	4256.01	3881.73	7162.20
1999	2174.46	1450.06	4569.19	4171.69	7662.10
2000	2478.76	1639.36	5088.96	4669.06	8542.44

续表 79

年份	北京	天津	河北	辽宁	山东
2001	2845.65	1840.10	5577.78	5033.08	9438.31
2002	3663.10	2447.66	7098.56	6002.54	12435.93
2003	3663.10	2447.66	7098.56	6002.54	12435.93
2004	4283.31	2931.88	8768.79	6872.65	15490.73
2005	6886.31	3697.62	10096.11	8009.01	18516.87
2006	7870.28	4359.15	11660.43	9251.15	22077.36
2007	9353.32	5050.40	13709.50	11023.49	25965.91
2008	10488.03	6354.38	16188.61	13461.57	31072.06

资料来源：历年《中国统计年鉴》。

表 80　环渤海各省市地区实际外商投资额（当年价）

单位：万美元

年份	北京	天津	河北	辽宁	山东
1993	81731	62368	39654	139693	188267
1994	137911	116176	52982	151471	260143
1995	110648	158686	61333	156838	276497
1996	171110	223645	91710	189197	287161
1997	159281	251135	149620	221446	250044
1998	206415	251803	163893	220471	222262
1999	223124	253203	144278	206366	246878
2000	245849	256000	102376	255219	297119

续表 80

年份	北京	天津	河北	辽宁	山东
2001	176816	322000	75661	311293	362093
2002	179257	380591	82445	391561	558603
2003	214675	163325	111567	558262	709371
2004	308354	247243	162341	540679	870064
2005	352638	332885	191256	359042	897100
2006	455191	413077	238274	598554	1000100
2007	506572	527776	241621	909673	1101159
2008	608172	759700	363395	1382507	820246

资料来源：《新中国 55 年统计资料汇编》和历年《中国区域统计年鉴》。

表 81　环渤海各省市地区实际外商投资额（当年价）

单位：亿元

年份	北京	天津	河北	辽宁	山东
1993	47. 09	35. 94	22. 85	80. 49	108. 48
1994	118. 86	100. 13	45. 66	130. 55	224. 21
1995	92. 40	132. 52	51. 22	130. 98	230. 90
1996	142. 26	185. 94	76. 25	157. 30	238. 75
1997	132. 04	208. 19	124. 03	183. 57	207. 28
1998	170. 89	208. 47	135. 69	182. 53	184. 01
1999	184. 71	209. 61	119. 44	170. 84	204. 37
2000	203. 52	211. 93	84. 75	211. 28	245. 97

续表 81

年份	北京	天津	河北	辽宁	山东
2001	146.35	266.52	62.62	257.66	299.70
2002	148.37	315.02	68.24	324.10	462.36
2003	177.69	135.18	92.34	462.07	587.15
2004	255.22	204.64	134.37	447.51	720.13
2005	288.87	272.69	156.67	294.12	734.88
2006	362.87	329.30	189.95	477.16	797.26
2007	385.20	401.32	183.73	691.72	837.32
2008	422.38	527.62	252.38	960.16	569.67

资料来源：《新中国55年统计资料汇编》和历年《中国区域统计年鉴》。

表 82　环渤海各省市地区职工工资总额（当年价）

单位：亿元

年份	北京	天津	河北	辽宁	山东
1993	207.80	114.60	210.80	334.30	266.30
1994	309.70	154.00	289.60	439.70	372.70
1995	382.00	184.80	335.90	503.90	464.10
1996	442.40	212.00	365.20	525.30	532.80
1997	514.80	223.30	386.00	544.50	580.50
1998	530.30	218.00	375.60	504.50	575.40
1999	577.33	225.43	397.94	507.63	620.08
2000	663.93	244.47	427.18	525.11	695.13

续表 82

年份	北京	天津	河北	辽宁	山东
2001	777.26	266.73	458.09	563.75	773.88
2002	950.90	290.70	504.00	603.90	868.40
2003	1098.94	325.41	548.20	648.51	954.75
2004	1315.10	377.74	625.51	726.66	1107.54
2005	1520.05	419.80	716.07	827.46	1440.26
2006	1805.49	487.46	809.58	935.88	1664.50
2007	2194.27	602.65	973.21	1102.80	1992.64
2008	2847.49	737.23	1174.50	1352.21	2294.49

资料来源：历年《中国统计年鉴》。

表 83　2008 年三大经济圈各省市专利授权情况、人口数及地区生产总值

地区	专利授权总量（项）	发明专利（项）	实用新型（项）	外观设计（项）	人口数（万人）	地区生产总值（GDP）（亿元）
北京	17747	6478	8776	2493	1695	10488.03
天津	6790	1610	4016	1164	1176	6354.38
河北	5496	549	3937	1010	6988.82	16188.61
辽宁	10665	1516	8256	893	4314.7	13461.57
山东	26688	1845	18785	6058	9417.23	31072.06
江苏	24468	4258	11973	8237	1888.46	13698.15
上海	44438	3508	16029	24901	7677.3	30312.61
浙江	52953	3269	20000	29684	5120	21486.92
广东	62031	7604	25072	29355	9544	35696.46

资料来源：2009 年《中国科技统计年鉴》和《中国统计年鉴》。

表 84　居民消费价格指数（上年 =100）

年份	北京	天津	河北	辽宁	山东
1994	124.9	124.0	122.6	124.3	123.4
1995	117.3	115.3	115.2	116.1	117.6
1996	111.6	109.0	107.1	107.9	109.6
1997	105.3	103.1	103.5	103.1	102.8
1998	102.4	99.5	98.4	99.3	99.4
1999	100.6	98.9	98.1	98.6	99.3
2000	103.5	99.6	99.7	99.9	100.2
2001	103.1	101.2	100.5	100.0	101.8
2002	98.2	99.6	99.0	98.9	99.3
2003	100.2	101.0	102.2	101.7	101.1
2004	101.0	102.3	104.3	103.5	103.6
2005	101.5	101.5	101.8	101.4	101.7
2006	100.9	101.5	101.7	101.2	101.0
2007	102.4	104.2	104.7	105.1	104.4
2008	105.1	105.4	106.2	104.6	105.3

资料来源：历年《中国统计年鉴》。

表 85　商品零售价格总指数（上年 =100）

单位：十亿人民币

年份	北京	天津	河北	辽宁	山东
1994	117.9	115.6	121.4	120.6	120.3
1995	112.6	110.6	115.8	114.0	114.2
1996	107.3	105.1	106.2	105.4	107.0
1997	103.8	100.7	102.1	101.0	100.8
1998	98.3	96.6	97.7	97.6	97.1
1999	98.8	97.5	97.8	96.1	97.1
2000	98.9	98.6	99.1	98.4	98.6
2001	98.8	98.6	99.8	99.4	100.0
2002	98.4	97.2	99.2	97.4	98.8
2003	98.2	97.4	100.2	98.9	100.2
2004	99.2	100.8	103.2	101.9	102.8
2005	99.7	99.9	101.1	100.1	100.6
2006	100.2	100.4	101.5	101.3	100.6
2007	100.8	103.2	104.1	104.4	103.6
2008	104.4	105.1	106.7	105.3	104.9

资料来源：历年《中国统计年鉴》。

表 86　三大经济圈各省市研发资本存量

单位：亿元

年份	北京	天津	河北	辽宁	山东	江苏	上海	浙江	广东
1998	2159. 2	288. 6	218. 5	660. 9	1646. 8	882. 8	234. 5	602. 4	744. 5
1999	2235. 3	301. 5	234. 7	681. 1	1687. 9	942. 9	255. 0	657. 2	801. 3
2000	2423. 5	338. 1	275. 2	735. 6	1802. 4	1093. 1	338. 9	768. 5	974. 9
2001	2637. 8	384. 3	311. 4	796. 2	1941. 2	1266. 4	436. 4	895. 9	1181. 7
2002	2888. 6	432. 0	358. 6	897. 8	2103. 9	1474. 7	554. 4	1040. 6	1412. 8
2003	3160. 0	494. 3	415. 1	991. 8	2287. 6	1724. 3	702. 7	1197. 0	1666. 1
2004	3475. 5	578. 7	474. 8	1104. 5	2503. 4	2059. 5	896. 9	1397. 7	1940. 1
2005	3876. 5	682. 2	552. 9	1229. 6	2758. 7	2451. 9	1153. 3	1645. 8	2247. 0
2006	4348. 2	818. 5	646. 3	1362. 2	3026. 5	2922. 0	1472. 3	1945. 2	2620. 0
2007	4856. 1	985. 0	755. 8	1534. 9	3350. 1	3511. 3	1849. 2	2330. 3	3087. 4
2008	5356. 0	1184. 9	863. 4	1713. 8	3665. 7	4171. 1	2253. 9	2763. 9	3608. 5

资料来源：历年《中国科技统计年鉴》。

表 87　三大经济圈各省市研发人员投入

单位：万人

年份	北京	天津	河北	辽宁	山东	江苏	上海	浙江	广东
1998	185378	65022	69029	125813	158118	205263	49546	164902	110751
1999	173182	58538	70357	121396	131282	203366	55303	188663	115487
2000	248961	71049	106874	165029	183192	295152	125559	230884	222073
2001	240609	70005	100797	166446	175728	300439	136302	227874	232492
2002	257326	71175	109451	197025	178875	328585	163914	243299	267376
2003	270921	78761	113510	159073	175859	331771	188408	260161	277576
2004	301981	83760	112556	165879	173995	335255	209275	279156	292927
2005	352588	90680	123146	183889	186165	375670	257749	274058	320406
2006	382757	99054	130502	186023	200681	381127	310526	285381	368805
2007	401595	112650	136441	188663	227867	437923	347787	330500	448946
2008	419741	123965	142628	195465	224234	511670	413108	363503	527477

资料来源：历年《中国科技统计年鉴》。

责任编辑:陈　登

图书在版编目(CIP)数据

R&D 资源约束下中国自主创新能力提升的路径选择/李平 著.
-北京:人民出版社,2011.9
ISBN 978-7-01-010176-7

Ⅰ.①R… Ⅱ.①李… Ⅲ.①中国经济-经济发展-研究 Ⅳ.①F124

中国版本图书馆 CIP 数据核字(2011)第 166535 号

R&D 资源约束下中国自主创新能力提升的路径选择

R&D ZIYUAN YUESHU XIA ZHONGGUO ZIZHU CHUANGXIN NENGLI TISHENG DE LUJING XUANZE

李　平　著

人民出版社 出版发行
(100706　北京朝阳门内大街 166 号)

北京龙之冉印务有限公司印刷　新华书店经销

2011 年 9 月第 1 版　2011 年 9 月北京第 1 次印刷
开本:710 毫米×1000 毫米 1/16　印张:28.25
字数:388 千字

ISBN 978-7-01-010176-7　定价:58.00 元

邮购地址 100706　北京朝阳门内大街 166 号
人民东方图书销售中心　电话 (010)65250042　65289539